# 근로복지공단

NCS + 전공 + 최종점검 모의고사 5회

**시대에듀**

2025 최신판 시대에듀 근로복지공단
NCS + 전공 + 최종점검 모의고사 5회 + 무료NCS특강

## Always **with you**

사람의 인연은 길에서 우연하게 만나거나 함께 살아가는 것만을 의미하지는 않습니다.
책을 펴내는 출판사와 그 책을 읽는 독자의 만남도 소중한 인연입니다.
**시대에듀**는 항상 독자의 마음을 헤아리기 위해 노력하고 있습니다. 늘 독자와 함께하겠습니다.

# 머리말 PREFACE

세계 최고 수준의 사회보장서비스기관을 지향하는 근로복지공단은 2025년에 신입직원을 채용할 예정이다. 근로복지공단의 채용절차는 「원서접수 ➡ 서류전형 ➡ 필기전형 ➡ 직업성격검사 ➡ 면접전형 ➡ 서류검증 ➡ 임용등록」 순서로 이루어진다. 필기전형은 행정직 6급(일반)의 경우 직업기초능력과 직무기초지식으로 진행된다. 그중 직업기초능력은 의사소통능력, 문제해결능력, 자원관리능력, 수리능력 총 4개의 영역을 평가하며, 2024년에는 피듈형으로 진행되었다. 또한, 직무기초지식은 법학, 행정학, 경영학, 경제학, 사회복지학 총 5개의 영역을 통합전공으로 평가하므로 반드시 확정된 채용공고를 확인해야 한다. 필기전형에서 고득점을 받기 위해서는 다양한 유형에 대한 폭넓은 학습과 문제풀이능력을 높이는 등의 철저한 준비가 필요하다.

근로복지공단 합격을 위해 시대에듀에서는 근로복지공단 판매량 1위의 출간 경험을 토대로 다음과 같은 특징을 가진 도서를 출간하였다.

## 도서의 특징

❶ **기출복원문제를 통한 출제 유형 확인!**
   - 2024년 하반기 주요 공기업 NCS 및 2024~2023년 전공 기출복원문제를 수록하여 공기업별 출제 경향을 파악할 수 있도록 하였다.

❷ **출제 영역 맞춤 문제를 통한 실력 상승!**
   - 직업기초능력 대표기출유형&기출응용문제를 수록하여 유형별로 대비할 수 있도록 하였다.
   - 직무기초지식 적중예상문제를 수록하여 전공까지 확실하게 준비할 수 있도록 하였다.

❸ **최종점검 모의고사를 통한 완벽한 실전 대비!**
   - 철저한 분석을 통해 실제 유형과 유사한 최종점검 모의고사를 수록하여 자신의 실력을 점검할 수 있도록 하였다.

❹ **다양한 콘텐츠로 최종 합격까지!**
   - 근로복지공단 채용 가이드와 면접 기출질문을 수록하여 채용 전반에 대비할 수 있도록 하였다.
   - 온라인 모의고사를 무료로 제공하여 필기전형에 대비할 수 있도록 하였다.

끝으로 본 도서를 통해 근로복지공단 채용을 준비하는 모든 수험생 여러분이 합격의 기쁨을 누리기를 진심으로 기원한다.

SDC(Sidae Data Center) 씀

# 근로복지공단 기업분석 INTRODUCE

◇ **미션**

> 산재보험과 근로복지서비스로 일하는 삶의 보호와 행복에 기여한다

◇ **비전**

> 일터에 안심, 생활에 안정, 일하는 모든 사람의 행복파트너

◇ **핵심가치**

책임과 신뢰

전문성과 혁신

공감과 소통

◇ **인재상**

> 일하는 사람과 공감하고 열정으로 행동하는 바른 인재

| 공감人 | 혁신人 | 책임人 |
|---|---|---|
| 소통하는 열린 인재 | 도전하는 전문 인재 | 신뢰받는 바른 인재 |

◇ **경영방침**

| 공정 서비스 | ▶ | • 공정한 업무상 재해 보상<br>• 소득 기반 산재 · 고용보험료 부과<br>• 국민요구 맞춤 데이터 공유 |
| 적시 서비스 | ▶ | • 업무상 질병 적기 처리 강화<br>• 산재근로자 치료 · 생계비 신속 지원<br>• 맞춤형 근로복지서비스 제공 |
| 감동 서비스 | ▶ | • 직원을 보호하는 안전한 일터<br>• 역량 향상을 위한 유연한 근무환경<br>• 활력 넘치는 조직문화 조성 |

◇ **중장기 전략방향**

| 일터안전망 강화 | ▶ | • 산재 · 고용보험 사각지대 해소<br>• 신속 · 공정한 산재 보상<br>• 전문 재활치료 강화<br>• 일상회복과 일터복귀 지원 |
| 근로복지 격차 완화 | ▶ | • 생활안정 금융지원 강화<br>• 상생형 근로복지 지원<br>• 임금체불 근로자 보호<br>• 퇴직연금 가입 확대 |
| 지속가능한 혁신 | ▶ | • 현장중심 전문역량 제고<br>• 디지털 혁신으로 고객 만족<br>• 국민 눈높이의 윤리경영 실천<br>• 안전 · 환경 · 책임경영 강화 |

# 신입 채용 안내 INFORMATION

◇ **지원자격(공통)**

① 성별 · 학력 · 연령 : 제한 없음[단, 임용일 기준 만 60세 이상(정년)인 자는 제외]
② 대한민국 국적을 보유한 사람
③ 국가공무원법 제33조 및 근로복지공단 인사규정 제14조(결격사유)에 해당하지 않는 사람
④ 남성의 경우 병역필 또는 병역 면제자

◇ **필기전형**

| 과목 | 전형 | 세부영역 |
|---|---|---|
| 직업기초능력<br>(70문항) | 전 전형 | 의사소통능력, 문제해결능력, 자원관리능력, 수리능력 |
| 직무기초지식<br>(30문항) | 행정직 6급<br>(일반전형) | 법학, 행정학, 경영학, 경제학, 사회복지학(각 6문항) |

◇ **직업성격검사 및 면접전형**

| 구분 | 내용 |
|---|---|
| 직업성격검사<br>(온라인 사전) | • 조직적합성 및 성격역량 평가<br>• 필기전형 합격자에 한해 온라인 개별 실시 |
| 면접전형 | • 직무수행에 필요한 직업기초능력 및 직무수행능력 평가<br>• 의사소통능력 · 문제해결능력 · 직업윤리 · 공단 및 직무이해도 · 자기개발계획 등 평가<br>• 방식 : 다대일 면접, 1인 집중면접(직무상황면접 + 경험행동면접) |

❖ 위 채용 안내는 2024년 하반기 채용공고를 기준으로 작성하였으므로 세부사항은 확정된 채용공고를 확인하기 바랍니다.

# 2024년 하반기 기출분석 ANALYSIS

**총평**

근로복지공단의 필기전형은 피듈형으로 출제되었으며, 난이도가 비교적 평이했다는 후기가 많았다. 의사소통능력, 자원관리능력, 수리능력은 다양한 자료를 활용한 세트문제가 다수 출제되었으므로 정확하게 자료를 이해하고 문제를 푸는 연습을 하는 것이 좋겠다. 직무기초지식에서는 기본 개념을 활용한 문제가 많이 출제되었으므로 출제되는 영역에 대한 이론을 확실하게 학습하는 것이 좋다. 또한, 직업기초능력 70문제, 직무기초지식 30문제를 110분 안에 모두 풀어야 하므로 시험 전에 풀이 시간을 조절하는 연습이 필요해 보인다.

## ◇ 영역별 출제 비중

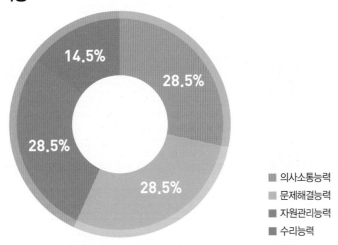

- ▓ 의사소통능력
- ▓ 문제해결능력
- ▓ 자원관리능력
- ▓ 수리능력

| 구분 | 출제 특징 | 출제 키워드 |
|---|---|---|
| 의사소통능력 | • 문서 내용 이해 문제가 출제됨<br>• 내용 추론 문제가 출제됨<br>• 모듈형 문제가 출제됨 | • 근로복지공단 어린이집, 두루누리 지원사업 등 |
| 문제해결능력 | • 명제 추론 문제가 출제됨<br>• 규칙 적용 문제가 출제됨 | • 일치/불일치, 선정 인원 고르기, 금액 구하기 등 |
| 자원관리능력 | • 시간 계획 문제가 출제됨<br>• 비용 계산 문제가 출제됨<br>• 품목 확정 문제가 출제됨<br>• 인원 선발 문제가 출제됨 | • 수상자 고르기, 스케줄표 짜기 등 |
| 수리능력 | • 자료 이해 문제가 출제됨<br>• 수열 규칙 문제가 출제됨 | • 금액, 표, 규칙 등 |

# NCS 문제 유형 소개 NCS TYPES

▮ 수리능력

**04** 다음은 신용등급에 따른 아파트 보증률에 대한 사항이다. 자료와 상황에 근거할 때, 갑(甲)과 을(乙)의 보증료의 차이는 얼마인가?(단, 두 명 모두 대지비 보증금액은 5억 원, 건축비 보증금액은 3억 원이며, 보증서 발급일로부터 입주자 모집공고 안에 기재된 입주 예정 월의 다음 달 말일까지의 해당 일수는 365일이다)

- (신용등급별 보증료)=(대지비 부분 보증료)+(건축비 부분 보증료)
- 신용평가 등급별 보증료율

| 구분 | 대지비 부분 | 건축비 부분 | | | | |
|---|---|---|---|---|---|---|
| | | 1등급 | 2등급 | 3등급 | 4등급 | 5등급 |
| AAA, AA | | 0.178% | 0.185% | 0.192% | 0.203% | 0.221% |
| A$^+$ | | 0.194% | 0.208% | 0.215% | 0.226% | 0.236% |
| A$^-$, BBB$^+$ | 0.138% | 0.216% | 0.225% | 0.231% | 0.242% | 0.261% |
| BBB$^-$ | | 0.232% | 0.247% | 0.255% | 0.267% | 0.301% |
| BB$^+$ ~ CC | | 0.254% | 0.276% | 0.296% | 0.314% | 0.335% |
| C, D | | 0.404% | 0.427% | 0.461% | 0.495% | 0.531% |

※ (대지비 부분 보증료)=(대지비 부분 보증금액)×(대지비 부분 보증료율)×(보증서 발급일로부터 입주자 모집공고 안에 기재된 입주 예정 월의 다음 달 말일까지의 해당 일수)÷365

※ (건축비 부분 보증료)=(건축비 부분 보증금액)×(건축비 부분 보증료율)×(보증서 발급일로부터 입주자 모집공고 안에 기재된 입주 예정 월의 다음 달 말일까지의 해당 일수)÷365

- 기여고객 할인율 : 보증료, 거래기간 등을 기준으로 기여도에 따라 6개 군으로 분류하며, 건축비 부분 요율에서 할인 가능

| 구분 | 1군 | 2군 | 3군 | 4군 | 5군 | 6군 |
|---|---|---|---|---|---|---|
| 차감률 | 0.058% | 0.050% | 0.042% | 0.033% | 0.025% | 0.017% |

〈상황〉

- 갑 : 신용등급은 A$^+$이며, 3등급 아파트 보증금을 내야 한다. 기여고객 할인율에서는 2군으로 선정되었다.
- 을 : 신용등급은 C이며, 1등급 아파트 보증금을 내야 한다. 기여고객 할인율은 3군으로 선정되었다.

① 554,000원  
② 566,000원  
③ 582,000원  
④ 591,000원  
⑤ 623,000원

**특징**
▶ 대부분 의사소통능력, 수리능력, 문제해결능력을 중심으로 출제(일부 기업의 경우 자원관리능력, 조직이해능력을 출제)
▶ 자료에 대한 추론 및 해석 능력을 요구

**대행사**
▶ 엑스퍼트컨설팅, 커리어넷, 태드솔루션, 한국행동과학연구소(행과연), 휴노 등

## 모듈형

| 문제해결능력

**41** 문제해결절차의 문제 도출 단계는 (가)와 (나)의 절차를 거쳐 수행된다. 다음 중 (가)에 대한 설명으로 적절하지 않은 것은?

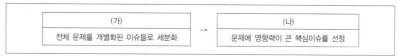

① 문제의 내용 및 영향 등을 파악하여 문제의 구조를 도출한다.
② 본래 문제가 발생한 배경이나 문제를 일으키는 메커니즘을 분명히 해야 한다.
③ 현상에 얽매이지 말고 문제의 본질과 실제를 봐야 한다.
④ 눈앞의 결과를 중심으로 문제를 바라봐야 한다.
⑤ 문제 구조 파악을 위해서 Logic Tree 방법이 주로 사용된다.

**특징**
▶ 이론 및 개념을 활용하여 푸는 유형
▶ 채용 기업 및 직무에 따라 NCS 직업기초능력평가 10개 영역 중 선발하여 출제
▶ 기업의 특성을 고려한 직무 관련 문제를 출제
▶ 주어진 상황에 대한 판단 및 이론 적용을 요구

**대행사** ▶ 인트로맨, 휴스테이션, ORP연구소 등

## 피듈형(PSAT형 + 모듈형)

| 자원관리능력

**07** 다음 자료를 근거로 판단할 때, 연구모임 A ~ E 중 세 번째로 많은 지원금을 받는 모임은?

〈지원계획〉

• 지원을 받기 위해서는 한 모임당 5명 이상 9명 미만으로 구성되어야 한다.
• 기본지원금은 모임당 1,500천 원을 기본으로 지원한다. 단, 상품개발을 위한 모임의 경우는 2,000천 원을 지원한다.
• 추가지원금

| 등급 | 상 | 중 | 하 |
| --- | --- | --- | --- |
| 추가지원금(천 원/명) | 120 | 100 | 70 |

※ 추가지원금은 연구 계획 사전평가결과에 따라 달라진다.
• 협업 장려를 위해 협업이 인정되는 모임에는 위의 두 지원금을 합한 금액의 30%를 별도로 지원한다.

〈연구모임 현황 및 평가결과〉

**특징**
▶ 기초 및 응용 모듈을 구분하여 푸는 유형
▶ 기초인지모듈과 응용업무모듈로 구분하여 출제
▶ PSAT형보다 난도가 낮은 편
▶ 유형이 정형화되어 있고, 유사한 유형의 문제를 세트로 출제

**대행사** ▶ 사람인, 스카우트, 인크루트, 커리어케어, 트리피, 한국사회능력개발원 등

# 주요 공기업 적중 문제 TEST CHECK

## 문장 삽입 ▶ 유형

**07** 다음 글에서 〈보기〉의 문장이 들어갈 위치로 가장 적절한 곳은?

(가) 1783년 영국 자연철학자 존 미첼은 빛은 입자라는 생각과 뉴턴의 중력이론을 결합한 이론을 제시하였다. 그는 우선 별들이 어떻게 보일 것인지 사고 실험을 통해 예측하였다.
별의 표면에서 얼마간의 초기 속도로 입자를 쏘아 올려 아무런 방해 없이 위로 올라간다고 가정해보자. (나) 만약에 초기 속도가 충분히 빠르지 않으면 별의 중력은 입자의 속도를 점점 느리게 할 것이며, 결국 그 입자를 별의 표면으로 되돌아가게 할 것이다. 만약 초기 속도가 충분히 빠르면 입자는 중력을 극복하고 별을 탈출할 수 있을 것이다. 이렇게 입자가 별을 탈출할 수 있는 최소한의 초기 속도는 '탈출 속도'라고 불린다.
(다) 이를 바탕으로 미첼은 '임계 둘레'라는 것도 추론해냈다. 임계 둘레란 탈출 속도와 빛의 속도를 같게 만드는 별의 둘레를 말한다. 빛 입자는 다른 입자들처럼 중력의 영향을 받는다. 그로 인해 빛은 임계 둘레보다 작은 둘레를 가진 별에서는 탈출할 수 없다. 그런 별에서 약 30만 km/s의 초기 속도로 빛 입자를 쏘아 올렸을 때 입자는 우선 위로 날아갈 것이다. (라) 그런 다음 멈출 때까지 느려지다가, 결국 별의 표면으로 되돌아갈 것이다. 미첼은 임계 둘레를 쉽게 계산할 수 있었다. 태양과 동일한 질량을 가진 별의 임계 둘레는 약 19 km로 계산되었다. (마) 이러한 사고 실험을 통해 미첼은 임계 둘레보다 작은 둘레를 가진 암흑의 별들이 무척 많을 테고, 그 별들에선 빛 입자가 빠져나올 수 없기에 지구에서는 볼 수 없을 것으로 추측했다.

**보기**

미첼은 뉴턴의 중력이론을 이용해서 탈출 속도를 계산할 수 있었으며, 그 속도가 별 질량을 별의

## 증감률 ▶ 키워드

**05** 다음은 K국가의 2018년부터 2022년까지 GDP 대비 공교육비 비율에 대한 그래프이다. 공교육비 비율의 전년 대비 증감률이 가장 큰 해와 민간재원 공교육비 비율의 전년 대비 증감률이 가장 큰 해를 순서대로 나열한 것은?

① 2019년, 2019년
② 2019년, 2021년
③ 2019년, 2022년
④ 2022년, 2019년
⑤ 2022년, 2022년

**국민건강보험공단**

**05**

감시용으로만 사용되는 CCTV가 최근에 개발된 신기술과 융합되면서 그 용도가 점차 확대되고 있다. 대표적인 것이 인공지능(AI)과의 융합이다. CCTV가 지능을 가지게 되면 단순 행동 감지에서 벗어나 객체를 추적해 행위를 판단할 수 있게 된다. 단순히 사람의 눈을 대신하던 CCTV가 사람의 두뇌를 대신하는 형태로 진화하고 있는 셈이다.

인공지능을 장착한 CCTV는 범죄현장에서 이상 행동을 하는 사람을 선별하고, 범인을 추적하거나 도주 방향을 예측해 통합관제센터로 통보할 수 있다. 또 수상한 사람의 행동 패턴에 따라 지속적인 추적이나 감시를 수행하고, 차량번호 및 사람 얼굴 등을 인식해 관련 정보를 분석해 제공할 수 있다. 한국전자통신연구원(ETRI)에서는 CCTV 등의 영상 데이터를 활용해 특정 인물이 어떤 행동을 할지를 사전에 예측하는 영상분석 기술을 연구 중인 것으로 알려져 있다. 인공지능 CCTV는 범인 추적뿐만 아니라 자연재해를 예측하는 데 사용할 수도 있다. 장마철이나 국지성 집중호우 때 홍수로 범람하는 하천의 수위를 감지하는 것은 물론 산이나 도로 등의 붕괴 예측 등 다양한 분야에 적용될 수 있기 때문이다.

① AI와 융합한 CCTV의 진화
② 범죄를 예측하는 CCTV
③ 당신을 관찰한다, CCTV의 폐해
④ CCTV와 AI의 현재와 미래

**03** 다음 문단을 논리적 순서대로 바르게 나열한 것은?

(가) 흡연자와 비흡연자 사이의 후두암, 폐암 등의 질병별 발생위험도에 대해서 건강보험공단은 유의미한 연구결과를 내놓기도 했는데, 연구결과에 따르면 흡연자는 비흡연자에 비해서 후두암 발생률이 6.5배, 폐암 발생률이 4.6배 등 각종 암에 걸릴 확률이 높은 것으로 나타났다.

(나) 건강보험공단은 이에 대해 담배회사가 절차적 문제로 방어막을 치고 있는 것에 지나지 않는다 하여 비판을 제기하고 있다. 아직 소송이 처음 시작한 만큼 담배회사와 건강보험공단 간의 '담배 소송'의 결과를 보려면 오랜 시간을 기다려야 할 것이다.

(다) 이와 같은 담배의 유해성 때문에 건강보험공단은 현재 담배회사와 소송을 진행하고 있는데, 당해 소송에서는 담배의 유해성에 관한 인과관계 입증 이전에 다른 문제가 부상하였다. 건강보험공단이 소송당사자가 될 수 있는지가 문제가 된 것이다.

(라) 담배는 임진왜란 때 일본으로부터 호박, 고구마 등과 함께 들어온 것으로 알려져 있다. 그러나 선조들이 알고 있던 것과는 달리, 담배는 약초가 아니다. 담배의 유해성은 우선 담뱃갑이 스스로를 경고하는 경고 문구에 나타나 있다. 담뱃갑에는 '흡연은 폐암 등 각종 질병의 원인'이라는 문구를 시작으로, '담배 연기에는 발암성 물질인 나프틸아민, 벤젠, 비닐 크롤라이드, 비소, 카드뮴이 들어 있다.'라고 적시하고 있다.

① (가) - (다) - (라) - (나)
② (가) - (라) - (다) - (나)
③ (라) - (가) - (다) - (나)
④ (라) - (다) - (가) - (나)

# 주요 공기업 적중 문제 TEST CHECK

## 건강보험심사평가원

### 개인정보 ▶ 키워드

**03** 다음 〈보기〉에서 개인정보 유출 방지에 대한 설명으로 옳지 않은 것을 모두 고르면?

> **보기**
>
> ㄱ. 회원 가입 시 개인정보보호와 이용자 권리에 관한 조항을 유심히 읽어야 한다.
> ㄴ. 제3자에 대한 정보 제공이 이루어지는 곳에는 개인정보를 제공해서는 안 된다.
> ㄷ. 제시된 정보수집 및 이용목적에 적합한 정보를 요구하는지 확인하여야 한다.
> ㄹ. 비밀번호는 주기적으로 변경해야 하며, 비밀번호 관리를 위해 동일한 비밀번호를 사용하는 것
>    이 좋다.
> ㅁ. 제공한 정보가 가입 해지 시 파기되는지 여부를 확인하여야 한다.

① ㄱ, ㄴ        ② ㄱ, ㄷ

③ ㄴ, ㄹ        ④ ㄴ, ㅁ

### 인원 ▶ 키워드

**01** 다음 자료를 근거로 할 때, 하루 동안 고용할 수 있는 최대 인원은?

<표>

| 〈총예산과 인건비〉 | | |
|---|---|---|
| 총예산 | 본예산 | 500,000원 |
|  | 예비비 | 100,000원 |
| 인건비 | 1인당 수당 | 50,000원 |
|  | 산재보험료 | (수당)×0.504% |
|  | 고용보험료 | (수당)×1.3% |

※ (하루에 고용할 수 있는 인원수)=[(본예산)+(예비비)]÷(하루 1인당 인건비)
※ (1인당 하루 인건비)=(1인당 수당)+(산재보험료)+(고용보험료)

① 10명        ② 11명

③ 12명        ④ 13명

## 국민연금공단

### 엑셀 함수 ▶ 유형

**07** 다음 대화를 미루어 보아 K사원이 안내할 엑셀 함수로 가장 적절한 것은?

> **P과장** : K씨, 제품 일련번호가 짝수인 것과 홀수인 것을 구분하고 싶은데, 일일이 찾아 분류하자니 데이터가 너무 많아 번거로울 것 같아. 엑셀로 분류할 수 있는 방법이 없을까?
>
> **K사원** : 네, 과장님. _____ 함수를 사용하면 편하게 분류할 수 있습니다. 이 함수는 지정한 숫자를 특정 숫자로 나눈 나머지를 알려줍니다. 만약 제품 일련번호를 2로 나누면 나머지가 0 또는 1이 나오는데, 여기서 나머지가 0이 나오는 것은 짝수이고 나머지가 1이 나오는 것은 홀수이기 때문에 분류가 빠르고 쉽게 됩니다. 분류하실 때는 필터기능을 함께 사용하면 더욱 간단해집니다.
>
> **P과장** : 그렇게 하면 간단히 처리할 수 있겠어. 정말 큰 도움이 되었네.

① SUMIF

② MOD

③ INT

④ NOW

### 글의 제목 ▶ 유형

**24** 다음 글의 제목으로 가장 적절한 것은?

> 20세기 한국 사회는 내부 노동시장에 의존한 평생직장 개념을 갖고 있었으나, 1997년 외환 위기 이후 인력 관리의 유연성이 향상되면서 그것은 사라지기 시작하였다. 기업은 필요한 우수 인력을 외부 노동시장에서 적기에 채용하고, 저숙련 인력은 주변화하여 비정규직을 계속 늘려간다는 전략을 구사하고 있다. 이러한 기업의 인력 관리 방식에 따라서 실업률은 계속 하락하는 동시에 주당 18시간 미만으로 일하는 불완전 취업자가 많이 증가하고 있다.
>
> 이러한 현상은 우리나라의 경제가 지식 기반 산업 위주로 점차 바뀌고 있음을 말해 준다. 지식 기반 산업이 주도하는 경제 체제에서는 고급 지식을 갖거나 숙련된 노동자는 더욱 높은 임금을 받게 된다. 다시 말해 지식 기반 경제로의 이행은 지식 격차에 의한 소득 불평등의 심화를 의미한다. 우수한 기술과 능력을 갖춘 핵심 인력은 능력 개발 기회를 얻게 되어 '고급 기술 → 높은 임금 → 양질의 능력 개발 기회'의 선순환 구조를 갖지만, 비정규직·장기 실업자 등 주변 인력은 악순환을 겪을 수밖에 없다. 이러한 '양극화' 현상을 국가가 적절히 통제하지 못할 경우, 사회 계급 간의 간극은 더욱 확대될 것이다. 결국 고도 기술 사회가 온다고 해도 자본주의 사회 체제가 지속되는 한, 사회 불평등 현상은 여전히 계급 간 균열선을 따라 존재하게 될 것이다. 국가가 포괄적 범위에서 강력하게 사회 정책적 개입을 추진하면 계급 간 차이를 현재보다는 축소시킬 수 있겠지만 아주 없어지는 못할 것이다.
>
> 사회 불평등 현상은 나라들 사이에서도 발견된다. 각국 간 발전 격차가 지속 확대되면서 전 지구적 생산의 재배치는 이미 20세기 중엽부터 진행됐다. 정보통신 기술은 지구의 자전 주기와 공간적 거리를 '장애물'에서 '이점'으로 변모시켰다. 그 결과, 전 지구적 노동시장이 탄생하였다. 기업을 비롯한 각 사회 조직은 국경을 넘어 인력을 충원하고, 재화와 용역을 구매하고 있다. 개인들도 인터넷을 통해 이러한 흐름에 동참하고 있다. 생산 기능은 저개발국으로 이전되고, 연구·개발·마케팅 기능은 선진국으로 모여드는 경향이 지속·강화되어 나라 간 정보 격차가 확대되고 있다. 유비쿼터스 컴퓨팅 기술에 의거하여 전 지구 사회를 잇는 지역 간 분업은 앞으로 더욱 활발해질 것이다. 나라 간의 경제적 불평등 현상은 국제 자본 이동과 국제 노동 이동으로 표출되고 있다. 노동 집약적 부문의 국내 기업이 해외로 생산 기지를 옮기는 현상에서 나아가, 초국적 기업화 현상이 본격적으로 대두되고 있다. 전 지구에 걸친 외부 용역 대치가 이루어지고 콜센터를 외국으로 옮기는 현상도 보편화될 것이다.

# 도서 200% 활용하기 STRUCTURES

## 1  기출복원문제로 출제경향 파악

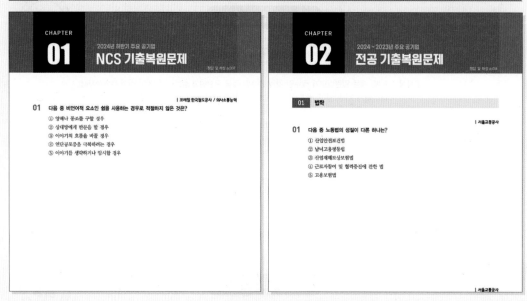

▸ 2024년 하반기 주요 공기업 NCS 및 2024~2023년 전공 기출복원문제를 수록하여 공기업별 출제경향을 파악할 수 있도록 하였다.

## 2  출제 영역 맞춤 문제로 필기전형 완벽 대비

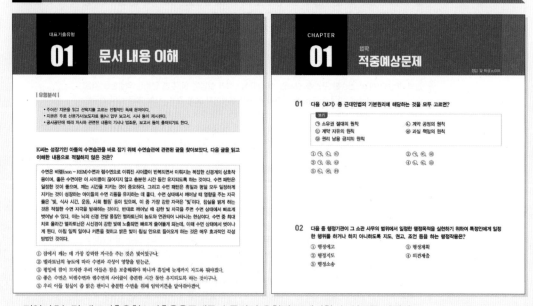

▸ 직업기초능력 대표기출유형&기출응용문제를 수록하여 유형별로 대비할 수 있도록 하였다.
▸ 직무기초지식(법·행정·경영·경제·사회복지) 적중예상문제를 수록하여 전공까지 확실하게 대비할 수 있도록 하였다.

# 3 최종점검 모의고사 + OMR을 활용한 실전 연습

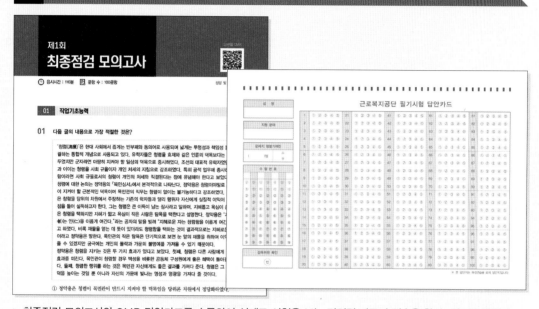

▶ 최종점검 모의고사와 OMR 답안카드를 수록하여 실제로 시험을 보는 것처럼 마무리 연습을 할 수 있도록 하였다.
▶ 모바일 OMR 답안채점/성적분석 서비스를 통해 필기전형에 대비할 수 있도록 하였다.

# 4 인성검사부터 면접까지 한 권으로 최종 마무리

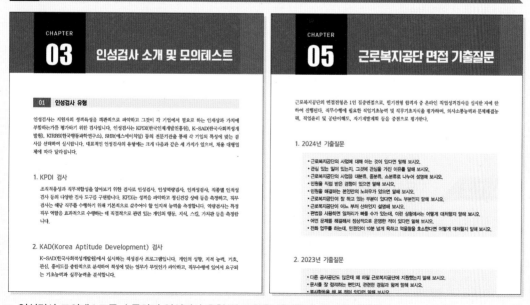

▶ 인성검사 모의테스트를 수록하여 인성검사 유형 및 문항을 확인할 수 있도록 하였다.
▶ 근로복지공단 면접 기출질문을 통해 실제 면접에서 나오는 질문을 미리 파악하고 연습할 수 있도록 하였다.

# 이 책의 차례 CONTENTS

**A d d +** 특별부록

CHAPTER 01 2024년 하반기 주요 공기업 NCS 기출복원문제    2
CHAPTER 02 2024~2023년 주요 공기업 전공 기출복원문제    33

**PART 1** 직업기초능력

CHAPTER 01 의사소통능력    4
대표기출유형 01 문서 내용 이해
대표기출유형 02 내용 추론
대표기출유형 03 문단 나열
대표기출유형 04 빈칸 삽입

CHAPTER 02 문제해결능력    28
대표기출유형 01 명제 추론
대표기출유형 02 규칙 적용
대표기출유형 03 SWOT 분석

CHAPTER 03 자원관리능력    46
대표기출유형 01 시간 계획
대표기출유형 02 비용 계산
대표기출유형 03 품목 확정
대표기출유형 04 인원 선발

CHAPTER 04 수리능력    66
대표기출유형 01 응용 수리
대표기출유형 02 자료 계산
대표기출유형 03 자료 이해
대표기출유형 04 수열 규칙

**PART 2** 직무기초지식

CHAPTER 01 법학    84
CHAPTER 02 행정학    91
CHAPTER 03 경영학    99
CHAPTER 04 경제학    105
CHAPTER 05 사회복지학    112

**PART 3** 최종점검 모의고사

제1회 최종점검 모의고사    122
제2회 최종점검 모의고사    180

**PART 4** 채용 가이드

CHAPTER 01 블라인드 채용 소개    240
CHAPTER 02 서류전형 가이드    242
CHAPTER 03 인성검사 소개 및 모의테스트    249
CHAPTER 04 면접전형 가이드    256
CHAPTER 05 근로복지공단 면접 기출질문    266

**별 책** 정답 및 해설

Add+ 특별부록    2
PART 1 직업기초능력    28
PART 2 직무기초지식    50
PART 3 최종점검 모의고사    72
OMR 답안카드

# Add+

# 특별부록

**CHAPTER 01**  2024년 하반기 주요 공기업 NCS 기출복원문제

**CHAPTER 02**  2024 ~ 2023년 주요 공기업 전공 기출복원문제

| 코레일 한국철도공사 / 의사소통능력

**01** 다음 중 비언어적 요소인 쉼을 사용하는 경우로 적절하지 않은 것은?

① 양해나 동조를 구할 경우
② 상대방에게 반문을 할 경우
③ 이야기의 흐름을 바꿀 경우
④ 연단공포증을 극복하려는 경우
⑤ 이야기를 생략하거나 암시할 경우

| 코레일 한국철도공사 / 의사소통능력

**02** 다음 밑줄 친 부분에 해당하는 키슬러의 대인관계 의사소통 유형은?

> 의사소통 시 이 유형의 사람은 따뜻하고 인정이 많고 자기희생적이나 타인의 요구를 거절하지 못하므로 타인과의 정서적인 거리를 유지하는 노력이 필요하다.

① 지배형                    ② 사교형
③ 친화형                    ④ 고립형
⑤ 순박형

**03** 다음 글을 통해 알 수 있는 철도사고 발생 시 행동요령으로 적절하지 않은 것은?

철도사고는 지하철, 고속철도 등 철도에서 발생하는 사고를 뜻한다. 많은 사람이 한꺼번에 이용하며 무거운 전동차가 고속으로 움직이는 특성상 철도사고가 발생할 경우 인명과 재산에 큰 피해가 발생한다.

철도사고는 다양한 원인에 의해 발생하며 사고 유형 또한 다양하게 나타나는데, 대표적으로는 충돌사고, 탈선사고, 열차화재사고가 있다. 이 사고들은 철도안전법에서 철도교통사고로 규정되어 있으며, 많은 인명피해를 야기하므로 철도사업자는 반드시 이를 예방하기 위한 조치를 취해야 한다. 또한 승객들은 위험으로부터 빠르게 벗어나기 위해 사고 시 대피요령을 파악하고 있어야 한다.

국토교통부는 철도사고 발생 시 인명과 재산을 보호하기 위한 국민행동요령을 제시하고 있다. 이 행동요령에 따르면 지하철에서 사고가 발생할 경우 가장 먼저 객실 양 끝에 있는 인터폰으로 승무원에게 사고를 알려야 한다. 만약 화재가 발생했다면 곧바로 119에 신고하고, 여유가 있다면 객실 양 끝에 비치된 소화기로 불을 꺼야 한다. 반면 화재의 진화가 어려울 경우 입과 코를 젖은 천으로 막고 화재가 발생하지 않은 다른 객실로 이동해야 한다. 전동차에서 대피할 때는 안내방송과 승무원의 안내에 따라 질서 있게 대피해야 하며 이때 부상자, 노약자, 임산부가 먼저 대피할 수 있도록 배려하고 도와주어야 한다. 만약 전동차의 문이 열리지 않으면 반드시 열차가 멈춘 후에 안내방송에 따라 비상핸들이나 비상콕크를 돌려 문을 열고 탈출해야 한다. 전동차가 플랫폼에 멈췄을 경우 스크린도어를 열고 탈출해야 하는데, 손잡이를 양쪽으로 밀거나 빨간색 비상바를 밀고 탈출해야 한다. 반대로 역이 아닌 곳에서 멈췄을 경우 감전의 위험이 있으므로 반드시 승무원의 안내에 따라 반대편 선로의 열차 진입에 유의하며 대피 유도등을 따라 침착하게 비상구로 대피해야 한다.

이와 같이 승객들은 철도사고 발생 시 신고, 질서 유지, 빠른 대피를 중점적으로 유념하여 행동해야 한다. 철도사고는 사고 자체가 일어나지 않도록 철저한 안전관리와 예방이 필요하지만, 다양한 원인으로 예상치 못하게 발생한다. 따라서 철도교통을 이용하는 승객 또한 평소에 안전 수칙을 준수하고 비상 상황에서 침착하게 대처하는 훈련이 필요하다.

① 침착함을 잃지 않고 승무원의 안내에 따라 대피해야 한다.
② 화재사고 발생 시 규모가 크지 않다면 빠르게 진화 작업을 해야 한다.
③ 선로에서 대피할 경우 승무원의 안내와 대피 유도등을 따라 대피해야 한다.
④ 전동차에서 대피할 때는 탈출이 어려운 사람부터 대피할 수 있도록 도와야 한다.
⑤ 철도사고 발생 시 탈출을 위해 우선 비상핸들을 돌려 열차의 문을 개방해야 한다.

**04** 다음 글을 읽고 알 수 있는 하향식 읽기 모형의 사례로 적절하지 않은 것은?

글을 읽는 것은 단순히 책에 쓰인 문자를 해독하는 것이 아니라 그 안에 담긴 의미를 파악하는 과정이다. 그렇다면 사람들은 어떤 방식으로 글의 의미를 파악할까? 세상의 모든 어휘를 알고 있는 사람은 없을 것이다. 그러나 대부분의 사람들, 특히 고등교육을 받은 성인들은 자신이 잘 모르는 어휘가 있더라도 글의 전체적인 맥락과 의미를 파악할 수 있다. 이를 설명해 주는 것이 바로 하향식 읽기 모형이다.

하향식 읽기 모형은 독자가 이미 알고 있는 배경지식과 경험을 바탕으로 글의 전체적인 맥락을 먼저 파악하는 방식이다. 하향식 읽기 모형은 독자의 능동적인 참여를 활용하는 읽기로, 여기서 독자는 단순히 글을 받아들이는 수동적인 존재가 아니라 자신의 지식과 경험을 활용하여 글의 의미를 구성해 나가는 주체적인 역할을 한다. 이때 독자는 글의 내용을 예측하고 추론하며, 심지어 자신의 생각을 더하여 글에 대한 이해를 넓혀갈 수 있다.

하향식 읽기 모형의 장점은 빠르고 효율적인 독서가 가능하다는 것이다. 글의 전체적인 맥락을 먼저 파악하기 때문에 글의 핵심 내용을 빠르게 파악할 수 있고, 배경지식을 활용하여 더 깊이 있는 이해를 얻을 수 있다. 또한 예측과 추론을 통한 능동적인 독서는 독서에 대한 흥미를 높여 주는 효과도 있다.

그러나 하향식 읽기 모형은 독자의 배경지식에 의존하여 읽는 방법이므로 배경지식이 부족한 경우 글의 의미를 정확하게 파악하기 어려울 수 있으며, 배경지식에 의존하여 오해를 할 가능성도 크다. 또한 글의 내용이 복잡하다면 많은 배경지식을 가지고 있더라도 글의 맥락을 적극적으로 가정하거나 추측하기 어려운 것 또한 하향식 읽기 모형의 단점이 된다.

하향식 읽기 모형은 글의 내용을 빠르게 이해하고 독자 스스로 내면화할 수 있으므로 독서 능력 향상에 유용한 방법이다. 그러나 모든 글에 동일하게 적용할 수 있는 읽기 모형은 아니므로 글의 종류와 독자의 배경지식에 따라 적절한 읽기 전략을 사용해야 한다. 따라서 하향식 읽기 모형과 함께 상향식 읽기(문자의 정확한 해독), 주석 달기, 소리 내어 읽기 등 다양한 읽기 전략을 활용하여야 한다.

① 회의 자료를 읽기 전 회의 주제를 먼저 파악하여 회의 안건을 예상하였다.
② 기사의 헤드라인을 먼저 읽어 기사의 내용을 유추한 뒤 상세 내용을 읽었다.
③ 제품 설명서를 읽어 제품의 기능과 각 버튼의 용도를 파악하고 기계를 작동시켰다.
④ 요리법의 전체적인 조리 과정을 파악하고 단계별로 필요한 재료와 순서를 확인하였다.
⑤ 서문이나 목차를 통해 책의 전체적인 흐름을 파악하고 관심 있는 부분을 집중적으로 읽었다.

**05** 농도가 15%인 소금물 200g과 농도가 20%인 소금물 300g을 섞었을 때, 섞인 소금물의 농도는?

① 17%

② 17.5%

③ 18%

④ 18.5%

⑤ 19%

**06** 남직원 A ~ C, 여직원 D ~ F 6명이 일렬로 앉고자 한다. 여직원끼리 인접하지 않고, 여직원 D와 남직원 B가 서로 인접하여 앉는 경우의 수는?

① 12가지

② 20가지

③ 40가지

④ 60가지

⑤ 120가지

**07** 다음과 같이 일정한 규칙으로 수를 나열할 때 빈칸에 들어갈 수로 옳은 것은?

| −23 | −15 | −11 | 5 | 13 | 25 | ( ) | 45 | 157 | 65 |
|---|---|---|---|---|---|---|---|---|---|

① 49

② 53

③ 57

④ 61

⑤ 65

**08** 다음은 K시의 유치원, 초·중·고등학교, 고등교육기관의 취학률 및 초·중·고등학교의 상급학교 진학률에 대한 자료이다. 이에 대한 설명으로 옳지 않은 것은?

〈유치원, 초·중·고등학교, 고등교육기관 취학률〉

(단위 : %)

| 구분 | 2014년 | 2015년 | 2016년 | 2017년 | 2018년 | 2019년 | 2020년 | 2021년 | 2022년 | 2023년 |
|---|---|---|---|---|---|---|---|---|---|---|
| 유치원 | 45.8 | 45.2 | 48.3 | 50.6 | 51.6 | 48.1 | 44.3 | 45.8 | 49.7 | 52.8 |
| 초등학교 | 98.7 | 99 | 98.6 | 98.9 | 99.3 | 99.6 | 98.1 | 98.1 | 99.5 | 99.9 |
| 중학교 | 98.5 | 98.6 | 98.1 | 98 | 98.9 | 98.5 | 97.1 | 97.6 | 97.5 | 98.2 |
| 고등학교 | 95.3 | 96.9 | 96.2 | 95.4 | 96.2 | 94.7 | 92.1 | 93.7 | 95.2 | 95.6 |
| 고등교육기관 | 65.6 | 68.9 | 64.9 | 66.2 | 67.5 | 69.2 | 70.8 | 71.7 | 74.3 | 73.5 |

〈초·중·고등학교 상급학교 진학률〉

(단위 : %)

| 구분 | 2014년 | 2015년 | 2016년 | 2017년 | 2018년 | 2019년 | 2020년 | 2021년 | 2022년 | 2023년 |
|---|---|---|---|---|---|---|---|---|---|---|
| 초등학교 | 100 | 100 | 100 | 100 | 100 | 100 | 100 | 100 | 100 | 100 |
| 중학교 | 99.7 | 99.7 | 99.7 | 99.7 | 99.7 | 99.7 | 99.7 | 99.7 | 99.7 | 99.6 |
| 고등학교 | 93.5 | 91.8 | 90.2 | 93.2 | 91.7 | 90.5 | 91.4 | 92.6 | 93.9 | 92.8 |

① 중학교의 취학률은 매년 97% 이상이다.

② 매년 취학률이 가장 높은 기관은 초등학교이다.

③ 고등교육기관의 취학률이 70%를 넘긴 해는 2020년부터이다.

④ 2023년에 중학교에서 고등학교로 진학하지 않은 학생의 비율은 전년 대비 감소하였다.

⑤ 고등교육기관의 취학률이 가장 낮은 해와 고등학교의 상급학교 진학률이 가장 낮은 해는 같다.

**09** 다음은 A기업과 B기업의 2024년 1 ~ 6월 매출액에 대한 자료이다. 이를 그래프로 옮겼을 때의 개형으로 옳은 것은?

〈2024년 1 ~ 6월 A, B기업 매출액〉

(단위 : 억 원)

| 구분 | 2024년 1월 | 2024년 2월 | 2024년 3월 | 2024년 4월 | 2024년 5월 | 2024년 6월 |
|------|-----------|-----------|-----------|-----------|-----------|-----------|
| A기업 | 307.06 | 316.38 | 315.97 | 294.75 | 317.25 | 329.15 |
| B기업 | 256.72 | 300.56 | 335.73 | 313.71 | 296.49 | 309.85 |

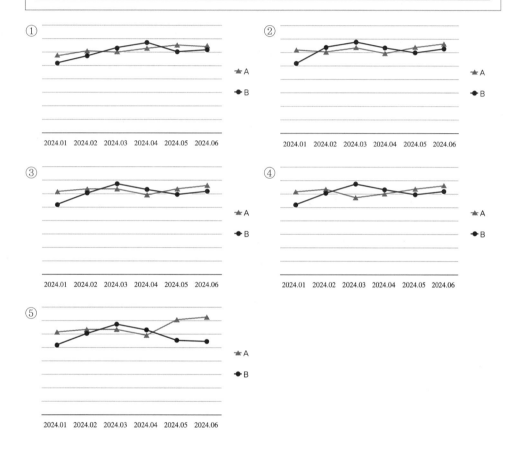

**10** 다음은 스마트 팜을 운영하는 K사에 대한 SWOT 분석 결과이다. 이에 따른 전략이 나머지와 다른 것은?

<K사 스마트 팜 SWOT 분석 결과>

| 구분 | | 분석 결과 |
|---|---|---|
| 내부환경요인 | 강점<br>(Strength) | • 차별화된 기술력 : 기존 스마트 팜 솔루션과 차별화된 센서 기술, AI 기반 데이터 분석 기술 보유<br>• 젊고 유연한 조직 : 빠른 의사결정과 시장 변화에 대한 적응력<br>• 정부 사업 참여 경험 : 스마트 팜 관련 정부 사업 참여 가능성 |
| | 약점<br>(Weakness) | • 자금 부족 : 연구개발, 마케팅 등에 필요한 자금 확보 어려움<br>• 인력 부족 : 다양한 분야의 전문 인력 확보 필요<br>• 개발력 부족 : 신규 기술 개발 속도 느림 |
| 외부환경요인 | 기회<br>(Opportunity) | • 스마트 팜 시장 성장 : 스마트 팜에 대한 관심 증가와 이에 따른 정부의 적극적인 지원<br>• 해외 시장 진출 가능성 : 글로벌 스마트 팜 시장 진출 기회 확대<br>• 활발한 관련 연구 : 스마트 팜 관련 공동연구 및 포럼, 설명회 등 정보 교류가 활발하게 논의 |
| | 위협<br>(Threat) | • 경쟁 심화 : 후발 주자의 등장과 기존 대기업의 시장 장악 가능성<br>• 기술 변화 : 빠르게 변화하는 기술 트렌드에 대한 대응 어려움<br>• 자연재해 : 기후 변화 등 예측 불가능한 자연재해로 인한 피해 가능성 |

① 정부 지원을 바탕으로 연구개발에 필요한 자금을 확보
② 스마트 팜 관련 공동연구에 참가하여 빠르게 신규 기술을 확보
③ 스마트 팜에 대한 높은 관심을 바탕으로 온라인 펀딩을 통해 자금을 확보
④ 포럼 등 설명회에 적극적으로 참가하여 전문 인력 확충을 위한 인맥을 확보
⑤ 스마트 팜 관련 정부 사업 참여 경험을 바탕으로 정부의 적극적인 지원을 확보

**11** 다음 대화에서 공통적으로 나타나는 논리적 오류로 가장 적절한 것은?

> A : 반려견 출입 금지라고 쓰여 있는 카페에 갔는데 거절당했어. 반려견 출입 금지면 고양이는 괜찮은 거 아니야?
> B : 어제 직장동료가 "조심히 들어가세요."라고 했는데 집에 들어갈 때만 조심하라는 건가?
> C : 친구가 비가 와서 우울하다고 했는데, 비가 안 오면 행복해지겠지?
> D : 이웃을 사랑하라는 선생님의 가르침을 실천하기 위해 사기를 저지른 이웃을 숨겨 주었어.
> E : 의사가 건강을 위해 채소를 많이 먹으라고 하던데 앞으로는 채소만 먹으면 되겠어.
> F : 긍정적인 생각을 하면 좋은 일이 생기니까 아무리 나쁜 일이 있어도 긍정적으로만 생각하면 될 거야.

① 무지의 오류
② 연역법의 오류
③ 과대해석의 오류
④ 허수아비 공격의 오류
⑤ 권위나 인신공격에 의존한 논증

**12** A ~ E열차를 운행거리가 가장 긴 순서대로 나열하려고 한다. 운행시간 및 평균 속력이 다음과 같을 때, C열차는 몇 번째로 운행거리가 긴 열차인가?(단, 열차 대기시간은 고려하지 않는다)

〈A ~ E열차 운행시간 및 평균 속력〉

| 구분 | 운행시간 | 평균 속력 |
|------|---------|----------|
| A열차 | 900분 | 50m/s |
| B열차 | 10시간 30분 | 150km/h |
| C열차 | 8시간 | 55m/s |
| D열차 | 720분 | 2.5km/min |
| E열차 | 10시간 | 2.7km/min |

① 첫 번째
② 두 번째
③ 세 번째
④ 네 번째
⑤ 다섯 번째

**13** 다음 글에서 나타난 문제해결 절차의 단계로 가장 적절한 것은?

K대학교 기숙사는 최근 학생들의 불만이 끊이지 않고 있다. 특히, 식사의 질이 낮고, 시설이 노후화되었으며, 인터넷 연결 상태가 불안정하다는 의견이 많았다. 이에 K대학교 기숙사 운영위원회는 문제해결을 위해 긴급회의를 소집했다.

회의에서 학생 대표들은 식단의 다양성 부족, 식재료의 신선도 문제, 식당 내 위생 상태 불량 등을 지적했다. 또한, 시설 관리 담당자는 건물 외벽의 균열, 낡은 가구, 잦은 누수 현상 등 시설 노후화 문제를 강조했다. IT 담당자는 기숙사 내 와이파이 연결 불안정, 인터넷 속도 저하 등 통신환경 문제를 제기했다.

기숙사 운영위원회는 이러한 다양한 의견을 종합하여 문제를 더욱 구체적으로 분석하기로 결정했다. 먼저, 식사 문제의 경우 학생들의 식습관 변화에 따른 메뉴 구성의 문제 식자재 조달 과정의 비효율성, 조리 시설의 부족 등의 문제를 파악했다. 시설 문제는 건물의 노후화로 인한 안전 문제, 에너지 효율 저하, 학생들의 편의성 저하 등으로 세분화했다. 마지막으로, 통신환경 문제는 기존 네트워크 장비의 노후화, 학생 수 증가에 따른 네트워크 부하 증가 등의 세부 문제가 제시되었다.

① 문제 인식            ② 문제 도출

③ 원인 분석            ④ 해결안 개발

⑤ 실행 및 평가

**14** 다음 중 빈칸에 들어갈 단어로 가장 적절한 것은?

감사원의 조사 결과 J공사는 공공사업을 위해 투입된 세금을 본래의 목적에 사용하지 않고 무단으로 _____했음이 밝혀졌다.

① 전용(轉用)            ② 남용(濫用)

③ 적용(適用)            ④ 활용(活用)

⑤ 준용(遵用)

**15** 다음 중 비행을 하기 위한 시조새의 신체 조건으로 가장 적절한 것은?

> 시조새(Archaeopteryx)는 약 1억 5천만 년 전 중생대 쥐라기 시대에 살았던 고대 생물로, 조류와 공룡의 중간 단계에 위치한 생물이다. 1861년 독일 바이에른 지방에 있는 졸른호펜 채석장에서 화석이 발견된 이후, 시조새는 조류의 기원과 공룡에서 새로의 진화 과정을 밝히는 데 중요한 단서를 제공해 왔다. '시조(始祖)'라는 이름에서 알 수 있듯이 시조새는 현대 조류의 조상으로 여겨지며 고생물학계에서 매우 중요한 연구 대상으로 취급된다.
>
> 시조새는 오늘날의 새와 여러 가지 차이점이 있다. 이빨이 있는 부리, 긴 척추뼈로 이루어진 꼬리, 그리고 날개에 있는 세 개의 갈고리 발톱은 공룡의 특징을 잘 보여준다. 비록 현대 조류처럼 가슴뼈가 비행에 최적화된 형태로 발달되지는 않았지만, 갈비뼈와 팔에 강한 근육이 붙어있어 짧은 거리를 활강하거나 나뭇가지 사이를 오르내리며 이동할 수 있었던 것으로 추정된다.
>
> 한편, 시조새는 비대칭형 깃털을 가진 최초의 동물 중 하나로, 이는 비행을 하기에 적합한 형태이다. 시조새의 깃털은 현대의 날 수 있는 조류처럼 바람을 맞는 곳의 깃털은 짧고, 뒤쪽은 긴 형태인데, 이러한 비대칭형 깃털은 양력을 제공해 짧은 거리의 활강을 가능하게 했으며, 새의 조상으로서 비행의 초기 형태를 보여준다. 이로 인해 시조새는 공룡에서 새로 이어지는 진화 과정을 이해하는 데 있어 중요한 생물학적 증거로 여겨지고 있다.
>
> 시조새의 화석 연구는 당시의 생태계에 대한 정보도 제공하고 있다. 시조새는 열대 우림이나 활엽수림 근처에서 생활하며 나뭇가지를 오르내렸을 가능성이 큰 것으로 추정된다. 시조새의 이동 방식에 대해서는 여러 가설이 존재하지만, 짧은 거리의 활강을 통해 먹이를 찾고 이동했을 것이라는 주장이 유력하다.
>
> 결론적으로 시조새는 공룡과 새의 특성을 모두 가진 중간 단계의 생물로, 진화의 과정을 이해하는 데 핵심적인 역할을 한다. 시조새의 다양한 신체적 특징들은 공룡에서 새로 이어지는 진화의 연결고리를 보여주며, 조류 비행의 기원을 이해하는 중요한 증거로 평가된다.

① 날개 사이에 근육질의 익막이 있다.
② 날개에는 세 개의 갈고리 발톱이 있다.
③ 날개의 깃털이 비대칭 구조로 형성되어 있다.
④ 척추뼈가 꼬리까지 이어지는 유선형 구조이다.
⑤ 현대 조류처럼 가슴뼈가 비행에 최적화된 구조이다.

**16** 다음 글의 주제로 가장 적절한 것은?

사람들에게 의학을 대표하는 인물을 물어본다면 대부분 히포크라테스(Hippocrates)를 떠올릴 것이다. 히포크라테스는 당시 신의 징벌이나 초자연적인 힘으로 생각되었던 질병을 관찰을 통해 자연적 현상으로 이해하였고, 당시 마술이나 철학으로 여겨졌던 의학을 분리하였다. 이에 따라 의사라는 직업이 과학적인 기반 위에 만들어지게 되었다. 현재에는 의학의 아버지로 불리며 히포크라테스 선서라고 불리는 의사의 윤리적 기준을 저술한 것으로 알려져 있다. 이처럼 히포크라테스는 서양의학의 상징으로 받아들여지지만, 서양의학에 절대적인 영향을 준 사람은 클라우디오스 갈레노스(Claudius Galenus)이다.

갈레노스는 로마 시대 검투사 담당의에서 황제 마르쿠스 아우렐리우스의 주치의로 활동한 의사로, 해부학, 생리학, 병리학에 걸친 방대한 의학체계를 집대성하여 이후 1,000년 이상 서양의학의 토대를 닦았다. 당시에는 인체의 해부가 금지되어 있었기 때문에 갈레노스는 원숭이, 돼지 등을 사용하여 해부학적 지식을 쌓았으며, 임상 실험을 병행하여 의학적 지식을 확립하였다. 이러한 해부 및 실험을 통해 갈레노스는 여러 장기의 기능을 밝히고, 근육과 뼈를 구분하였으며, 심장의 판막이나 정맥과 동맥의 차이점 등을 밝혀내거나, 혈액이 혈관을 통해 신체 말단까지 퍼져나가며 신진대사를 조절하는 물질을 운반한다고 밝혀냈다. 물론 갈레노스도 히포크라테스가 주장한 4원소에 따른 4체액설(혈액, 담즙, 황담즙, 흑담즙)을 믿거나 피를 뽑아 치료하는 사혈법을 주장하는 등 현대 의학과는 거리가 있지만, 당시에 의학 이론을 해부와 실험을 통해 증명하고 방대한 저술을 남겼다는 놀라운 업적을 가지고 있으며, 이는 가장 오랫동안 서양의학을 실제로 지배하는 토대가 되었다.

① 갈레노스의 생애와 의학의 발전
② 고대에서 현대까지 해부학의 발전 과정
③ 히포크라테스 선서에 의한 전문직의 도덕적 기준
④ 히포크라테스와 갈레노스가 서양의학에 끼친 영향과 중요성
⑤ 히포크라테스와 갈레노스의 4체액설이 현대 의학에 끼친 영향

**17** 다음 중 제시된 단어와 가장 비슷한 단어는?

| 비상구 |
| --- |

① 진입로            ② 출입구

③ 돌파구            ④ 여울목

⑤ 탈출구

**18** A열차가 어떤 터널을 진입하고 5초 후 B열차가 같은 터널에 진입하였다. 그로부터 5초 후 B열차가 터널을 빠져나왔고 5초 후 A열차가 터널을 빠져나왔다. A열차가 터널을 빠져나오는 데 걸린 시간이 14초일 때, B열차는 A열차보다 몇 배 빠른가?(단, A열차와 B열차 모두 속력의 변화는 없으며, 두 열차의 길이는 서로 같다)

① 2배            ② 2.5배

③ 3배            ④ 3.5배

⑤ 4배

**19** A팀은 5일부터 5일마다 회의실을 사용하고, B팀은 4일부터 4일마다 회의실을 사용하기로 하였으며, 두 팀이 사용하고자 하는 날이 겹칠 경우에는 A, B팀이 번갈아가며 사용하기로 하였다. 어느 날 A팀 과 B팀이 사용하고자 하는 날이 겹쳤을 때, 겹친 날을 기준으로 A팀이 9번, B팀이 8번 회의실을 사용했다면, 이때까지 A팀은 회의실을 최대 몇 번 이용하였는가?(단, 회의실 사용일이 첫 번째로 겹친 날에는 A팀이 먼저 사용하였으며, 회의실 사용일은 주말 및 공휴일도 포함한다)

① 61회            ② 62회

③ 63회            ④ 64회

⑤ 65회

**20** 다음 모스 굳기 10단계에 해당하는 광물 A ~ C가 〈조건〉을 만족할 때, 이에 대한 설명으로 옳은 것은?

〈모스 굳기 10단계〉

| 단계 | 1단계 | 2단계 | 3단계 | 4단계 | 5단계 |
|------|------|------|------|------|------|
| 광물 | 활석 | 석고 | 방해석 | 형석 | 인회석 |
| 단계 | 6단계 | 7단계 | 8단계 | 9단계 | 10단계 |
| 광물 | 정장석 | 석영 | 황옥 | 강옥 | 금강석 |

- 모스 굳기 단계의 단계가 낮을수록 더 무른 광물이고, 단계가 높을수록 단단한 광물이다.
- 단계가 더 낮은 광물로 단계가 더 높은 광물을 긁으면 긁힘 자국이 생기지 않는다.
- 단계가 더 높은 광물로 단계가 더 낮은 광물을 긁으면 긁힘 자국이 생긴다.

**조건**

- 광물 A로 광물 B를 긁으면 긁힘 자국이 생기지 않는다.
- 광물 A로 광물 C를 긁으면 긁힘 자국이 생긴다.
- 광물 B로 광물 C를 긁으면 긁힘 자국이 생긴다.
- 광물 B는 인회석이다.

① 광물 C는 석영이다.
② 광물 A는 방해석이다.
③ 광물 A가 가장 무르다.
④ 광물 B가 가장 단단하다.
⑤ 광물 B는 모스 굳기 단계가 7단계 이상이다.

**21** J공사는 지방에 있는 지점 사무실을 공유 오피스로 이전하고자 한다. 다음 사무실 이전 조건을 참고할 때, 〈보기〉 중 이전할 오피스로 가장 적절한 곳은?

〈사무실 이전 조건〉

- 지점 근무 인원 : 71명
- 사무실 예상 이용 기간 : 5년
- 교통 조건 : 역이나 버스 정류장에서 도보 10분 이내
- 시설 조건 : 자사 홍보영상 제작을 위한 스튜디오 필요, 회의실 필요
- 비용 조건 : 다른 조건이 모두 가능한 공유 오피스 중 가장 저렴한 곳(1년 치 비용 선납 가능)

**보기**

| 구분 | 가용 인원수 | 보유시설 | 교통 조건 | 임대비용 |
|---|---|---|---|---|
| A오피스 | 100인 | 라운지, 회의실, 스튜디오, 복사실, 탕비실 | A역에서 도보 8분 | 1인당 연간 600만 원 |
| B오피스 | 60인 | 회의실, 스튜디오, 복사실 | B정류장에서 도보 5분 | 1인당 월 40만 원 |
| C오피스 | 100인 | 라운지, 회의실, 스튜디오 | C역에서 도보 7분 | 월 3,600만 원 |
| D오피스 | 90인 | 회의실, 복사실, 탕비실 | D정류장에서 도보 4분 | 월 3,500만 원 (1년 치 선납 시 8% 할인) |
| E오피스 | 80인 | 라운지, 회의실, 스튜디오 | E역과 연결된 사무실 | 월 3,800만 원 (1년 치 선납 시 10% 할인) |

① A오피스      ② B오피스
③ C오피스      ④ D오피스
⑤ E오피스

※ 다음은 에너지바우처 사업에 대한 자료이다. 이어지는 질문에 답하시오. [22~23]

<에너지바우처>

1. 에너지바우처란?
   국민 모두가 시원한 여름, 따뜻한 겨울을 보낼 수 있도록 에너지 취약계층을 위해 에너지바우처(이용권)를 지급하여 전기, 도시가스, 지역난방, 등유, LPG, 연탄을 구입할 수 있도록 지원하는 제도
2. 신청대상 : 소득기준과 세대원 특성기준을 모두 충족하는 세대
   • 소득기준 : 국민기초생활 보장법에 따른 생계급여 / 의료급여 / 주거급여 / 교육급여 수급자
   • 세대원 특성기준 : 주민등록표 등본상 기초생활수급자(본인) 또는 세대원이 다음 중 어느 하나에 해당하는 경우
     − 노인 : 65세 이상
     − 영유아 : 7세 이하의 취학 전 아동
     − 장애인 : 장애인복지법에 따라 등록한 장애인
     − 임산부 : 임신 중이거나 분만 후 6개월 미만인 여성
     − 중증질환자, 희귀질환자, 중증난치질환자 : 국민건강보험법 시행령에 따라 보건복지부장관이 정하여 고시하는 중증질환, 희귀질환, 중증난치질환을 가진 사람
     − 한부모가족 : 한부모가족지원법에 따른 '모' 또는 '부'로서 아동인 자녀를 양육하는 사람
     − 소년소녀가정 : 보건복지부에서 정한 아동분야 지원대상에 해당하는 사람(아동복지법에 의한 가정위탁보호 아동 포함)
   • 지원 제외 대상 : 세대원 모두가 보장시설 수급자
   • 다음의 경우 동절기 에너지바우처 중복 지원 불가
     − 긴급복지지원법에 따라 동절기 연료비를 지원받은 자(세대)
     − 한국에너지공단의 등유바우처를 발급받은 자(세대)
     − 한국광해광업공단의 연탄쿠폰을 발급받은 자(세대)
     ※ 하절기 에너지바우처를 사용한 수급자가 동절기에 위 사업들을 신청할 경우 동절기 에너지바우처를 중지 처리한 후 신청(중지사유 : 타동절기 에너지이용권 수급)
     ※ 단, 동절기 에너지바우처를 일부 사용한 경우 위 사업들은 신청 불가
3. 바우처 지원금액

| 구분 | 1인 세대 | 2인 세대 | 3인 세대 | 4인 이상 세대 |
|---|---|---|---|---|
| 하절기 | 55,700원 | 73,800원 | 90,800원 | 117,000원 |
| 동절기 | 254,500원 | 348,700원 | 456,900원 | 599,300원 |
| 총액 | 310,200원 | 422,500원 | 547,700원 | 716,300원 |

4. 지원방법
   • 요금차감
     − 하절기 : 전기요금 고지서에서 요금을 자동으로 차감
     − 동절기 : 도시가스 / 지역난방 중 하나를 선택하여 고지서에서 요금을 자동으로 차감
   • 실물카드 : 동절기 도시가스, 등유, LPG, 연탄을 실물카드(국민행복카드)로 직접 결제

**22**  다음 중 에너지바우처에 대한 설명으로 옳지 않은 것은?

① 36개월의 아이가 있는 의료급여 수급자 A는 에너지바우처를 신청할 수 있다.

② 혼자서 아이를 3명 키우는 교육급여 수급자 B는 1년에 70만 원을 넘게 지원받을 수 있다.

③ 보장시설인 양로시설에 살면서 생계급여를 받는 70세 독거노인 C는 에너지바우처를 신청할 수 있다.

④ 에너지바우처 기준을 충족하는 D는 겨울에 연탄보일러를 사용하므로 실물카드를 받는 방법으로 지원을 받아야 한다.

⑤ 희귀질환을 앓고 있는 어머니와 함께 단둘이 사는 생계급여 수급자 E는 에너지바우처를 통해 여름에 전기비에서 73,800원이 차감될 것이다.

**23**  다음은 A, B가족의 에너지바우처 정보이다. A, B가족이 올해 에너지바우처를 통해 지원받는 금액의 총합은 얼마인가?

<A, B가족의 에너지바우처 정보>

| 구분 | 세대 인원 | 소득기준 | 세대원 특성기준 | 특이사항 |
|------|-----------|----------|-----------------|----------|
| A가족 | 5명 | 의료급여 수급자 | 영유아 2명 | 연탄쿠폰 발급받음 |
| B가족 | 2명 | 생계급여 수급자 | 소년소녀가정 | 지역난방 이용 |

① 190,800원

② 539,500원

③ 948,000원

④ 1,021,800원

⑤ 1,138,800원

**24** 다음 C 프로그램을 실행하였을 때의 결과로 옳은 것은?

```
#include <stdio.h>
int main( ) {
    int result=0;
    while (result<2) {
        result=result+1;
        printf("%d\n",result);
        result=result-1;
    }
}
```

① 실행되지 않는다.

② 0
   1

③ 0
   −1

④ 1
   1

⑤ 1이 무한히 출력된다.

**25** 다음은 A국과 B국의 물가지수 동향에 대한 자료이다. [E2] 셀에 「=ROUND(D2,−1)」를 입력하였을 때, 출력되는 값은?

| | A | B | C | D | E |
|---|---|---|---|---|---|
| | 〈A, B국 물가지수 동향〉 | | | | |
| 1 | 측정 연월 | A국 | B국 | 평균 판매지수 | |
| 2 | 2024년 1월 | 122.313 | 112.36 | 117.3365 | |
| 3 | 2024년 2월 | 119.741 | 110.311 | 115.026 | |
| 4 | 2024년 3월 | 117.556 | 115.379 | 116.4675 | |
| 5 | 2024년 4월 | 124.739 | 118.652 | 121.6955 | |
| 6 | ⋮ | ⋮ | ⋮ | ⋮ | |
| 7 | | | | | |

① 100

② 105

③ 110

④ 115

⑤ 120

**26** 다음 중 빈칸에 들어갈 내용으로 가장 적절한 것은?

> 주의력 결핍 과잉행동장애(ADHD)는 학령기 아동에게 흔히 나타나는 질환으로, 주의력 결핍, 과잉행동, 충동성의 증상을 보인다. 이는 아동의 학교 및 가정생활에 큰 영향을 미치며, 적절한 치료와 관리가 필요하다. ADHD의 원인은 신경화학적 요인과 유전적 요인이 복합적으로 작용하는 것으로 여겨진다. 도파민과 노르에피네프린 같은 신경전달물질의 불균형이 주요 원인으로 지목되며, 가족력이 있는 경우 ADHD 발병 확률이 높아진다. 연구에 따르면, ADHD는 상당한 유전적 연관성을 보이며, 부모나 형제 중에 ADHD를 가진 사람이 있을 경우 그 위험이 증가한다.
> 환경적 요인도 ADHD 발병에 영향을 미칠 수 있다. 임신 중 음주, 흡연, 약물 사용 등이 위험을 높일 수 있으며, 조산이나 저체중 출산도 연관성이 있다. 이러한 환경적 요인들은 태아의 뇌 발달에 영향을 미쳐 ADHD 발병 가능성을 증가시킬 수 있다. 그러나 이러한 요인들이 단독으로 ADHD를 유발하는 것은 아니며, 다양한 요인이 복합적으로 작용하여 증상이 나타난다.
> ADHD 치료는 약물요법과 비약물요법으로 나뉜다. 약물요법에서는 메틸페니데이트 같은 중추신경 자극제가 널리 사용된다. 이 약물은 도파민과 노르에피네프린의 재흡수를 억제해 증상을 완화한다. 이러한 약물은 주의력 향상과 충동성 감소에 효과적이며, 많은 연구에서 그 효능이 입증되었다. 비약물요법으로는 행동개입 요법과 심리사회적 프로그램이 있다. 이는 구조화된 환경에서 집중을 방해하는 요소를 최소화하고, 연령에 맞는 개입방법을 적용한다. 예를 들어, 학령기 아동에게는 그룹 부모훈련과 교실 내 행동개입 프로그램이 추천된다.
> 가정에서는 부모가 아이가 해야 할 일을 목록으로 작성하도록 돕고, 한 번에 한 가지씩 처리하도록 지도해야 한다. 특히 아이의 바람직한 행동에는 칭찬하고, 잘못된 행동에는 책임을 지도록 하는 것이 중요하다. 이러한 방법은 아이의 자존감을 높이고 긍정적인 행동을 강화하는 데 도움이 된다. 학교에서는 과제를 짧게 나누고, 수업이 지루하지 않도록 하며, 규칙과 보상을 일관되게 유지해야 한다. 교사는 ADHD 아동이 주의가 산만해질 수 있는 환경적 요소를 제거하고, 많은 격려와 칭찬을 통해 학습 동기를 유발해야 한다.
> ADHD는 완치가 어려운 만성 질환이지만 적절한 치료와 관리를 통해 증상을 개선할 수 있다. 약물 치료와 비약물 치료를 병행하고 가정과 학교에서 적절한 지원이 이루어지면 ADHD 아동도 건강하고 행복한 삶을 영위할 수 있다. 결론적으로, ADHD는 _____
> 따라서 다양한 원인에 부합하는 맞춤형 치료와 환경 조성을 통해 아동의 잠재력을 최대한 발휘할 수 있도록 지원해야 한다. 이는 아동이 자신의 능력을 충분히 발휘하고 성공적인 삶을 살아가는 데 중요한 역할을 한다.

① 완벽한 치료가 불가능한 불치병이다.
② 약물 치료를 통해 쉽게 치료가 가능하다.
③ 다양한 원인이 복합적으로 작용하는 질환이다.
④ 아동에게 적극적으로 개입하여 충동성을 감소시켜야 하는 질환이다.

**27** 다음 중 밑줄 친 단어가 맞춤법상 옳지 않은 것은?

① 김주임은 지난 분기 매출을 조사하여 증가량을 <u>백분율</u>로 표기하였다.

② 젊은 세대를 중심으로 빠른 이직 트렌드가 형성되어 <u>이직률</u>이 높아지고 있다.

③ 이번 학기 <u>출석율</u>이 이전보다 크게 향상되어 학생들의 참여도가 높아지고 있다.

④ 이번 시험의 <u>합격률</u>이 역대 최고치를 기록하며 수험생들에게 희망을 안겨주었다.

**28** S공사는 2024년 상반기에 신입사원을 채용하였다. 전체 지원자 중 채용에 불합격한 남성 수와 여성 수의 비율은 같으며, 합격한 남성 수와 여성 수의 비율은 2 : 3이라고 한다. 남성 전체 지원자와 여성 전체 지원자의 비율이 6 : 7일 때, 합격한 남성 수가 32명이면 전체 지원자는 몇 명인가?

① 192명          ② 200명

③ 208명          ④ 216명

**29** 다음은 직장가입자 보수월액보험료에 대한 자료이다. A씨가 〈조건〉에 따라 장기요양보험료를 납부할 때, A씨의 2023년 보수월액은?(단, 소수점 첫째 자리에서 반올림한다)

〈직장가입자 보수월액보험료〉

• 개요 : 보수월액보험료는 직장가입자의 보수월액에 보험료율을 곱하여 산정한 금액에 경감 등을 적용하여 부과한다.

• 보험료 산정 방법
 – 건강보험료는 다음과 같이 산정한다.
  (건강보험료)=(보수월액)×(건강보험료율)
  ※ 보수월액 : 동일사업장에서 당해 연도에 지급받은 보수총액을 근무월수로 나눈 금액
 – 장기요양보험료는 다음과 같이 산정한다.
  2022.12.31. 이전 : (장기요양보험료)=(건강보험료)×(장기요양보험료율)
  2023.01.01. 이후 : (장기요양보험료)=(건강보험료)×$\dfrac{(장기요양보험료율)}{(건강보험료율)}$

〈2020 ~ 2024년 보험료율〉

(단위 : %)

| 구분 | 2020년 | 2021년 | 2022년 | 2023년 | 2024년 |
|---|---|---|---|---|---|
| 건강보험료율 | 6.67 | 6.86 | 6.99 | 7.09 | 7.09 |
| 장기요양보험료율 | 10.25 | 11.52 | 12.27 | 0.9082 | 0.9182 |

조건
• A씨는 K공사에서 2011년 3월부터 2023년 9월까지 근무하였다.
• A씨는 3개월 후 2024년 1월부터 S공사에서 현재까지 근무하고 있다.
• A씨의 2023년 장기요양보험료는 35,120원이었다.

① 3,866,990원
② 3,974,560원
③ 4,024,820원
④ 4,135,970원

**30** 다음 중 개인정보보호법에서 사용하는 용어에 대한 정의로 옳지 않은 것은?

① '가명처리'란 추가 정보 없이도 특정 개인을 알아볼 수 있도록 처리하는 것을 말한다.

② '정보주체'란 처리되는 정보에 의하여 알아볼 수 있는 사람으로서 그 정보의 주체가 되는 사람을 말한다.

③ '개인정보'란 살아 있는 개인에 관한 정보로서 성명, 주민등록번호 및 영상 등을 통하여 개인을 알아볼 수 있는 정보를 말한다.

④ '처리'란 개인정보의 수집, 생성, 연계, 연동, 기록, 저장, 보유, 가공, 편집, 검색, 출력, 정정, 복구, 이용, 제공, 공개, 파기, 그 밖에 이와 유사한 행위를 말한다.

**31** 다음은 생활보조금 신청자의 소득 및 결과에 대한 자료이다. 월 소득이 100만 원 이하인 사람은 보조금 지급이 가능하고, 100만 원을 초과한 사람은 보조금 지급이 불가능할 때, 보조금 지급을 받는 사람의 수를 구하는 함수로 옳은 것은?

〈생활보조금 신청자 소득 및 결과〉

| | A | B | C | D | E |
|---|---|---|---|---|---|
| 1 | 지원번호 | 소득(만 원) | 결과 | | |
| 2 | 1001 | 150 | 불가능 | | |
| 3 | 1002 | 80 | 가능 | | 보조금 지급 인원 수 |
| 4 | 1003 | 120 | 불가능 | | |
| 5 | 1004 | 95 | 가능 | | |
| 6 | ⋮ | ⋮ | ⋮ | | |
| 7 | | | | | |

① =COUNTIF(A:C, "< =100")

② =COUNTIF(A:C, < =100)

③ =COUNTIF(B:B, "< =100")

④ =COUNTIF(B:B, < =100)

**32** 다음은 초등학생의 주차별 용돈에 대한 자료이다. 빈칸에 들어갈 함수를 바르게 짝지은 것은?(단, 한 달은 4주로 한다)

<초등학생 주차별 용돈>

| | A | B | C | D | E | F |
|---|---|---|---|---|---|---|
| 1 | 학생번호 | 1주 | 2주 | 3주 | 4주 | 합계 |
| 2 | 1 | 7,000 | 8,000 | 12,000 | 11,000 | (A) |
| 3 | 2 | 50,000 | 60,000 | 45,000 | 55,000 | |
| 4 | 3 | 70,000 | 85,000 | 40,000 | 55,000 | |
| 5 | 4 | 10,000 | 6,000 | 18,000 | 14,000 | |
| 6 | 5 | 24,000 | 17,000 | 34,000 | 21,000 | |
| 7 | 6 | 27,000 | 56,000 | 43,000 | 28,000 | |
| 8 | 한 달 용돈이 150,000원 이상인 학생 수 | | | | | (B) |

| | (A) | (B) |
|---|---|---|
| ① | =SUM(B2:E2) | =COUNTIF(F2:F7, ">=150,000") |
| ② | =SUM(B2:E2) | =COUNTIF(B2:E2, ">=150,000") |
| ③ | =SUM(B2:E2) | =COUNTIF(B2:E7, ">=150,000") |
| ④ | =SUM(B2:E7) | =COUNTIF(F2:F7, ">=150,000") |

**33** 다음 중 빅데이터 분석 기획 절차를 순서대로 바르게 나열한 것은?

① 범위 설정 → 프로젝트 정의 → 위험 계획 수립 → 수행 계획 수립

② 범위 설정 → 프로젝트 정의 → 수행 계획 수립 → 위험 계획 수립

③ 프로젝트 정의 → 범위 정의 → 위험 계획 수립 → 수행 계획 수립

④ 프로젝트 정의 → 범위 설정 → 수행 계획 수립 → 위험 계획 수립

**34** 다음 중 밑줄 친 부분의 단어가 어법상 옳은 것은?

> K씨는 항상 ⊙ 짜깁기 / 짜집기한 자료로 보고서를 작성했다. 처음에는 아무도 눈치채지 못했지만,
> 시간이 지나면서 K씨의 작업이 다른 사람들의 것과 비교해 질적으로 떨어지는 것이 분명해졌다.
> K씨는 결국 동료들 사이에서 ⓒ 뒤처지기 / 뒤쳐지기 시작했고, 격차를 좁히기 위해 더 많은 시간을
> 투자해야 했다.

|     | ⊙     | ⓒ      |
| --- | ----- | ------- |
| ①   | 짜깁기 | 뒤처지기 |
| ②   | 짜깁기 | 뒤처지기 |
| ③   | 짜집기 | 뒤처지기 |
| ④   | 짜집기 | 뒤쳐지기 |

**35** 다음 중 공문서 작성 시 유의해야 할 점으로 옳지 않은 것은?

① 한 장에 담아내는 것이 원칙이다.

② 부정문이나 의문문의 형식은 피한다.

③ 마지막엔 반드시 '끝'자로 마무리한다.

④ 날짜 다음에 괄호를 사용할 경우에는 반드시 마침표를 찍는다.

**36** 영서가 어머니와 함께 40분 동안 만두를 60개 빚었다고 한다. 어머니가 혼자서 1시간 동안 만두를
빚을 수 있는 개수가 영서가 혼자서 1시간 동안 만두를 빚을 수 있는 개수보다 10개 더 많을 때,
영서는 1시간 동안 만두를 몇 개 빚을 수 있는가?

① 30개                    ② 35개

③ 40개                    ④ 45개

**37** 대칭수는 순서대로 읽은 수와 거꾸로 읽은 수가 같은 수를 가리키는 말이다. 예컨대, 121, 303, 1,441, 85,058 등은 대칭수이다. 1,000 이상 50,000 미만의 대칭수는 모두 몇 개인가?

① 180개            ② 325개

③ 405개            ④ 490개

**38** 어떤 자연수 '25□'가 3의 배수일 때, □에 들어갈 수 있는 모든 자연수의 합은?

① 12            ② 13

③ 14            ④ 15

**39** 바이올린, 호른, 오보에, 플루트 4가지의 악기를 다음 〈조건〉에 따라 좌우로 4칸인 선반에 각각 1대씩 보관하려 한다. 각 칸에는 한 대의 악기만 배치할 수 있을 때, 왼쪽에서 두 번째 칸에 배치할 수 없는 악기는?

> **조건**
> • 호른은 바이올린 바로 왼쪽에 위치한다.
> • 오보에는 플루트 왼쪽에 위치하지 않는다.

① 바이올린            ② 호른

③ 오보에            ④ 플루트

**40** 다음 중 비영리 조직에 해당하지 않는 것은?

① 교육기관            ② 자선단체

③ 사회적 기업            ④ 비정부기구

**41** 다음은 D기업의 분기별 재무제표에 대한 자료이다. 2022년 4분기의 영업이익률은 얼마인가?

〈D기업 분기별 재무제표〉

(단위 : 십억 원, %)

| 구분 | 2022년 1분기 | 2022년 2분기 | 2022년 3분기 | 2022년 4분기 | 2023년 1분기 | 2023년 2분기 | 2023년 3분기 | 2023년 4분기 |
|---|---|---|---|---|---|---|---|---|
| 매출액 | 40 | 50 | 80 | 60 | 60 | 100 | 150 | 160 |
| 매출원가 | 30 | 40 | 70 | 80 | 100 | 100 | 120 | 130 |
| 매출총이익 | 10 | 10 | 10 | ( ) | −40 | 0 | 30 | 30 |
| 판관비 | 3 | 5 | 5 | 7 | 8 | 5 | 7.5 | 10 |
| 영업이익 | 7 | 5 | 5 | ( ) | −8 | −5 | 22.5 | 20 |
| 영업이익률 | 17.5 | 10 | 6.25 | ( ) | −80 | −5 | 15 | 12.5 |

※ (영업이익률)＝(영업이익)÷(매출액)×100
※ (영업이익)＝(매출총이익)−(판관비)
※ (매출총이익)＝(매출액)−(매출원가)

① −30%
② −45%
③ −60%
④ −75%

**42** 5km/h의 속력으로 움직이는 무빙워크를 이용하여 이동하는 데 36초가 걸렸다. 무빙워크 위에서 무빙워크와 같은 방향으로 4km/h의 속력으로 걸어 이동할 때 걸리는 시간은?

① 10초
② 15초
③ 20초
④ 25초

**43** 다음 순서도에서 출력되는 result 값은?

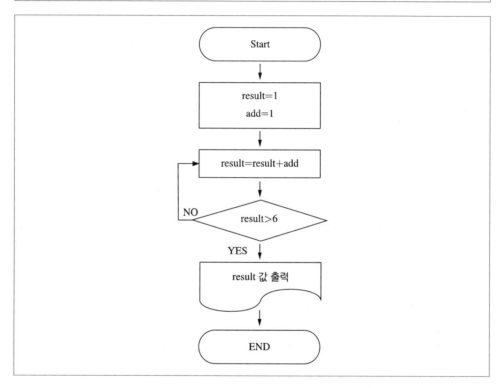

| 〈순서도 기호〉 | | | |
|---|---|---|---|
| 기호 | 설명 | 기호 | 설명 |
|  | 시작과 끝을 나타낸다. |  | 어느 것을 택할 것인지 판단한다. |
|  | 데이터를 입력하거나 계산하는 등의 처리를 한다. |  | 선택한 값을 출력한다. |

① 11                                    ② 10

③ 9                                      ④ 8

⑤ 7

**44** 다음은 A컴퓨터 A/S센터의 하드디스크 수리 방문접수 과정에 대한 순서도이다. 하드디스크 데이터 복구를 문의할 때, 출력되는 도형은 무엇인가?

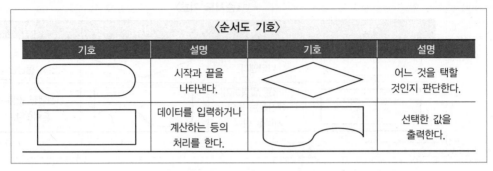

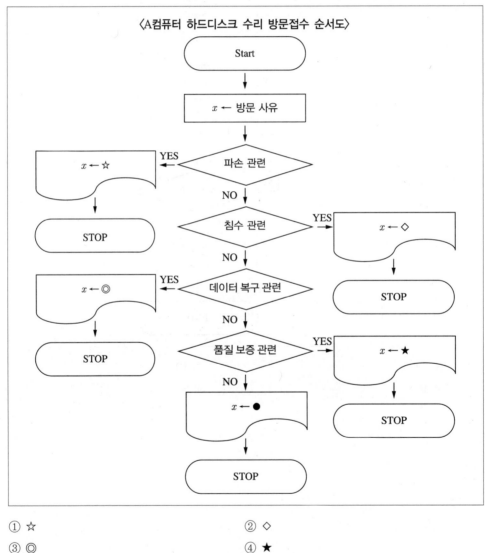

① ☆
② ◇
③ ◎
④ ★
⑤ ●

**45** 다음은 EAN-13 바코드 부여 규칙에 대한 자료이다. 상품코드의 맨 앞 자릿수가 9일 때, 2 ~ 7번째 자릿수가 '387655'라면 이를 이진코드로 바르게 변환한 것은?

〈EAN-13 바코드 부여 규칙〉

1. 13자리 상품코드의 맨 앞 자릿수에 따라 다음과 같이 변환한다.

| 상품코드 번호 | 2 ~ 7번째 자릿수 | 8 ~ 13번째 자릿수 |
|---|---|---|
| 0 | AAAAAA | CCCCCC |
| 1 | AABABB | CCCCCC |
| 2 | AABBAB | CCCCCC |
| 3 | AABBBA | CCCCCC |
| 4 | ABAABB | CCCCCC |
| 5 | ABBAAB | CCCCCC |
| 6 | ABBBAA | CCCCCC |
| 7 | ABABAB | CCCCCC |
| 8 | ABABBA | CCCCCC |
| 9 | ABBABA | CCCCCC |

2. A, B, C는 다음과 같이 상품코드 번호를 이진코드로 변환한 값이다.

| 상품코드 번호 | A | B | C |
|---|---|---|---|
| 0 | 0001101 | 0100111 | 1110010 |
| 1 | 0011001 | 0110011 | 1100110 |
| 2 | 0010011 | 0011011 | 1101100 |
| 3 | 0111101 | 0100001 | 1000010 |
| 4 | 0100011 | 0011101 | 1011100 |
| 5 | 0110001 | 0111001 | 1001110 |
| 6 | 0101111 | 0000101 | 1010000 |
| 7 | 0111011 | 0010001 | 1000100 |
| 8 | 0110111 | 0001001 | 1001000 |
| 9 | 0001011 | 0010111 | 1110100 |

| | 2번째 수 | 3번째 수 | 4번째 수 | 5번째 수 | 6번째 수 | 7번째 수 |
|---|---|---|---|---|---|---|
| ① | 0111101 | 0001001 | 0010001 | 0101111 | 0111001 | 0110001 |
| ② | 0100001 | 0001001 | 0010001 | 0000101 | 0111101 | 0111101 |
| ③ | 0111101 | 0110111 | 0111011 | 0101111 | 0111001 | 0111101 |
| ④ | 0100001 | 0101111 | 0010001 | 0010111 | 0100111 | 0001011 |
| ⑤ | 0111101 | 0011001 | 0010001 | 0101111 | 0011001 | 0111001 |

※ 다음은 청소 유형별 청소기 사용 방법 및 고장 유형별 확인 사항에 대한 자료이다. 이어지는 질문에 답하시오. [46~47]

<청소 유형별 청소기 사용 방법>

| 유형 | 사용 방법 |
|---|---|
| 일반 청소 | 1. 기본형 청소구를 장착해 주세요.<br>2. 작동 버튼을 눌러 주세요. |
| 틈새 청소 | 1. 기본형 청소구의 입구 돌출부를 누르고 잡아당기면 좁은 흡입구를 꺼낼 수 있습니다.<br>  반대로 돌출부를 누르면서 밀어 넣으면 좁은 흡입구를 안쪽으로 정리할 수 있습니다.<br>2. 1.의 좁은 흡입구를 꺼낸 상태에서 돌출부를 시계 방향으로 돌리면 돌출부를 고정할 수 있습니다.<br>3. 좁은 흡입구를 고정한 후 작동 버튼을 눌러 주세요.<br>  (좁은 흡입구에는 솔이 함께 들어 있습니다) |
| 카펫 청소 | 1. 별도의 돌기 청소구로 교체해 주세요.<br>  (기본형으로도 카펫 청소를 할 수 있으나, 청소 효율이 떨어집니다)<br>2. 작동 버튼을 눌러 주세요. |
| 스팀 청소 | 1. 별도의 스팀 청소구로 교체해 주세요.<br>2. 스팀 청소구의 물통에 물을 충분히 채운 후 뚜껑을 잠가 주세요.<br>  ※ 반드시 전원을 분리한 상태에서 진행해 주세요.<br>3. 걸레판에 걸레를 부착한 후 스팀 청소구의 노즐에 장착해 주세요.<br>  ※ 반드시 전원을 분리한 상태에서 진행해 주세요.<br>4. 스팀 청소 버튼을 누르고 안전 스위치를 눌러 주세요.<br>  ※ 안전을 위해 안전 스위치를 누르는 동안에만 스팀이 발생합니다.<br>  ※ 스팀 청소 작업 도중 및 완료 직후에 청소기를 거꾸로 세우거나 스팀 청소구를 눕히면 뜨거운 물이 새어 나와 화상을 입을 수 있습니다.<br>5. 스팀 청소 완료 후 물이 충분히 식은 후 물통 및 스팀 청소구를 분리해 주세요.<br>  ※ 충분히 식지 않은 상태에서 분리 시 뜨거운 물이 새어 나와 화상의 위험이 있습니다. |

<고장 유형별 확인 사항>

| 유형 | 확인 사항 |
|---|---|
| 흡입력 약화 | • 흡입구, 호스, 먼지통, 먼지분리기에 크기가 큰 이물질이 걸려 있는지 확인해 주세요.<br>• 필터를 교체해 주세요.<br>• 먼지통, 먼지분리기, 필터의 조립 상태를 확인해 주세요. |
| 청소기 미작동 | • 전원이 제대로 연결되어 있는지 확인해 주세요. |
| 물 보충 램프 깜빡임 | • 물통에 물이 충분한지 확인해 주세요.<br>• 물이 충분히 채워졌어도 꺼질 때까지 시간이 다소 걸립니다. 잠시 기다려 주세요. |
| 스팀 안 나옴 | • 물통에 물이 충분한지 확인해 주세요.<br>• 안전 스위치를 눌렀는지 확인해 주세요. |
| 바닥에 물이 남음 | • 스팀 청소구를 너무 자주 좌우로 기울이면 물이 소량 새어 나올 수 있습니다.<br>• 걸레가 많이 젖었으므로 걸레를 교체해 주세요. |
| 악취 발생 | • 제품 기능상의 문제는 아니므로 고장이 아닙니다.<br>• 먼지통 및 필터를 교체해 주세요.<br>• 스팀 청소구의 물통 등 청결 상태를 확인해 주세요. |
| 소음 발생 | • 흡입구, 호스, 먼지통, 먼지분리기에 크기가 큰 이물질이 걸려 있는지 확인해 주세요.<br>• 먼지통, 먼지분리기, 필터의 조립 상태를 확인해 주세요. |

**46** 다음 중 청소 유형별 청소기 사용 방법에 대한 설명으로 옳지 않은 것은?

① 기본형 청소구로 카펫 청소가 가능하다.

② 스팀 청소 직후 통을 분리하면 화상의 위험이 있다.

③ 기본형 청소구를 이용하여 좁은 틈새를 청소할 수 있다.

④ 안전 스위치를 1회 누르면 별도의 외부 입력 없이 스팀을 지속하여 발생시킬 수 있다.

⑤ 스팀 청소 시 물 보충 및 걸레 부착 작업은 반드시 전원을 분리한 상태에서 진행해야 한다.

**47** 다음 중 고장 유형별 고객 확인 사항이 옳지 않은 것은?

① 물 보충 램프 깜빡임 : 잠시 기다리기

② 악취 발생 : 스팀 청소구의 청결 상태 확인하기

③ 흡입력 약화 : 먼지통, 먼지분리기, 필터 교체하기

④ 바닥에 물이 남음 : 물통에 물이 너무 많이 있는지 확인하기

⑤ 소음 발생 : 흡입구, 호스, 먼지통, 먼지분리기의 이물질 걸림 확인하기

**48** 다음 중 동료의 피드백을 장려하기 위한 방안으로 적절하지 않은 것은?

① 행동과 수행을 관찰한다.

② 즉각적인 피드백을 제공한다.

③ 뛰어난 수행성과에 대해서는 인정한다.

④ 간단하고 분명한 목표와 우선순위를 설정한다.

⑤ 긍정적인 상황에서는 피드백을 자제하는 것도 나쁘지 않다.

**49** 다음 중 내적 동기를 유발하는 방법으로 적절하지 않은 것은?

① 변화를 두려워하지 않는다.

② 업무 관련 교육을 생략한다.

③ 주어진 일에 책임감을 갖는다.

④ 창의적인 문제해결법을 찾는다.

⑤ 새로운 도전의 기회를 부여한다.

**50** 다음은 갈등 정도와 조직 성과의 관계에 대한 그래프이다. 이에 대한 설명으로 옳지 않은 것은?

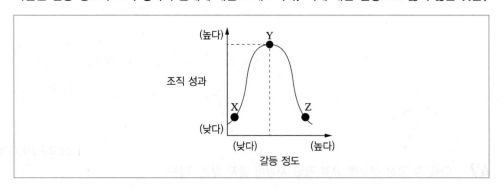

① 적절한 갈등이 있을 경우 가장 높은 조직 성과를 얻을 수 있다.

② 갈등이 없을수록 조직 내부가 결속되어 높은 조직 성과를 보인다.

③ Y점에서는 갈등의 순기능, Z점에서는 갈등의 역기능이 작용한다.

④ 갈등이 없을 경우 낮은 조직 성과를 얻을 수 있다.

⑤ 갈등이 잦을 경우 낮은 조직 성과를 얻을 수 있다.

| 01 | 법학 |
|---|---|

┃ 서울교통공사

**01** 다음 중 노동법의 성질이 다른 하나는?

① 산업안전보건법
② 남녀고용평등법
③ 산업재해보상보험법
④ 근로자참여 및 협력증진에 관한 법
⑤ 고용보험법

┃ 서울교통공사

**02** 다음 〈보기〉 중 용익물권에 해당하는 것을 모두 고르면?

> **보기**
>
> 가. 지상권              나. 점유권
> 다. 지역권              라. 유치권
> 마. 전세권              바. 저당권

① 가, 다, 마          ② 가, 라, 바
③ 나, 라, 바          ④ 다, 라, 마
⑤ 라, 마, 바

**03** 다음 중 선고유예와 집행유예의 내용에 대한 분류가 옳지 않은 것은?

| 구분 | 선고유예 | 집행유예 |
|---|---|---|
| 실효 | 유예한 형을 선고 | 유예선고의 효력 상실 |
| 요건 | 1년 이하 징역 · 금고, 자격정지, 벌금 | 3년 이하 징역 · 금고, 500만 원 이하의 벌금형 |
| 유예기간 | 1년 이상 5년 이하 | 2년 |
| 효과 | 면소 | 형의 선고 효력 상실 |

① 실효
② 요건
③ 유예기간
④ 효과
⑤ 없음

**04** 다음 〈보기〉 중 형법상 몰수가 되는 것은 모두 몇 개인가?

> **보기**
> • 범죄행위에 제공한 물건
> • 범죄행위에 제공하려고 한 물건
> • 범죄행위로 인하여 생긴 물건
> • 범죄행위로 인하여 취득한 물건
> • 범죄행위의 대가로 취득한 물건

① 1개
② 2개
③ 3개
④ 4개
⑤ 5개

**05** 다음 중 상법상 법원이 아닌 것은?

① 판례
② 조례
③ 상관습법
④ 상사자치법
⑤ 보통거래약관

┃ K-water 한국수자원공사

**01**   다음 중 예산원칙의 예외에 대한 설명으로 옳지 않은 것은?

① 특별회계는 단일성의 원칙에 대한 예외이다.
② 준예산제도는 사전의결의 원칙에 대한 예외이다.
③ 예산의 이용(移用)은 한계성의 원칙에 대한 예외이다.
④ 목적세는 공개성의 원칙에 대한 예외이다.

┃ K-water 한국수자원공사

**02**   다음 중 정책집행에 대한 설명으로 옳지 않은 것은?

① 사바티어(Sabatier)는 정책집행의 하향식 접근법과 상향식 접근법의 통합모형을 제시했다.
② 버만(Berman)은 집행현장에서 집행조직과 정책사업 사이의 상호적응의 중요성을 강조하였다.
③ 프레스만과 윌다브스키(Pressman & Wildavsky)는 집행과정상의 공동행위의 복잡성을 강조하였다.
④ 나카무라와 스몰우드(Nakamura & Smallwood)의 정책 집행자 유형 중 관료적 기업가형은 정책의 대략적인 방향을 정책결정자가 정하고 정책집행자들은 이 목표의 구체적 집행에 필요한 폭넓은 재량권을 위임받아 정책을 집행하는 유형이다.

┃ K-water 한국수자원공사

**03**   다음 중 정책참여자에 대한 설명으로 옳지 않은 것은?

① 의회와 지방자치단체는 모두 공식적 참여자에 해당된다.
② 정당과 NGO는 비공식적 참여자에 해당된다.
③ 사회구조가 복잡해진 현대에는 공식적 참여자의 중요도가 상승하였다.
④ 사회적 의사결정에서 정부의 역할이 줄어들수록 비공식적 참여자의 중요도가 높아진다.

┃ K-water 한국수자원공사

**04**   다음 중 정책문제에 대한 설명으로 옳지 않은 것은?

① 정책문제는 정책결정의 대상으로, 공적인 성격이 강하고 공익성을 추구하는 성향을 갖는다.
② 주로 가치판단의 문제를 포함하고 있어 계량화가 난해하다.
③ 정책문제 해결의 주요 주체는 정부이다.
④ 기업경영에서의 의사결정에 비해 고려사항이 단순하다.

**05** 다음 중 회사모형의 특징에 대한 설명으로 옳은 것은?

① 사이어트와 드로어가 주장한 모형으로, 조직의 의사결정 방식에 대해 설명하는 이론이다.

② 합리적 결정과 점증적 결정이 누적 및 혼합되어 의사결정이 이루어진다고 본다.

③ 조직들 간의 연결성이 강하지 않은 경우를 전제로 하고 있다.

④ 정책결정 단계를 초정책결정 단계, 정책결정 단계, 후정책결정 단계로 구분하여 설명한다.

**06** 다음 〈보기〉 중 블라우와 스콧이 주장한 조직 유형에 대한 설명으로 옳지 않은 것을 모두 고르면?

> **보기**
>
> ㄱ. 호혜조직의 1차적 수혜자는 조직 내 의사결정의 참여를 보장받는 구성원이며, 은행, 유통업체 등이 해당된다.
> ㄴ. 사업조직의 1차적 수혜자는 조직의 소유자이며, 이들의 주목적은 이윤 추구이다.
> ㄷ. 봉사조직의 1차적 수혜자는 이들을 지원하는 후원조직으로, 서비스 제공을 위한 인프라 및 자금조달을 지원한다.
> ㄹ. 공공조직의 1차적 수혜자는 공공서비스의 수혜자인 일반대중이며, 경찰, 소방서, 군대 등이 공공조직에 해당된다.

① ㄱ, ㄴ          ② ㄱ, ㄷ

③ ㄴ, ㄷ          ④ ㄷ, ㄹ

**07** 다음 중 우리나라 직위분류제의 구조에 대한 설명으로 옳지 않은 것은?

① 직군 : 직위분류제의 구조 중 가장 상위의 구분 단위이다.

② 직위 : 개인에게 부여되는 직무와 책임이다.

③ 직류 : 동일 직렬 내 직무가 동일한 것이다.

④ 직렬 : 일반적으로 해당 구성원 간 동일한 보수 체계를 적용받는 구분이다.

**08** 다음 중 엽관주의와 실적주의에 대한 설명으로 옳지 않은 것은?

① 민주주의적 평등 이념의 실현을 위해서는 엽관주의보다 실적주의가 유리하다.

② 엽관주의와 실적주의 모두 조직 수반에 대한 정치적 정합성보다 정치적 중립성 확보가 강조된다.

③ 공공조직에서 엽관주의적 인사가 이루어지면 구성원들의 신분이 불안정해진다는 단점이 있다.

④ 미국은 엽관주의의 폐단에 대한 대안으로 펜들턴 법의 제정에 따라 인사행정에 실적주의가 도입되었다.

| 한국가스기술공사

**09** 다음 중 발생주의 회계의 특징으로 옳은 것은?

① 현금의 유출입 발생 시 회계 장부에 기록하는 방법을 의미한다.

② 실질적 거래의 발생을 회계처리에 정확히 반영할 수 있다는 장점이 있다.

③ 회계연도 내 경영활동과 성과에 대해 정확히 측정하기 어렵다는 한계가 있다.

④ 재화나 용역의 인수 및 인도 시점을 기준으로 장부에 기입한다.

⑤ 수익과 비용이 대응되지 않는다는 한계가 있다.

| 한국가스기술공사

**10** 다음 〈보기〉 중 맥그리거(D. McGregor)의 인간관에 대한 설명으로 옳지 않은 것을 모두 고르면?

> **보기**
>
> ㄱ. X이론은 부정적이고 수동적인 인간관에 근거하고 있고, Y이론은 긍정적이고 적극적인 인간관에 근거하고 있다.
> ㄴ. X이론에서는 보상과 처벌을 통한 통제보다는 직원들에 대한 조언과 격려에 의한 경영전략을 강조하였다.
> ㄷ. Y이론에서는 자율적 통제를 강조하는 경영전략을 제시하였다.
> ㄹ. X이론의 적용을 위한 대안으로 권한의 위임 및 분권화, 직무 확대 등을 제시했다.

① ㄱ, ㄴ      ② ㄱ, ㄷ

③ ㄴ, ㄷ      ④ ㄴ, ㄹ

⑤ ㄷ, ㄹ

| 한국중부발전

**11** 다음 중 대한민국 중앙정부의 인사조직형태에 대한 설명으로 옳지 않은 것은?

① 실적주의의 인사행정을 위해서는 독립합의형보다 비독립단독형 인사조직이 적절하다.

② 비독립단독형 인사기관은 독립합의형 인사기관에 비해 의사결정이 신속하다는 특징이 있다.

③ 독립합의형 인사기관의 경우 비독립단독형 인사기관에 비해 책임소재가 불분명하다는 특징이 있다.

④ 독립합의형 인사기관은 일반적으로 일반행정부처에서 분리되어 있으며, 독립적 지위를 가진 합의체의 형태를 갖는다.

**12** 다음 〈보기〉 중 정부실패의 원인으로 옳지 않은 것을 모두 고르면?

> **보기**
> ㉠ 정부가 민간주체보다 정보에 대한 접근성이 높아서 발생한다.
> ㉡ 공공부문의 불완전경쟁으로 인해 발생한다.
> ㉢ 정부행정이 사회적 필요에 비해 장기적 관점에서 추진되어 발생한다.
> ㉣ 정부의 공급은 공공재라는 성격을 가지기 때문에 발생한다.

① ㉠, ㉡　　　　　　　　　　　　② ㉠, ㉢
③ ㉡, ㉢　　　　　　　　　　　　④ ㉡, ㉣

**13** 다음 〈보기〉의 행정의 가치 중 수단적 가치가 아닌 것을 모두 고르면?

> **보기**
> ㉠ 공익　　　　　　　　　　㉡ 자유
> ㉢ 합법성　　　　　　　　　㉣ 민주성
> ㉤ 복지

① ㉠, ㉡, ㉣　　　　　　　　　　② ㉠, ㉡, ㉤
③ ㉠, ㉢, ㉣　　　　　　　　　　④ ㉠, ㉣, ㉤

**14** 다음 중 신공공관리론과 뉴거버넌스에 대한 설명으로 옳은 것은?

① 뉴거버넌스는 민영화, 민간위탁을 통한 서비스의 공급을 지향한다.

② 영국의 대처주의, 미국의 레이거노믹스는 모두 신공공관리론에 토대를 둔 정치기조이다.

③ 뉴거버넌스는 정부가 사회의 문제해결을 주도하여 민간 주체들의 적극적 참여를 유도하는 것을 추구한다.

④ 신공공관리론은 정부실패를 지적하며 등장한 이론으로, 민간에 대한 충분한 정보력을 갖춘 크고 완전한 정부를 추구한다.

**15** 다음 중 사물인터넷을 사용하지 않은 경우는?

① 스마트 팜 시스템을 도입하여 작물 재배의 과정을 최적화, 효율화한다.

② 비상전력체계를 이용하여 재난 및 재해 등 위기상황으로 전력 차단 시 동력을 복원한다.

③ 커넥티드 카를 이용하여 차량 관리 및 운행 현황 모니터링을 자동화한다.

④ 스마트 홈 기술을 이용하여 가정 내 조명, 에어컨 등을 원격 제어한다.

**16** 다음 〈보기〉 중 수평적 인사이동에 해당하지 않는 것을 모두 고르면?

> **보기**
> ㄱ. 강임          ㄴ. 승진
> ㄷ. 전보          ㄹ. 전직

① ㄱ, ㄴ          ② ㄱ, ㄷ

③ ㄴ, ㄷ          ④ ㄷ, ㄹ

**17** 다음 〈보기〉 중 유료 요금제에 해당하지 않는 것을 모두 고르면?

> **보기**
> ㄱ. 국가지정문화재 관람료
> ㄴ. 상하수도 요금
> ㄷ. 국립공원 입장료

① ㄱ          ② ㄷ

③ ㄱ, ㄴ          ④ ㄴ, ㄷ

┃ 코레일 한국철도공사

**01** 다음 중 테일러의 과학적 관리법과 관계가 없는 것은?

① 시간연구
② 동작연구
③ 동등 성과급제
④ 과업관리
⑤ 표준 작업조건

┃ 코레일 한국철도공사

**02** 다음 중 근로자가 직무능력 평가를 위해 개인능력평가표를 활용하는 제도는 무엇인가?

① 자기신고제도
② 직능자격제도
③ 평가센터제도
④ 직무순환제도
⑤ 기능목록제도

┃ 코레일 한국철도공사

**03** 다음 중 데이터베이스 마케팅에 대한 설명으로 옳지 않은 것은?

① 기업 규모와 관계없이 모든 기업에서 활용이 가능하다.
② 기존 고객의 재구매를 유도하며, 장기적인 마케팅 전략 수립이 가능하다.
③ 인구통계, 심리적 특성, 지리적 특성 등을 파악하여 고객별 맞춤 서비스가 가능하다.
④ 단방향 의사소통으로 고객과 1 : 1 관계를 구축하여 즉각적으로 반응을 확인할 수 있다.
⑤ 고객자료를 바탕으로 고객 및 매출 증대에 대한 마케팅 전략을 실행하는 데 목적이 있다.

**04** 다음 중 공정성 이론에서 절차적 공정성에 해당하지 않는 것은?

① 접근성　　　　　　　　　　② 반응속도
③ 형평성　　　　　　　　　　④ 유연성
⑤ 적정성

**05** 다음 중 e-비즈니스 기업의 장점으로 옳지 않은 것은?

① 빠른 의사결정을 진행할 수 있다.
② 양질의 고객서비스를 제공할 수 있다.
③ 배송, 물류비 등 각종 비용을 절감할 수 있다.
④ 소비자에게 더 많은 선택권을 부여할 수 있다.
⑤ 기업이 더 높은 가격으로 제품을 판매할 수 있다.

**06** 다음 중 조직시민행동에 대한 설명으로 옳지 않은 것은?

① 조직 구성원이 수행하는 행동에 대해 의무나 보상이 존재하지 않는다.
② 조직 구성원의 자발적인 참여가 바탕이 되며, 대부분 강제적이지 않다.
③ 조직 내 바람직한 행동을 유도하고, 구성원의 조직 참여도를 제고한다.
④ 조직 구성원의 처우가 좋지 않을수록 조직시민행동은 자발적으로 일어난다.
⑤ 조직의 리더가 구성원으로부터 신뢰를 받을 때 구성원의 조직시민행동이 크게 증가한다.

**07** 다음 중 분배적 협상의 특징으로 옳지 않은 것은?

① 협상에 따른 이익을 정해진 비율로 분배한다.
② 정보를 숨겨 필요한 정보만 선택적으로 활용한다.
③ 협상을 통해 공동의 이익을 확대(Win – Win)한다.
④ 상호 목표 배치 시 자기의 입장을 명확히 주장한다.
⑤ 간부회의, 밀실회의 등을 통한 의사결정을 주로 진행한다.

**08** 다음 글에서 설명하는 직무분석방법은?

> • 여러 직무활동을 동시에 기록할 수 있다.
> • 직무활동 전체의 모습을 파악할 수 있다.
> • 직무성과가 외형적일 때 적용이 가능하다.

① 관찰법                   ② 면접법
③ 워크 샘플링법        ④ 질문지법
⑤ 연구법

**09** 다음 중 전문품에 대한 설명으로 옳지 않은 것은?

① 가구, 가전제품 등이 해당된다.
② 제품의 가격이 상대적으로 비싼 편이다.
③ 특정 브랜드에 대한 높은 충성심이 나타난다.
④ 충분한 정보 제공 및 차별화가 중요한 요소로 작용한다.
⑤ 소비자가 해당 브랜드에 대한 충분한 지식이 없는 경우가 많다.

**10** 다음 중 연속생산에 대한 설명으로 옳은 것은?

① 단위당 생산원가가 낮다.
② 운반비용이 많이 소요된다.
③ 제품의 수명이 짧은 경우 적합한 방식이다.
④ 제품의 수요가 다양한 경우 적합한 방식이다.
⑤ 작업자의 숙련도가 떨어질 경우 작업에 참여시키지 않는다.

**11** 다음 중 주식 관련 상품에 대한 설명으로 옳지 않은 것은?

① ELF : ELS와 ELD의 중간 형태로, ELS를 기초 자산으로 하는 펀드를 말한다.
② ELB : 채권, 양도성 예금증서 등 안전자산에 주로 투자하며, 원리금이 보장된다.
③ ELD : 수익률이 코스피200지수에 연동되는 예금으로, 주로 정기예금 형태로 판매한다.
④ ELS : 주가지수 또는 종목의 주가 움직임에 따라 수익률이 결정되며, 만기가 없는 증권이다.
⑤ ELT : ELS를 특정금전신탁 계좌에 편입하는 신탁상품으로, 투자자의 의사에 따라 운영한다.

**12** 다음 중 인사와 관련된 이론에 대한 설명으로 옳지 않은 것은?

① 로크는 인간이 합리적으로 행동한다는 가정에서 개인이 의식적으로 얻으려고 설정한 목표가 동기와 행동에 영향을 미친다고 주장하였다.
② 브룸은 동기 부여에 대해 기대이론을 적용하여 기대감, 적합성, 신뢰성을 통해 구성원의 직무에 대한 동기 부여를 결정한다고 주장하였다.
③ 매슬로는 욕구의 위계를 생리적 욕구, 안전의 욕구, 애정과 공감의 욕구, 존경의 욕구, 자아실현의 욕구로 나누어 단계별로 욕구가 작용한다고 설명하였다.
④ 맥그리거는 인간의 본성에 대해 부정적인 관점인 X이론과 긍정적인 관점인 Y이론이 있으며, 경영자는 조직목표 달성을 위해 근로자의 본성(X, Y)을 파악해야 한다고 주장하였다.
⑤ 허즈버그는 욕구를 동기요인과 위생요인으로 나누었으며, 동기요인에는 인정감, 성취, 성장 가능성, 승진, 책임감, 직무 자체가 해당되고, 위생요인에는 보수, 대인관계, 감독, 직무안정성, 근무환경, 회사의 정책 및 관리가 해당된다.

**13** 다음 글에 해당하는 마케팅 STP 단계는 무엇인가?

> • 서로 다른 욕구를 가지고 있는 다양한 고객들을 하나의 동질적인 고객집단으로 나눈다.
> • 인구, 지역, 사회, 심리 등을 기준으로 활용한다.
> • 전체시장을 동질적인 몇 개의 하위시장으로 구분하여 시장별로 차별화된 마케팅을 실행한다.

① 시장세분화                    ② 시장매력도 평가
③ 표적시장 선정                  ④ 포지셔닝
⑤ 재포지셔닝

**14** 다음 중 BCG 매트릭스에 대한 설명으로 옳지 않은 것은?

① X축은 상대적 시장 점유율, Y축은 성장률을 의미한다.

② 1970년대 미국 보스턴컨설팅그룹에 의해 개발된 경영전략 분석기법이다.

③ 수익이 많고 안정적이어서 현상을 유지하는 것이 필요한 사업은 스타(Star)이다.

④ 물음표(Question Mark), 스타(Star), 현금젖소(Cash Cow), 개(Dog)의 4개 영역으로 구성된다.

**15** 다음 중 변혁적 리더십의 특성으로 옳지 않은 것은?

① 구성원들은 리더가 이상적이며 높은 수준의 기준과 능력을 지니고 있다고 생각한다.

② 리더는 구성원 모두가 공감할 수 있는 바람직한 목표를 설정하고, 그들이 이를 이해하도록 한다.

③ 리더는 구성원들의 생각, 가치, 신념 등을 발전시키고, 그들이 창의적으로 행동하도록 이끈다.

④ 구성원들을 리더로 얼마나 육성했는지보다 구성원의 성과 측정을 통해 객관성을 가질 수 있다는 효과가 있다.

**16** 다음 중 변혁적 리더십의 구성요소에 해당하지 않는 것은?

① 감정적 치유                    ② 카리스마

③ 영감적 동기화                  ④ 지적 자극

**17** 다음 중 매트릭스 조직의 단점으로 옳지 않은 것은?

① 책임, 목표, 평가 등에 대한 갈등이 유발되어 혼란을 줄 수 있다.

② 관리자 및 구성원 모두에게 역할 등에 대한 스트레스를 유발할 수 있다.

③ 힘의 균형을 유지하기 어려워 경영자의 개입이 빈번하게 일어날 수 있다.

④ 구성원의 창의력을 저해하고, 문제해결에 필요한 전문지식이 부족할 수 있다.

**18** 다음 중 가치사슬 분석을 통해 얻을 수 있는 효과로 옳지 않은 것은?

① 프로세스 혁신 　　　　　　　　 ② 원가 절감

③ 매출 확대 　　　　　　　　　　 ④ 품질 향상

**19** 다음 K기업 재무회계 자료를 참고할 때, 기초부채를 계산하면 얼마인가?

- 기초자산 : 100억 원
- 기말자본 : 65억 원
- 총수익 : 35억 원
- 총비용 : 20억 원

① 30억 원 　　　　　　　　　　　 ② 40억 원

③ 50억 원 　　　　　　　　　　　 ④ 60억 원

**20** 다음 중 ERG 이론에 대한 설명으로 옳지 않은 것은?

① 매슬로의 욕구 5단계설을 발전시켜 주장한 이론이다.

② 인간의 욕구를 중요도 순으로 계층화하여 정의하였다.

③ 인간의 욕구를 존재욕구, 관계욕구, 성장욕구의 3단계로 나누었다.

④ 상위에 있는 욕구를 충족시키지 못하면 하위에 있는 욕구는 더욱 크게 감소한다.

**21** 다음 중 기업이 사업 다각화를 추진하는 목적으로 볼 수 없는 것은?

① 기업의 지속적인 성장 추구 　　　 ② 사업위험 분산

③ 유휴자원의 활용 　　　　　　　 ④ 기업의 수익성 강화

**22** 다음 중 종단분석과 횡단분석의 비교가 옳지 않은 것은?

| 구분 | 종단분석 | 횡단분석 |
|---|---|---|
| 방법 | 시간적 | 공간적 |
| 목표 | 특성이나 현상의 변화 | 집단의 특성 또는 차이 |
| 표본 규모 | 큼 | 작음 |
| 횟수 | 반복 | 1회 |

① 방법　　　　　　　　　　　　② 목표
③ 표본 규모　　　　　　　　　　④ 횟수

**23** 다음 중 향후 채권이자율이 시장이자율보다 높아질 것으로 예상될 때 나타날 수 있는 현상으로 옳은 것은?

① 1년 만기 은행채, 장기신용채 등의 발행이 늘어난다.
② 만기에 가까워질수록 채권가격 상승에 따른 이익을 얻을 수 있다.
③ 채권가격이 액면가보다 높은 가격에 거래되는 할증채 발행이 증가한다.
④ 별도의 이자 지급 없이 채권발행 시 이자금액을 공제하는 방식을 선호하게 된다.

**24** 다음 중 BCG 매트릭스에 대한 설명으로 옳은 것은?

① 스타(Star) 사업 : 높은 시장점유율로 현금창출은 양호하나, 성장 가능성은 낮은 사업이다.
② 현금젖소(Cash Cow) 사업 : 성장 가능성과 시장점유율이 모두 낮아 철수가 필요한 사업이다.
③ 개(Dog) 사업 : 성장 가능성과 시장점유율이 모두 높아서 계속 투자가 필요한 유망 사업이다.
④ 물음표(Question Mark) 사업 : 신규 사업 또는 현재 시장점유율은 낮으나, 향후 성장 가능성이 높은 사업이다.

**25** 다음 중 테일러의 과학적 관리법의 특징에 대한 설명으로 옳지 않은 것은?

① 작업량에 따라 임금을 차등하여 지급한다.
② 작업능률을 최대로 높이기 위하여 노동의 표준량을 정한다.
③ 관리에 대한 전문화를 통해 노동자의 태업을 사전에 방지한다.
④ 작업에 사용하는 도구 등을 개별 용도에 따라 다양하게 제작하여 성과를 높인다.

┃ 서울교통공사

**01** 다음 중 수요의 가격탄력성에 대한 설명으로 옳지 않은 것은?

① 수요의 가격탄력성은 가격의 변화에 따른 수요의 변화를 의미한다.
② 분모는 상품 가격의 변화량을 상품 가격으로 나눈 값이다.
③ 대체재가 많을수록 수요의 가격탄력성은 탄력적이다.
④ 가격이 1% 상승할 때 수요가 2% 감소하였으면 수요의 가격탄력성은 2이다.
⑤ 가격탄력성이 0보다 크면 탄력적이라고 할 수 있다.

┃ 서울교통공사

**02** 다음 중 대표적인 물가지수인 GDP 디플레이터를 구하는 계산식으로 옳은 것은?

① (실질 GDP)÷(명목 GDP)×100
② (명목 GDP)÷(실질 GDP)×100
③ (실질 GDP)+(명목 GDP)÷2
④ (명목 GDP)−(실질 GDP)÷2
⑤ (실질 GDP)÷(명목 GDP)×2

┃ 서울교통공사

**03** 다음 〈조건〉을 참고할 때, 한계소비성향(MPC) 변화에 따른 현재 소비자들의 소비 변화폭은?

조건
• 기존 소비자들의 연간 소득은 3,000만 원이며, 한계소비성향은 0.6을 나타내었다.
• 현재 소비자들의 연간 소득은 4,000만 원이며, 한계소비성향은 0.7을 나타내었다.

① 700          ② 1,100
③ 1,800        ④ 2,500
⑤ 3,700

**04** 다음 중 빈칸에 들어갈 단어가 바르게 짝지어진 것은?

> • 환율이 ___㉠___ 하면 순수출이 증가한다.
> • 국내이자율이 높아지면 환율은 ___㉡___ 한다.
> • 국내물가가 오르면 환율은 ___㉢___ 한다.

| | ㉠ | ㉡ | ㉢ |
|---|---|---|---|
| ① | 하락 | 상승 | 하락 |
| ② | 하락 | 상승 | 상승 |
| ③ | 하락 | 하락 | 하락 |
| ④ | 상승 | 하락 | 상승 |
| ⑤ | 상승 | 하락 | 하락 |

**05** 다음 중 독점적 경쟁시장에 대한 설명으로 옳지 않은 것은?

① 독점적 경쟁시장은 완전경쟁시장과 독점시장의 중간 형태이다.
② 대체성이 높은 제품의 공급자가 시장에 다수 존재한다.
③ 시장진입과 퇴출이 자유롭다.
④ 독점적 경쟁기업의 수요곡선은 우하향하는 형태를 나타낸다.
⑤ 가격경쟁이 비가격경쟁보다 활발히 진행된다.

**06** 다음 중 고전학파와 케인스학파에 대한 설명으로 옳지 않은 것은?

① 케인스학파는 경기가 침체할 경우, 정부의 적극적 개입이 바람직하지 않다고 주장하였다.
② 고전학파는 임금이 매우 신축적이어서 노동시장이 항상 균형상태에 이르게 된다고 주장하였다.
③ 케인스학파는 저축과 투자가 국민총생산의 변화를 통해 같아지게 된다고 주장하였다.
④ 고전학파는 실물경제와 화폐를 분리하여 설명한다.
⑤ 케인스학파는 단기적으로 화폐의 중립성이 성립하지 않는다고 주장하였다.

**07** 다음 사례에서 나타나는 현상으로 옳은 것은?

> • 물은 사용 가치가 크지만 교환 가치가 작은 반면, 다이아몬드는 사용 가치가 작지만 교환 가치는 크게 나타난다.
> • 한계효용이 작을수록 교환 가치가 작으며, 한계효용이 클수록 교환 가치가 크다.

① 매몰비용의 오류　　　　　　　② 감각적 소비
③ 보이지 않는 손　　　　　　　④ 가치의 역설
⑤ 희소성

**08** 다음 자료를 참고하여 실업률을 구하면 얼마인가?

> • 생산가능인구 : 50,000명
> • 취업자 : 20,000명
> • 실업자 : 5,000명

① 10%　　　　　　　　　　　　② 15%
③ 20%　　　　　　　　　　　　④ 25%
⑤ 30%

**09** J기업이 다음 〈조건〉과 같이 생산량을 늘린다고 할 때, 한계비용은 얼마인가?

> **조건**
> • J기업의 제품 1단위당 노동가격은 4, 자본가격은 6이다.
> • J기업은 제품 생산량을 50개에서 100개로 늘리려고 한다.
> • 평균비용 $P=2L+K+\dfrac{100}{Q}$ ($L$ : 노동가격, $K$ : 자본가격, $Q$ : 생산량)

① 10　　　　　　　　　　　　② 12
③ 14　　　　　　　　　　　　④ 16

**10** 다음은 A국과 B국이 노트북 1대와 TV 1대를 생산하는 데 필요한 작업 시간을 나타낸 자료이다. A국과 B국의 비교우위에 대한 설명으로 옳은 것은?

| 구분 | 노트북 | TV |
|------|--------|-----|
| A국 | 6시간 | 8시간 |
| B국 | 10시간 | 8시간 |

① A국이 노트북, TV 생산 모두 비교우위에 있다.
② B국이 노트북, TV 생산 모두 비교우위에 있다.
③ A국은 노트북 생산, B국은 TV 생산에 비교우위가 있다.
④ A국은 TV 생산, B국은 노트북 생산에 비교우위가 있다.

**11** 다음 중 다이내믹 프라이싱에 대한 설명으로 옳지 않은 것은?

① 동일한 제품과 서비스에 대한 가격을 시장 상황에 따라 변화시켜 적용하는 전략이다.
② 호텔, 항공 등의 가격을 성수기 때 인상하고, 비수기 때 인하하는 것이 대표적인 예이다.
③ 기업은 소비자별 맞춤형 가격을 통해 수익을 극대화할 수 있다.
④ 소비자 후생이 증가해 소비자의 만족도가 높아진다.

**12** 다음 〈보기〉 중 빅맥 지수에 대한 설명으로 옳은 것을 모두 고르면?

보기
㉠ 빅맥 지수를 최초로 고안한 나라는 미국이다.
㉡ 각 나라의 물가수준을 비교하기 위해 고안된 지수로, 구매력 평가설을 근거로 한다.
㉢ 맥도날드 빅맥 가격을 기준으로 한 이유는 전 세계에서 가장 동질적으로 판매되고 있는 상품이기 때문이다.
㉣ 빅맥 지수를 구할 때 빅맥 가격은 제품 가격과 서비스 가격의 합으로 계산한다.

① ㉠, ㉡
② ㉠, ㉢
③ ㉡, ㉢
④ ㉡, ㉣

**13** 다음 중 확장적 통화정책의 영향으로 옳은 것은?

① 건강보험료가 인상되어 정부의 세금 수입이 늘어난다.

② 이자율이 하락하고, 소비 및 투자가 감소한다.

③ 이자율이 상승하고, 환율이 하락한다.

④ 은행이 채무불이행 위험을 줄이기 위해 더 높은 이자율과 담보 비율을 요구한다.

**14** 다음 중 노동의 수요공급곡선에 대한 설명으로 옳지 않은 것은?

① 노동 수요는 파생수요라는 점에서 재화시장의 수요와 차이가 있다.

② 상품 가격이 상승하면 노동 수요곡선은 오른쪽으로 이동한다.

③ 토지, 설비 등이 부족하면 노동 수요곡선은 오른쪽으로 이동한다.

④ 노동에 대한 인식이 긍정적으로 변화하면 노동 공급곡선은 오른쪽으로 이동한다.

**15** 다음 〈조건〉을 참고할 때, A가 할 수 있는 최선의 선택으로 옳은 것은?

> **조건**
> • A는 퇴근 후 운동을 할 계획으로 헬스, 수영, 자전거, 달리기 중 하나를 고르려고 한다.
> • 각 운동이 주는 만족도(이득)는 헬스 5만 원, 수영 7만 원, 자전거 8만 원, 달리기 4만 원이다.
> • 각 운동에 소요되는 비용은 헬스 3만 원, 수영 2만 원, 자전거 5만 원, 달리기 3만 원이다.

① 헬스      ② 수영

③ 자전거      ④ 달리기

교육은 우리 자신의 무지를 점차 발견해 가는 과정이다.

– 윌 듀란트 –

# PART 1

# 직업기초능력

**CHAPTER 01**   의사소통능력

**CHAPTER 02**   문제해결능력

**CHAPTER 03**   자원관리능력

**CHAPTER 04**   수리능력

# 의사소통능력

## 합격 Cheat Key

의사소통능력은 평가하지 않는 공사·공단이 없을 만큼 필기시험에서 중요도가 높은 영역으로, 세부 유형은 문서 이해, 문서 작성, 의사 표현, 경청, 기초 외국어로 나눌 수 있다. 문서 이해·문서 작성과 같은 지문에 대한 주제 찾기, 내용 일치 문제의 출제 비중이 높으며, 문서의 특성을 파악하는 문제도 출제되고 있다.

### 1 문제에서 요구하는 바를 먼저 파악하라!

의사소통능력에서 가장 중요한 것은 제한된 시간 안에 빠르고 정확하게 답을 찾아내는 것이다. 의사소통능력에서는 지문이 아니라 문제가 주인공이므로 지문을 보기 전에 문제를 먼저 파악해야 하며, 문제에 따라 전략적으로 빠르게 풀어내는 연습을 해야 한다.

### 2 잠재되어 있는 언어 능력을 발휘하라!

세상에 글은 많고 우리가 학습할 수 있는 시간은 한정적이다. 이를 극복할 수 있는 방법은 다양한 글을 접하는 것이다. 실제 시험장에서 어떤 내용의 지문이 나올지 아무도 예측할 수 없으므로 평소에 신문, 소설, 보고서 등 여러 글을 접하는 것이 필요하다.

**3** **상황을 가정하라!**

업무 수행에 있어 상황에 따른 언어 표현은 중요하다. 같은 말이라도 상황에 따라 다르게 해석될 수 있기 때문이다. 그런 의미에서 자신의 의견을 효과적으로 전달할 수 있는 능력을 평가하는 것이다. 업무를 수행하면서 발생할 수 있는 여러 상황을 가정하고 그에 따른 올바른 언어표현을 정리하는 것이 필요하다.

**4** **말하는 이의 입장에서 생각하라!**

잘 듣는 것 또한 하나의 능력이다. 상대방의 이야기에 귀 기울이고 공감하는 태도는 업무를 수행하는 관계 속에서 필요한 요소이다. 그런 의미에서 다양한 상황에서 듣는 능력을 평가하는 것이다. 말하는 이가 요구하는 듣는 이의 태도를 파악하고, 이에 따른 판단을 할 수 있도록 언제나 말하는 사람의 입장이 되는 연습이 필요하다.

## | 유형분석 |

- 주어진 지문을 읽고 선택지를 고르는 전형적인 독해 문제이다.
- 지문은 주로 신문기사(보도자료 등)나 업무 보고서, 시사 등이 제시된다.
- 공사공단에 따라 자사와 관련된 내용의 기사나 법조문, 보고서 등이 출제되기도 한다.

**K씨는 성장기인 아들의 수면습관을 바로 잡기 위해 수면습관에 관련된 글을 찾아보았다. 다음 글을 읽고 이해한 내용으로 적절하지 않은 것은?**

수면은 비렘(non – REM)수면과 렘수면으로 이뤄진 사이클이 반복되면서 이뤄지는 복잡한 신경계의 상호작용이며, 좋은 수면이란 이 사이클이 끊어지지 않고 충분한 시간 동안 유지되도록 하는 것이다. 수면 패턴은 일정한 것이 좋으며, 깨는 시간을 지키는 것이 중요하다. 그리고 수면 패턴은 휴일과 평일 모두 일정하게 지키는 것이 성장하는 아이들의 수면 리듬을 유지하는 데 좋다. 수면 상태에서 깨어날 때 영향을 주는 자극들은 '빛, 식사 시간, 운동, 사회 활동' 등이 있으며, 이 중 가장 강한 자극은 '빛'이다. 침실을 밝게 하는 것은 적절한 수면 자극을 방해하는 것이다. 반대로 깨어날 때 강한 빛 자극을 주면 수면 상태에서 빠르게 벗어날 수 있다. 이는 뇌의 신경 전달 물질인 멜라토닌의 농도와 연관되어 나타나는 현상이다. 수면 중 최대치로 올라간 멜라토닌은 시신경이 강한 빛에 노출되면 빠르게 줄어들게 되는데, 이때 수면 상태에서 벗어나게 된다. 아침 일찍 일어나 커튼을 젖히고 밝은 빛이 침실 안으로 들어오게 하는 것은 매우 효과적인 각성 방법인 것이다.

① 잠에서 깨는 데 가장 강력한 자극을 주는 것은 빛이었구나.
② 멜라토닌의 농도에 따라 수면과 각성이 영향을 받는군.
③ 평일에 잠이 모자란 우리 아들은 잠을 보충해줘야 하니까 휴일에 늦게까지 자도록 둬야겠다.
④ 좋은 수면은 비렘수면과 렘수면의 사이클이 충분한 시간 동안 유지되도록 하는 것이구나.
⑤ 우리 아들 침실이 좀 밝은 편이니 충분한 수면을 위해 암막커튼을 달아줘야겠어.

**정답** ③
수면 패턴은 휴일과 평일 모두 일정하게 지키는 것이 성장하는 아이들의 수면 리듬을 유지하는 데 좋다. 따라서 휴일에 늦잠을 자는 것은 적절하지 않다.

**풀이 전략!**
주어진 선택지에서 키워드를 체크한 후, 지문의 내용과 비교해 가면서 내용의 일치 유무를 빠르게 판단한다.

## 대표기출유형 01 기출응용문제

※ 다음 글의 내용으로 적절하지 않은 것을 고르시오. [1~2]

**01**

현재 전해지는 조선시대의 목가구는 대부분 조선 후기의 것들로 단단한 소나무, 느티나무, 은행나무 등의 곧은결을 기둥이나 쇠목으로 이용하고, 오동나무, 느티나무, 먹감나무 등의 늘결을 판재로 사용하여 자연스런 나뭇결의 재질을 살렸다. 또한 대나무 혹은 엇갈리거나 소용돌이 무늬를 이룬 뿌리 부근의 목재 등을 활용하여 자연스러운 장식이 되도록 하였다.

조선시대의 목가구는 대부분 한옥의 온돌에서 사용되었기에 온도와 습도 변화에 따른 변형을 최대한 방지할 수 있는 방법이 필요하였다. 그래서 단단하고 가느다란 기둥재로 면을 나누고, 기둥재에 홈을 파서 판재를 끼워 넣는 특수한 짜임과 이음의 방법을 사용하였으며, 꼭 필요한 부위에만 접착제와 대나무 못을 사용하여 목재가 수축·팽창하더라도 뒤틀림과 휘어짐이 최소화될 수 있도록 하였다. 조선시대 목가구의 대표적 특징으로 언급되는 '간결한 선'과 '명확한 면 분할'은 이러한 짜임과 이음의 방법에 기초한 것이다. 짜임과 이음은 조선시대 목가구 제작에 필수적인 방법으로, 겉으로 드러나는 아름다움은 물론 보이지 않는 내부의 구조까지 고려한 격조 높은 기법이었다.

한편 물건을 편리하게 사용할 수 있게 해 주며, 목재의 결합부위나 모서리에 힘을 보강하는 금속 장석은 장식의 역할도 했지만 기능상 반드시 필요하거나 나무의 질감을 강조하려는 의도에서 사용되어 조선 시대 목가구의 절제되고 간결한 특징을 잘 살리고 있다.

① 조선시대 목가구는 온도와 습도 변화에 따른 변형을 방지할 방법이 필요했다.
② 금속 장석은 장식의 역할도 했지만 기능상 필요에 의해서도 사용되었다.
③ 나무의 곧은결을 기둥이나 쇠목으로 이용하고, 늘결을 판재로 사용하였다.
④ 접착제와 대나무 못을 사용하면 목재의 수축과 팽창이 발생하지 않게 된다.
⑤ 목재의 결합부위나 모서리에 힘을 보강하기 위해 금속 장석을 사용하였다.

**02**

과학 기술에 의한 기적이 나타나지 않는다면, 우리 인간이 지구상에서 이용할 수 있는 자연 자원과 생활공간은 제한된 것으로 받아들여야 할 것이다. 그렇다면 공간을 이용할 때에 우리는 두 가지 한계점을 설정하지 않을 수 없다.

첫째, 우리는 이 지구상에서 생물이 서식할 수 있는 전체 공간의 제한성을 전제로 하고 그중에서 인간이 이용할 수 있는 생활공간의 한계를 깨뜨리지 않는 범위 안에서만 인간의 생활공간을 확장시켜 나가야 한다. 이렇게 되면 제한된 공간을 어떻게 나누어서 이용하느냐가 중요한 문제가 되므로, '적정 공간'이라는 개념이 중요한 의미를 갖게 된다. 우리 인간이 차지할 수 있는 전체 생활공간도 생태학적으로 적정 공간이 되어야 할 뿐 아니라, 개인이 차지할 수 있는 공간도 적정 공간의 한계를 벗어나서는 안 된다는 뜻이다.

둘째, 절대적 생활공간의 한계가 함께 문제가 되는 것은 자연 자원의 한계이므로 우리는 이 문제에서도 공간 이용에 관한 한계점을 설정할 필요가 있다. 지금까지 대부분의 생물들이 살아온 공간이란 태양의 열과 빛, 맑은 공기, 물, 그리고 흙을 이용할 수 있는 자연 환경이었다. 이와 같이 자연 자원에 의존하는 생활공간을 '자연 공간'이라고 한다면, 과학 기술을 이용한 인간의 생활공간에는 비자연적인 것이 많다. 인공적인 난방 장치, 냉방 장치, 조명 장치, 환기 장치, 상수도 및 하수도 시설에 절대적으로 의존하는 공간이 모두 그런 것이다.

① 인간은 공간 이용에 관한 한계를 설정할 필요가 있다.
② 인간이 지구상에서 이용할 수 있는 자연 자원은 제한되어 있다.
③ 과학 기술을 이용한 인간의 생활공간은 대부분 비자연적인 것이다.
④ 인간이 생활공간을 이용할 때 필요 이상의 공간을 차지해서는 안 된다.
⑤ 공간 활용을 위해 생명체가 서식할 수 없는 공간을 개척하는 것이 중요하다.

**03** 다음 글의 내용으로 가장 적절한 것은?

휴대전화를 새것으로 바꾸기 위해 대리점에 간 소비자가 있다. 대리점에 가면서 휴대전화 가격으로 30만 원을 예상했다. 그런데 마음에 드는 것을 선택하니 가격이 25만 원이라고 하였다. 소비자는 흔쾌히 구입을 결정했다. 그러면서 뜻밖의 이익이 생겼음에 좋아할지도 모른다. 처음 예상했던 휴대 전화의 가격과 실제 지불한 금액의 차이, 즉 5만 원의 이익을 얻었다고 보는 것이다. 경제학에서는 이것을 '소비자잉여(消費者剩餘)'라고 부른다. 어떤 상품에 대해 소비자가 최대한 지불해도 좋다고 생각하는 가격에서 실제로 지불한 가격을 뺀 차액이 소비자잉여인 셈이다. 결국 낮은 가격으로 상품을 구입하면 할수록 소비자잉여는 커질 수밖에 없다.

휴대전화를 구입하고 나니, 대리점 직원은 휴대전화의 요금제를 바꾸라고 권유했다. 현재 이용하고 있는 휴대전화 서비스보다 기본요금이 조금 더 비싼 대신 분당 이용료가 싼 요금제로 바꾸는 것이 더 이익이라는 설명도 덧붙였다. 소비자는 지금까지 휴대전화의 요금이 기본요금과 분당 이용료로 나누어져 있는 것을 당연하게 생각해 왔다. 그런데 곰곰이 생각해 보니, 이건 정말 특이한 가격 체계였다. 다른 제품이나 서비스는 보통 한 번만 값을 지불하면 되는데, 왜 휴대전화 요금은 기본요금과 분당 이용료의 이원 체제로 이루어져 있는 것일까?

휴대전화 회사는 기본요금과 분당 이용료의 이원 체제 전략, 즉 '이부가격제(二部價格制)'를 채택하고 있다. 이부가격제는 소비자가 어떤 상품을 사려고 할 때, 우선적으로 그 권리에 상응하는 가치를 값으로 지불하고, 실제 상품을 구입할 때 그 사용량에 비례하여 또 값을 지불해야 하는 체제를 말한다. 이부가격제를 적용하면 휴대전화 회사는 소비자의 통화량과 관계없이 기본 이윤을 확보할 수 있다.

이부가격제를 적용하는 또 다른 예로 놀이 공원을 들 수 있다. 이전에는 놀이 공원에 갈 때 저렴한 입장료를 지불했고, 놀이 기구를 이용할 때마다 표를 구입했다. 그렇기 때문에 놀이 기구를 골라서 이용하여 사용료를 절약할 수 있었고, 구경만 하고 사용료를 지불하지 않는 것도 가능했다. 그러나 요즘의 놀이 공원은 입장료를 이전보다 엄청나게 비싸게 하고 놀이 기구의 사용료를 상대적으로 낮게 했다. 게다가 '빅3'니 '빅5'니 하는 묶음표를 만들어 놀이 기구 이용자로 하여금 가격의 부담이 적은 것처럼 느끼게 만들었다. 결국 놀이 공원의 가격 전략은 사용료를 낮추고 입장료를 높게 받는 이부가격제로 굳어지고 있는 것이다. 여기서 놀이 공원의 입장료는 상품을 살 수 있는 권리를 얻기 위해 지불해야 하는 금액에 해당한다. 그리고 입장료를 내고 들어간 사람들이 놀이 기구를 이용할 때마다 내는 요금은 상품의 가격에 해당하는 부분이다. 우리가 모르는 가운데 기업의 이윤 극대화를 위한 모색은 계속되고 있다.

① 놀이 공원의 '빅3'나 '빅5' 등의 묶음표는 이용자를 위한 가격제이다.
② 소비자잉여의 크기는 구입한 상품에 대한 소비자의 만족감과 반비례한다.
③ 이부가격제는 이윤 극대화를 위해 기업이 채택할 수 있는 가격 제도이다.
④ 휴대전화 요금제는 기본요금과 분당 이용료가 비쌀수록 소비자에게 유리하다.
⑤ 가정으로 배달되는 우유를 한 달 동안 먹고 지불하는 값에는 이부가격제가 적용됐다.

**04** 다음은 근로복지공단의 보험재정국에 대한 글이다. 글의 내용으로 적절하지 않은 것은?

보험재정국의 주요 업무를 한마디로 요약하면 사업장을 대상으로 고용·산재보험을 가입·부과·징수하는 일이다. 일반적으로 근로복지공단을 업무상 재해 시 보상을 담당하는 기관으로만 인식하고 있는 노동자들의 입장에서는 다소 생소한 업무일 수 있다.

사회보험 미가입 사업장을 발굴하여 가입시키는 것은 궁극적으로 노동자를 보호하기 위한 조치이며 보험료를 부과하고 징수하는 것 역시 원활한 보상과 급여를 위한 것이라는 의미이다. 그런 점에서 보험재정국의 업무는 노동자들의 보험사각지대를 해소하고 고용·산재보험의 재정 건전성을 확보하는 업무라고 설명할 수 있다.

보험재정국의 가입·부과·징수 업무는 적용계획부, 보험가입부, 보험재정부 등 3개의 팀에 의해 유기적으로 이루어지고 있다. 적용계획부는 산재보험법, 고용보험법, 보험료징수법 등과 관련된 제도 개선 업무와 함께 노동자와 유사한 지위에 있는 특수고용형태종사자, 중소기업사업주 등 사회적 보호의 필요성이 있는 사람들에 대한 고용·산재보험의 가입 업무를 수행하는 부서이다.

보험가입부에서는 여러 가지 사유로 보험가입이 안 된 사업장을 대상으로 보험가입을 유도함으로써 노동자들의 보험사각지대를 줄여나가고 있다. 보험재정부는 전국 25만여 개 건설업 사업장에 한해 보험료의 부과 및 징수 업무를 수행하는 부서이다. 또한 전국 3,000여 개의 보험 사무대행기관 지원·교육 업무도 병행하고 있다.

보험가입부의 미션이 모든 사업장을 고용·산재보험에 가입시켜 사회보험 사각지대를 해소함으로써 노동자를 보호하는 일이라면, 보험재정부의 미션은 보험료를 제대로 거둬들여 재정 건전성을 확보함으로써 노동자 보호의 기반을 마련하는 일이다. 이 두 가지는 보험재정국의 대표적인 미션이기도 하다.

① 소속된 사업장이 사회보험에 가입되어 있지 않다면 노동자들은 보호받을 수 없다.
② 적용계획부는 보험 사무대행기관의 지원·교육 업무를 돕는다.
③ 보험가입부는 노동자 보호를, 보험재정부는 노동자 보호의 기반을 마련하는 일을 한다.
④ 보험재정국은 산재보험법, 고용보험법, 보험료징수법 등과 관련된 제도 개선 업무를 한다.
⑤ 보험재정부는 재정 건전성을 확보하여 노동자 보호의 기반을 마련한다.

**05**  다음 글을 바탕으로 〈보기〉를 이해한 내용으로 적절하지 않은 것은?

근로복지공단은 재취업이 어렵고, 담보나 신용이 부족한 산재장해인의 경제적 자립을 돕기 위해 창업점포를 임차하여 지원한다. 2000년부터 현재까지 1,535명에게 895억 원을 지원하여 산재근로자의 자립기반 마련에 크게 기여하였으며, 올해에는 총 28명에게 21억 4,000만 원을 지원할 예정이다. 전년도부터 이자율을 3%에서 2%로 낮추고, 전세보증금을 1억 원에서 1억 5,000만 원으로 상향하였으며 지원기간은 최장 6년까지이다. 지원 대상자가 월세를 부담하는 경우, 월세 200만 원 이하인 점포도 지원할 수 있다.

지원 대상은 산업재해보상보험법에 따라 장해등급을 받은 산재장해인 중 직업훈련 또는 창업훈련, 자격증 취득, 2년 이상 종사한 업종과 관련된 업종으로 창업을 희망하는 사람과 진폐재해자이다. 또한 산재장해인을 고용하고 있는 사회적 기업 또는 예비 사회적 기업 그리고 이를 준비 중인 법인도 해당된다. 다만 성인전용 유흥·사치·향락성 업종과 국민경제상 불요불급한 업종의 창업 희망자, 미성년자, 전국은행연합회의 금융기관 신용정보 관리규약에 따른 연체정보 등록자 등은 지원 대상에서 제외된다.

이밖에도 공단은 지원자의 창업 성공률을 높이기 위해 사업자금을 연리 2%(2년 거치 3년 상환)로 최대 1,500만 원까지 빌려주고, 지원 대상자에게는 전문가를 통한 창업컨설팅을 무료로 제공한다. 창업을 희망하는 산재장해인과 법인은 신청서(공단 양식)에 사업계획서를 첨부하여 창업예정지를 관할하는 공단의 각 지역본부 또는 지사 재활보상부에 제출하면 된다. 신청기간은 2월, 4월, 6월, 8월, 10월의 1 ~ 20일까지이다.

기타 자세한 내용은 창업 예정지를 관할하는 공단 각 지역본부 또는 지사 재활보상부로 문의하거나 공단 홈페이지에서 확인할 수 있다.

**보기**

2014년 1월 충남 천안의 음식점에서 3년간 주방장으로 일하던 K씨는 재료 준비 중 엄지손가락을 다치는 재해를 입어 장애 10급의 신체장애가 남았다. 갑작스러운 사고에 3 ~ 4개월 동안 슬럼프에 빠지며 좌절하였지만, 근로복지공단에서 지원하는 한식 조리과정 직업훈련을 받고 당당히 창업하기로 결심했다. 그동안의 경험과 공단에서 무료로 제공한 창업컨설팅을 통해 자신감을 회복한 K씨는 작은 식당을 개업했고, 이제는 구미 혁신도시 인근에서도 소문이 나기 시작하여 새로운 인생을 맞이하고 있다.

① 만약 K씨가 사치·향락성 업종과 관련된 창업을 하려고 했다면 지원 대상이 되지 못했을 것이다.
② K씨는 근로복지공단 홈페이지에서 관련 내용을 확인할 수 있었을 것이다.
③ K씨는 원래 음식점 주방장으로 일했기 때문에 근로복지공단에서 지원하는 '한식조리과정직업훈련' 대상자가 될 수 있었다.
④ K씨는 본인이 원래 종사했던 직종과 관련된 업종으로 창업을 희망했기 때문에 전문가를 통한 무료 창업컨설팅을 받을 수 있었다.
⑤ K씨가 약 4개월 정도 슬럼프에 빠졌다고 했으니까 신청서 접수는 재해를 입은 지 4개월 후인 2014년 5월에 했을 것이다.

## | 유형분석 |

- 주어진 지문을 바탕으로 도출할 수 있는 내용을 찾는 문제이다.
- 선택지의 내용을 정확하게 확인하고 지문의 정보와 비교하여 추론하는 능력이 필요하다.

### 다음 글을 통해 추론할 수 없는 것은?

제약 연구원이란 제약 회사에서 약을 만드는 과정에 참여하는 사람을 말한다. 제약 연구원은 이러한 모든 단계에 참여하지만, 특히 신약 개발 단계와 임상 시험 단계에서 가장 중점적인 역할을 한다. 일반적으로 약을 만드는 과정은 새로운 약품을 개발하는 신약 개발 단계, 임상 시험을 통해 개발된 신약의 약효를 확인하는 임상 시험 단계, 식약처에 신약이 판매될 수 있도록 허가를 요청하는 약품 허가 요청 단계, 마지막으로 의료진과 환자를 대상으로 신약에 대해 홍보하는 영업 및 마케팅의 단계로 나눈다.

제약 연구원이 되기 위해서는 일반적으로 약학을 전공해야 한다고 생각하기 쉽지만, 약학 전공자 이외에도 생명 공학, 화학 공학, 유전 공학 전공자들이 제약 연구원으로 활발하게 참여하고 있다. 만일 신약 개발의 전문가가 되고 싶다면 해당 분야에서 오랫동안 연구한 경험이 필요하기 때문에 대학원에서 석사나 박사 학위를 취득하는 것이 유리하다.

제약 연구원이 되기 위해서는 전문적인 지식도 중요하지만, 사람의 생명과 관련된 일인 만큼 무엇보다도 꼼꼼함과 신중함, 책임 의식이 필요하다. 또한 제약 회사라는 공동체 안에서 일을 하는 것이므로 원만한 일의 진행을 위해서 의사소통능력도 필수적으로 요구된다. 오늘날 제약 분야가 빠르게 성장하고 있다는 점을 고려할 때, 일에 대한 도전 의식, 호기심과 탐구심 등도 제약 연구원에게 필요한 능력으로 꼽을 수 있다.

① 제약 연구원은 약품 허가 요청 단계에 참여한다.
② 오늘날 제약 연구원에게 요구되는 능력이 많아졌다.
③ 생명이나 유전 공학 전공자도 제약 연구원으로 일할 수 있다.
④ 신약 개발 전문가가 되려면 반드시 석사나 박사를 취득해야 한다.
⑤ 제약 연구원과 관련된 정보가 부족하다면 약학을 전공해야만 제약 연구원이 될 수 있다고 생각할 수 있다.

정답 ④

제시문에 따르면 신약 개발의 전문가가 되기 위해서는 해당 분야에서 오랫동안 연구한 경험이 필요하므로 석사나 박사 학위를 취득하는 것이 유리하다고 하였다. 그러나 석사나 박사 학위는 신약 개발 전문가가 되는 데 도움을 준다는 것일 뿐이므로 반드시 필요한 필수 조건인지는 알 수 없다. 따라서 ④는 제시문을 통해 추론할 수 없다.

### 풀이 전략!

주어진 지문이 어떠한 내용을 다루고 있는지 파악한 후 선택지의 키워드를 확실하게 체크하고, 지문의 정보에서 도출할 수 있는 내용을 찾는다.

**01** 다음 글을 읽고 추론할 수 있는 내용으로 가장 적절한 것은?

> 조선이 임진왜란 중에도 필사적으로 보존하고자 한 서적이 바로 조선왕조실록이다. 실록은 원래 서울의 춘추관과 성주·충주·전주 4곳의 사고(史庫)에 보관되었으나, 임진왜란 이후 전주 사고의 실록만 온전한 상태였다. 전란이 끝난 후 단 1벌 남은 실록을 다시 여러 벌 등서하자는 주장이 제기되었다. 우여곡절 끝에 실록의 인쇄가 끝난 시기는 1606년이었다. 재인쇄 작업의 결과 원본을 포함해 모두 5벌의 실록을 갖추게 되었다. 원본은 강화도 마니산에 봉안하고 나머지 4벌은 서울의 춘추관과 평안도 묘향산, 강원도의 태백산과 오대산에 봉안했다.
>
> 이 5벌 중에서 서울 춘추관의 것은 1624년 이괄의 난 때 불에 타 없어졌고, 묘향산의 것은 1633년 후금과의 관계가 악화되자 전라도 무주의 적상산에 사고를 새로 지어 옮겼다. 강화도 마니산의 것은 1636년 병자호란 때 청군에 의해 일부 훼손되었던 것을 현종 때 보수하여 숙종 때 강화도 정족산에 다시 봉안했다. 결국 내란과 외적 침입으로 인해 5곳 가운데 1곳의 실록은 소실되었고, 1곳의 실록은 장소를 옮겼으며, 1곳의 실록은 손상을 입었던 것이다.
>
> 정족산, 태백산, 적상산, 오대산 4곳의 실록은 그 후 안전하게 지켜졌다. 그러나 일본이 다시 여기에 손을 대었다. 1910년 조선 강점 이후 일제는 정족산과 태백산에 있던 실록을 조선총독부로 이관하고, 적상산의 실록은 구황궁 장서각으로 옮겼으며, 오대산의 실록은 일본 동경제국대학으로 반출했다. 일본으로 반출한 것은 1923년 관동 대지진 때 거의 소실되었다. 정족산과 태백산의 실록은 1930년에 경성제국대학으로 옮겨져 지금까지 서울대학교에 보존되어 있다. 한편 장서각의 실록은 6·25 전쟁 때 북한으로 옮겨져 현재 김일성종합대학에 소장되어 있다.

① 재인쇄하였던 실록은 모두 5벌이다.

② 태백산에 보관하였던 실록은 현재 일본에 있다.

③ 현재 한반도에 남아 있는 실록은 모두 4벌이다.

④ 적상산에 보관하였던 실록은 일부가 훼손되었다.

⑤ 현존하는 실록 중에서 가장 오래된 것은 서울대학교에 있다.

**02** 다음 중 (가)와 (나)의 예시로 적절하지 않은 것은?

---

사회적 관계에 있어서 상호주의란 '행위자 갑이 을에게 베푼 바와 같이 을도 갑에게 똑같이 행하라.'라는 행위 준칙을 의미한다. 상호주의의 원형은 '눈에는 눈, 이에는 이'로 표현되는 탈리오의 법칙에서 발견된다. 그것은 일견 피해자의 손실에 상응하는 가해자의 처벌을 정당화한다는 점에서 가혹하고 엄격한 성격을 드러낸다. 만약 상대방의 밥그릇을 빼앗았다면 자신의 밥그릇도 미련 없이 내주어야 하는 것이다. 그러나 탈리오 법칙은 온건하고도 합리적인 속성을 동시에 함축하고 있다. 왜냐하면 누가 자신의 밥그릇을 발로 찼을 경우 보복의 대상은 밥그릇으로 제한되어야지 밥상 전체를 뒤엎는 것으로 확대될 수 없기 때문이다. 이러한 일대일 방식의 상호주의를 (가) 대칭적 상호주의라 부른다. 하지만 엄밀한 의미의 대칭적 상호주의는 우리의 실제 일상생활에서 별로 흔하지 않다. 오히려 '되로 주고 말로 받거나, 말로 주고 되로 받는' 교환 관계가 더 일반적이다. 이를 대칭적 상호주의와 대비하여 (나) 비대칭적 상호주의라 일컫는다.

그렇다면 교환되는 내용이 양과 질의 측면에서 정확한 대등성을 결여하고 있음에도 불구하고, 교환에 참여하는 당사자들 사이에 비대칭적 상호주의가 성행하는 이유는 무엇인가? 그것은 셈에 밝은 이른바 '경제적 인간(Homo Economicus)'들에게 있어서 선호나 기호 및 자원이 다양하기 때문이다. 말하자면 교환에 임하는 행위자들이 각인각색인 까닭에 비대칭적 상호주의가 현실적으로 통용될 수밖에 없으며, 어떤 의미에서는 그것만이 그들에게 상호 이익을 보장할 수 있는 것이다.

---

① (가) : A국과 B국 군대는 접경지역에서 포로를 5명씩 맞교환했다.

② (가) : 오늘 우리 아이를 옆집에서 맡아주는 대신 다음에 옆집 아이를 하루 맡아주기로 했다.

③ (가) : 동생이 내 발을 밟아서 볼을 꼬집어 주었다.

④ (나) : 필기노트를 빌려준 친구에게 고맙다고 밥을 샀다.

⑤ (나) : 옆집 사람이 우리 집 대문을 막고 차를 세웠기 때문에 타이어에 펑크를 냈다.

**03** 다음 글을 토대로 〈보기〉를 추론한 내용으로 적절하지 않은 것은?

자기 조절은 목표 달성을 위해 자신의 사고, 감정, 욕구, 행동 등을 바꾸려는 시도인데, 목표를 달성한 경우는 자기 조절의 성공을, 반대의 경우는 자기 조절의 실패를 의미한다. 이에 대한 대표적인 이론으로는 앨버트 반두라의 '사회 인지 이론'과 로이 바우마이스터의 '자기 통제 힘 이론'이 있다. 반두라의 사회 인지 이론에서는 인간이 자기 조절 능력을 선천적으로 가지고 있다고 본다. 이런 특징을 가진 인간은 가치 있는 것을 획득하기 위해 행동하거나 두려워하는 것을 피하기 위해 행동한다. 반두라에 따르면, 자기 조절은 세 가지의 하위 기능인 자기 검열, 자기 판단, 자기 반응의 과정을 통해 작동한다. 자기 검열은 자기 조절의 첫 단계로, 선입견이나 감정을 배제하고 자신이 지향하는 목표와 관련하여 자신이 놓여 있는 상황과 현재 자신의 행동을 감독, 관찰하는 것을 말한다. 자기 판단은 목표 성취와 관련된 개인의 내적 기준인 개인적 표준, 현재 자신이 처한 상황, 그리고 자신이 하게 될 행동 이후 느끼게 될 정서 등을 고려하여 자신이 하고자 하는 행동을 결정하는 것을 말한다. 그리고 자기 반응은 자신이 한 행동 이후에 자신에게 부여하는 정서적 현상을 의미하는데, 자신이 지향하는 목표와 관련된 개인적 표준에 부합하는 행동은 만족감이나 긍지라는 자기 반응을 만들어 내고 그렇지 않은 행동은 죄책감이나 수치심이라는 자기 반응을 만들어 낸다.

한편 바우마이스터의 자기 통제 힘 이론은, 사회 인지 이론의 기본적인 틀을 유지하면서 인간의 심리적 현상에 대해 자연과학적 근거를 찾으려는 경향이 대두되면서 등장하였다. 이 이론에서 말하는 자기 조절은 개인의 목표 성취와 관련된 개인적 표준, 자신의 행동을 관찰하는 모니터링, 개인적 표준에 도달할 수 있게 하는 동기, 자기 조절에 들이는 에너지로 구성된다. 바우마이스터는 그중 에너지의 양이 목표 성취의 여부에 결정적인 영향을 준다고 보기 때문에 자기 조절에서 특히 에너지의 양적인 측면을 중시한다. 바우마이스터에 따르면 다양한 자기 조절 과업에서 개인은 자신이 가지고 있는 에너지를 사용하는데, 에너지의 양은 제한되어 있기 때문에 지속적으로 자기 조절에 성공하기 위해서는 에너지를 효율적으로 사용해야 한다. 그런데 에너지를 많이 사용한다 하더라도 에너지가 완전히 고갈되는 상황은 벌어지지 않는다. 그 이유는 인간이 긴박한 욕구나 예외적인 상황을 대비하여 에너지의 일부를 남겨 두기 때문이다.

보기

S씨는 건강관리를 삶의 가장 중요한 목표로 삼았다. 우선 그녀는 퇴근하는 시간이 규칙적인 자신의 근무 환경을, 그리고 과식을 하고 운동을 하지 않는 자신을 관찰하였다. 그래서 퇴근 후의 시간을 활용하여 일주일에 3번 필라테스를 하고, 균형 잡힌 식단에 따라 식사를 하겠다고 다짐하였다. 한 달 후 S씨는 다짐한 대로 운동을 해서 만족감을 느꼈다. 그러나 균형 잡힌 식단에 따라 식사를 하지는 못했다.

① 반두라에 따르면 S씨는 건강관리를 가치 있는 것으로 생각하고 이를 획득하기 위해 운동을 시작하였다.
② 반두라에 따르면 S씨는 식단 조절에 실패함으로써 죄책감이나 수치심을 느꼈을 것이다.
③ 반두라에 따르면 S씨는 선천적인 자기 조절 능력을 통한 자기 검열, 자기 판단, 자기 반응의 자기 조절 과정을 거쳤다.
④ 바우마이스터에 따르면 S씨는 건강관리라는 개인적 표준에 도달하기 위해 자신의 근무환경과 행동을 모니터링하였다.
⑤ 바우마이스터에 따르면 S씨는 운동하는 데 모든 에너지를 사용하여 에너지가 고갈됨으로써 식단 조절에 실패하였다.

**04** 다음 글을 바탕으로 〈보기〉에서 추론할 수 있는 내용으로 가장 적절한 것은?

독립신문은 우리나라 최초의 민간 신문이다. 사장 겸 주필*은 서재필 선생이, 국문판 편집과 교정은 최고의 국어학자로 유명한 주시경 선생이, 그리고 영문판 편집은 선교사 호머 헐버트가 맡았다. 창간 당시 독립신문은 이들 세 명에 기자 두 명과 몇몇 인쇄공들이 합쳐 단출하게 시작했다.

신문은 우리가 흔히 사용하는 'A4 용지'보다 약간 큰 '국배판(218×304mm)' 크기로 제작됐고, 총 4면 중 3면은 순 한글판으로, 나머지 1면은 영문판으로 발행했다. 제1호는 '독닙신문'이고 영문판은 'Independent(독립)'로 조판했고, 내용을 살펴보면 제1면에는 대체로 논설과 광고가 실렸으며, 제2면에는 관보·외국통신·잡보가, 제3면에는 물가·우체시간표·제물포 기선 출입항 시간표와 광고가 게재됐다.

독립신문은 민중을 개화시키고 교육하기 위해 발간된 것이지만, 그 이름에서부터 알 수 있듯 스스로 우뚝 서는 독립국을 만들고자 자주적 근대화 사상을 강조했다. 창간호 표지에는 '뎨일권 뎨일호. 조선 서울 건양 원년 사월 초칠일 금요일'이라고 표기했는데, '건양(建陽)'은 조선의 연호이고, 한성 대신 서울을 표기한 점과 음력 대신 양력을 쓴 점 모두 중국 사대주의에서 벗어난 자주독립을 꾀한 것으로 볼 수 있다.

독립신문이 발행되자 사람들은 모두 깜짝 놀랄 수밖에 없었다. 순 한글로 만들어진 것은 물론 유려한 편집 솜씨에 조판과 내용까지 완벽했기 때문이다. 무엇보다 제4면을 영어로 발행해 국내 사정을 외국에 알린다는 점은 호시탐탐 한반도를 노리던 일본 당국에 큰 부담을 안겨주었고, 더는 자기네들 마음대로 조선의 사정을 왜곡 보도할 수 없게 되었다.

날이 갈수록 독립신문을 구독하려는 사람은 늘어났고, 처음 300부씩 인쇄되던 신문이 곧 500부로, 나중에는 3,000부까지 확대된다. 오늘날에는 한 사람이 신문 한 부를 읽으면 폐지 처리하지만, 과거에는 돌려가며 읽는 경우가 많았고 시장이나 광장에서 글을 아는 사람이 낭독해주는 일도 빈번했기에 한 부의 독자 수는 50명에서 100명에 달했다. 이런 점을 감안해보면 실제 독립신문의 독자 수는 10만 명을 넘어섰다고 가늠해 볼 수 있다.

* 주필 : 신문사나 잡지사 따위에서 행정이나 편집을 책임지는 사람. 또는 그런 직위

---

**보기**

우리 신문이 한문은 아니 쓰고 다만 국문으로만 쓰는 것은 상하귀천이 다 보게 함이라. 또 국문을 이렇게 구절을 떼어 쓴즉 아무라도 이 신문을 보기가 쉽고 신문 속에 있는 말을 자세히 알아보게 함이라.

① 교통수단도 발달하지 않던 과거에는 활자 매체인 신문이 소식 전달에 있어 절대적인 역할을 차지했다.

② 민중을 개화시키고 교육하기 위해 발간된 것으로 역사적·정치적으로 큰 의의를 가진다.

③ 한글을 사용해야 누구나 읽을 수 있다는 점을 인식해 한문우월주의에 영향을 받지 않고, 소신 있는 행보를 했다.

④ 일본이 한반도를 집어삼키려 하던 혼란기 우리만의 신문을 펴낼 수 있었다는 것에 큰 의의가 있다.

⑤ 중국의 지배에서 벗어나 자주독립을 꾀하고 스스로 우뚝 서는 독립국을 만들고자 자주적 사상을 강조했다.

**05** 다음 글에서 설명한 '즉흥성'과 관련 있는 내용을 〈보기〉에서 모두 고르면?

우리나라의 전통 음악은 대체로 크게 정악과 속악으로 나뉜다. 정악은 왕실이나 귀족들이 즐기던 음악이고, 속악은 일반 민중들이 가까이 하던 음악이다. 개성을 중시하고 자유분방한 감정을 표출하는 한국인의 예술 정신은 정악보다는 속악에 잘 드러나 있다. 우리 속악의 특징은 한 마디로 즉흥성이라는 개념으로 집약될 수 있다. 판소리나 산조에 '유파(流派)'가 자꾸 형성되는 것은 모두 즉흥성이 강하기 때문이다. 즉흥으로 나왔던 것이 정형화되면 그 사람의 대표 가락이 되는 것이고, 그것이 독특한 것이면 새로운 유파가 형성되기도 하는 것이다.

물론 즉흥이라고 해서 음악가가 제멋대로 하는 것은 아니다. 곡의 일정한 틀은 유지하면서 그 안에서 변화를 주는 것이 즉흥 음악의 특색이다. 판소리 명창이 무대에 나가기 전에 "오늘 공연은 몇 분으로 할까요?" 하고 묻는 것이 그런 예다. 이때 창자는 상황에 맞추어 얼마든지 곡의 길이를 조절할 수 있다. 이것은 서양 음악에서는 어림없는 일이다. 그나마 서양 음악에서 융통성을 발휘할 수 있다면 4악장 가운데 한 악장만 연주하는 것 정도이지 각 악장에서 조금씩 뽑아 한 곡을 만들어 연주할 수는 없다. 그러나 한국 음악에서는, 특히 속악에서는 연주 장소나 주문자의 요구 혹은 연주자의 상태에 따라 악기도 하나면 하나로만, 둘이면 둘로 연주해도 별문제가 없다. 거문고나 대금 하나만으로도 얼마든지 연주할 수 있다. 전혀 이상하지도 않다. 그렇지만 베토벤의 운명 교향곡을 바이올린이나 피아노만으로 연주하는 경우는 거의 없을 뿐만 아니라, 연주를 하더라도 어색하게 들릴 수밖에 없다.

즉흥과 개성을 중시하는 한국의 속악 가운데 대표적인 것이 시나위다. 현재의 시나위는 19세기 말에 완성되었으나 원형은 19세기 훨씬 이전부터 연주되었을 것으로 추정된다. 시나위의 가장 큰 특징은 악보 없는 즉흥곡이라는 것이다. 연주자들이 모여 아무 사전 약속도 없이 "시작해 볼까." 하고 연주하기 시작한다. 그러니 처음에는 불협음 일색이다. 그렇게 진행되다가 중간에 호흡이 맞아 떨어지면 협음을 낸다. 그러다가 또 각각 제 갈 길로 가서 혼자인 것처럼 연주한다. 이게 시나위의 묘미다. 불협음과 협음이 오묘하게 서로 들어맞는 것이다.

그런데 이런 음악은 아무나 하는 게 아니다. 즉흥곡이라고 하지만 '초보자(初步者)'들은 꿈도 못 꾸는 음악이다. 기량이 뛰어난 경지에 이르러야 가능한 음악이다. 그래서 요즘은 시나위를 잘할 수 있는 사람이 별로 없다고 한다. 요즘에는 악보로 정리된 시나위를 연주하는 경우가 대부분인데, 이것은 시나위 본래의 취지에 어긋난다. 악보로 연주하면 박제된 음악이 되기 때문이다.

요즘 음악인들은 시나위 가락을 보통 '허튼 가락'이라고 한다. 이 말은 말 그대로 '즉흥 음악'으로 이해된다. 미리 짜 놓은 일정한 형식이 없이 주어진 장단과 연주 분위기에 몰입해 그때그때의 감흥을 자신의 음악성과 기량을 발휘해 연주하는 것이다. 이럴 때 즉흥이 튀어 나온다. 시나위는 이렇듯 즉흥적으로 흐드러져야 맛이 난다. 능청거림, 이것이 시나위의 음악적 모습이다.

**보기**

㉠ 주어진 상황에 따라 임의로 곡의 길이를 조절하여 연주한다.
㉡ 장단과 연주 분위기에 몰입해 새로운 가락으로 연주한다.
㉢ 연주자들 간에 사전 약속 없이 연주하지만 악보의 지시는 따른다.
㉣ 감흥을 자유롭게 표현하기 위해 일정한 틀을 철저히 무시한 채 연주한다.

① ㉠, ㉡
② ㉠, ㉢
③ ㉠, ㉣
④ ㉡, ㉣
⑤ ㉢, ㉣

## | 유형분석 |

- 각 문단의 내용을 파악하고 논리적 순서에 맞게 배열하는 복합적인 문제이다.
- 전체적인 글의 흐름을 이해하는 것이 중요하며, 각 문장의 지시어나 접속어에 주의한다.

## 다음 문단을 논리적 순서대로 바르게 나열한 것은?

(가) 그중에서도 우리나라의 나전칠기는 중국이나 일본보다 단조한 편이지만, 옻칠의 질이 좋고 자개 솜씨가 뛰어나 우리나라 칠공예만의 두드러진 개성을 가진다. 전래 초기에는 주로 백색의 야광패를 사용하였으나, 후대에는 청록 빛깔을 띤 복잡한 색상의 전복껍데기를 많이 사용하였다. 우리나라의 나전칠기는 일반적으로 목제품의 표면에 옻칠을 하고 그것에다 한층 치레 삼아 첨가한다.

(나) 이러한 나전칠기는 특히 통영의 것이 유명하다. 이는 예로부터 통영에서는 나전의 원료가 되는 전복이 많이 생산되었으며, 인근 내륙 및 함안지역의 질 좋은 옻이 나전칠기가 발달하는 데 주요 원인이 되었기 때문이다. 이에 통영시는 지역 명물 나전칠기를 널리 알리기 위해 매년 10월 통영 나전칠기축제를 개최하여 400년을 이어온 통영지방의 우수하고 독창적인 공예법을 소개하고 작품도 전시하고 있다.

(다) 제작방식은 우선 전복껍데기를 얇게 하여 무늬를 만들고 백골에 모시 천을 바른 뒤, 칠과 호분을 섞어 표면을 고른다. 그 후 칠죽 바르기, 삼베 붙이기, 탄회 칠하기, 토회 칠하기를 통해 제조과정을 끝마친다. 문양을 내기 위해 나전을 잘라내는 방법에는 주름질(자개를 문양 형태로 오려낸 것), 이음질(문양구도에 따라 주름대로 문양을 이어가는 것), 끊음질(자개를 실같이 가늘게 썰어서 문양 부분에 모자이크 방법으로 붙이는 것)이 있다.

(라) 나전칠기는 기물에다 무늬를 나타내는 대표적인 칠공예의 장식기법 중 하나로, 얇게 깐 조개껍데기를 여러 가지 형태로 오려내어 기물의 표면에 감입하여 꾸미는 것을 통칭한다. 우리나라는 목기와 더불어 칠기가 발달했는데, 이러한 나전기법은 중국 주대(周代)부터 이미 유행했고 당대(唐代)에 성행하여 한국과 일본에 전해진 것으로 보인다. 나전기법은 여러 나라를 포함한 아시아 일원에 널리 보급되어 있고 지역에 따라 독특한 성격을 가진다.

① (나) - (가) - (다) - (라)  
② (다) - (나) - (가) - (라)  
③ (라) - (가) - (나) - (다)  
④ (라) - (가) - (다) - (나)

**정답** ④

제시문은 나전칠기의 개념을 제시하고 우리나라 나전칠기의 특징, 제작방법 그리고 더 나아가 국내의 나전칠기 특산지에 대해 설명하고 있다. 따라서 (라) 나전칠기의 개념 → (가) 우리나라 나전칠기의 특징 → (다) 나전칠기의 제작방법 → (나) 나전칠기 특산지 소개의 순서대로 나열하는 것이 적절하다.

**풀이 전략!**

상대적으로 시간이 부족하다고 느낄 때는 선택지를 참고하여 문장의 순서를 생각해 본다.

※ 다음 문단을 논리적 순서대로 바르게 나열한 것을 고르시오. [1~5]

PART 1

**01**

(가) 그런데 예술 작품 중에서는 우리의 감각으로 파악하기에 적합한 크기와 형식에서 벗어난 거대한 건축물이나 추상적인 작품이 있다. 이러한 경우에도 우리는 아름다움을 느끼게 되는데, 그 이유는 무엇일까?

(나) 우리가 한두 가지 단조로운 색으로 칠해진 거대한 추상화에서 모호하고도 경이로운 존재의 신비를 느꼈다면, 그것은 비감각적 차원에서 유사성을 지각함으로써 정신적 합일을 통한 아름다움을 느낀 것이다.

(다) 이는 예술 작품에서 표현된 것은 색채나 형태 그 자체가 아니라 그것을 넘어서 있는 어떤 정신적인 것일 경우가 많기 때문이다. 이러한 정신적인 것을 우리의 감각에 적합한 형식으로 나타낼 수 없기 때문에 작가는 내용을 암시만 하는 정도로 색채나 형태와 같은 감각적 매체를 사용할 수밖에 없다.

(라) 아름다운 것이란 일반적으로 적절한 크기와 형식을 가질 때 성립한다. 어떤 대상이 우리의 감각으로 파악하기에 적합한 크기와 형식을 벗어날 때 우리는 아름다움이나 조화보다는 불편함을 느끼게 된다.

① (나) – (가) – (다) – (라)　　　② (나) – (다) – (라) – (가)
② (다) – (나) – (라) – (가)　　　④ (라) – (가) – (다) – (나)
⑤ (라) – (다) – (나) – (가)

**02**

(가) 친환경 농업은 최소한의 농약과 화학비료만을 사용하거나 전혀 사용하지 않은 농산물을 일컫는다. 친환경 농산물이 각광받는 이유는 우리가 먹고 마시는 것들이 우리네 건강과 직결되기 때문이다.

(나) 사실상 병충해를 막고 수확량을 늘리는 데 있어, 농약은 전 세계에 걸쳐 관행적으로 사용되었다. 그러나 깨끗이 씻어도 쌀에 남아있는 잔류농약은 완전히 제거하기는 어렵다는 문제점이 있다. 이렇게 제거되지 못한 잔류농약은 아토피와 각종 알레르기를 유발하기도 하고 출산율을 저하시키며, 유전자 변이의 원인이 되기도 한다. 특히 제초제 성분이 체내에 들어올 경우, 면역 체계에 치명적인 손상을 일으킨다.

(다) 미국 환경보호청은 제초제 성분의 60%를 발암물질로 규정했다. 결국 더 많은 농산물을 재배하기 위한 농약과 제초제 사용이 오히려 인체에 치명적인 피해를 줄지 모를 '잠재적 위험요인'으로 자리매김한 셈이다.

① (가) – (나) – (다)　　　② (나) – (가) – (다)
③ (나) – (다) – (가)　　　④ (다) – (가) – (나)
⑤ (다) – (나) – (가)

**03**

(가) 다만, 기존의 조합별로 분리 운영되던 의료보험 부과체계는 정액 기본보험료 적용에 따른 저소득층 부담과중, 조합별 보험료 부담의 불공평, 조합 간 재정격차 심화 등의 문제를 안고 있었다. 부과체계 통합의 필요성이 꾸준히 제기됨에 따라 1990년 말부터 단계적 통합과 함께 부과체계 측면의 변화도 시작됐다.

(나) 우리나라 건강보험제도가 입법화된 것은 지난 1963년이다. 그러나 당시는 경제여건이 갖추어지지 않아, 1977년 500인 이상 사업자 근로자를 대상으로 시작한 것이 시초다. 이후 1979년 1월부터 '공무원 및 사립학교 교직원 의료보험'이 실시됐고, 직장건강보험 적용대상 사업장 범위 확대로 대상자가 늘어났다.

(다) 그러나 직장인이 아닌 지역주민의 경우 혜택에서 제외된다는 문제점이 대두됨에 따라 1981년부터 농어촌지역을 중심으로 '1차 지역의료보험의 시범사업'이, 다음 해에는 도시지역을 포함한 '2차 지역의료보험 시범사업'이 실시됐으며, 1988년에는 지역의료보험이 농어촌지역을 시작으로 이듬해 도시지역 주민까지 확대됐다. 바야흐로 '전 국민 건강보험 시대'가 된 것이다.

① (가) – (나) – (다)       ② (가) – (다) – (나)
③ (나) – (가) – (다)       ④ (나) – (다) – (가)
⑤ (다) – (가) – (나)

**04**

(가) 이글루가 따듯해질 수 있는 원리를 과정에 따라 살펴보면, 먼저 눈 벽돌로 이글루를 만든 후에 이글루 안에서 불을 피워 온도를 높인다.

(나) 에스키모 하면 연상되는 것 중의 하나가 이글루이다.

(다) 이 과정을 반복하면서 눈 벽돌집은 얼음집으로 변하게 되며, 눈 사이에 들어 있던 공기는 빠져나가지 못하고 얼음 속에 갇히게 되면서 내부가 따듯해진다.

(라) 이글루는 눈을 벽돌 모양으로 잘라 만든 집임에도 불구하고 사람이 거주할 수 있을 정도로 따듯하다.

(마) 온도가 올라가면 눈이 녹으면서 벽의 빈틈을 메워 주고 어느 정도 눈이 녹으면 출입구를 열어 물이 얼도록 한다.

① (가) – (다) – (나) – (라) – (마)       ② (나) – (라) – (가) – (마) – (다)
③ (나) – (라) – (다) – (마) – (가)       ④ (라) – (나) – (다) – (마) – (가)
⑤ (라) – (다) – (나) – (가) – (마)

**05**

(가) 개념사를 역사학의 한 분과로 발전시킨 독일의 역사학자 코젤렉은 '개념은 실재의 지표이자 요소'라고 하였다. 이 말은 실타래처럼 얽혀 있는 개념과 정치・사회적 실재, 개념과 역사적 실재의 관계를 정리하기 위한 중요한 지침으로 작용한다. 그에 의하면 개념은 정치적 사건이나 사회적 변화 등의 실재를 반영하는 거울인 동시에 정치・사회적 사건과 변화의 실제적 요소이다.

(나) 개념은 정치적 사건과 사회적 변화 등에 직접 관련되어 있거나 그것을 기록, 해석하는 다양한 주체들에 의해 사용된다. 이러한 주체들, 즉 '역사 행위자'들이 사용하는 개념은 여러 의미가 포개어진 층을 이룬다. 개념사에서는 사회・역사적 현실과 관련하여 이러한 층들을 파헤치면서 개념이 어떻게 사용되어 왔는가, 이 과정에서 그 의미가 어떻게 변화했는가, 어떤 함의들이 거기에 투영되었는가, 그 개념이 어떠한 방식으로 작동했는가 등에 대해 탐구한다.

(다) 이상에서 보듯이 개념사에서는 개념과 실재를 대조하고 과거와 현재의 개념을 대조함으로써, 그 개념이 대응하는 실재를 정확히 드러내고 있는가, 아니면 실재의 이해를 방해하고 더 나아가 왜곡하는가를 탐구한다. 이를 통해 코젤렉은 과거에 대한 '단 하나의 올바른 묘사'를 주장하는 근대 역사학의 방법을 비판하고, 과거의 역사 행위자가 구성한 역사적 실재와 현재 역사가가 만든 역사적 실재를 의미있게 소통시키고자 했다.

(라) 사람들이 '자유', '민주', '평화' 등과 같은 개념들을 사용할 때, 그 개념이 서로 같은 의미를 갖는 것은 아니다. '자유'의 경우, '구속받지 않는 상태'를 강조하는 개념으로 쓰이는가 하면, '자발성'이나 '적극적인 참여'를 강조하는 개념으로 쓰이기도 한다. 이러한 정의와 해석의 차이로 인해 개념에 대한 논란과 논쟁이 늘 있어 왔다. 바로 이러한 현상에 주목하여 출현한 것이 코젤렉의 '개념사'이다.

(마) 또한 개념사에서는 '무엇을 이야기 하는가.'보다는 '어떤 개념을 사용하면서 그것을 이야기하는가.'에 관심을 갖는다. 개념사에서는 과거의 역사 행위자가 자신이 경험한 '현재'를 서술할 때 사용한 개념과 오늘날의 입장에서 '과거'의 역사 서술을 이해하기 위해 사용한 개념의 차이를 밝힌다. 그리고 과거의 역사를 현재의 역사로 번역하면서 양자가 어떻게 수렴될 수 있는가를 밝히는 절차를 밟는다.

① (라) – (가) – (나) – (마) – (다)
② (라) – (가) – (마) – (다) – (나)
③ (라) – (나) – (가) – (다) – (마)
④ (마) – (나) – (다) – (라) – (가)
⑤ (마) – (라) – (나) – (다) – (가)

CHAPTER 01 의사소통능력 • 19

# 04 빈칸 삽입

## | 유형분석 |

- 주어진 지문을 바탕으로 빈칸에 들어갈 내용을 찾는 문제이다.
- 선택지의 내용을 정확하게 확인하고 빈칸 앞뒤 문맥을 파악하는 능력이 필요하다.

**다음 글의 빈칸에 들어갈 내용으로 가장 적절한 것은?**

미세먼지와 황사는 여러모로 비슷하면서도 뚜렷한 차이점을 지니고 있다. 삼국사기에도 기록되어 있는 황사는 중국 내륙 내몽골 사막에 강풍이 불면서 날아오는 모래와 흙먼지를 일컫는데, 장단점이 존재했던 과거와 달리 중국 공업지대를 지난 황사에 미세먼지와 중금속 물질이 더해지며 심각한 환경문제로 대두되었다. 이와 달리 미세먼지는 일반적으로는 대기오염물질이 공기 중에 반응하여 형성된 황산염이나 질산염 등 이온성분, 석탄·석유 등에서 발생한 탄소화합물과 검댕, 흙먼지 등 금속화합물의 유해성분으로 구성된다.

미세먼지의 경우 통념적으로는 먼지를 미세먼지와 초미세먼지로 구분하고 있지만, 대기환경과 환경 보전을 목적으로 하는 환경정책기본법에서는 미세먼지를 PM(Particulate Matter)이라는 단위로 구분한다. 즉, 미세먼지($PM_{10}$)의 경우 입자의 크기가 $10\mu m$ 이하인 먼지이고, 미세먼지($PM_{2.5}$)는 입자의 크기가 $2.5\mu m$ 이하인 먼지로 정의하고 있다. 이에 비해 황사는 통념적으로는 입자 크기로 구분하지 않으나 주로 지름 $20\mu m$ 이하의 모래로 구분하고 있다. 때문에 _____

① 황사 문제를 해결하기 위해서는 근본적으로 황사의 발생 자체를 억제할 필요가 있다.
② 황사와 미세먼지의 차이를 입자의 크기만으로 구분 짓긴 어렵다.
③ 미세먼지의 역할 또한 분명히 존재함을 기억해야 할 것이다.
④ 황사와 미세먼지의 근본적인 구별법은 그 역할에서 찾아야 할 것이다.
⑤ 초미세먼지를 차단할 수 있는 마스크라 해도 황사와 초미세먼지를 동시에 차단하긴 어렵다.

**정답** ②
미세먼지의 경우 최소 $10\mu m$ 이하의 먼지로 정의되고 있지만, 황사의 경우 주로 지름 $20\mu m$ 이하의 모래로 구분하되 통념적으로는 입자 크기로 구분하지 않는다. 따라서 $10\mu m$ 이하의 황사의 경우 크기만으로 미세먼지와 구분 짓기는 어렵다.

**오답분석**
①·⑤ 제시문을 통해서 알 수 없는 내용이다.
③ 미세먼지의 역할에 대한 설명을 찾을 수 없다.
④ 제시문에서 설명하는 황사와 미세먼지의 근본적인 구별법은 구성성분의 차이이다.

**풀이 전략!**
빈칸 앞뒤의 문맥을 파악한 후 선택지에서 가장 어울리는 내용을 찾는다. 빈칸 앞에 접속사가 있다면 이를 활용한다.

※ 다음 글의 빈칸에 들어갈 내용으로 가장 적절한 것을 고르시오. [1~5]

**01**

조선 시대의 금속활자는 제작 방법이나 비용의 문제로 민간에서 제작하기도 어려웠지만, 그의 제작 및 소유를 금지하였다. 때문에 금속활자는 왕실의 위엄과 권위를 상징하는 것이었고 조선의 왕들은 금속활자 제작에 각별한 관심을 가졌다. 태종이 1403년 최초의 금속활자인 계미자(癸未字)를 주조한 것을 시작으로 조선은 왕의 주도하에 수십 차례에 걸쳐 활자를 제작하였고, 특히 정조는 금속활자 제작에 많은 공을 들였다. 세손 시절 영조에게 건의하여 임진자(壬辰字) 15만 자를 제작하였고, 즉위 후에도 정유자(丁酉字), 한구자(韓構字), 생생자(生生字) 등을 만들었으며 이들 활자를 합하면 100만 자가 넘는다. 정조가 많은 활자를 만들고 관리하는 데 신경을 쓴 것 역시 권위와 관련이 있다. 정조가 만든 수많은 활자 중에서도 정리자(整理字)는 이러한 측면을 가장 잘 보여주는 활자라 할 수 있다. 정리(整理)라는 말은 조선 시대에 국왕이 바깥으로 행차할 때 호조에서 국왕이 머물 행궁을 정돈하고 수리해서 새롭게 만드는 일을 의미한다. 1795년 정조는 어머니인 혜경궁 홍씨의 회갑을 기념하기 위해 대대적인 화성 행차를 계획하였다. 행사를 마친 후 행사와 관련된 여러 사항을 기록한 의궤를 『원행을묘정리의궤(園幸乙卯整理儀軌)』라 이름하였고, 이를 인쇄하기 위해 제작한 활자가 바로 정리자이다. 왕실의 행사를 기록한 의궤를 금속활자로 간행했다는 것은 그만큼 이 책을 널리 보급하겠다는 뜻이며, 왕실의 위엄을 널리 알리겠다는 것으로 받아들여진다. 이후 정리자는 『화성성역의궤(華城城役儀軌)』, 『진작의궤(進爵儀軌)』, 『진찬의궤(進饌儀軌)』의 간행에 사용되어 왕실의 위엄과 권위를 널리 알리는 효과를 발휘하였다. 정리자가 주조된 이후에도 고종 이전에는 과거 합격자를 기록한 『사마방목(司馬榜目)』을 대부분 임진자로 간행하였는데, 화성 행차가 있었던 을묘년 식년시의 방목만은 유독 정리자로 간행하였다. 이 역시 화성 행차의 의미를 부각하고자 했던 것으로 생각된다. 정조가 세상을 떠난 후 출간된 그의 문집 『홍재전서(弘齋全書)』를 정리자로 간행한 것은 아마도 이 활자가 _____

① 희귀하였기 때문이 아닐까?
② 정조를 가장 잘 나타내기 때문이 아닐까?
③ 문집 제작에 널리 쓰였기 때문이 아닐까?
④ 문집 제작에 적절한 서체였기 때문이 아닐까?
⑤ 정조가 가장 중시한 활자이기 때문이 아닐까?

**02**

포논(Phonon)이라는 용어는 소리(Pho-)라는 접두어에 입자(-non)라는 접미어를 붙여 만든 단어로, 실제로 포논이 고체 안에서 소리를 전달하기 때문에 이런 이름이 붙었다. 어떤 고체의 한쪽을 두드리면 포논이 전파한 소리를 반대쪽에서 들을 수 있다.

아인슈타인이 새롭게 만든 고체의 비열 공식(아인슈타인 모형)은 실험결과와 상당히 잘 맞았다. 그런데 그의 성공은 고체 내부의 진동을 포논으로 해석한 데에만 있지 않다. 그는 포논이 보존(Boson) 입자라는 사실을 간파하고, 고체 내부의 세상에 보존의 물리학(보즈-아인슈타인 통계)을 적용했으며, 비로소 고체의 비열이 온도에 따라 달라진다는 결론을 얻을 수 있었다.

양자역학의 세계에서 입자는 스핀 상태에 따라 분류된다. 스핀이 1/2의 홀수배(1/2, 3/2, …)인 입자들은 원자로를 개발한 유명한 물리학자 엔리코 페르미의 이름을 따 '페르미온'이라고 부른다. 오스트리아의 이론물리학자 볼프강 파울리는 페르미온들은 같은 에너지 상태를 가질 수 없고 서로 배척한다는 사실을 알아냈다. 즉, 같은 에너지 상태에서는 +/- 반대의 스핀을 갖는 페르미온끼리만 같이 존재할 수 있다. 이를 '파울리의 배타원리'라고 한다. 페르미온은 대개 양성자, 중성자, 전자 같은 물질을 구성하며, 파울리의 배타원리에 따라 페르미온 입자로 이뤄진 물질은 우리가 손으로 만질 수 있다.

스핀이 0, 1, 2, … 등 정수 값인 입자도 있다. 바로 보존이다. 인도의 무명 물리학자였던 사티엔드라 나트 보즈의 이름을 본떴다. 보즈는 페르미가 개발한 페르미 통계를 공부하고 보존의 물리학을 만들었다. 당시 그는 박사학위도 없는 무명의 물리학자여서 논문을 작성한 뒤 아인슈타인에게 편지로 보냈다. 다행히 아인슈타인은 그 논문을 쓰레기통에 넣지 않고 꼼꼼히 읽어 본 뒤 자신의 생각을 첨가하고 독일어로 번역해 학술지에 제출했다. 바로 보존 입자의 물리학(보즈-아인슈타인 통계)이다. 이에 따르면, 보존 입자는 페르미온과 달리 파울리의 배타원리를 따르지 않는다. 따라서 같은 에너지 상태를 지닌 입자라도 서로 겹쳐서 존재할 수 있다. 만져지지 않는 에너지 덩어리인 셈이다. 이들 보존 입자는 대개 힘을 매개한다.

빛 알갱이, 즉 ＿＿＿＿＿＿＿＿＿＿＿＿＿＿＿ 빛은 실험을 해보면 입자의 특성을 보이지만, 질량이 없고 물질을 투과하며 만져지지 않는다. 포논은 어떨까? 원자 사이의 용수철 진동을 양자화 한 것이므로 물질이 아니라 단순한 에너지의 진동으로서 파울리의 배타원리를 따르지 않는다. 즉, 포논은 광자와 마찬가지로 스핀이 0인 보존 입자다.

① 광자는 파울리의 배타원리를 따른다.
② 광자는 스핀 상태에 따라 분류할 수 없다.
③ 광자는 스핀이 1/2의 홀수배인 입자의 대표적인 예다.
④ 광자는 보존의 대표적인 예다.
⑤ 광자는 페르미온의 대표적인 예다.

**03**

스마트팩토리는 인공지능(AI), 사물인터넷(IoT) 등 다양한 기술이 융합된 자율화 공장으로, 제품 설계와 제조, 유통, 물류 등의 산업 현장에서 생산성 향상에 초점을 맞췄다. 이곳에서는 기계, 로봇, 부품 등의 상호 간 정보 교환을 통해 제조 활동을 하고, 모든 공정 이력이 기록되며, 빅데이터 분석으로 사고나 불량을 예측할 수 있다. 스마트팩토리에서는 컨베이어 생산 활동으로 대표되는 산업 현장의 모듈형 생산이 컨베이어를 대체하고 IoT가 신경망 역할을 한다. 센서와 기기 간 다양한 데이터를 수집하고, 이를 서버에 전송하면 서버는 데이터를 분석해 결과를 도출한다. 서버는 AI 기계학습 기술이 적용돼 빅데이터를 분석하고 생산성 향상을 위한 최적의 방법을 제시한다.

스마트팩토리의 대표 사례로는 고도화된 시뮬레이션 '디지털 트윈'을 들 수 있다. 디지털 트윈은 데이터를 기반으로 가상공간에서 미리 시뮬레이션하는 기술이다. 시뮬레이션을 위해 빅데이터를 수집하고 분석과 예측을 위한 통신・분석 기술에 가상현실(VR), 증강현실(AR)과 같은 기술을 더한다. 이를 통해 산업 현장에서 작업 프로세스를 미리 시뮬레이션하고, VR・AR로 검증함으로써 실제 시행에 따른 손실을 줄이고, 작업 효율성을 높일 수 있다.

한편 '에지 컴퓨팅'도 스마트팩토리의 주요 기술 중 하나이다. 에지 컴퓨팅은 산업 현장에서 발생하는 방대한 데이터를 클라우드로 한 번에 전송하지 않고, 에지에서 사전 처리한 후 데이터를 선별해서 전송한다. 서버와 에지가 연동해 데이터 분석 및 실시간 제어를 수행하여 산업 현장에서 생산되는 데이터가 기하급수로 늘어도 서버에 부하를 주지 않는다. 현재 클라우드 컴퓨팅이 중앙 데이터센터와 직접 소통하는 방식이라면 에지 컴퓨팅은 기기 가까이에 위치한 일명 '에지 데이터 센터'와 소통하며, 저장을 중앙 클라우드에 맡기는 형식이다. 이를 통해 데이터 처리 지연 시간을 줄이고 즉각적인 현장 대처를 가능하게 한다.

이러한 스마트팩토리의 발전은 ＿＿＿＿＿＿＿＿＿＿＿＿＿＿＿＿＿＿＿＿ 최근 선진국에서 나타나는 주요 현상 중의 하나는 바로 '리쇼어링'의 가속화이다. 리쇼어링이란 인건비 등 각종 비용 절감을 이유로 해외에 나간 자국 기업들이 다시 본국으로 돌아오는 현상을 의미하는 용어이다. 2000년대 초반까지는 국가적 차원에서 세제 혜택 등의 회유책을 통해 추진되어 왔지만, 스마트팩토리의 등장으로 인해 자국 내 스마트팩토리에서의 제조 비용과 중국이나 멕시코와 같은 제3국에서 제조 후 수출 비용에 큰 차이가 없어 리쇼어링 현상은 더욱 가속화되고 있다.

① 공장의 제조 비용을 절감시키고 있다.
② 공장의 세제 혜택을 사라지게 하고 있다.
③ 공장의 위치를 변화시키고 있다.
④ 수출 비용을 줄이는 데 도움이 된다.
⑤ 공장의 생산성을 높이고 있다.

**04**

오늘날 인류가 왼손보다 오른손을 선호하는 경향은 어디서 비롯되었을까? 오른손을 귀하게 여기고 왼손을 천대하는 현상은 어쩌면 산업화 이전 사회에서 배변 후 사용할 휴지가 없었다는 사실과 관련이 있을 법하다. 맨손으로 배변 뒤처리를 하는 것은 불쾌할 뿐더러 병균을 옮길 위험을 수반하는 일이었다. 이런 위험성을 낮추는 간단한 방법은 음식을 먹거나 인사할 때 다른 손을 사용하는 것이었다. 기술 발달 이전의 사회는 대개 왼손을 배변 뒤처리에, 오른손을 먹고 인사하는 일에 사용했다. 나는 이런 배경이 인간 사회에 널리 나타나는 '오른쪽'에 대한 긍정과 '왼쪽'에 대한 반감을 어느 정도 설명해 줄 수 있으리라고 생각했다. 그러나 이 설명은 왜 애초에 오른손이 먹는 일에, 그리고 왼손이 배변 처리에 사용되었는지 설명해 주지 못한다. _____ 따라서 근본적인 설명은 다른 곳에서 찾아야 할 것 같다.

한쪽 손을 주로 쓰는 경향은 뇌의 좌우반구의 기능 분화와 관련되어 있는 것으로 보인다. 보고된 증거에 따르면, 왼손잡이는 읽기와 쓰기, 개념적·논리적 사고 같은 좌반구 기능에서 오른손잡이보다 상대적으로 미약한 대신 상상력, 패턴 인식, 창의력 등 전형적인 우반구 기능에서는 상대적으로 기민한 경우가 많다.

나는 이성 대 직관의 힘겨루기, 뇌의 두 반구 사이의 힘겨루기가 오른손과 왼손의 힘겨루기로 표면화된 것이 아닐까 생각한다. 즉, 원래 오른손이 왼손보다 더 능숙했기 때문이 아니라 뇌의 좌반구가 인간의 행동을 지배하는 권력을 갖게 되었기 때문에 오른손 선호에 이르렀다는 생각이다.

① 동서양을 막론하고 왼손잡이 사회는 확인된 바 없기 때문이다.
② 기능적으로 왼손이 오른손보다 섬세하기 때문이다.
③ 모든 사람들이 오른쪽을 선호하는 것이 아니기 때문이다.
④ 양손의 기능을 분담시키지 않는 사람이 존재할 수도 있기 때문이다.
⑤ 현대사회에 들어서 왼손잡이가 늘어나고 있기 때문이다.

**05**

탁월함은 어떻게 습득되는가, 그것을 가르칠 수 있는가? 이 물음에 대하여 아리스토텔레스는 지성의 탁월함은 가르칠 수 있지만, 성품의 탁월함은 비이성적인 것이어서 가르칠 수 없고, 훈련을 통해서 얻을 수 있다고 대답한다.

그는 좋은 성품을 얻는 것을 기술을 습득하는 것에 비유한다. 그에 따르면, 리라(Lyra)를 켬으로써 리라를 켜는 법을 배우며 말을 탐으로써 말을 타는 법을 배운다. 어떤 기술을 얻고자 할 때 처음에는 교사의 지시대로 행동한다. 그리고 반복 연습을 통하여 그 행동이 점점 더 하기 쉽게 되고 마침내 제2의 천성이 된다. 이와 마찬가지로 어린아이는 어떤 상황에서 어떻게 행동해야 진실되고 관대하며 예의를 차리게 되는지 일일이 배워야 한다. 훈련과 반복을 통하여 그런 행위들을 연마하다 보면 그것들을 점점 더 쉽게 하게 되고, 결국에는 스스로 판단할 수 있게 된다.

그는 올바른 훈련이란 강제가 아니고 그 자체가 즐거움이 되어야 한다고 지적한다. 또한 그렇게 훈련받은 사람은 일을 바르게 처리하는 것을 즐기게 되고, 일을 바르게 처리하고 싶어하게 되며, 올바른 일을 하는 것을 어려워하지 않게 된다. 이처럼 성품의 탁월함이란 사람들이 '하는 것'만이 아니라 사람들이 '하고 싶어 하는 것'과도 관련된다. 그리고 한두 번 관대한 행동을 한 것으로 충분하지 않으며, 늘 관대한 행동을 하고 그런 행동에 감정적으로 끌리는 성향을 갖고 있어야 비로소 관대함에 관하여 성품의 탁월함을 갖고 있다고 할 수 있다.

다음과 같은 예를 통해 아리스토텔레스의 견해를 생각해 보자. 갑돌이는 성품이 곧고 자신감이 충만하다. 그가 한 모임에 참석하였는데, 거기서 다수의 사람들이 옳지 않은 행동을 한다고 생각했을 때, 그는 다수의 행동에 대하여 비판의 목소리를 낼 것이며 그렇게 하는 데에 별 어려움을 느끼지 않을 것이다. 한편, 수줍어하고 우유부단한 병식이도 한 모임에 참석하였는데, 그 역시 다수의 행동이 잘못되었다는 판단을 했다고 하자. 이런 경우에 병식이는 일어나서 다수의 행동이 잘못되었다고 말할 수 있겠지만, 그렇게 하려면 엄청난 의지를 발휘해야 할 것이고 자신과 힘든 싸움도 해야 할 것이다. 그런데도 병식이가 그렇게 행동했다면 우리는 병식이가 용기 있게 행동하였다고 칭찬할 것이다. 그러나 아리스토텔레스의 입장에서 성품의 탁월함을 가진 사람은 단연 갑돌이다. 왜냐하면 _____ 우리가 어떠한 사람을 존경할 것인가가 아니라, 우리 아이를 어떤 사람으로 키우고 싶은가라는 질문을 받는다면 우리는 아리스토텔레스의 견해에 가까워질 것이다. 왜냐하면 우리는 우리 아이들을 갑돌이와 같은 사람으로 키우고 싶어 할 것이기 때문이다.

① 그는 내적인 갈등 없이 옳은 일을 하기 때문이다.

② 그는 옳은 일을 하는 천성을 타고났기 때문이다.

③ 그는 주체적 판단에 따라 옳은 일을 하기 때문이다.

④ 그는 자신이 옳다는 확신을 가지고 옳은 일을 하기 때문이다.

⑤ 그는 다른 사람들의 칭찬을 의식하지 않고 옳은 일을 하기 때문이다.

# CHAPTER 02

# 문제해결능력

## 합격 Cheat Key

문제해결능력은 업무를 수행하면서 여러 가지 문제 상황이 발생하였을 때, 창의적이고 논리적인 사고를 통하여 이를 올바르게 인식하고 적절히 해결하는 능력으로, 하위 능력에는 사고력과 문제처리능력이 있다.

문제해결능력은 NCS 기반 채용을 진행하는 대다수의 공사·공단에서 채택하고 있으며, 다양한 자료와 함께 출제되는 경우가 많아 어렵게 느껴질 수 있다. 특히, 난이도가 높은 문제로 자주 출제되기 때문에 다른 영역보다 더 많은 노력이 필요할 수는 있지만 그렇기에 차별화를 할 수 있는 득점 영역이므로 포기하지 말고 꾸준하게 노력해야 한다.

### 1 질문의 의도를 정확하게 파악하라!

문제해결능력은 문제에서 무엇을 묻고 있는지 정확하게 파악하여 먼저 풀이 방향을 설정하는 것이 가장 효율적인 방법이다. 특히, 조건이 주어지고 답을 찾는 창의적·분석적인 문제가 주로 출제되고 있기 때문에 처음에 정확한 풀이 방향이 설정되지 않는다면 문제를 제대로 풀지 못하게 되므로 첫 번째로 출제 의도 파악에 집중해야 한다.

## 2 중요한 정보는 반드시 표시하라!

출제 의도를 정확히 파악하기 위해서는 문제의 중요한 정보를 반드시 표시하거나 메모하여 하나의 조건, 단서도 잊고 넘어가는 일이 없도록 해야 한다. 실제 시험에서는 시간의 압박과 긴장감으로 정보를 잘못 적용하거나 잊어버리는 실수가 많이 발생하므로 사전에 충분한 연습이 필요하다.

## 3 반복 풀이를 통해 취약 유형을 파악하라!

문제해결능력은 특히 시간관리가 중요한 영역이다. 따라서 정해진 시간 안에 고득점을 할 수 있는 효율적인 문제 풀이 방법을 찾아야 한다. 이때, 반복적인 문제 풀이를 통해 자신이 취약한 유형을 파악하는 것이 중요하다. 정확하게 풀 수 있는 문제부터 빠르게 풀고 취약한 유형은 나중에 푸는 효율적인 문제 풀이를 통해 최대한 고득점을 맞는 것이 중요하다.

## | 유형분석 |

- 주어진 문장을 토대로 논리적으로 추론하여 참 또는 거짓을 구분하는 문제이다.
- 대체로 연역추론을 활용한 명제 문제가 출제된다.
- 자료를 제시하고 새로운 결과나 자료에 주어지지 않은 내용을 추론해 가는 형식의 문제가 출제된다.

어느 도시에 있는 병원의 공휴일 진료 현황은 다음과 같다. 공휴일에 진료하는 병원의 수는?

- B병원이 진료를 하지 않으면 A병원은 진료를 한다.
- B병원이 진료를 하면 D병원은 진료를 하지 않는다.
- A병원이 진료를 하면 C병원은 진료를 하지 않는다.
- C병원이 진료를 하지 않으면 E병원이 진료를 한다.
- E병원은 공휴일에 진료를 하지 않는다.

① 1곳                                   ② 2곳
③ 3곳                                   ④ 4곳
⑤ 5곳

**정답** ②

제시된 진료 현황을 각각의 명제로 보고 이들을 수식으로 설명하면 다음과 같다(단, 명제가 참일 경우 그 대우도 참이다).
- B병원이 진료를 하지 않으면 A병원이 진료한다(~B → A / ~A → B).
- B병원이 진료를 하면 D병원은 진료를 하지 않는다(B → ~D / D → ~B).
- A병원이 진료를 하면 C병원은 진료를 하지 않는다(A → ~C / C → ~A).
- C병원이 진료를 하지 않으면 E병원이 진료한다(~C → E / ~E → C).
이를 하나로 연결하면 D병원이 진료를 하면 B병원이 진료를 하지 않고, B병원이 진료를 하지 않으면 A병원은 진료를 한다. A병원이 진료를 하면 C병원은 진료를 하지 않고, C병원이 진료를 하지 않으면 E병원은 진료를 한다(D → ~B → A → ~C → E).
명제가 참일 경우 그 대우도 참이므로 ~E → C → ~A → B → ~D가 된다. E병원은 공휴일에 진료를 하지 않으므로 위의 명제를 참고하면 C와 B병원만이 진료를 하는 경우가 된다. 따라서 공휴일에 진료를 하는 병원은 2곳이다.

**풀이 전략!**

명제와 관련한 기본적인 논법에 대해서는 미리 학습해 두며, 이를 바탕으로 각 문장에 있는 핵심단어 또는 문구를 기호화하여 정리한 후, 선택지와 비교하여 참 또는 거짓을 판단한다.

**01** K보안회사에서는 하루 동안 정확하게 A ~ G 7개 업체의 보안점검을 실시한다. 다음 〈조건〉에 따라 E가 3번째로 점검을 받는다면, 반드시 은행인 곳은?

> **조건**
> • 보안점검은 한 번에 한 업체만 실시하게 되며, 하루에 같은 업체를 중복해서 점검하지는 않는다.
> • 7개의 업체는 은행 아니면 귀금속점이다.
> • 귀금속점은 2회 이상 연속해서 점검하지 않는다.
> • F는 B와 D를 점검하기 전에 점검한다.
> • F를 점검하기 전에 점검하는 업체 가운데 정확히 두 곳은 귀금속점이다.
> • A는 6번째로 점검한다.
> • G는 C를 점검하기 전에 점검한다.

① A
② B
③ C
④ D
⑤ G

**02** 다음 명제가 모두 참일 때, 빈칸에 들어갈 명제로 가장 적절한 것은?

> 전제1. 약속을 지키지 않으면 다른 사람에게 신뢰감을 줄 수 없다.
> 전제2. 메모하는 습관이 없다면 약속을 지킬 수 없다.
> 결론. _____

① 약속을 지키지 않으면 메모하는 습관이 없다.
② 다른 사람에게 신뢰감을 줄 수 없으면 약속을 지키지 않는다.
③ 메모하는 습관이 없으면 다른 사람에게 신뢰감을 줄 수 있다.
④ 메모하는 습관이 있으면 다른 사람에게 신뢰감을 줄 수 있다.
⑤ 다른 사람에게 신뢰감을 주려면 메모하는 습관이 있어야 한다.

**03** K베이커리에서는 A ~ D단체에 우유식빵, 밤식빵, 옥수수식빵, 호밀식빵을 다음 〈조건〉에 따라 한 종류씩 납품하려고 한다. 이때 반드시 참인 것은?

> **조건**
> • 한 단체에 납품하는 빵의 종류는 겹치지 않도록 한다.
> • 우유식빵과 밤식빵은 A에 납품된 적이 있다.
> • 옥수수식빵과 호밀식빵은 C에 납품된 적이 있다.
> • 옥수수식빵은 D에 납품된다.

① 우유식빵은 B에 납품된 적이 있다.
② 옥수수식빵은 A에 납품된 적이 있다.
③ 호밀식빵은 A에 납품될 것이다.
④ 우유식빵은 C에 납품된 적이 있다.
⑤ 호밀식빵은 D에 납품된 적이 있다.

**04** K대학교의 기숙사에 거주하는 A ~ D는 1층부터 4층에 매년 새롭게 방을 배정받고 있으며, 올해도 방을 배정받는다. 다음 〈조건〉을 참고할 때, 반드시 참인 것은?

> **조건**
> • 한 번 배정받은 층에는 다시 배정받지 않는다.
> • A와 D는 2층에 배정받은 적이 있다.
> • B와 C는 3층에 배정받은 적이 있다.
> • A와 B는 1층에 배정받은 적이 있다.
> • A, B, D는 4층에 배정받은 적이 있다.

① C는 4층에 배정될 것이다.
② D는 3층에 배정받은 적이 있을 것이다.
③ D는 1층에 배정받은 적이 있을 것이다.
④ C는 2층에 배정받은 적이 있을 것이다.
⑤ 기숙사에 3년 이상 산 사람은 A밖에 없다.

**05** K공단의 건물에서는 엘리베이터 여섯 대(1 ~ 6호기)를 6시간에 걸쳐 검사하고자 한다. 한 시간에 한 대씩만 검사한다고 할 때, 다음 〈조건〉에 근거하여 바르게 추론한 것은?

> **조건**
> • 제일 먼저 검사하는 엘리베이터는 5호기이다.
> • 가장 마지막에 검사하는 엘리베이터는 6호기가 아니다.
> • 2호기는 6호기보다 먼저 검사한다.
> • 3호기는 두 번째로 먼저 검사하며, 그 다음으로 검사하는 엘리베이터는 1호기이다.

① 6호기는 4호기보다 늦게 검사한다.
② 마지막으로 검사하는 엘리베이터는 4호기가 아니다.
③ 4호기 다음으로 검사할 엘리베이터는 2호기이다.
④ 2호기는 세 번째로 1호기보다 먼저 검사한다.
⑤ 6호기는 1호기 다다음에 검사하며, 다섯 번째로 검사하게 된다.

**06** 이번 학기에 4개의 강좌 A ~ D가 새로 개설되는데, 강사 갑 ~ 무 중 4명이 한 강좌씩 맡으려 한다. 배정 결과를 궁금해 하는 5명은 다음 〈조건〉과 같이 예측했다. 배정 결과를 보니 갑 ~ 무의 진술 중 한 명의 진술만이 거짓이고 나머지는 참임이 드러났을 때, 다음 중 바르게 추론한 것은?

> **조건**
> 갑 : 을이 A강좌를 담당하고 병은 강좌를 담당하지 않을 것이다.
> 을 : 병이 B강좌를 담당할 것이다.
> 병 : 정은 D강좌가 아닌 다른 강좌를 담당할 것이다.
> 정 : 무가 D강좌를 담당할 것이다.
> 무 : 을의 말은 거짓일 것이다.

① 갑은 A강좌를 담당한다.
② 을은 C강좌를 담당한다.
③ 병은 강좌를 담당하지 않는다.
④ 정은 D강좌를 담당한다.
⑤ 무는 B강좌를 담당한다.

# 02 규칙 적용

## | 유형분석 |

• 주어진 상황과 규칙을 종합적으로 활용하여 풀어가는 문제이다.
• 일정, 비용, 순서 등 다양한 내용을 다루고 있어 유형을 한 가지로 단일화하기 어렵다.

갑은 다음 규칙을 참고하여 알파벳 단어를 숫자로 변환하고자 한다. 규칙을 적용한 〈보기〉의 단어에서 알파벳 Z에 해당하는 자연수들을 모두 더한 값은?

---

〈규칙〉

① 알파벳 'A'부터 'Z'까지 순서대로 자연수를 부여한다.
   예 A=2라고 하면 B=3, C=4, D=5이다.
② 단어의 음절에 같은 알파벳이 연속되는 경우 ①에서 부여한 숫자를 알파벳이 연속되는 횟수만큼 거듭제곱한다.
   예 A=2이고 단어가 'AABB'이면 AA는 '$2^2$'이고, BB는 '$3^2$'이므로 '49'로 적는다.

---

**보기**

㉠ AAABBCC는 100000010201100404로 변환된다.
㉡ CDFE는 3465로 변환된다.
㉢ PJJYZZ는 1712126729로 변환된다.
㉣ QQTSR은 625282726으로 변환된다.

---

① 154
② 176
③ 199
④ 212
⑤ 234

---

**정답** ④

㉠ A=100, B=101, C=102이다. 따라서 Z=125이다.
㉡ C=3, D=4, E=5, F=6이다. 따라서 Z=26이다.
㉢ P가 17임을 볼 때, J=11, Y=26, Z=27이다.
㉣ Q=25, R=26, S=27, T=28이다. 따라서 Z=34이다.
따라서 해당하는 Z값을 모두 더하면 125+26+27+34=212이다.

---

**풀이 전략!**

문제에 제시된 조건이나 규칙을 정확히 파악한 후, 선택지나 상황에 적용하여 문제를 풀어나간다.

**01**    다음은 도서코드(ISBN)에 대한 자료이다. 주문한 도서에 대한 설명으로 옳은 것은?

〈[예시] 도서코드(ISBN)〉

| 국제표준도서번호 | | | | | 부가기호 | | |
|---|---|---|---|---|---|---|---|
| 접두부 | 국가번호 | 발행자번호 | 서명식별번호 | 체크기호 | 독자대상 | 발행형태 | 내용분류 |
| 123 | 12 | 1234567 | | 1 | 1 | 1 | 123 |

※ 국제표준도서번호는 5개의 군으로 나누어지고 군마다 '–'로 구분함

〈도서코드(ISBN) 세부사항〉

| 접두부 | 국가번호 | 발행자번호 | 서명식별번호 | 체크기호 |
|---|---|---|---|---|
| 978 또는 979 | 한국 89<br>미국 05<br>중국 72<br>일본 40<br>프랑스 22 | 발행자번호 – 서명식별번호<br>7자리 숫자<br>예 8491 – 208 : 발행자번호가 8491번인<br>출판사에서 208번째 발행한 책 | | 0 ~ 9 |

| 독자대상 | 발행형태 | 내용분류 |
|---|---|---|
| 0 교양<br>1 실용<br>2 여성<br>3 (예비)<br>4 청소년<br>5 중고등 학습참고서<br>6 초등 학습참고서<br>7 아동<br>8 (예비)<br>9 전문 | 0 문고본<br>1 사전<br>2 신서판<br>3 단행본<br>4 전집<br>5 (예비)<br>6 도감<br>7 그림책, 만화<br>8 혼합자료, 점자자료, 전자책,<br>마이크로자료<br>9 (예비) | 030 백과사전<br>100 철학<br>170 심리학<br>200 종교<br>360 법학<br>470 생명과학<br>680 연극<br>710 한국어<br>770 스페인어<br>740 영미문학<br>720 유럽사 |

〈주문도서〉

978 – 05 – 441 – 1011 – 314710

① 한국에서 출판한 도서이다.

② 441번째 발행된 도서이다.

③ 발행자번호는 총 7자리이다.

④ 한 권으로만 출판되지는 않았다.

⑤ 한국어로 되어 있다.

**02** A팀과 B팀은 보안등급 상에 해당하는 문서를 나누어 보관하고 있다. 이에 따라 두 팀은 보안을 위해 아래와 같은 규칙에 따라 각 팀의 비밀번호를 지정하였다. 다음 중 A팀과 B팀에 들어갈 수 있는 암호배열은?

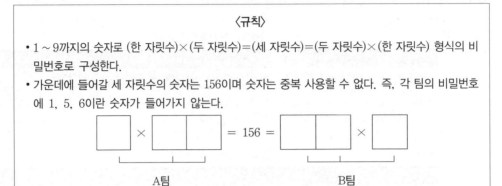

〈규칙〉

• 1 ~ 9까지의 숫자로 (한 자릿수)×(두 자릿수)=(세 자릿수)=(두 자릿수)×(한 자릿수) 형식의 비밀번호로 구성한다.
• 가운데에 들어갈 세 자릿수의 숫자는 156이며 숫자는 중복 사용할 수 없다. 즉, 각 팀의 비밀번호에 1, 5, 6이란 숫자가 들어가지 않는다.

① 23　　　　　　　　　　　　　② 27
③ 29　　　　　　　　　　　　　④ 37
⑤ 39

**03** 다음 〈조건〉을 근거로 〈보기〉를 계산한 값은?

조건

연산자 A, B, C, D는 다음과 같이 정의한다.
• A : 좌우에 있는 두 수를 더한다. 단, 더한 값이 10 미만이면 좌우에 있는 두 수를 곱한다.
• B : 좌우에 있는 두 수 가운데 큰 수에서 작은 수를 뺀다. 단, 두 수가 같거나 뺀 값이 10 미만이면 두 수를 곱한다.
• C : 좌우에 있는 두 수를 곱한다. 단, 곱한 값이 10 미만이면 좌우에 있는 두 수를 더한다.
• D : 좌우에 있는 두 수 가운데 큰 수를 작은 수로 나눈다. 단, 두 수가 같거나 나눈 값이 10 미만이면 두 수를 곱한다.
※ 연산은 '( )', '[ ]'의 순으로 함

보기

$$[(1 A 5) B (3 C 4)] D 6$$

① 10　　　　　　　　　　　　　② 12
③ 90　　　　　　　　　　　　　④ 210
⑤ 360

**04** S제품을 운송하는 A씨는 업무상 편의를 위해 고객의 주문 내역을 임의의 기호로 기록하고 있다. 다음과 같은 주문전화가 왔을 때, A씨가 기록한 기호로 옳은 것은?

<임의기호>

| 재료 | 연강 | 고강도강 | 초고강도강 | 후열처리강 |
|---|---|---|---|---|
| | MS | HSS | AHSS | P.HTS |
| 판매량 | 낱개 | 1묶음 | 1box | 1set |
| | 01 | 10 | 11 | 00 |
| 지역 | 서울 | 경기남부 | 경기북부 | 인천 |
| | E | S | N | W |
| 윤활유 사용 | 청정작용 | 냉각작용 | 윤활작용 | 밀폐작용 |
| | P | C | I | S |
| 용도 | 베어링 | 스프링 | 타이어코드 | 기계구조 |
| | SB | SS | ST | SM |

※ A씨는 [재료] – [판매량] – [지역] – [윤활유 사용] – [용도]의 순서로 기호를 기록함

<주문전화>

B씨 : 어이~ A씨. 나야, 나. 인천 지점에서 같이 일했던 B. 내가 필요한 것이 있어서 전화했어. 일단 서울 지점의 C씨가 스프링으로 사용할 제품이 필요하다고 하는데 한 박스 정도면 될 것 같아. 이전에 주문했던 대로 연강에 윤활용으로 윤활유를 사용한 제품으로 부탁하네. 나는 이번에 경기도 남쪽으로 가는데 거기에 있는 내 사무실 알지? 거기로 초고강도강 타이어코드용으로 1세트 보내 줘. 튼실한 걸로 밀폐용 윤활유 사용해서 부탁해. 저번에 냉각용으로 사용한 제품은 생각보다 좋진 않았어.

① MS11EISB, AHSS00SSST

② MS11EISS, AHSS00SSST

③ MS11EISS, HSS00SSST

④ MS11WISS, AHSS10SSST

⑤ MS11EISS, AHSS00SCST

**05** K과장은 자동차도로 고유번호 부여 규정을 근거로 하여 도로에 노선번호를 부여할 계획이다. 다음 그림에서 점선은 '영토'를, 실선은 '고속국도'를 표시한 것이며, (가) ~ (라)는 '간선노선'을 (마), (바)는 '보조간선노선'을 나타낸 것이다. 다음 중 노선번호를 바르게 부여한 것은?

〈자동차도로 고유번호 부여 규정〉

자동차도로는 관리상 고속국도, 일반국도, 특별광역시도, 지방도, 시도, 군도, 구도의 일곱 가지로 구분된다. 이들 각 도로에는 고유번호가 부여되어 있고, 이는 지형도상의 특정 표지판 모양 안에 표시되어 있다. 그러나 군도와 구도는 구간이 짧고 노선 수가 많아 노선번호가 중복될 우려가 있어 표지상에 번호를 표기하지 않는다.

고속국도 가운데 간선노선의 경우 두 자리 숫자를 사용하며, 남북을 연결하는 경우는 서에서 동으로 가면서 숫자가 증가하는데 끝자리에 5를 부여하고, 동서를 연결하는 경우는 남에서 북으로 가면서 숫자가 증가하는데 끝자리에 0을 부여한다.

보조간선노선은 간선노선 사이를 연결하는 고속국도로, 이 역시 두 자리 숫자로 표기한다. 그런데 보조간선노선이 남북을 연결하는 모양에 가까우면 첫자리는 남쪽 시작점의 간선노선 첫자리를 부여하고 끝자리에는 5를 제외한 홀수를 부여한다. 한편 동서를 연결하는 모양에 가까우면 첫자리는 동서를 연결하는 간선노선 가운데 해당 보조간선노선의 바로 아래쪽에 있는 간선노선의 첫자리를 부여하며, 이때 끝자리는 0을 제외한 짝수를 부여한다.

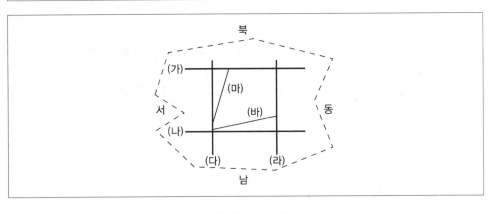

| | (가) | (나) | (다) | (라) | (마) | (바) |
|---|---|---|---|---|---|---|
| ① | 25 | 15 | 10 | 20 | 19 | 12 |
| ② | 20 | 10 | 15 | 25 | 18 | 14 |
| ③ | 25 | 15 | 20 | 10 | 17 | 12 |
| ④ | 20 | 10 | 15 | 25 | 17 | 12 |
| ⑤ | 20 | 15 | 15 | 25 | 17 | 14 |

**06** A사원은 전세버스 대여를 전문으로 하는 여행업체인 K사에 근무하고 있다. 지난 10년 동안 상당한 규모로 성장해 온 K사는 현재 보유하고 있는 버스의 현황을 실시간으로 파악할 수 있도록 식별 코드를 부여하였다. 식별 코드 부여 방식과 보유 전세버스 현황이 다음과 같을 때, 옳지 않은 것은?

〈식별 코드 부여 방식〉

[버스등급] – [승차인원] – [제조국가] – [모델번호] – [제조연월]

| 버스등급 | 코드 | 제조국가 | 코드 |
|---|---|---|---|
| 대형버스 | BX | 한국 | KOR |
| 중형버스 | MF | 독일 | DEU |
| 소형버스 | RT | 미국 | USA |

예 BX – 45 – DEU – 15 – 2502

2025년 2월 독일에서 생산된 45인승 대형버스 15번 모델

〈보유 전세버스 현황〉

| | | |
|---|---|---|
| BX – 28 – DEU – 24 – 1308 | MF – 35 – DEU – 15 – 0910 | RT – 23 – KOR – 07 – 0628 |
| MF – 35 – KOR – 15 – 1206 | BX – 45 – USA – 11 – 0712 | BX – 45 – DEU – 06 – 1105 |
| MF – 35 – DEU – 20 – 1110 | BX – 41 – DEU – 05 – 1408 | RT – 16 – USA – 09 – 0712 |
| RT – 25 – KOR – 18 – 0803 | RT – 25 – DEU – 12 – 0904 | MF – 35 – KOR – 17 – 0901 |
| BX – 28 – USA – 22 – 1404 | BX – 45 – USA – 19 – 1108 | BX – 28 – USA – 15 – 1012 |
| RT – 16 – DEU – 23 – 1501 | MF – 35 – KOR – 16 – 0804 | BX – 45 – DEU – 19 – 1312 |
| MF – 35 – DEU – 20 – 1005 | BX – 45 – USA – 14 – 1007 | – |

① 보유하고 있는 소형버스의 절반 이상은 독일에서 생산되었다.
② 대형버스 중 28인승은 3대이며, 한국에서 생산된 차량은 없다.
③ 보유 중인 대형버스는 전체의 40% 이상을 차지한다.
④ 중형버스는 3대 이상이며, 모두 2013년 이전에 생산되었다.
⑤ 미국에서 생산된 버스 중 중형버스는 없다.

# 03 SWOT 분석

## | 유형분석 |

- 상황에 대한 환경 분석 결과를 통해 주요 과제를 도출하는 문제이다.
- 주로 3C 분석 또는 SWOT 분석을 활용한 문제들이 출제되고 있으므로 해당 분석도구에 대한 사전 학습이 요구된다.

**다음 설명을 참고하여 기사를 읽고 B자동차가 취할 수 있는 전략으로 가장 적절한 것은?**

'SWOT'는 Strength(강점), Weakness(약점), Opportunity(기회), Threat(위협)의 머리글자를 따서 만든 단어로, 경영 전략을 세우는 방법론이다. SWOT로 도출된 조직의 내·외부 환경을 분석하고, 이 결과를 통해 대응전략을 구상할 수 있다. 'SO전략'은 기회를 활용하기 위해 강점을 사용하는 전략이고, 'WO전략'은 약점을 보완 또는 극복하여 시장의 기회를 활용하는 전략이다. 'ST전략'은 위협을 피하기 위해 강점을 활용하는 방법이며, 'WT전략'은 위협요인을 피하기 위해 약점을 보완하는 전략이다.

- 새로운 정권의 탄생으로 자동차 업계 내 새로운 바람이 불 것으로 예상된다. A당선인이 이번 선거에서 친환경차 보급 확대를 주요 공약으로 내세웠고, 공약에 따라 공공기관용 친환경차 비율을 70%로 상향시키기로 하고, 친환경차 보조금 확대 등을 통해 친환경차 보급률을 높이겠다는 계획을 세웠다. 또한 최근 환경을 생각하는 국민 의식의 향상과 친환경차의 연비 절감 부분이 친환경차 구매 욕구 상승에 기여하고 있다.
- B자동차는 기존에 전기자동차 모델들을 꾸준히 출시하여 성장세가 두드러지고 있는 데다 고객들의 다양한 구매 욕구를 충족시킬 만한 전기자동차 상품의 다양성을 확보하였다. 또한, B자동차의 전기자동차 미국 수출이 증가하고 있는 만큼 앞으로의 전망도 밝을 것으로 예상된다.

① SO전략　　　　　　　　　　② WO전략
③ ST전략　　　　　　　　　　④ WT전략

**정답** ①

- Strength(강점) : B자동차는 전기자동차 모델들을 꾸준히 출시하여 성장세가 두드러지고 있는 데다 고객들의 다양한 구매 욕구를 충족시킬 만한 전기자동차 상품의 다양성을 확보하였다.
- Opportunity(기회) : 새로운 정권에서 친환경차 보급 확대에 적극 나설 것으로 보인다는 점과 환경을 생각하는 국민 의식의 향상과 친환경차의 연비 절감 부분이 친환경차 구매 욕구 상승에 기여하고 있다.
따라서 B자동차가 취할 수 있는 전략으로는 SO전략이 적절하다.

**풀이 전략!**

문제에 제시된 분석도구를 확인한 후, 분석 결과를 종합적으로 판단하여 각 선택지의 전략 과제와 일치 여부를 판단한다.

**01** 레저용 차량을 생산하는 K기업에 대한 다음의 SWOT 분석 결과를 참고할 때, 〈보기〉 중 각 전략에 따른 대응으로 적절한 것을 모두 고르면?

> SWOT 분석은 조직의 외부환경 분석을 통해 기회와 위협 요인을 파악하고, 조직의 내부 역량 분석을 통해서 조직의 강점과 약점을 파악하여, 이를 토대로 강점은 최대화하고 약점은 최소화하며, 기회는 최대한 활용하고 위협에는 최대한 대처하는 전략을 세우기 위한 분석 방법이다.

〈SWOT 분석 매트릭스〉

| 구분 | 강점(Strength) | 약점(Weakness) |
|---|---|---|
| 기회(Opportunity) | SO전략 : 공격적 전략<br>강점으로 기회를 살리는 전략 | WO전략 : 방향전환 전략<br>약점을 보완하여 기회를 살리는 전략 |
| 위협(Threat) | ST전략 : 다양화 전략<br>강점으로 위협을 최소화하는 전략 | WT전략 : 방어적 전략<br>약점을 보완하여 위협을 최소화하는 전략 |

〈K기업의 SWOT 분석 결과〉

| 강점(Strength) | 약점(Weakness) |
|---|---|
| • 높은 브랜드 이미지 · 평판<br>• 훌륭한 서비스와 판매 후 보증수리<br>• 확실한 거래망, 딜러와의 우호적인 관계<br>• 막대한 R&D 역량<br>• 자동화된 공장<br>• 대부분의 차량 부품 자체 생산 | • 한 가지 차종에만 집중<br>• 고도의 기술력에 대한 과도한 집중<br>• 생산설비에 막대한 투자 → 차량모델 변경의 어려움<br>• 한 곳의 생산 공장만 보유<br>• 전통적인 가족형 기업 운영 |
| 기회(Opportunity) | 위협(Threat) |
| • 소형 레저용 차량에 대한 수요 증대<br>• 새로운 해외시장의 출현<br>• 저가형 레저용 차량에 대한 선호 급증 | • 휘발유의 부족 및 가격의 급등<br>• 레저용 차량 전반에 대한 수요 침체<br>• 다른 회사들과의 경쟁 심화<br>• 차량 안전 기준의 강화 |

**보기**

ㄱ. ST전략 : 기술개발을 통하여 연비를 개선한다.

ㄴ. SO전략 : 대형 레저용 차량을 생산한다.

ㄷ. WO전략 : 규제강화에 대비하여 보다 안전한 레저용 차량을 생산한다.

ㄹ. WT전략 : 생산량 감축을 고려한다.

ㅁ. WO전략 : 국내 다른 지역이나 해외에 공장들을 분산 설립한다.

ㅂ. ST전략 : 경유용 레저 차량 생산을 고려한다.

ㅅ. SO전략 : 해외 시장 진출보다는 내수 확대에 집중한다.

① ㄱ, ㄴ, ㅁ, ㅂ
② ㄱ, ㄹ, ㅁ, ㅂ
③ ㄱ, ㄹ, ㅁ, ㅅ
④ ㄴ, ㄹ, ㅁ, ㅂ
⑤ ㄴ, ㄹ, ㅂ, ㅅ

**02** K공단에 근무하는 A대리는 국내 자율주행자동차 산업에 대한 SWOT 분석 결과에 따라 국내 자율주행자동차 산업 발달을 위한 방안을 고안하는 중이다. A대리가 SWOT 분석에 의한 경영 전략에 따라 판단하였다고 할 때, 다음 〈보기〉 중 SWOT 분석에 의한 경영 전략에 따른 판단으로 적절하지 않은 것을 모두 고르면?

〈국내 자율주행자동차 산업에 대한 SWOT 분석 결과〉

| 구분 | 분석 결과 |
|---|---|
| 강점(Strength) | • 민간 자율주행기술 R&D 지원을 위한 대규모 예산 확보<br>• 국내외에서 우수한 평가를 받는 국내 자동차기업 존재 |
| 약점(Weakness) | • 국내 민간기업의 자율주행기술 투자 미비<br>• 기술적 안전성 확보 미비 |
| 기회(Opportunity) | • 국가의 지속적 자율주행자동차 R&D 지원법안 본회의 통과<br>• 완성도 있는 자율주행기술을 갖춘 외국 기업들의 등장 |
| 위협(Threat) | • 자율주행차에 대한 국민들의 심리적 거부감<br>• 자율주행차에 대한 국가의 과도한 규제 |

〈SWOT 분석에 의한 경영 전략〉

• SO전략 : 기회를 이용해 강점을 활용하는 전략
• ST전략 : 강점을 활용하여 위협을 최소화하거나 극복하는 전략
• WO전략 : 기회를 활용하여 약점을 보완하는 전략
• WT전략 : 약점을 최소화하고 위협을 회피하는 전략

---

**보기**

ㄱ. 자율주행기술 수준이 우수한 외국 기업과의 기술이전협약을 통해 국내 우수 자동차기업들의 자율주행기술 연구 및 상용화 수준을 향상시키려는 전략은 SO전략에 해당한다.
ㄴ. 민간의 자율주행기술 R&D를 적극 지원하여 자율주행기술의 안전성을 높이려는 전략은 ST전략에 해당한다.
ㄷ. 자율주행자동차 R&D를 지원하는 법률을 토대로 국내 기업의 기술개발을 적극 지원하여 안전성을 확보하려는 전략은 WO전략에 해당한다.
ㄹ. 자율주행기술개발에 대한 국내기업의 투자가 부족하므로 국가기관이 주도하여 기술개발을 추진하는 전략은 WT전략에 해당한다.

① ㄱ, ㄴ
② ㄱ, ㄷ
③ ㄴ, ㄷ
④ ㄴ, ㄹ
⑤ ㄱ, ㄴ, ㄷ

**03** 다음은 국내 금융기관에 대한 글이다. 이를 통해 SWOT 분석을 세운다고 할 때, 〈보기〉 중 분석 결과에 대응하는 전략과 그 내용이 바르게 연결된 것을 모두 고르면?

> 국내 대부분의 예금과 대출을 국내 은행이 차지하고 있을 정도로 국내 금융기관에 대한 우리나라 국민들의 충성도는 높은 편이다. 또한 국내 금융기관은 철저한 신용 리스크 관리로 해외 금융기관과 비교해 자산건전성 지표가 매우 우수한 편이다. 시장 리스크 관리도 해외 선진 금융기관 수준에 도달한 것으로 평가받는다. 국내 금융기관은 외환위기와 글로벌 금융위기 등을 거치며 꾸준히 자산건전성을 강화해 왔기 때문이다.
>
> 그러나 은행과 이자 이익에 수익이 편중돼 있다는 점은 국내 금융기관의 가장 큰 약점이 된다. 대부분 예금과 대출 거래 중심의 영업구조로 되어 있기 때문이다. 취약한 해외 비즈니스도 문제로 들 수 있다. 최근 동남아 시장을 중심으로 해외 진출에 박차를 가하고 있지만, 아직은 눈에 띄는 성과가 많지 않은 상황이다.
>
> 많은 어려움에도 불구하고 국내 금융기관의 발전 가능성은 아직 무궁무진하다. 우선 해외 시장으로 눈을 돌리면 다양한 기회가 열려 있다. 전 세계 신용·단기 자금 확대, 글로벌 무역 회복세로 국내 금융기관의 해외 진출 여건은 양호한 편이다. 따라서 해외 시장 개척을 통해 어떻게 신규 수익원을 확보하느냐가 성장의 새로운 기회로 작용할 전망이다. IT 기술 발달에 따른 핀테크의 등장도 새로운 기회가 될 수 있다. 국내의 발달된 인터넷과 모바일뱅킹 서비스, IT 인프라를 활용한 새로운 수익 창출 가능성이 열려 있는 것이다.
>
> 그러나 역설적으로 핀테크의 등장은 오히려 국내 금융기관의 발목을 잡을 수 있다. 블록체인 기술에 기반한 암호화폐, 간편결제와 송금, 로보어드바이저, 인터넷 은행, P2P 대출 등 다양한 핀테크 분야의 새로운 서비스들이 기존 금융 서비스의 대체재로서 출현하고 있기 때문이다. 금융시장 개방에 따른 글로벌 금융기관과의 경쟁 심화도 넘어야 할 산이다. 특히 중국 은행을 비롯한 중국 금융이 급성장하고 있어 이에 대한 대비책 마련이 시급하다.

**보기**

㉠ SO전략 : 높은 국내 시장점유율을 기반으로 국내 핀테크 사업에 진출한다.
㉡ WO전략 : 위기관리 역량을 강화하여 해외 금융시장에 진출한다.
㉢ ST전략 : 해외 금융기관과 비교해 우수한 자산건전성을 강조하여 글로벌 금융기관과의 경쟁에서 우위를 차지한다.
㉣ WT전략 : 해외 비즈니스 역량을 강화하여 해외 금융시장에 진출한다.

① ㉠, ㉡
② ㉠, ㉢
③ ㉡, ㉢
④ ㉡, ㉣
⑤ ㉢, ㉣

**04** K공단에서 근무하는 A사원은 경제자유구역사업에 대한 SWOT 분석 결과 자료를 토대로, SWOT 분석에 의한 경영 전략에 맞추어 〈보기〉와 같이 판단하였다. 다음 중 A사원이 판단한 SWOT 분석에 의한 경영 전략의 내용으로 적절하지 않은 것을 모두 고르면?

〈경제자유구역사업에 대한 SWOT 분석 결과〉

| 구분 | 분석 결과 |
|---|---|
| 강점(Strength) | • 성공적인 경제자유구역 조성 및 육성 경험<br>• 다양한 분야의 경제자유구역 입주희망 국내기업 확보 |
| 약점(Weakness) | • 과다하게 높은 외자금액 비율<br>• 외국계 기업과 국내기업 간의 구조 및 운영상 이질감 |
| 기회(Opportunity) | • 국제경제 호황으로 인하여 타국 사업지구 입주를 희망하는 해외시장부문의 지속적 증가<br>• 국내진출 해외기업 증가로 인한 동형화 및 협업 사례 급증 |
| 위협(Threat) | • 국내거주 외국인 근로자에 대한 사회적 포용심 부족<br>• 대대적 교통망 정비로 인한 기성 대도시의 흡수효과 확대 |

〈SWOT 분석에 의한 경영 전략〉

• SO전략 : 강점을 활용하여 기회를 선점하는 전략
• ST전략 : 강점을 활용하여 위협을 최소화하거나 극복하는 전략
• WO전략 : 기회를 활용하여 약점을 보완하는 전략
• WT전략 : 약점을 최소화하고 위협을 회피하는 전략

보기

ㄱ. 성공적인 경제자유구역 조성 노하우를 활용하여 타국 사업지구로의 진출을 희망하는 해외기업을 유인 및 유치하는 전략은 SO전략에 해당한다.
ㄴ. 다수의 풍부한 경제자유구역 성공 사례를 바탕으로 외국인 근로자를 국내주민과 문화적으로 동화시킴으로써 원활한 지역발전의 토대를 조성하는 전략은 ST전략에 해당한다.
ㄷ. 기존에 국내에 입주한 해외기업의 동형화 사례를 활용하여 국내기업과 외국계 기업의 운영상 이질감을 해소하여 생산성을 증대시키는 전략은 WO전략에 해당한다.
ㄹ. 경제자유구역 인근 대도시와의 연계를 활성화하여 경제자유구역 내 국내·외 기업 간의 이질감을 해소하는 전략은 WT전략에 해당한다.

① ㄱ, ㄴ
② ㄱ, ㄷ
③ ㄴ, ㄷ
④ ㄴ, ㄹ
⑤ ㄷ, ㄹ

**05** K가스공사에 대한 SWOT 분석 결과가 다음과 같을 때, 〈보기〉 중 SWOT 분석 내용으로 옳은 것을 모두 고르면?

〈SWOT 분석 결과〉

| 구분 | 분석 결과 |
|---|---|
| 강점(Strength) | • 해외 가스공급기관 대비 높은 LNG 구매력<br>• 세계적으로 우수한 배관 인프라 |
| 약점(Weakness) | • 타 연료 대비 높은 단가 |
| 기회(Opportunity) | • 북아시아 가스관 사업 추진 논의 지속<br>• 수소 자원 개발 고도화 추진중 |
| 위협(Threat) | • 천연가스에 대한 수요 감소 추세<br>• 원전 재가동 확대 전망에 따른 에너지 점유율 감소 가능성 |

**보기**

ㄱ. 해외 기관 대비 LNG 확보가 용이하다는 점을 근거로 북아시아 가스관 사업 추진 시 우수한 효율을 이용하는 것은 SO전략에 해당한다.

ㄴ. 지속적으로 감소할 것으로 전망되는 천연가스 수요를 북아시아 가스관 사업을 통해 확보하는 것은 ST전략에 해당한다.

ㄷ. 수소 자원 개발을 고도화하여 다른 연료 대비 상대적으로 높았던 공급단가를 낮추려는 R&D 사업 추진은 WO전략에 해당한다.

ㄹ. 높은 LNG 확보 능력을 이용해 상대적으로 높은 가스 공급단가가 더욱 상승하는 것을 방지하는 것은 WT전략에 해당한다.

① ㄱ, ㄴ      ② ㄱ, ㄷ

③ ㄴ, ㄷ      ④ ㄴ, ㄹ

⑤ ㄷ, ㄹ

# 자원관리능력

## 합격 Cheat Key

자원관리능력은 현재 NCS 기반 채용을 진행하는 많은 공사·공단에서 핵심영역으로 자리 잡아, 일부를 제외한 대부분의 시험에서 출제되고 있다.

세부 유형은 비용 계산, 해외파견 지원금 계산, 주문 제작 단가 계산, 일정 조율, 일정 선정, 행사 대여 장소 선정, 최단거리 구하기, 시차 계산, 소요시간 구하기, 해외파견 근무 기준에 부합하는 또는 부합하지 않는 직원 고르기 등으로 나눌 수 있다.

### 1 시차를 먼저 계산하라!

시간 자원 관리의 대표유형 중 시차를 계산하여 일정에 맞는 항공권을 구입하거나 회의시간을 구하는 문제에서는 각각의 나라 시간을 한국 시간으로 전부 바꾸어 계산하는 것이 편리하다. 조건에 맞는 나라들의 시간을 전부 한국 시간으로 바꾸고 한국 시간과의 시차만 더하거나 빼면 시간을 단축하여 풀 수 있다.

### 2 선택지를 잘 활용하라!

계산을 해서 값을 요구하는 문제 유형에서는 선택지를 먼저 본 후 자리 수가 몇 단위로 끝나는지 확인해야 한다. 예를 들어 412,300원, 426,700원, 434,100원인 선택지가 있다고 할 때, 제시된 조건에서 100원 단위로 나올 수 있는 항목을 찾아 그 항목만 계산하는 방법이 있다. 또한, 일일이 계산하는 문제가 많다. 예를 들어 640,000원, 720,000원, 810,000원 등의 수를 이용해 푸는 문제가 있다고 할 때, 만 원 단위를 절사하고 계산하여 64, 72, 81처럼 요약하는 방법이 있다.

### 3 최적의 값을 구하는 문제인지 파악하라!

물적 자원 관리의 대표유형에서는 제한된 자원 내에서 최대의 만족 또는 이익을 얻을 수 있는 방법을 강구하는 문제가 출제된다. 이때, 구하고자 하는 값을 $x$, $y$로 정하고 연립방정식을 이용해 $x$, $y$ 값을 구한다. 최소 비용으로 목표생산량을 달성하기 위한 업무 및 인력 할당, 정해진 시간 내에 최대 이윤을 낼 수 있는 업체 선정, 정해진 인력으로 효율적 업무 배치 등을 구하는 문제에서 사용되는 방법이다.

### 4 각 평가항목을 비교하라!

인적 자원 관리의 대표유형에서는 각 평가항목을 비교하여 기준에 적합한 인물을 고르거나, 저렴한 업체를 선정하거나, 총점이 높은 업체를 선정하는 문제가 출제된다. 이런 유형은 평가항목에서 가격이나 점수 차이에 영향을 많이 미치는 항목을 찾아 1 ~ 2개의 선택지를 삭제하고, 남은 3 ~ 4개의 선택지만 계산하여 시간을 단축할 수 있다.

| 유형분석 |

- 시간 자원과 관련된 다양한 정보를 활용하여 풀어가는 문제이다.
- 대체로 교통편 정보나 국가별 시차 정보가 제공되며, 이를 근거로 '현지 도착시간 또는 약속된 시간 내에 도착하기 위한 방안'을 고르는 문제가 출제된다.

한국은 뉴욕보다 16시간 빠르고, 런던은 한국보다 8시간 느리다. 다음 비행기가 현지에 도착할 때의 시각 (㉠, ㉡)으로 옳은 것은?

| 구분 | 출발 일자 | 출발 시각 | 비행 시간 | 도착 시각 |
|------|----------|----------|----------|----------|
| 뉴욕행 비행기 | 6월 6일 | 22:20 | 13시간 40분 | ㉠ |
| 런던행 비행기 | 6월 13일 | 18:15 | 12시간 15분 | ㉡ |

　　　　　　㉠　　　　　　　　　㉡
① 6월 6일 09시　　　6월 13일 09시 30분
② 6월 6일 20시　　　6월 13일 22시 30분
③ 6월 7일 09시　　　6월 14일 09시 30분
④ 6월 7일 13시　　　6월 14일 15시 30분
⑤ 6월 7일 20시　　　6월 14일 20시 30분

정답 ②

㉠ 뉴욕행 비행기는 한국에서 6월 6일 22시 20분에 출발하고, 13시간 40분 동안 비행하기 때문에 6월 7일 12시에 도착한다. 한국 시각은 뉴욕보다 16시간 빠르므로 현지에 도착하는 시각은 6월 6일 20시가 된다.
㉡ 런던행 비행기는 한국에서 6월 13일 18시 15분에 출발하고, 12시간 15분 동안 비행하기 때문에 현지에 6월 14일 6시 30분에 도착한다. 한국 시각은 런던보다 8시간이 빠르므로 현지에 도착하는 시각은 6월 13일 22시 30분이 된다.

풀이 전략!

문제에서 묻는 것을 정확히 파악한다. 특히 제한사항에 대해서는 빠짐없이 확인해 두어야 한다. 이후 제시된 정보(시차 등)에서 필요한 것을 선별하여 문제를 풀어간다.

**01** K회사 연구원인 A씨는 휴가철을 맞아 가족여행을 가고자 한다. K회사는 직원들의 복리증진을 위하여 휴가철 항공료를 일부 지원해 주고 있다. 다음 자료와 〈조건〉을 토대로 A씨가 선택할 여행지와 여행기간이 바르게 짝지어진 것은?

### 〈여행지별 항공료와 지원율〉

| 여행지 | 1인당 편도 항공료 | 항공료 지원율 |
| --- | --- | --- |
| 중국 | 130,000원 | 10% |
| 일본 | 125,000원 | 30% |
| 싱가포르 | 180,000원 | 35% |

※ 갈 때와 올 때 편도 항공료는 동일함

### 〈8월 달력〉

| 일 | 월 | 화 | 수 | 목 | 금 | 토 |
| --- | --- | --- | --- | --- | --- | --- |
|  |  |  | 1 | 2 | 3 | 4 |
| 5 | 6 | 7 | 8 | 9 | 10 | 11 |
| 12 | 13 | 14 | 15 | 16 | 17 | 18 |
| 19 | 20 | 21 | 22 | 23 | 24 | 25 |
| 26 | 27 | 28 | 29 | 30 | 31 |  |

※ 8월 3 ~ 4일은 현장부지답사로 휴가가 불가능함
※ 8월 15일은 광복절, 24일은 회사 창립기념일로 휴일임

---

**조건**

- A씨는 아내와 단둘이 여행할 예정이다.
- A씨는 여행경비 중 항공료로 최대 450,000원을 쓸 수 있다.
- 회사의 항공료 지원은 동반한 직계가족까지 모두 적용된다.

|  | 여행지 | 여행기간 |
| --- | --- | --- |
| ① | 중국 | 8월 9 ~ 11일 |
| ② | 일본 | 8월 3 ~ 6일 |
| ③ | 일본 | 8월 16 ~ 19일 |
| ④ | 싱가포르 | 8월 15 ~ 18일 |
| ⑤ | 싱가포르 | 8월 16 ~ 19일 |

**02** 다음은 K회사 신제품개발1팀의 하루 업무 스케줄에 대한 자료이다. 신입사원 A씨는 스케줄을 바탕으로 금일 회의 시간을 정하려고 한다. 1시간 동안 진행될 팀 회의의 가장 적절한 시간대는?

〈K회사 신제품개발1팀 스케줄〉

| 시간 | 직급별 스케줄 | | | | |
|---|---|---|---|---|---|
| | 부장 | 차장 | 과장 | 대리 | 사원 |
| 09:00 ~ 10:00 | 업무회의 | | | | |
| 10:00 ~ 11:00 | | | | | 비품요청 |
| 11:00 ~ 12:00 | | | 시장조사 | 시장조사 | 시장조사 |
| 12:00 ~ 13:00 | | | 점심식사 | | |
| 13:00 ~ 14:00 | 개발전략수립 | | 시장조사 | 시장조사 | 시장조사 |
| 14:00 ~ 15:00 | | 샘플검수 | 제품구상 | 제품구상 | 제품구상 |
| 15:00 ~ 16:00 | | | 제품개발 | 제품개발 | 제품개발 |
| 16:00 ~ 17:00 | | | | | |
| 17:00 ~ 18:00 | | | 결과보고 | 결과보고 | |

① 09:00 ~ 10:00  
② 10:00 ~ 11:00  
③ 14:00 ~ 15:00  
④ 16:00 ~ 17:00  
⑤ 17:00 ~ 18:00

**03** 자동차 부품을 생산하는 K기업은 반자동과 자동생산라인을 하나씩 보유하고 있다. 최근 일본의 자동차 회사와 수출계약을 체결하여 자동차 부품 34,500개를 납품하였다. 아래 K기업의 생산조건을 고려할 때, 일본에 납품할 부품을 생산하는 데 소요된 시간은 얼마인가?

〈자동차 부품 생산조건〉

- 반자동라인은 4시간에 300개의 부품을 생산하며, 그중 20%는 불량품이다.
- 자동라인은 3시간에 400개의 부품을 생산하며, 그중 10%는 불량품이다.
- 반자동라인은 8시간마다 2시간씩 생산을 중단한다.
- 자동라인은 9시간마다 3시간씩 생산을 중단한다.
- 불량품은 생산 후 폐기하고 정상인 부품만 납품한다.

① 230시간  
② 240시간  
③ 250시간  
④ 260시간  
⑤ 280시간

**04** 다음은 K제품의 생산계획을 나타낸 자료이다. 〈조건〉에 따라 공정이 진행될 때, 첫 번째 완제품이 생산되기 위해서는 최소 몇 시간이 소요되는가?

〈K제품 생산계획〉

| 공정 | 선행공정 | 소요시간 |
|------|----------|----------|
| A | 없음 | 3 |
| B | A | 1 |
| C | B, E | 3 |
| D | 없음 | 2 |
| E | D | 1 |
| F | C | 2 |

조건
- 공정별로 1명의 작업 담당자가 공정을 수행한다.
- A공정과 D공정의 작업 시점은 같다.
- 공정 간 제품의 이동 시간은 무시한다.

① 6시간　　　　　　　　　　　　② 7시간
③ 8시간　　　　　　　　　　　　④ 9시간
⑤ 10시간

**05** A대리는 다가오는 9월에 결혼을 앞두고 있다. 다음 〈조건〉을 참고할 때, A대리의 결혼날짜로 가능한 날은?

조건
- 9월은 1일부터 30일까지이며, 9월 1일은 금요일이다.
- 9월 30일부터 추석연휴가 시작되고 추석연휴 이틀 전엔 A대리가 주관하는 회의가 있다.
- A대리는 결혼식을 한 다음 날 8박 9일간 신혼여행을 간다.
- 회사에서 신혼여행으로 주는 휴가는 5일이다.
- A대리는 신혼여행과 겹치지 않도록 수요일 3주 연속 치과 진료가 예약되어 있다.
- 신혼여행에서 돌아오는 날 부모님 댁에서 하루 자고, 그다음 날 출근할 예정이다.

① 1일　　　　　　　　　　　　　② 2일
③ 22일　　　　　　　　　　　　④ 23일
⑤ 29일

# 02 비용 계산

## | 유형분석 |

- 예산 자원과 관련된 다양한 정보를 활용하여 풀어가는 문제이다.
- 대체로 한정된 예산 내에서 수행할 수 있는 업무 및 예산 가격을 묻는 문제가 출제된다.

A사원은 이번 출장을 위해 KTX표를 미리 40% 할인된 가격에 구매하였으나, 출장 일정이 바뀌는 바람에 하루 전날 표를 취소하였다. 다음 환불 규정에 따라 16,800원을 돌려받았을 때, 할인되지 않은 KTX표의 가격은 얼마인가?

〈KTX 환불 규정〉

| 출발 2일 전 | 출발 1일 전 ~ 열차 출발 전 | 열차 출발 후 |
|---|---|---|
| 100% | 70% | 50% |

① 40,000원
② 48,000원
③ 56,000원
④ 67,200원
⑤ 70,000원

**정답** ①

할인되지 않은 KTX표의 가격을 $x$원이라 하면, 표를 40% 할인된 가격으로 구매하였으므로 구매 가격은 $(1-0.4)x=0.6x$원이다. 환불 규정에 따르면 하루 전에 표를 취소하는 경우 70%의 금액을 돌려받을 수 있으며, 식으로 정리하면 다음과 같다.

$0.6x \times 0.7 = 16,800$

$\rightarrow 0.42x = 16,800$

$\therefore x = 40,000$

따라서 할인되지 않은 KTX표의 가격은 40,000원이다.

**풀이 전략!**

제한사항인 예산을 고려하여 문제에서 묻는 것을 정확히 파악한 후, 제시된 정보에서 필요한 것을 선별하여 문제를 풀어간다.

**01**　수인이는 베트남 여행을 위해 K국제공항에서 환전하기로 하였다. 다음은 L환전소의 당일 환율 및 수수료를 나타낸 자료이다. 수인이가 한국 돈으로 베트남 현금 1,670만 동을 환전한다고 할 때, 수수료까지 포함하여 필요한 돈은 얼마인가?(단, 모든 계산과정에서 구한 값은 일의 자리에서 버림한다)

〈L환전소 환율 및 수수료〉

- 베트남 환율 : 483원/만 동
- 수수료 : 0.5%
- 우대사항 : 50만 원 이상 환전 시 70만 원까지 수수료 0.4%로 인하 적용
　　　　　　100만 원 이상 환전 시 총금액 수수료 0.4%로 인하 적용

① 808,840원　　　　　　　　　　　② 808,940원
③ 809,840원　　　　　　　　　　　④ 809,940원
⑤ 810,040원

**02**　다음 글을 바탕으로 전세 보증금이 1억 원인 전세 세입자가 월세 보증금 1천만 원에 전월세 전환율 한도 수준까지의 월세 전환을 원할 경우, 월 임대료 지불액으로 옳은 것은?

나날이 치솟는 전세 보증금! 집주인이 2년 만에 전세 보증금을 올려달라고 하는데 사실 월급쟁이로 생활비를 쓰고 남은 돈을 저축하자면 그 목돈을 마련하지 못해 전세자금 대출을 알아보곤 한다. 그럴 때 생각해 볼 수 있는 것이 반전세나 월세 전환이다. 이렇게 되면 임대인들도 보증금 몇 천만 원에서 나오는 이자보다 월세가 매달 나오는 것이 좋다 보니 먼저 요구하기도 한다. 바로 그것이 '전월세 전환율'이다.

전월세 전환율은 [(월세)×(12개월)÷{(전세 보증금)−(월세 보증금)}]×100으로 구할 수 있다. 그렇다면 전월세 전환율 비율의 제한은 어떻게 형성되는 걸까?

우리나라는 「주택임대차보호법」에서 산정률 제한을 두고 있다. 보통 10%, 기준금리 4배수 중 낮은 비율의 범위를 초과할 수 없다고 규정하고 있기 때문에 현재 기준 금리가 1.5%로 인상되어 6%가 제한선이 된다.

① 450,000원　　　　　　　　　　　② 470,000원
③ 500,000원　　　　　　　　　　　④ 525,000원
⑤ 550,000원

**03** A과장은 월요일에 사천연수원에서 진행될 세미나에 참석해야 한다. 세미나는 월요일 낮 12시부터 시작이며, 수요일 오후 6시까지 진행된다. 갈 때는 세미나에 늦지 않게만 도착하면 되지만, 올 때는 목요일 회의 준비를 위해 최대한 일찍 서울로 올라와야 한다. 교통비는 회사에 청구하지만 가능한 적은 비용으로 세미나에 참석하려고 할 때, 교통비는 얼마가 들겠는가?

〈KTX〉

| 구분 | 월요일 | | 수요일 | | 가격 |
|---|---|---|---|---|---|
| 서울 - 사천 | 08:00 ~ 11:00 | 09:00 ~ 12:00 | 08:00 ~ 11:00 | 09:00 ~ 12:00 | 65,200원 |
| 사천 - 서울 | 16:00 ~ 19:00 | 20:00 ~ 23:00 | 16:00 ~ 19:00 | 20:00 ~ 23:00 | 66,200원 (10% 할인 가능) |

※ 사천역에서 사천연수원까지 택시비는 22,200원이며, 30분이 걸림(사천연수원에서 사천역까지의 비용과 시간도 동일함)

〈비행기〉

| 구분 | 월요일 | | 수요일 | | 가격 |
|---|---|---|---|---|---|
| 서울 - 사천 | 08:00 ~ 09:00 | 09:00 ~ 10:00 | 08:00 ~ 09:00 | 09:00 ~ 10:00 | 105,200원 |
| 사천 - 서울 | 19:00 ~ 20:00 | 20:00 ~ 21:00 | 19:00 ~ 20:00 | 20:00 ~ 21:00 | 93,200원 (10% 할인 가능) |

※ 사천공항에서 사천연수원까지 택시비는 21,500원이며, 30분이 걸림(사천연수원에서 사천공항까지의 비용과 시간도 동일함)

① 168,280원  ② 178,580원
③ 192,780원  ④ 215,380원
⑤ 232,080원

**04** 서울에 사는 A씨는 결혼기념일을 맞이하여 가족과 함께 KTX를 타고 부산으로 여행을 다녀왔다. A씨의 가족이 이번 여행에서 지불한 교통비는 모두 얼마인가?

- A씨 부부에게는 만 6세인 아들, 만 3세인 딸이 있다.
- 갈 때는 딸을 무릎에 앉혀 갔고, 돌아올 때는 좌석을 구입했다.
- A씨의 가족은 일반석을 이용하였다.

〈KTX 좌석별 요금〉

| 구분 | 일반석 | 특실 |
| --- | --- | --- |
| 가격 | 59,800원 | 87,500원 |

※ 만 4세 이상 13세 미만 어린이는 운임의 50%를 할인함
※ 만 4세 미만의 유아는 보호자 1명당 2명까지 운임의 75%를 할인함
  (단, 유아의 좌석을 지정하지 않을 시 보호자 1명당 유아 1명의 운임을 받지 않음)

① 299,000원  
② 301,050원  
③ 307,000원  
④ 313,850원  
⑤ 313,950원

**05** K기업은 창고업체를 통해 아래 세 제품군을 보관하고 있다. 각 제품군에 대한 정보를 참고하여 다음 〈조건〉에 따라 K기업이 보관료로 지급해야 할 총금액은?

| 구분 | 매출액(억 원) | 용량 | |
| --- | --- | --- | --- |
| | | 용적(CUBIC) | 무게(톤) |
| A제품군 | 300 | 3,000 | 200 |
| B제품군 | 200 | 2,000 | 300 |
| C제품군 | 100 | 5,000 | 500 |

**조건**
- A제품군은 매출액의 1%를 보관료로 지급한다.
- B제품군은 1CUBIC당 20,000원의 보관료를 지급한다.
- C제품군은 1톤당 80,000원의 보관료를 지급한다.

① 3억 2천만 원  
② 3억 4천만 원  
③ 3억 6천만 원  
④ 3억 8천만 원  
⑤ 4억 원

## | 유형분석 |

- 물적 자원과 관련된 다양한 정보를 활용하여 풀어가는 문제이다.
- 주로 공정도·제품·시설 등에 대한 가격·특징·시간 정보가 제시되며, 이를 종합적으로 고려하는 문제가 출제된다.

K공단은 신축 본사에 비치할 사무실 명패를 제작하기 위해 다음과 같은 팸플릿을 참고하고 있다. 신축 본사에 비치할 사무실 명패는 사무실마다 국문과 영문을 함께 주문했고, 총 주문 비용이 80만 원이라면 사무실에 최대 몇 개의 국문과 영문 명패를 함께 비치할 수 있는가?(단, 추가 구입 가격은 1SET를 구입할 때 한 번씩만 적용된다)

---

### 〈명패 제작 가격〉

- 국문 명패 : 1SET(10개)에 10,000원, 5개 추가 시 2,000원
- 영문 명패 : 1SET(5개)에 8,000원, 3개 추가 시 3,000원

---

① 345개                          ② 350개
③ 355개                          ④ 360개
⑤ 365개

**정답** ④

국문 명패 최저가는 15개에 12,000원이고, 영문 명패 최저가는 8개에 11,000원이다. 각 명패를 최저가에 구입하는 개수의 최소공배수를 구하면 120개이다. 이때의 비용은 $(12,000×8)+(11,000×15)=96,000+165,000=261,000$원이다. 따라서 한 사무실에 국문과 영문 명패를 함께 비치한다면 120개의 사무실에 명패를 비치하는 비용은 261,000원이다. 360개의 사무실에 명패를 비치한다면 783,000원이 필요하고, 남은 17,000원으로 국문 명패와 영문 명패를 동시에 구입할 수는 없다. 따라서 80만 원으로 최대 360개의 국문 명패와 영문 명패를 동시에 비치할 수 있다.

**풀이 전략!**

문제에서 묻고자 하는 바를 정확히 파악하는 것이 중요하다. 문제에서 제시한 물적 자원의 정보를 문제의 의도에 맞게 선별하면서 풀어간다.

**01** 대학교 입학을 위해 지방에서 올라온 대학생 N씨는 자취방을 구하려고 한다. 대학교 근처 자취방의 월세와 대학교까지 거리는 다음과 같다. 한 달을 기준으로 N씨가 지출하게 될 자취방 월세와 자취방에서 대학교까지 왕복 시 거리비용을 합산할 때, N씨가 선택할 수 있는 가장 저렴한 비용의 자취방은?

| 구분 | 월세 | 대학교까지 거리 |
|---|---|---|
| A자취방 | 330,000원 | 1.8km |
| B자취방 | 310,000원 | 2.3km |
| C자취방 | 350,000원 | 1.3km |
| D자취방 | 320,000원 | 1.6km |
| E자취방 | 340,000원 | 1.4km |

※ 대학교 통학일(한 달 기준) : 15일
※ 거리비용 : 1km당 2,000원

① A자취방            ② B자취방
③ C자취방            ④ D자취방
⑤ E자취방

**02** 신입사원 J씨는 A ~ E과제 중 어떤 과제를 먼저 수행하여야 하는지를 결정하기 위해 평가표를 작성하였다. 다음 자료를 토대로 할 때 가장 먼저 수행할 과제는?(단, 평가 항목 최종 합산 점수가 가장 높은 과제부터 수행한다)

〈과제별 평가표〉

(단위 : 점)

| 구분 | A | B | C | D | E |
|---|---|---|---|---|---|
| 중요도 | 84 | 82 | 95 | 90 | 94 |
| 긴급도 | 92 | 90 | 85 | 83 | 92 |
| 적용도 | 96 | 90 | 91 | 95 | 83 |

※ 과제당 다음과 같은 가중치를 별도 부여하여 계산함
   [(중요도)×0.3]+[(긴급도)×0.2]+[(적용도)×0.1]
※ 항목당 최하위 점수에 해당하는 과제는 선정하지 않음

① A            ② B
③ C            ④ D
⑤ E

**03** K회사에서는 영업용 차량을 구매하고자 한다. 영업용으로 사용했을 경우 연평균 주행거리는 30,000km이고 향후 5년간 사용할 계획이다. 현재 고려하고 있는 차량은 A ~ E자동차이다. 다음 중 경비가 가장 적게 들어가는 차량을 구매한다면 어떤 차량이 가장 적절한가?

〈자동차 리스트〉

| 구분 | 사용연료 | 연비(km/L) | 연료탱크 용량(L) | 신차구매가(만 원) |
|---|---|---|---|---|
| A자동차 | 휘발유 | 12 | 60 | 2,000 |
| B자동차 | LPG | 8 | 60 | 2,200 |
| C자동차 | 경유 | 15 | 50 | 2,700 |
| D자동차 | 경유 | 20 | 60 | 3,300 |
| E자동차 | 휘발유 | 15 | 80 | 2,600 |

〈연료 종류별 가격〉

| 종류 | 리터당 가격(원/L) |
|---|---|
| 휘발유 | 1,400 |
| LPG | 900 |
| 경유 | 1,150 |

※ (경비)=(신차구매가)+(연료비)
※ 신차구매 결제는 일시불로 함
※ 향후 5년간 연료 가격은 변동이 없는 것으로 가정함

① A자동차                    ② B자동차
③ C자동차                    ④ D자동차
⑤ E자동차

**04** K공단은 직원용 컴퓨터를 교체하려고 한다. 다음 중 〈조건〉을 만족하는 컴퓨터로 옳은 것은?

〈컴퓨터별 가격 현황〉

| 구분 | A컴퓨터 | B컴퓨터 | C컴퓨터 | D컴퓨터 | E컴퓨터 |
|---|---|---|---|---|---|
| 모니터 | 20만 원 | 23만 원 | 20만 원 | 19만 원 | 18만 원 |
| 본체 | 70만 원 | 64만 원 | 60만 원 | 54만 원 | 52만 원 |
| 세트 | 80만 원 | 75만 원 | 70만 원 | 66만 원 | 65만 원 |
| 성능평가 | 중 | 상 | 중 | 중 | 하 |
| 할인혜택 | – | 세트로 15대 이상 구매 시 총금액에서 100만 원 할인 | 모니터 10대 초과 구매 시 초과 대수 15% 할인 | – | – |

조건
- 예산은 1,000만 원이다.
- 교체할 직원용 컴퓨터는 모니터와 본체 각각 15대이다.
- 성능평가에서 '중' 이상을 받은 컴퓨터로 교체한다.
- 컴퓨터 구매는 세트 또는 모니터와 본체 따로 구매할 수 있다.

① A컴퓨터  　　　　　　　② B컴퓨터
③ C컴퓨터  　　　　　　　④ D컴퓨터
⑤ E컴퓨터

**05** 사진관은 올해 찍은 사진을 모두 모아서 한 개의 USB에 저장하려고 한다. 사진의 용량 및 찍은 사진 수가 자료와 같고 USB 한 개에 모든 사진을 저장하려 한다. 다음 중 최소 몇 GB의 USB가 필요한가?(단, 1MB=1,000KB, 1GB=1,000MB이며, USB 용량은 소수점 자리는 버림한다)

〈올해 사진 자료〉

| 구분 | 크기(cm) | 용량 | 개수 |
|---|---|---|---|
| 반명함 | 3×4 | 150KB | 8,000개 |
| 신분증 | 3.5×4.5 | 180KB | 6,000개 |
| 여권 | 5×5 | 200KB | 7,500개 |
| 단체사진 | 10×10 | 250KB | 5,000개 |

① 3.0GB  　　　　　　　　② 3.5GB
③ 4.0GB  　　　　　　　　④ 4.5GB
⑤ 5.0GB

## | 유형분석 |

- 인적 자원과 관련된 다양한 정보를 활용하여 풀어가는 문제이다.
- 주로 근무명단, 휴무일, 업무할당 등의 주제로 다양한 정보를 활용하여 종합적으로 풀어가는 문제가 출제된다.

**다음 글의 내용이 참일 때, K공단의 신입사원으로 채용될 수 있는 지원자들의 최대 인원은 몇 명인가?**

금년도 신입사원 채용에서 K공단이 요구하는 자질은 이해능력, 의사소통능력, 대인관계능력, 실행능력이다. K공단은 이 4가지 자질 중 적어도 3가지 자질을 지닌 사람을 채용하고자 한다. 지원자는 갑, 을, 병, 정 4명이며, 이들이 지닌 자질을 평가한 결과 다음과 같은 정보가 주어졌다.
ㄱ 갑이 지닌 자질과 정이 지닌 자질 중 적어도 두 개는 일치한다.
ㄴ 대인관계능력은 병만 가진 자질이다.
ㄷ 만약 지원자가 의사소통능력을 지녔다면 그는 대인관계능력의 자질도 지닌다.
ㄹ 의사소통능력의 자질을 지닌 지원자는 한 명뿐이다.
ㅁ 갑, 병, 정은 이해능력의 자질을 지니고 있다.

① 1명
② 2명
③ 3명
④ 4명

**정답** ①

ㄴ, ㄷ, ㄹ에 의해 의사소통능력과 대인관계능력을 지닌 사람은 오직 병뿐이라는 사실을 알 수 있다. 또한 ㅁ에 의해 병이 이해능력도 가지고 있음을 알 수 있다. 이처럼 병은 4가지 자질 중에 3가지를 갖추고 있으므로 K공단의 신입사원으로 채용될 수 있다. 신입사원으로 채용되기 위해서는 적어도 3가지 자질이 필요한데, 4가지 자질 중 의사소통능력과 대인관계능력은 병만 지닌 자질임이 확인되었으므로 나머지 갑, 을, 정은 채용될 수 없다. 따라서 신입사원으로 채용될 수 있는 최대 인원은 병 1명이다.

**풀이 전략!**

문제에서 신입사원 채용이나 인력배치 등의 주제가 출제될 경우에는 주어진 규정 혹은 규칙을 꼼꼼히 확인하여야 한다. 이를 근거로 각 선택지가 어긋나지 않는지 검토하여 문제를 풀어간다.

**01** K공단은 적합한 인재를 채용하기 위하여 NCS 기반 능력중심 공개채용을 시행하였다. 1차 서류전형, 2차 직업기초능력평가, 3차 직무수행능력평가, 4차 면접전형을 모두 마친 면접자들의 평가점수를 최종 합격자 선발기준에 따라 판단하여 A ~ E 중 상위자 2명을 최종 합격자로 선정하고자 한다. 다음 중 최종 합격자가 바르게 짝지어진 것은?

〈최종 합격자 선발기준〉

| 평가요소 | 의사소통능력 | 문제해결능력 | 조직이해능력 | 대인관계능력 | 합계 |
|---|---|---|---|---|---|
| 평가비중 | 40% | 30% | 20% | 10% | 100% |

〈면접평가 결과〉

| 구분 | A | B | C | D | E |
|---|---|---|---|---|---|
| 의사소통능력 | $A^+$ | $A^+$ | $A^+$ | $B^+$ | C |
| 문제해결능력 | $B^+$ | B+5 | $A^+$ | B+5 | A+5 |
| 조직이해능력 | A+5 | A | $C^+$ | $A^+$ | A |
| 대인관계능력 | C | $A^+$ | $B^+$ | $C^+$ | $B^+$+5 |

※ 등급별 변환 점수 : $A^+$=100, A=90, $B^+$=80, B=70, $C^+$=60, C=50
※ 면접관의 권한으로 등급별 점수에 +5점을 가점할 수 있음

① A, B        ② B, C
③ B, D        ④ C, E
⑤ D, E

**02** K공단에서는 약 2개월 동안 근무할 인턴사원을 선발하고자 다음과 같은 공고를 게시하였다. 이에 지원한 A~E 중 K공단의 인턴사원으로 가장 적합한 지원자는?

〈인턴 모집 공고〉

• 근무기간 : 약 2개월(6~8월)
• 자격 요건
  – 1개월 이상 경력자
  – 포토샵 가능자
  – 근무 시간(9~18시) 이후에도 근무가 가능한 자
• 기타사항
  – 경우에 따라서 인턴 기간이 연장될 수 있음

| | |
|---|---|
| A지원자 | • 경력사항 : 출판사 3개월 근무<br>• 컴퓨터 활용 능력 中(포토샵, 워드 프로세서)<br>• 대학 휴학 중(9월 복학 예정) |
| B지원자 | • 경력사항 : 없음<br>• 포토샵 능력 우수<br>• 전문대학 졸업 |
| C지원자 | • 경력사항 : 마케팅 회사 1개월 근무<br>• 컴퓨터 활용 능력 上(포토샵, 워드 프로세서, 파워포인트)<br>• 4년제 대학 졸업 |
| D지원자 | • 경력사항 : 제약 회사 3개월 근무<br>• 포토샵 가능<br>• 저녁 근무 불가 |
| E지원자 | • 경력사항 : 마케팅 회사 1개월 근무<br>• 컴퓨터 활용 능력 中(워드 프로세서, 파워포인트)<br>• 전문대학 졸업 |

① A지원자
② B지원자
③ C지원자
④ D지원자
⑤ E지원자

**03** 1 ~ 3년 차 근무를 마친 K기업 사원들은 인사이동 시기를 맞아 근무지 이동을 해야 한다. 근무지 이동 규정과 각 사원이 근무지 이동을 신청한 내용이 다음과 같을 때, 이에 대한 설명으로 옳지 않은 것은?

〈근무지 이동 규정〉

- 수도권 지역은 여의도, 종로, 영등포이고, 지방 지역은 광주, 제주, 대구이다.
- 2번 이상 같은 지역을 신청할 수 없다(예 여의도 → 여의도 ×).
- 3년 연속 같은 수도권 지역이나 지방 지역을 신청할 수 없다.
- 2, 3년 차보다 1년 차 신입 및 1년 차 근무를 마친 직원이 신청한 내용이 우선된다.
- 1년 차 신입은 전년도 평가 점수를 100점으로 한다.
- 직원 A ~ E는 서로 다른 곳에 배치된다.
- 같은 지역으로의 이동을 신청한 경우 전년도 평가 점수가 더 높은 사람이 우선하여 이동한다.
- 규정에 부합하지 않게 이동 신청을 한 경우, 신청한 곳에 배정받을 수 없다.

〈근무지 이동 신청〉

| 직원 | 1년 차 근무지 | 2년 차 근무지 | 3년 차 근무지 | 신청지 | 전년도 평가 |
|------|------|------|------|------|------|
| A | 대구 | – | – | 종로 | – |
| B | 여의도 | 광주 | – | 영등포 | 92점 |
| C | 종로 | 대구 | 여의도 | 미정 | 88점 |
| D | 영등포 | 종로 | – | 여의도 | 91점 |
| E | 광주 | 영등포 | 제주 | 영등포 | 89점 |

① B는 영등포로 이동하게 될 것이다.
② C는 지방 지역으로 이동하고, E는 여의도로 이동하게 될 것이다.
③ A는 대구를 1년 차 근무지로 신청하였을 것이다.
④ D는 자신의 신청지로 이동하게 될 것이다.
⑤ C가 제주로 이동한다면, D는 광주나 대구로 이동하게 된다.

**04** K공단은 신용정보 조사를 위해 계약직 한 명을 채용하려고 한다. 지원자격이 다음과 같을 때 지원자 중 업무에 가장 적절한 사람은?

| 자격구분 | 지원자격 |
|---|---|
| 학력 | 고졸 이상 |
| 전공 | 제한 없음 |
| 병역 | 제한 없음 |
| 기타 | 1. 금융기관 퇴직자 중 1961년 이전 출생자로 신용부문 근무경력 10년 이상인 자<br>2. 검사역 경력자 및 민원처리 업무 경력자 우대<br>3. 채용공고일 기준(2024.04.14) 퇴직일로부터 2년을 초과하지 아니한 자<br>4. 퇴직일로부터 최근 3년 이내 감봉 이상의 징계를 받은 사실이 없는 자<br>5. 신원이 확실하고 업무수행에 결격사유가 없는 자<br>6. 당사 채용에 결격사유가 없는 자 |

| | 성명 | 출생연도 | 근무처 | 입사일 / 퇴사일 | 비고 |
|---|---|---|---|---|---|
| ① | 이도영 | 1959 | Y은행<br>여신관리부 | 1995.04.10 ~ 2022.08.21 | 2021.11<br>1개월 감봉 처분 |
| ② | 김춘재 | 1960 | M보험사<br>마케팅전략부 | 1997.03.03 ~ 2022.07.07 | – |
| ③ | 박영진 | 1948 | C신용조합<br>영업부 | 1977.11.12 ~ 2019.10.27 | 2017.03<br>견책 처분 |
| ④ | 홍도경 | 1957 | P은행<br>신용부서 | 1987.09.08 ~ 2022.04.28 | – |
| ⑤ | 최인하 | 1954 | Z캐피탈<br>신용관리부 | 1987.02.15 ~ 2021.12.10 | – |

**05** 재무팀에서는 주말 사무보조 직원을 채용하기 위해 공고문을 게재하였으며, 지원자 명단은 다음과 같다. 다음 자료를 참고하였을 때, 최소비용으로 가능한 많은 인원을 채용하고자 한다면 총 몇 명의 지원자를 채용할 수 있겠는가?(단, 급여는 지원자가 희망하는 금액으로 지급한다)

〈사무보조 직원 채용 공고문〉

- 업무내용 : 문서수발, 전화응대 등
- 지원자격 : 경력, 성별, 나이, 학력 무관
- 근무조건 : 장기(6개월 이상, 협의 불가) / 주말 11:00 ~ 22:00(협의 가능)
- 급여 : 협의 후 결정
- 연락처 : 02-000-0000

〈지원자 명단〉

| 성명 | 희망근무기간 | 근무가능시간 | 최소근무시간 (하루 기준) | 희망임금 (시간당 / 원) |
|---|---|---|---|---|
| 박소다 | 10개월 | 11:00 ~ 18:00 | 3시간 | 7,500 |
| 서창원 | 12개월 | 12:00 ~ 20:00 | 2시간 | 8,500 |
| 한승희 | 8개월 | 18:00 ~ 22:00 | 2시간 | 7,500 |
| 김병우 | 4개월 | 11:00 ~ 18:00 | 4시간 | 7,000 |
| 우병지 | 6개월 | 15:00 ~ 20:00 | 3시간 | 7,000 |
| 김래원 | 10개월 | 16:00 ~ 22:00 | 2시간 | 8,000 |
| 최지홍 | 8개월 | 11:00 ~ 18:00 | 3시간 | 7,000 |

※ 지원자 모두 주말 이틀 중 하루만 출근하기를 원함
※ 하루에 2회 이상 출근은 불가함

① 2명      ② 3명
③ 4명      ④ 5명
⑤ 6명

# 수리능력

## 합격 Cheat Key

수리능력은 사칙 연산·통계·확률의 의미를 정확하게 이해하고 이를 업무에 적용하는 능력으로, 기초 연산과 기초 통계, 도표 분석 및 작성의 문제 유형으로 출제된다. 수리능력 역시 채택하지 않는 공사·공단이 거의 없을 만큼 필기시험에서 중요도가 높은 영역이다.

특히, 난이도가 높은 공사·공단의 시험에서는 도표 분석, 즉 자료 해석 유형의 문제가 많이 출제되고 있고, 응용 수리 역시 꾸준히 출제하는 공사·공단이 많기 때문에 기초 연산과 기초 통계에 대한 공식의 암기와 자료 해석 능력을 기를 수 있는 꾸준한 연습이 필요하다.

### 1 응용 수리의 공식은 반드시 암기하라!

응용 수리는 공사·공단마다 출제되는 문제는 다르지만, 사용되는 공식은 비슷한 경우가 많으므로 자주 출제되는 공식을 반드시 암기하여야 한다. 문제에서 묻는 것을 정확하게 파악하여 그에 맞는 공식을 적절하게 적용하는 꾸준한 노력과 공식을 암기하는 연습이 필요하다.

**2** **자료의 해석은 자료에서 즉시 확인할 수 있는 지문부터 확인하라!**

수리능력 중 도표 분석, 즉 자료 해석 능력은 많은 시간을 필요로 하는 문제가 출제되므로, 증가·감소 추이와 같이 눈으로 확인이 가능한 지문을 먼저 확인한 후 복잡한 계산이 필요한 지문을 확인하는 방법으로 문제를 풀이한다면 시간을 조금이라도 아낄 수 있다. 또한, 여러 가지 보기가 주어진 문제 역시 지문을 잘 확인하고 문제를 풀이한다면 불필요한 계산을 생략할 수 있으므로 항상 지문부터 확인하는 습관을 들여야 한다.

**3** **도표 작성에서 지문에 작성된 도표의 제목을 반드시 확인하라!**

도표 작성은 하나의 자료 혹은 보고서와 같은 수치가 표현된 자료를 도표로 작성하는 형식으로 출제되는데, 대체로 표보다는 그래프를 작성하는 형태로 많이 출제된다. 지문을 살펴보면 각 지문에서 주어진 도표에도 소제목이 있는 경우가 대부분이다. 이때, 자료의 수치와 도표의 제목이 일치하지 않는 경우 함정이 존재하는 문제일 가능성이 높으므로 도표의 제목을 반드시 확인하는 것이 중요하다.

# 01 응용 수리

## | 유형분석 |

- 문제에서 제공하는 정보를 파악한 뒤, 사칙연산을 활용하여 계산하는 전형적인 수리문제이다.
- 문제를 풀기 위한 정보가 산재되어 있는 경우가 많으므로 주어진 조건 등을 꼼꼼히 확인해야 한다.

---

대학 서적을 도서관에서 빌리면 10일간 무료이고, 그 이상은 하루에 100원의 연체료가 부과되며 한 달 단위로 연체료는 두 배로 늘어난다. 1학기 동안 대학 서적을 도서관에서 빌려 사용하는 데 얼마의 비용이 드는가?(단, 1학기의 기간은 15주이고, 한 달은 30일로 정한다)

① 18,000원
② 20,000원
③ 23,000원
④ 25,000원
⑤ 28,000원

**정답** ④

- 1학기의 기간 : 15×7=105일
- 연체료가 부과되는 기간 : 105-10=95일
- 연체료가 부과되는 시점에서부터 한 달 동안의 연체료 : 30×100=3,000원
- 첫 번째 달부터 두 번째 달까지의 연체료 : 30×100×2=6,000원
- 두 번째 달부터 세 번째 달까지의 연체료 : 30×100×2×2=12,000원
- 95일(3개월 5일) 연체료 : 3,000+6,000+12,000+5×(100×2×2×2)=25,000원

따라서 1학기 동안 대학 서적을 도서관에서 빌려 사용한다면 25,000원의 비용이 든다.

**풀이 전략!**

문제에서 묻는 바를 정확하게 확인한 후, 필요한 조건 또는 정보를 구분하여 신속하게 풀어 나간다. 단, 계산에 착오가 생기지 않도록 유의한다.

**01** 농도가 10%인 소금물 200g에 농도가 15%인 소금물을 섞어서 13%인 소금물을 만들려고 한다. 이때, 농도가 15%인 소금물은 몇 g이 필요한가?

① 150g　　　　　　　　　　　② 200g

③ 250g　　　　　　　　　　　④ 300g

⑤ 350g

**02** 신발가게를 운영하는 K씨는 샌들 원가 20,000원에 40%의 이익을 붙여서 정가를 정했지만 판매가 잘 되지 않아 할인을 하고자 한다. 이때 몇 %를 할인해야 원가의 10% 이익을 얻을 수 있는가?(단, 소수점 둘째 자리에서 반올림한다)

① 20.5%　　　　　　　　　　② 21.4%

③ 22.5%　　　　　　　　　　④ 23.7%

⑤ 24.5%

**03** 한나는 집에서 학교까지 자전거를 타고 등교하는 데 50분이 걸린다. 학교에서 수업을 마친 후에는 버스를 타고 학원으로 이동하는 데 15분이 소요된다. 자전거의 평균 속력은 6km/h이고 버스는 40km/h라고 할 때, 한나가 집에서 학교를 거쳐 학원까지 이동한 총거리는?

① 5km　　　　　　　　　　　② 8km

③ 10km　　　　　　　　　　　④ 15km

⑤ 30km

# 02 자료 계산

## | 유형분석 |

- 문제에 주어진 자료를 분석하여 각 선택지의 값을 계산해 정답 유무를 판단하는 문제이다.
- 주로 그래프와 표로 제시되며, 경영·경제·산업 등과 관련된 최신 이슈를 많이 다룬다.
- 자료 간의 증감률·비율·추세 등을 자주 묻는다.

---

K마트 물류팀에 근무하는 E사원은 9월 라면 입고량과 판매량을 확인하던 중 11일과 15일에 A, B업체의 기록이 누락되어 있는 것을 발견하였다. 동료직원인 D사원은 E사원에게 "9월 11일의 전체 라면 재고량 중 A업체는 10%, B업체는 9%를 차지하였고, 9월 15일의 A업체 라면 재고량은 B업체보다 500개가 더 많았다."라고 말했다. 이때 9월 11일의 전체 라면 재고량은 몇 개인가?

| 구분 | | 9월 12일 | 9월 13일 | 9월 14일 |
|---|---|---|---|---|
| A업체 | 입고량 | 300 | – | 200 |
| | 판매량 | 150 | 100 | – |
| B업체 | 입고량 | – | 250 | – |
| | 판매량 | 200 | 150 | 50 |

① 10,000개  
③ 20,000개  
⑤ 30,000개  
② 15,000개  
④ 25,000개  

**정답** ①

9월 11일의 전체 라면 재고량을 $x$개라고 하면, A, B업체의 9월 11일 라면 재고량은 각각 $0.1x$개, $0.09x$개이다.
이때 A, B업체의 9월 15일 라면 재고량을 구하면 다음과 같다.

- A업체 : $0.1x+300+200-150-100=(0.1x+250)$개
- B업체 : $0.09x+250-200-150-50=(0.09x-150)$개

9월 15일에는 A업체의 라면 재고량이 B업체보다 500개가 더 많으므로 식을 세우면 다음과 같다.

$0.1x+250=0.09x-150+500$

$\therefore x=10,000$

따라서 9월 11일의 전체 라면 재고량은 10,000개이다.

### 풀이 전략!

선택지를 먼저 읽고 필요한 정보를 도표에서 확인하도록 하며, 계산이 필요한 경우에는 실제 수치를 사용하여 복잡한 계산을 하는 대신, 대소 관계의 비교나 선택지의 옳고 그름만을 판단할 수 있을 정도로 간소화하여 계산해 풀이시간을 단축할 수 있도록 한다.

**01** 다음은 4개 국가의 연도별 관광 수입 및 지출을 나타낸 자료이다. 2023년 관광 수입이 가장 많은 국가와 가장 적은 국가의 2024년 관광 지출 대비 관광 수입 비율의 차이는 얼마인가?(단, 소수점 둘째 자리에서 반올림한다)

〈국가별 관광 수입 및 지출〉

(단위 : 백만 달러)

| 구분 | 관광 수입 | | | 관광 지출 | | |
|---|---|---|---|---|---|---|
| | 2022년 | 2023년 | 2024년 | 2022년 | 2023년 | 2024년 |
| 한국 | 15,214 | 17,300 | 13,400 | 25,300 | 27,200 | 30,600 |
| 중국 | 44,969 | 44,400 | 32,600 | 249,800 | 250,100 | 257,700 |
| 홍콩 | 36,150 | 32,800 | 33,300 | 23,100 | 24,100 | 25,400 |
| 인도 | 21,013 | 22,400 | 27,400 | 14,800 | 16,400 | 18,400 |

① 25.0%p
② 27.5%p
③ 28.3%p
④ 30.4%p
⑤ 31.1%p

**02** 다음은 의약품 종류별 상자 수에 따른 가격표이다. 종류별 상자 수를 가중치로 적용하여 가격에 대한 가중평균을 구하면 66만 원이다. 이때, 빈칸에 들어갈 수치로 옳은 것은?

〈의약품 종류별 가격 및 상자 수〉

(단위 : 만 원, 개)

| 구분 | A | B | C | D |
|---|---|---|---|---|
| 가격 | ( ) | 70 | 60 | 65 |
| 상자 수 | 30 | 20 | 30 | 20 |

① 60
② 65
③ 70
④ 75
⑤ 80

**03** 정부에서는 지나친 음주와 흡연으로 인한 사회문제의 발생을 막기 위해 술과 담배에 세금을 부과하려고 한다. 이때 부과할 수 있는 세금에는 종가세와 정액세가 있다. 술과 담배를 즐기는 A씨의 소비량과 술, 담배 예상 세금 부과량이 아래와 같을 때, 조세 수입 극대화를 위해서 각각 어떤 세금을 부과해야 하며, 이때 조세수입은 얼마인가?

〈술, 담배 가격 및 소비량〉

| 구분 | 가격 | 현재 소비량 | 세금 부과 후 예상 소비량 |
|---|---|---|---|
| 술 | 2,000원 | 50병 | 20병 |
| 담배 | 4,500원 | 100갑 | 100갑 |

〈술, 담배 예상 세금 부과량〉

| 구분 | 종가세 하의 예상 세율 | 정액세 하의 예상 개당 세액 |
|---|---|---|
| 술 | 20% | 300원 |
| 담배 | | 800원 |

※ 종가세 : 가격의 일정 비율을 세금으로 부과하는 제도
※ 정액세 : 가격과 상관없이 판매될 때마다 일정한 액수의 세금을 부과하는 제도

|  | 술 | 담배 | 조세 총수입 | | 술 | 담배 | 조세 총수입 |
|---|---|---|---|---|---|---|---|
| ① | 정액세 | 종가세 | 99,000원 | ② | 정액세 | 종가세 | 96,000원 |
| ③ | 정액세 | 정액세 | 86,000원 | ④ | 종가세 | 정액세 | 88,000원 |
| ⑤ | 종가세 | 종가세 | 98,000원 | | | | |

**04** 다음은 산업 및 가계별 대기배출량과 기체별 지구온난화 유발 확률에 대한 자료이다. 어느 부문의 대기배출량을 줄여야 지구온난화 예방에 가장 효과적인가?

〈산업 및 가계별 대기배출량〉

(단위 : 천 톤 CO₂eq)

| 구분 | | 이산화탄소 | 아산화질소 | 메탄 | 수소불화탄소 |
|---|---|---|---|---|---|
| 산업부문 | 소계 | 45,950 | 3,723 | 17,164 | 0.03 |
| | 농업, 임업 및 어업 | 10,400 | 810 | 12,000 | 0 |
| | 석유, 화학 및 관련제품 | 6,350 | 600 | 4,800 | 0.03 |
| | 전기, 가스, 증기 및 수도사업 | 25,700 | 2,300 | 340 | 0 |
| | 건설업 | 3,500 | 13 | 24 | 0 |
| 가계부문 | | 5,400 | 100 | 390 | 0 |

〈기체별 지구온난화 유발 확률〉

(단위 : %)

| 구분 | 이산화탄소 | 아산화질소 | 메탄 | 수소불화탄소 |
|---|---|---|---|---|
| 유발 확률 | 30 | 20 | 40 | 10 |

① 농업, 임업 및 어업
② 석유, 화학 및 관련제품
③ 전기, 가스, 증기 및 수도사업
④ 건설업
⑤ 가계부문

**05** 다음은 A ~ D사의 연간 매출액에 대한 자료이다. 연간 매출액이 일정한 증감률을 보인다고 할 때, 빈칸에 들어갈 수는?

〈A ~ D사의 연간 매출액〉

(단위 : 백억 원)

| 구분 | | 2019년 | 2020년 | 2021년 | 2022년 | 2023년 | 2024년 |
|---|---|---|---|---|---|---|---|
| A사 | 매출액 | 300 | 350 | 400 | 450 | 500 | 550 |
| | 순이익 | 9 | 10.5 | 12 | 13.5 | 15 | 16.5 |
| B사 | 매출액 | 200 | 250 | 200 | 250 | 200 | 250 |
| | 순이익 | 4 | 7.5 | 4 | 7.5 | 4 | 7.5 |
| C사 | 매출액 | 250 | 350 | 300 | 400 | 350 | 450 |
| | 순이익 | 5 | 10.5 | 12 | 20 |  | 31.5 |
| D사 | 매출액 | 350 | 300 | 250 | 200 | 150 | 100 |
| | 순이익 | 7 | 6 | 5 | 4 | 3 | 2 |

※ (순이익)＝(매출액)×(이익률)

① 21
② 23
③ 25
④ 27
⑤ 29

**06** 운송업자인 B씨는 15t 화물트럭을 이용하여 목적지까지 화물을 운송하고 있다. 다음 중 B씨의 차량 운행기록에 따라 B씨가 지불해야 하는 고속도로 통행요금을 바르게 구한 것은?(단, 원 단위 미만은 버림한다)

〈고속도로 통행요금〉

| 구분 | 폐쇄식 | 개방식 |
|---|---|---|
| 기본요금 | 900원(2차로 50% 할인) | 720원 |
| 요금산정 | (기본요금)+[(주행거리)×(차종별 km당 주행요금)] | (기본요금)+[(요금소별 최단 이용거리)×(차종별 km당 주행요금)] |

※ km당 주행요금 단가 : 1종 44.3원, 2종 45.2원, 3종 47.0원, 4종 62.9원, 5종 74.4원(2차로는 50% 할인, 6차로 이상은 20% 할증)

〈차종 분류 기준〉

| 차종 | 분류 기준 | 적용 차량 |
|---|---|---|
| 1종 | 2축 차량, 윤폭 279.4mm 이하 | 승용차, 16인승 이하 승합차, 2.5t 미만 화물차 |
| 2종 | 2축 차량, 윤폭 279.4mm 초과, 윤거 1,800mm 이하 | 승합차 17 ~ 32인승, 2.5t ~ 5.5t 화물차 |
| 3종 | 2축 차량, 윤폭 279.4mm 초과, 윤거 1,800mm 초과 | 승합차 33인승 이상, 5.5t ~ 10t 화물차 |
| 4종 | 3축 차량 | 10t ~ 20t 화물차 |
| 5종 | 4축 이상 차량 | 20t 이상 화물차 |

〈B씨의 차량 운행기록〉

- 목적지 : 서울 → 부산(경유지 영천)
- 총거리 : 374.8km(경유지인 영천까지 330.4km)
- 이용 도로 정보
  - 서울 ~ 영천 : 2개 톨게이트(개방식 6차로 거리 180km, 폐쇄식 4차로 거리 150.4km)
  - 영천 ~ 부산 : 1개 톨게이트(폐쇄식 2차로 44.4km)
- ※ 주어진 정보 외의 비용 및 거리는 고려하지 않음
- ※ 거리는 주행거리 또는 요금소별 최단 이용거리임

① 18,965원  ② 21,224원
③ 23,485원  ④ 26,512원
⑤ 30,106원

## | 유형분석 |

- 제시된 자료를 분석하여 선택지의 정답 유무를 판단하는 문제이다.
- 표의 수치 등을 통해 변화량이나 증감률, 비중 등을 비교하여 판단하는 문제가 자주 출제된다.
- 지원하고자 하는 기업이나 산업과 관련된 자료 등이 문제의 자료로 많이 다뤄진다.

다음은 A ~ E 5개국의 경제 및 사회 지표 자료이다. 이에 대한 설명으로 옳지 않은 것은?

〈주요 5개국의 경제 및 사회 지표〉

| 구분 | 1인당 GDP(달러) | 경제성장률(%) | 수출(백만 달러) | 수입(백만 달러) | 총인구(백만 명) |
|------|------|------|------|------|------|
| A | 27,214 | 2.6 | 526,757 | 436,499 | 50.6 |
| B | 32,477 | 0.5 | 624,787 | 648,315 | 126.6 |
| C | 55,837 | 2.4 | 1,504,580 | 2,315,300 | 321.8 |
| D | 25,832 | 3.2 | 277,423 | 304,315 | 46.1 |
| E | 56,328 | 2.3 | 188,445 | 208,414 | 24.0 |

※ (총 GDP)=(1인당 GDP)×(총인구)

① 경제성장률이 가장 큰 나라가 총 GDP는 가장 작다.
② 총 GDP가 가장 큰 나라의 GDP는 가장 작은 나라의 GDP보다 10배 이상 더 크다.
③ 5개국 중 수출과 수입에 있어서 규모에 따라 나열한 순위는 서로 일치한다.
④ A국이 E국보다 총 GDP가 더 크다.
⑤ 1인당 GDP에 따른 순위와 총 GDP에 따른 순위는 서로 일치한다.

정답 ⑤

1인당 GDP 순위는 E>C>B>A>D이다. 그런데 1인당 GDP가 가장 큰 E국은 1인당 GDP가 2위인 C국보다 1% 정도밖에 높지 않은 반면, 인구는 C국의 $\frac{1}{10}$ 이하이므로 총 GDP 역시 C국보다 작다. 따라서 1인당 GDP 순위와 총 GDP 순위는 일치하지 않는다.

**풀이 전략!**

평소 변화량이나 증감률, 비중 등을 구하는 공식을 알아두고 있어야 하며, 지원하는 기업이나 산업에 관한 자료 등을 확인하여 비교하는 연습 등을 한다. .

**01** 다음은 K도서관에서 일정기간 도서 대여 횟수를 기록한 자료이다. 이에 대한 설명으로 옳지 않은 것은?

〈도서 대여 횟수〉

(단위 : 회)

| 구분 | 비소설 | | 소설 | |
|---|---|---|---|---|
| | 남자 | 여자 | 남자 | 여자 |
| 40세 미만 | 520 | 380 | 450 | 600 |
| 40세 이상 | 320 | 400 | 240 | 460 |

① 소설을 대여한 횟수가 비소설을 대여한 횟수보다 많다.
② 40세 미만보다 40세 이상의 대여 횟수가 더 적다.
③ 남자가 소설을 대여한 횟수는 여자가 소설을 대여한 횟수의 70% 이상이다.
④ 40세 미만 전체 대여 횟수에서 비소설 대여 횟수가 차지하는 비율은 40% 이상이다.
⑤ 40세 이상 전체 대여 횟수에서 소설 대여 횟수가 차지하는 비율은 50% 미만이다.

**02** 다음은 연령대별 골다공증 진료현황에 대한 자료이다. 이에 대한 설명으로 옳지 않은 것은?

〈연령대별 골다공증 진료현황〉

(단위 : 명)

| 구분 | 전체 | 9세 이하 | 10대 | 20대 | 30대 | 40대 | 50대 | 60대 | 70대 | 80대 이상 |
|---|---|---|---|---|---|---|---|---|---|---|
| 합계 | 855,975 | 44 | 181 | 1,666 | 6,548 | 21,654 | 155,029 | 294,553 | 275,719 | 100,581 |
| 남성 | 53,741 | 21 | 96 | 305 | 1,000 | 2,747 | 7,677 | 12,504 | 20,780 | 8,611 |
| 여성 | 802,234 | 23 | 85 | 1,361 | 5,548 | 18,907 | 147,352 | 282,049 | 254,939 | 91,970 |

① 골다공증 발병이 반드시 진료로 이어진다면 여성의 발병률이 남성보다 높다.
② 전체 진료인원 중 40대 이하가 차지하는 비율은 3.5%이다.
③ 전체 진료인원 중 골다공증 진료인원이 가장 높은 연령대는 60대로, 그 비율은 34.4%이다.
④ 연령별 골다공증 진료율이 높은 순서는 남성과 여성이 같다.
⑤ 10대를 제외한 모든 연령대에서 남성보다 여성이 진료를 더 많이 받았다.

**03** 다음은 최근 5개년 동안의 연령대별 평균 데이트폭력 경험횟수를 나타낸 자료이다. 이에 대한 설명으로 옳지 않은 것은?

〈연도별 각 연령대의 평균 데이트폭력 경험횟수〉

(단위 : 회)

| 구분 | 2020년 | 2021년 | 2022년 | 2023년 | 2024년 |
|------|--------|--------|--------|--------|--------|
| 10대 | 3.2 | 3.9 | 5.7 | 7.9 | 10.4 |
| 20대 | 9.1 | 13.3 | 15.1 | 19.2 | 21.2 |
| 30대 | 8.8 | 11.88 | 14.2 | 17.75 | 18.4 |
| 40대 | 2.5 | 5.8 | 9.2 | 12.8 | 18 |
| 50대 | 4.1 | 3.8 | 3.5 | 3.3 | 2.9 |

① 2022년 이후 20대와 30대의 평균 데이트폭력 경험횟수의 합은 전 연령대 평균 데이트폭력 경험횟수의 절반 이상이다.
② 10대의 평균 데이트폭력 경험횟수는 매년 증가하고 있지만, 50대는 매년 감소하고 있다.
③ 2024년의 40대의 평균 데이트폭력 경험횟수는 2020년의 7.2배에 해당한다.
④ 30대의 2023년의 전년 대비 데이트폭력 경험횟수 증가율은 2021년보다 크다.
⑤ 연도별 평균 데이트폭력 경험횟수가 가장 높은 연령대는 동일하다.

**04** 다음은 2019년부터 2024년까지 K국의 인구성장률과 합계출산율에 대한 자료이다. 이에 대한 설명으로 옳지 않은 것은?

〈인구성장률〉

(단위 : %)

| 구분 | 2019년 | 2020년 | 2021년 | 2022년 | 2023년 | 2024년 |
|------|--------|--------|--------|--------|--------|--------|
| 인구성장률 | 0.53 | 0.46 | 0.63 | 0.53 | 0.45 | 0.39 |

〈합계출산율〉

(단위 : 명)

| 구분 | 2019년 | 2020년 | 2021년 | 2022년 | 2023년 | 2024년 |
|------|--------|--------|--------|--------|--------|--------|
| 합계출산율 | 1.297 | 1.187 | 1.205 | 1.239 | 1.172 | 1.052 |

※ 합계출산율 : 가임여성 1명이 평생 낳을 것으로 예상되는 평균 출생아 수

① K국의 인구성장률은 2021년 이후로 계속해서 감소하고 있다.
② 2019년부터 2024년 동안 인구성장률이 가장 낮았던 해는 합계출산율도 가장 낮았다.
③ 2020년부터 2021년 동안 합계출산율과 인구성장률의 전년 대비 증감추세는 동일하다.
④ 2019년부터 2024년 동안 인구성장률과 합계출산율이 두 번째로 높은 해는 2022년이다.
⑤ 2024년의 인구성장률은 2021년 대비 40% 이상 감소하였다.

**05** 다음은 연도별 화재발생건수 및 화재피해액에 대한 자료이다. 이에 대한 설명으로 옳지 않은 것은?

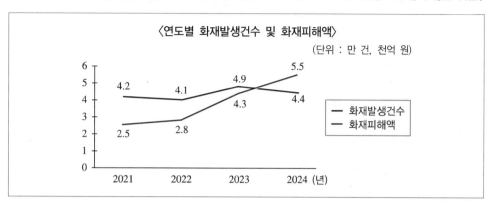

〈연도별 화재발생건수 및 화재피해액〉

(단위 : 만 건, 천억 원)

① 화재발생건수와 화재피해액은 비례한다.

② 화재피해액은 매년 증가한다.

③ 화재발생건수가 가장 높은 해는 2023년이다.

④ 화재피해액은 2023년 이후 처음으로 4천억 원을 넘어섰다.

⑤ 화재발생건수가 높다고 화재피해액도 높은 것은 아니다.

**06** 다음은 지식경제부에서 2024년 11월에 발표한 산업경제지표 추이이다. 이에 대한 설명으로 옳지 않은 것은?

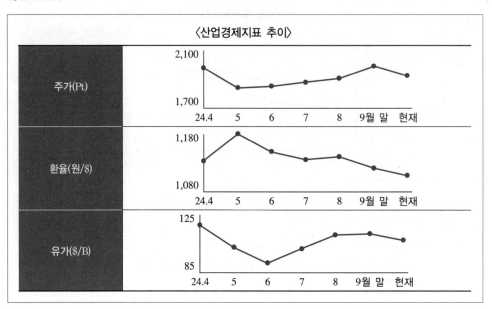

① 2024년 8월을 기점으로 위 세 가지 지표는 모두 하락세를 보이고 있다.

② 환율은 5월 이후 하락세에 있으므로 원화가치는 높아질 것이다.

③ 유가는 6월까지는 큰 폭으로 하락했으나, 그 이후 9월까지 서서히 상승세를 보이고 있다.

④ 숫자상의 변동 폭이 가장 작은 지표는 유가이다.

⑤ 주가는 5월에 급락했다가 9월 말까지 서서히 회복세를 보였으나, 현재는 다시 하락해서 2024년 4월선을 회복하지 못하고 있다.

**07** 다음은 청년 고용동향에 대한 자료이다. 이를 토대로 판단한 내용으로 옳지 않은 것은?

〈청년층(15 ~ 26세) 고용률 및 실업률〉

- 실업률 : [(실업자수)÷(경제활동인구)]×100
- 고용률 : [(취업자수)÷(생산가능인구)]×100

〈청년층(15 ~ 26세) 고용동향〉

(단위 : %, 천 명)

| 구분 | 2017년 | 2018년 | 2019년 | 2020년 | 2021년 | 2022년 | 2023년 | 2024년 |
|---|---|---|---|---|---|---|---|---|
| 생산가능인구 | 9,920 | 9,843 | 9,855 | 9,822 | 9,780 | 9,705 | 9,589 | 9,517 |
| 경제활동인구 | 4,836 | 4,634 | 4,530 | 4,398 | 4,304 | 4,254 | 4,199 | 4,156 |
| 경제활동참가율 | 48.8 | 47.1 | 46.0 | 44.8 | 44.0 | 43.8 | 43.8 | 43.7 |

- 생산가능인구 : 만 15세 이상 인구
- 경제활동인구 : 만 15세 이상 인구 중 취업자와 실업자
- 경제활동참가율 : [(경제활동인구)÷(생산가능인구)]×100

① 청년층 고용률과 실업률 사이에는 상관관계가 없다.
② 전년과 비교했을 때, 2018년에 경제활동인구가 가장 많이 감소했다.
③ 생산가능인구는 매년 감소하고 있다.
④ 고용률 대비 실업률 비율이 가장 높았던 해는 2021년이다.
⑤ 경제활동참가율은 전체적으로 감소하고 있다.

## | 유형분석 |

- 나열된 수의 규칙을 찾아 해결하는 문제이다.
- 등차·등비수열 등 다양한 수열 규칙에 대한 사전 학습이 요구된다.

다음과 같이 일정한 규칙으로 수를 나열할 때, 빈칸에 들어갈 수는?

| | 0 | 3 | 5 | 10 | 17 | 29 | 48 | ( ) |
|---|---|---|---|---|---|---|---|---|

① 55                      ② 60

③ 71                      ④ 79

⑤ 83

정답  ④

$n$을 자연수라 하면 $(n+1)$항에서 $n$항을 더하고 $+2$를 한 값인 $(n+2)$항이 되는 수열이다.

따라서 ( )$=48+29+2=79$이다.

### 풀이 전략!

- 수열을 풀이할 때는 다음과 같은 규칙이 적용되는지를 순차적으로 판단한다.
  1) 각 항에 일정한 수를 사칙연산($+$, $-$, $\times$, $\div$)하는 규칙
  2) 홀수 항, 짝수 항 규칙
  3) 피보나치 수열과 같은 계차를 이용한 규칙
  4) 군수열을 활용한 규칙
  5) 항끼리 사칙연산을 하는 규칙

주요 수열 규칙

| 구분 | 내용 |
|---|---|
| 등차수열 | 앞의 항에 일정한 수를 더해 이루어지는 수열 |
| 등비수열 | 앞의 항에 일정한 수를 곱해 이루어지는 수열 |
| 피보나치 수열 | 앞의 두 항의 합이 그 다음 항의 수가 되는 수열 |
| 건너뛰기 수열 | 두 개 이상의 수열 또는 규칙이 일정한 간격을 두고 번갈아가며 적용되는 수열 |
| 계차수열 | 앞의 항과 차가 일정하게 증가하는 수열 |
| 군수열 | 일정한 규칙성으로 몇 항씩 묶어 나눈 수열 |

※ 다음과 같이 일정한 규칙으로 수를 나열할 때 빈칸에 들어갈 수로 옳은 것을 고르시오. **[1~3]**

**01**

| 10   8   16   13   39   35   (   ) |

① 90                                    ② 100
③ 120                                   ④ 140
⑤ 150

**02**

| 1   4   13   40   121   (   )   1,093 |

① 351                                   ② 363
③ 364                                   ④ 370
⑤ 392

**03**

| 1   2   2   6   4   18   (   ) |

① 8                                     ② 9
③ 10                                    ④ 12
⑤ 15

남에게 이기는 방법의 하나는 예의범절로 이기는 것이다.

- 조쉬 빌링스 -

# PART 2

# 직무기초지식

CHAPTER 01  법학

CHAPTER 02  행정학

CHAPTER 03  경영학

CHAPTER 04  경제학

CHAPTER 05  사회복지학

**01** 다음 〈보기〉 중 근대민법의 기본원리에 해당하는 것을 모두 고르면?

> **보기**
>
> ㉠ 소유권 절대의 원칙　　　　　　　㉡ 계약 공정의 원칙
> ㉢ 계약 자유의 원칙　　　　　　　　㉣ 과실 책임의 원칙
> ㉤ 권리 남용 금지의 원칙

① ㉠, ㉡, ㉢　　　　　　　　　　　② ㉠, ㉢, ㉣
③ ㉠, ㉣, ㉤　　　　　　　　　　　④ ㉡, ㉢, ㉣
⑤ ㉡, ㉣, ㉤

**02** 다음 중 행정기관이 그 소관 사무의 범위에서 일정한 행정목적을 실현하기 위하여 특정인에게 일정한 행위를 하거나 하지 아니하도록 지도, 권고, 조언 등을 하는 행정작용은?

① 행정예고　　　　　　　　　　　② 행정계획
③ 행정지도　　　　　　　　　　　④ 의견제출
⑤ 행정소송

**03** 다음 중 인권선언과 관계된 사건들을 시간 순서대로 바르게 나열한 것은?

① 권리청원 → 마그나 카르타 → 미국의 독립선언 → 프랑스의 인권선언
② 마그나 카르타 → 프랑스의 인권선언 → 연방헌법 → 영국의 권리장전
③ 마그나 카르타 → 영국의 권리장전 → 미국의 독립선언 → 프랑스의 인권선언
④ 버지니아 권리장전 → 영국의 인신보호법 → 마그나 카르타 → 프랑스의 인권선언
⑤ 버지니아 권리장전 → 마그나 카르타 → 프랑스의 인권선언 → 영국의 인신보호법

**04** 다음 중 불명확한 사실에 대하여 공익 또는 기타 법정책상의 이유로 사실의 진실성 여부와는 관계 없이 확정된 사실로 의제하여 일정한 법률효과를 부여하고 반증을 허용하지 않는 것은?

① 간주                  ② 추정

③ 준용                  ④ 입증

⑤ 원용

**05** 다음 중 행정법상 행정행위에 대한 설명으로 옳지 않은 것은?

① 특정한 사실 또는 법률관계의 존재를 공적으로 증명하는 공증은 준법률행위적 행정행위이다.

② 특정인에게 새로운 권리나 포괄적 법률관계를 설정해 주는 특허는 형성적 행정행위이다.

③ 의사표시 이외의 정신작용 등의 표시를 요소로 하는 행위는 준법률행위적 행정행위이다.

④ 개인에게 일정한 작위의무를 부과하는 하명은 형성적 행정행위이다.

⑤ 기속행위는 행정주체에 대하여 재량의 여지를 주지 않고 그 법규를 집행하도록 하는 행정행위를 말한다.

**06** 다음 중 근대 사법이 공법화 경향을 나타내고 있는 이유로 옳지 않은 것은?

① 계약자유의 범위 확대          ② 공공복리의 실현

③ 사회보장제도의 확충           ④ 사권(私權)의 의무화

⑤ 경제적 약자의 보호

**07** 다음 중 우리나라의 민법상 주소, 거소, 가주소에 대한 설명으로 옳지 않은 것은?

① 민법에서는 객관주의와 복수주의를 택한다.

② 국내에 주소가 없거나 주소를 알 수 없을 때에는 거소를 주소로 본다.

③ 법인의 주소효력은 주된 사무소의 소재지로부터 생긴다.

④ 현재지가 주소로서의 효력을 가지는 경우 등의 예외는 있다.

⑤ 어디를 가주소로 정하는지는 당사자의 자유이며, 실제생활과는 아무 관계없이 임의로 정할 수 있다.


**08** 다음 중 죄형법정주의의 내용으로 옳지 않은 것은?

① 소급효 금지의 원칙　　　　　　② 관습형법 금지의 원칙

③ 유추해석 금지의 원칙　　　　　④ 상대적 부정기형 금지의 원칙

⑤ 명확성의 원칙


**09** 다음 중 법의 분류에 대한 설명으로 옳지 않은 것은?

① 자연법은 시·공간을 초월하여 보편적으로 타당한 법을 의미한다.

② 임의법은 당사자의 의사에 의하여 그 적용이 배제될 수 있는 법을 말한다.

③ 부동산등기법은 사법이며, 실체법이다.

④ 오늘날 국가의 개입이 증대되면서 '사법의 공법화' 경향이 생겼다.

⑤ 민사소송법, 형사소송법, 행정소송법은 절차법에 해당된다.

**10** 다음 중 법의 체계에 대한 설명으로 옳은 것은?

① 강행법과 임의법은 실정성 여부에 따른 구분이다.

② 고유법과 계수법은 적용대상에 따른 구분이다.

③ 실체법과 절차법은 법의 제정주체에 따른 구분이다.

④ 공법과 사법으로 분류하는 것은 영미법계의 특징이다.

⑤ 일반법과 특별법은 적용되는 효력 범위에 따른 구분이다.

**11** 다음 중 형법상 형벌로 옳지 않은 것은?

① 징역                  ② 자격정지

③ 과태료               ④ 과료

⑤ 몰수

**12** 다음 중 법률행위의 조건에 대한 설명으로 옳지 않은 것은?(단, 다툼이 있는 경우 판례에 따른다)

① 정지조건이 법률행위 당시 이미 성취된 경우에는 그 법률행위는 무효이다.

② 해제조건 있는 법률행위는 조건이 성취한 때로부터 그 효력을 잃는다.

③ 조건의 성취가 미정한 권리의무는 일반규정에 의하여 처분, 상속, 보존 또는 담보로 할 수 있다.

④ 당사자가 합의한 경우에는 조건성취의 효력을 소급시킬 수 있다.

⑤ 정지조건부 법률행위에서 조건성취의 사실은 권리를 취득하는 자가 증명책임을 진다.

**13** 다음 중 우리나라 헌법에 대한 설명으로 옳지 않은 것은?

① 대통령의 계엄선포권을 규정하고 있다.
② 국무총리의 긴급재정경제처분권을 규정하고 있다.
③ 국가의 형태로서 민주공화국을 채택하고 있다.
④ 국제평화주의를 규정하고 있다.
⑤ 실질적 의미의 헌법은 국가의 통치조직·작용의 기본원칙에 관한 규범을 총칭한다.

**14** 다음 중 아리스토텔레스의 정의론에 대한 설명으로 옳지 않은 것은?

① 평균적 정의는 정치·사법 분야에서 강하게 적용된다.
② 정의를 인간의 선한 성품인 덕성이라는 관점에서 보았다.
③ 광의의 정의는 평균적 정의와 배분적 정의로 나누어진다.
④ 광의의 정의는 법과 도덕이 미분화된 상태의 관념에 따른 것이다.
⑤ 정의에는 준법성을 지향하는 것과 균등을 원리로 하는 것 두 가지가 있다고 보았다.

**15** 다음 중 자유민주적 기본질서의 원리로 옳지 않은 것은?

① 법치주의
② 권력분립주의
③ 의회민주주의
④ 포괄위임입법주의
⑤ 국민주권주의

**16** 다음 중 권리의 작용(효력)에 따른 분류에 속하지 않는 것은?

① 항변권
② 인격권
③ 형성권
④ 청구권
⑤ 지배권

**17** 다음 중 법원(法源)에 대한 설명으로 옳지 않은 것은?

① 대통령령은 헌법에 근거를 두고 있다.
② 영미법계 국가에서는 판례의 법원성이 부정된다.
③ 죄형법정주의에 따라 관습형법은 인정되지 않는다.
④ 법관이 재판을 할 때 있어서 적용하여야 할 기준이다.
⑤ 민사에 관하여 법률에 규정이 없으면 관습법에 의하고, 관습법이 없으면 조리에 의한다.

**18** 다음 중 임의대리권의 범위가 수권행위에 의해 정해지지 않거나 명백하지 않은 경우, 대리인이 할 수 없는 행위는?

① 소멸시효의 중단행위
② 예금을 주식으로 바꾸는 행위
③ 미등기부동산을 등기하는 행위
④ 기한이 도래한 채무를 변제하는 행위
⑤ 무이자의 금전대여를 이자부로 변경하는 행위

**19** 다음 중 법 해석의 단계로 옳은 것은?

① 체계해석 – 논리해석 – 문리해석
② 문리해석 – 체계해석 – 논리해석
③ 문리해석 – 논리해석 – 체계해석
④ 논리해석 – 체계해석 – 문리해석
⑤ 논리해석 – 문리해석 – 체계해석

**20** 다음 중 고용보험법의 적용대상인 자는?

① 지방공무원법에 따른 공무원
② 1개월간 소정근로시간이 60시간 미만인 자
③ 별정우체국법에 따른 별정우체국 직원
④ 사립학교교직원 연금법의 적용을 받는 자
⑤ 3개월 이상 계속하여 근로를 제공하는 자

**01** 다음 중 행정의 특성에 대한 설명으로 옳지 않은 것은?

① 행정은 합리적 기준과 절차에 따라 이루어져야 한다.

② 행정은 특정 집단의 사익이 아닌 공공의 이익을 추구해야 한다.

③ 행정은 국민의 요구와 필요를 충족시키기 위한 고객 지향적 성격을 지닌다.

④ 행정은 공익의 목적을 위하여 개개인의 의사와 상관없이 획일적으로 규율한다.

⑤ 윌슨의 정치행정이원론에 따르면 행정은 법과 규제에 기반을 두어야 한다는 점에서 비정치성을 갖는다.

**02** 다음 중 균형성과표(BSC; Balanced Score Card)에 대한 설명으로 옳지 않은 것은?

① 재무적 관점의 성과지표로는 매출, 자본수익률, 예산 대비 차이 등이 있다.

② 고객 관점은 BSC의 4가지 관점 중에서 행동지향적 관점에 해당한다.

③ 학습과 성장의 관점은 민간부문과 정부부문이 큰 차이를 둘 필요가 없는 부분이다.

④ 업무처리 관점은 정부부문에서 정책결정과정, 정책집행과정, 재화와 서비스의 전달과정 등을 포괄하는 넓은 의미를 가진다.

⑤ 정부는 성과평가에 있어서 재무적 관점보다는 국민이 원하는 정책을 개발하고 재화와 서비스를 제공하는지에 대한 고객의 관점을 중요한 위치에 놓는다.

**03** 다음 중 위원회조직에 대한 설명으로 옳지 않은 것은?

① 자문위원회는 의사결정의 구속력이 없다.

② 의결위원회는 의사결정의 구속력과 집행력을 가진다.

③ 토론과 타협을 통해 운영되기 때문에 상호 협력과 조정이 가능하다.

④ 위원 간 책임이 분산되기 때문에 무책임한 의사결정이 발생할 수 있다.

⑤ 다양한 정책전문가들의 지식을 활용할 수 있으며 이해관계자들의 의견 개진이 비교적 용이하다.

**04** 다음 중 신공공관리론에 대한 설명으로 옳은 것은?

① 경제적 생산활동의 결과는 경제활동과 사회를 지배하는 정치적·사회적 제도인 일단의 규칙에 달려 있다.

② 행정가가 책임져야 하는 것은 행정업무 수행에서 효율성이 아니라 모든 사람에게 더 나은 생활을 보장하는 것이다.

③ 정부의 정체성을 무시하고 정부와 기업을 동일시함으로써 기업경영 원리와 기법을 그대로 정부에 이식하려 한다는 비판이 있다.

④ 정부 주도의 공공서비스 전달 또는 공공문제 해결을 넘어 협력적 네트워크 구축 및 관리라는 대안을 제시한다.

⑤ 과정보다는 결과에 초점을 맞추고 있으며, 조직 내 관계보다 조직 간 관계를 주로 다루고 있다.

**05** 다음 중 예산분류 방식의 특징에 대한 설명으로 옳은 것은?

① 기능별 분류는 시민을 위한 분류라고도 하며, 행정수반의 사업계획 수립에 도움이 되지 않는다.

② 조직별 분류는 부처 예산의 전모를 파악할 수 있어 지출의 목적이나 예산의 성과 파악이 용이하다.

③ 품목별 분류는 사업의 지출 성과와 결과에 대한 측정이 곤란하다.

④ 경제 성질별 분류는 국민소득, 자본형성 등에 관한 정부활동의 효과를 파악하는 데 한계가 있다.

⑤ 품목별 분류는 예산집행기관의 재량을 확대하는 데 유용하다.

**06** 다음 중 공공부문 성과연봉제 보수체계 설계 시 성과급 비중을 설정하는 데 적용할 수 있는 동기부여 이론은?

① 애덤스(Adams)의 형평성이론

② 허즈버그(Herzberg)의 욕구충족 이원론

③ 앨더퍼(Alderfer)의 ERG(존재, 관계, 성장)이론

④ 매슬로(Maslow)의 욕구 5단계론

⑤ 해크만(Hackman)과 올드햄(Oldham)의 직무특성이론

**07** 다음 중 루터 귤릭(Luther Halsey Gulick)의 행정기능 7요소(POSDCORB)에 포함되지 않는 것은?

① 계획(Planning)                      ② 조직(Organizing)

③ 지휘(Direction)                      ④ 의견(Opinion)

⑤ 예산 편성(Budgeting)

**08** 다음 〈보기〉 중 조직이론에 대한 설명으로 옳은 것을 모두 고르면?

> **보기**
>
> ㄱ. 베버(M. Weber)의 관료제론에 따르면 규칙에 의한 규제는 조직에 계속성과 안정성을 제공한다.
> ㄴ. 행정관리론에서는 효율적 조직관리를 위한 원리들을 강조한다.
> ㄷ. 호손(Hawthorne)실험을 통하여 조직 내 비공식집단의 중요성이 부각되었다.
> ㄹ. 조직군 생태이론(Population Ecology Theory)에서는 조직과 환경의 관계를 분석함에 있어 조직의 주도적·능동적 선택과 행동을 강조한다.

① ㄱ, ㄴ                      ② ㄱ, ㄴ, ㄷ

③ ㄱ, ㄴ, ㄹ                   ④ ㄱ, ㄷ, ㄹ

⑤ ㄴ, ㄷ, ㄹ

**09** 다음 중 신공공관리(NPM; New Public Management)와 뉴거버넌스의 특징에 대한 설명으로 옳지 않은 것은?

① NPM이 정부 내부 관리의 문제를 다루는 반면 뉴거버넌스는 시장 및 시민사회와의 관계에서 정부의 역할과 기능을 다룬다.

② 뉴거버넌스는 NPM에 비해 자원이나 프로그램 관리의 효율성보다 국가차원에서의 민주적 대응성과 책임성을 강조한다.

③ NPM과 뉴거버넌스는 모두 방향잡기(Steering) 역할을 중시하며 NPM에서는 기업을 방향잡기의 중심에, 뉴거버넌스에서는 정부를 방향잡기의 중심에 놓는다.

④ 뉴거버넌스는 정부영역과 민간영역을 상호 배타적이고 경쟁적인 관계로 보지 않는다.

⑤ NPM은 경쟁과 계약을 강조하는 반면에 뉴거버넌스는 네트워크나 파트너십을 강조하고 신뢰를 바탕으로 한 상호존중을 중시한다.

**10** 다음 중 정책의제 설정에 대한 설명으로 옳지 않은 것은?

① 일반적으로 정책의제는 정치성, 주관성, 동태성 등의 성격을 가진다.

② 정책의제의 설정은 목표설정기능 및 적절한 정책수단을 선택하는 기능을 하고 있다.

③ 킹던(Kingdon)의 정책의 창 모형은 정책문제의 흐름, 정책대안의 흐름, 정치의 흐름이 어떤 계기로 서로 결합함으로써 새로운 정책의제로 형성되는 것을 말한다.

④ 콥(R. W. Cobb)과 엘더(C. D. Elder)의 이론에 의하면 정책의제 설정과정은 사회문제 – 사회적 이슈 – 체제의제 – 제도의제의 순서로 정책의제로 선택됨을 설명하고 있다.

⑤ 정책대안이 아무리 훌륭하더라도 정책문제를 잘못 인지하고 채택하여 정책문제가 여전히 해결되지 않은 상태로 남아 있는 현상을 2종 오류라 한다.

**11** 다음 중 사회적 자본(Social Capital)에 대한 설명으로 옳지 않은 것은?

① 사회적 자본은 사회 내 신뢰 강화를 통해 거래비용을 감소시킨다.

② 사회적 자본은 경제적 자본에 비해 형성 과정이 불투명하고 불확실하다.

③ 사회적 자본은 사회적 규범 또는 효과적인 사회적 제재력을 제공한다.

④ 사회적 자본은 동조성(Conformity)을 요구하면서 개인의 행동이나 사적 선택을 적극적으로 촉진시킨다.

⑤ 사회적 자본은 집단 결속력으로 인해 다른 집단과의 관계에 있어서 부정적 효과를 나타낼 수도 있다.

**12** 다음 글의 (A)에 대한 설명으로 옳지 않은 것은?

> 일반적으로 규제의 주체는 당연히 정부이다. 그러나 예외적으로 규제의 주체가 정부가 아니라 피규제산업 또는 업계가 되는 경우가 있는데, 이를 ___(A)___ (이)라 한다.

① 규제기관이 행정력 부족으로 인하여 실질적으로 기업들의 규제순응여부를 추적·점검하기 어려운 경우에 (A)의 방법을 취할 수 있다.

② (A)는 피규제집단의 고도의 전문성을 기반으로 하기 때문에 소비자단체의 참여를 보장하는 직접규제이다.

③ 규제기관의 기술적 전문성이 피규제집단에 비해 현저히 낮을 경우 불가피하게 (A)에 의존하게 되는 경우도 존재한다.

④ 피규제집단은 여론 등이 자신들에게 불리하게 형성되어 자신들에 대한 규제의 요구가 거세질 경우 규제이슈를 선점하기 위하여 자발적으로 (A)를 시도하기도 한다.

⑤ (A)의 기준을 정하는 과정에서 영향력이 큰 기업들이 자신들에게 일방적으로 유리한 기준을 설정함으로써 공평성이 침해되는 경우가 발생할 수 있다.

**13** 다음 중 우리나라 지방자치단체의 자치권에 대한 설명으로 옳지 않은 것은?

① 지방자치단체는 자치재정권이 인정되어 조례를 통해서 독립적인 지방 세목을 설치할 수 있다.

② 행정기구의 설치는 대통령령이 정하는 범위 안에서 지방자치단체의 조례로 정한다.

③ 자치사법권이 부여되어 있지 않다.

④ 중앙정부가 분권화시킨 결과가 지방정부의 자치권 확보라고 할 수 있다.

⑤ 중앙과 지방의 기능배분에 있어서 포괄적 예시형 방식을 적용한다.

**14** 다음 행정이론을 시기 순으로 바르게 나열한 것은?

> (가) 최소의 노동과 비용으로 최대의 능률을 올릴 수 있는 표준적 작업절차를 정하고 이에 따라 예정된 작업량을 달성하기 위한 가장 좋은 방법을 발견하려는 이론이다.
> (나) 기존의 거시적인 제도나 구조가 아닌 개인의 표출된 행태를 객관적·실증적으로 분석하는 이론이다.
> (다) 조직구성원들의 사회적·심리적 욕구와 조직 내 비공식집단 등을 중시하며, 조직의 목표와 조직구성원들의 목표 간의 균형 유지를 지향하는 민주적·참여적 관리 방식을 처방하는 이론이다.
> (라) 시민적 담론과 공익에 기반을 두고 시민에게 봉사하는 정부의 역할을 강조하는 이론이다.

① (가) – (나) – (다) – (라)
② (가) – (다) – (나) – (라)
③ (가) – (다) – (라) – (나)
④ (나) – (다) – (가) – (라)
⑤ (나) – (라) – (다) – (가)

**15** 다음 중 딜레마 이론에 대한 설명으로 옳은 것은?

① 정부활동의 기술적·경제적 합리성을 중시하고 정부가 시장의 힘을 활용하는 촉매자 역할을 한다는 점을 강조하는 이론이다.

② 전략적 합리성을 중시하고, 공유된 가치 창출을 위한 시민과 지역공동체 집단들 사이의 이익을 협상하고 중재하는 정부 역할을 강조하는 행정이론이다.

③ 정부신뢰를 강조하고, 정부신뢰가 정부와 시민의 협력을 증진시키며 정부의 효과성을 높이는 가장 중요한 요인이 된다고 주장하는 행정이론이다.

④ 시차를 두고 변화하는 사회현상을 발생시키는 주체들의 속성이나 행태의 연구가 행정이론 연구의 핵심이 된다고 주장하고, 이를 행정현상 연구에 적용하였다.

⑤ 상황의 특성, 대안의 성격, 결과가치의 비교평가, 행위자의 특성 등 상황이 야기되는 현실적 조건하에서 대안의 선택 방법을 규명하는 것을 통해 행정이론 발전에 기여하였다.

**16** 다음 중 Cook과 Cambell이 분류한 정책타당도에 대한 설명으로 옳지 않은 것은?

① 내적 타당도는 정책수단과 정책효과 사이의 인과관계를 파악할 수 있게 한다.

② 외적 타당도는 정책이 다른 상황에서도 실험에서 발견된 효과들이 그대로 나타날 수 있는가이다.

③ 크리밍(Creaming) 효과, 호손(Hawthorne) 효과는 내적 타당도를 저해하는 요인이다.

④ 결론 타당도(통계적 타당도)란 정책실시와 영향의 관계에서 정확도를 의미한다.

⑤ 구성 타당도(개념적 타당도)란 처리, 결과, 상황 등에 대한 이론적 구성요소들이 성공적으로 조직화된 정도를 말한다.

**17** 정부는 공공서비스를 효율적으로 공급하기 위한 방법의 하나로서 민간위탁 방법을 사용하기도 하는데, 다음 중 민간위탁 방식에 해당하지 않는 것은?

① 면허방식      ② 이용권(바우처) 방식

③ 보조금 방식      ④ 책임경영 방식

⑤ 자조활동 방식

**18** 다음 중 예산개혁의 경향이 시대에 따라 변화한 내용을 순서대로 바르게 나열한 것은?

① 통제 지향 – 관리 지향 – 기획 지향 – 감축 지향 – 참여 지향

② 통제 지향 – 감축 지향 – 기획 지향 – 관리 지향 – 참여 지향

③ 관리 지향 – 감축 지향 – 통제 지향 – 기획 지향 – 참여 지향

④ 관리 지향 – 기획 지향 – 통제 지향 – 감축 지향 – 참여 지향

⑤ 기획 지향 – 감축 지향 – 통제 지향 – 관리 지향 – 참여 지향

**19** 다음 중 국가재정법상 정부가 국회에 제출하는 예산안에 첨부하는 서류가 아닌 것은?

① 세입세출예산 총계표 및 순계표

② 세입세출예산사업별 설명서

③ 국고채무부담행위 설명서

④ 예산정원표와 예산안편성기준단가

⑤ 국가채무관리계획

**20** 다음 중 사이어트(R. Cyert)와 마치(J. March)가 주장한 회사모형(Firm Model)의 내용이 아닌 것은?

① 조직의 전체적 목표 달성의 극대화를 위하여 장기적 비전과 전략을 수립·집행한다.

② 조직 내 갈등의 완전한 해결은 불가능하며 타협적 준해결에 불과하다.

③ 정책결정능력의 한계로 인하여 관심이 가는 문제 중심으로 대안을 탐색한다.

④ 조직은 반복적인 의사결정의 경험을 통하여 결정의 수준이 개선되고 목표달성도가 높아진다.

⑤ 표준운영절차(SOP; Standard Operation Procedure)를 적극적으로 활용한다.

**01** 다음 중 BCG 매트릭스에 대한 설명으로 옳은 것은?

① 횡축은 시장성장률, 종축은 상대적 시장점유율이다.

② 개 영역은 시장지배적인 위치를 구축하여 성숙기에 접어든 경우이다.

③ 별 영역은 시장성장률이 낮고, 상대적 시장점유율은 높아 현상유지를 해야 한다.

④ 자금젖소 영역은 현금창출이 많지만, 상대적 시장점유율이 낮아 많은 투자가 필요하다.

⑤ 물음표 영역은 시장성장률이 높고, 상대적 시장점유율은 낮아 계속적인 투자가 필요하다.

**02** 다음 중 포터(M. Porter)의 본원적 전략에서 월마트(Wal-Mart)가 회사 창립 때부터 견지해오고 있는 전략은?

① 원가우위전략          ② 차별화전략

③ 집중화전략          ④ 시장침투전략

⑤ 가격전략

**03** 다음 중 신제품을 출시할 때 고가로 책정한 후 대체품이 출시되기 전 가격을 내려 소비층을 확대하는 전략은?

① 침투가격전략          ② 적응가격전략

③ 시가전략          ④ 스키밍 가격전략

⑤ 명성가격전략

**04** 다음 중 투사효과에 대한 설명으로 옳은 것은?

① 평가자의 특성을 피평가자의 특성이라고 생각하여 잘못 판단하는 것이다.

② 하나의 영역에서 좋은 점수를 보이면 다른 영역도 잘할 것이라고 판단하는 것이다.

③ 최근에 좋은 업적을 냈더라도 과거의 실적이 좋지 않으면 나쁘게 평가하는 것이다.

④ 지원자의 한 특질을 보고 현혹되어 지원자를 제대로 평가하지 못하는 것이다.

⑤ 피평가자 간 차이를 회피하기 위해 모든 피평가자를 유사하게 평가하는 것이다.

**05** 다음 〈보기〉 중 품질기능전개(QFD)에 대한 설명으로 옳은 것을 모두 고르면?

> **보기**
>
> ㄱ. 미국에서 처음으로 사용된 제품개발 방식이다.
> ㄴ. 관련 부서 간 긴밀한 협조가 필수적이다.
> ㄷ. 품질의 집을 구성하여 설계단계, 부품단계, 공정단계, 생산단계로 나눈다.
> ㄹ. 설계부터 생산까지 시간이 많이 소요되는 단점이 있다.

① ㄱ, ㄴ                              ② ㄱ, ㄷ

③ ㄴ, ㄷ                              ④ ㄴ, ㄹ

⑤ ㄷ, ㄹ

**06** 다음 중 추종자들에게 장기적 비전을 제시하고, 그 비전달성을 위해서 함께 매진할 것을 호소하며, 비전성취에 대한 자신감을 고취시킴으로써 조직에 대한 몰입을 강조하며 부하를 성장시키는 리더십은?

① 거래적 리더십                        ② 성취지향적 리더십

③ 변혁적 리더십                        ④ 서번트 리더십

⑤ 참여적 리더십

**07** 다음 내용이 설명하고 있는 조직구조는?

> • 수평적 분화에 중점을 두고 있다.
> • 각자의 전문분야에서 작업능률을 증대시킬 수 있다.
> • 생산, 회계, 인사, 영업, 총무 등의 기능을 나누고 각 기능을 담당할 부서단위로 조직된 구조이다.

① 기능 조직                     ② 사업부 조직
③ 매트릭스 조직                 ④ 수평적 조직
⑤ 네트워크 조직

**08** 다음 중 소비자가 특정상품을 소비하면 자신이 그것을 소비하는 계층과 같은 부류라는 생각을 가지게 되는 효과를 일컫는 용어는?

① 전시 효과                     ② 플라시보 효과
③ 파노플리 효과                 ④ 베블런 효과
⑤ 데킬라 효과

**09** 다음 중 과학적 경영 전략에 대한 설명으로 옳지 않은 것은?

① 호손실험은 생산성에 비공식적 조직이 영향을 미친다는 사실을 밝혀낸 연구이다.
② 포드 시스템은 노동자의 이동경로를 최소화하며 물품을 생산하거나, 고정된 생산라인에서 노동자가 계속해서 생산하는 방식을 통하여 불필요한 절차와 행동 요소들을 없애 생산성을 향상하였다.
③ 테일러의 과학적 관리법은 시간연구와 동작연구를 통해 노동자의 심리상태와 보상심리를 적용한 효과적인 과학적 경영 전략을 제시하였다.
④ 목표설정이론은 인간이 합리적으로 행동한다는 기본적인 가정에 기초하여, 개인이 의식적으로 얻으려고 설정한 목표가 동기와 행동에 영향을 미친다는 이론이다.
⑤ 직무특성이론은 기술된 핵심 직무 특성이 종업원의 주요 심리 상태에 영향을 미치며, 이것이 다시 종업원의 직무 성과에 영향을 미친다고 주장한다.

**10** 다음 중 규모·생산량·경험 등의 증대로 인한 단위원가의 하락을 나타내는 효과를 의미하며, 포터의 원가우위 전략을 현실적으로 실행하기 위한 규모의 경제를 누릴 수 있도록 원가의 최소화를 가능케 하는 효과는?

① 승수효과

② 가격효과

③ 시너지효과

④ 톱니효과

⑤ 경험곡선효과

**11** 다음 중 가격관리에 대한 설명으로 옳지 않은 것은?

① 명성가격결정법은 가격이 높으면 품질이 좋을 것이라고 느끼는 효과를 이용하여 수요가 많은 수준에서 고급상품의 가격결정에 이용된다.

② 침투가격정책은 신제품을 도입하는 초기에 저가격을 설정하여 신속하게 시장에 침투하는 전략으로 수요가 가격에 민감하지 않은 제품에 많이 사용된다.

③ 상층흡수가격정책은 신제품을 시장에 도입하는 초기에는 고소득층을 대상으로 높은 가격을 받고 그 뒤 차차 가격을 인하하여 저소득층에 침투하는 것이다.

④ 탄력가격정책은 한 기업의 제품이 여러 제품계열을 포함하는 경우 품질, 성능, 스타일에 따라 서로 다른 가격을 결정하는 것이다.

⑤ 고가격정책은 신제품을 개발한 기업들이 초기에 그 시장의 소득층으로부터 많은 이익을 얻기 위해 높은 가격을 설정하는 전략이다.

**12** 다음 중 해외시장으로의 진출 전략에 대한 설명으로 옳지 않은 것은?

① 전략적 제휴는 다른 기업들과 특정 사업 및 업무 분야에 걸쳐 협력관계를 맺어 공동으로 해외사업에 진출하는 전략이다.

② 해외자회사의 장점은 해외시장에서 많은 자금과 기술을 운영하면서 기업의 자산들을 해외 정부로부터 안전하게 지킬 수 있다는 것이다.

③ 라이선싱(Licensing)은 자신의 제품을 생산할 수 있는 권리를 일정한 대가를 받고 외국 기업에게 일정 기간 동안 부여하는 것을 말한다.

④ 국제합작투자의 장점은 기술의 공유, 위험의 분산, 마케팅 및 경영 노하우의 공유 등이다.

⑤ 해외직접투자는 기술·자본·상표·경영능력 등 여러 생산요소가 하나의 시스템으로 해외에 이전되는 것을 말한다.

**13** 다음 중 균형성과표(BSC)의 4가지 성과측정 관점이 아닌 것은?

① 재무관점                    ② 고객관점
③ 공급자관점                  ④ 학습 및 성장관점
⑤ 내부 프로세스관점

**14** 다음 중 델파이 기법에 대한 설명으로 옳지 않은 것은?

① 전문가들을 두 그룹으로 나누어 진행한다.
② 많은 전문가들의 의견을 취합하여 재조정 과정을 거친다.
③ 의사결정 및 의견개진 과정에서 타인의 압력이 배제된다.
④ 전문가들을 공식적으로 소집하여 한 장소에 모이게 할 필요가 없다.
⑤ 미래의 불확실성에 대한 의사결정 및 장기예측에 좋은 방법이다.

**15** 다음 중 OJT(On the Job Training)에 해당하는 것은?

① 세미나                      ② 사례연구
③ 도제식 훈련                 ④ 시뮬레이션
⑤ 역할연기법

**16** 다음 〈보기〉 중 맥그리거(Mcgregor)의 XY이론에서 X이론적 인간관과 동기 부여 전략에 해당하는 것을 모두 고르면?

| 보기 |
| --- |
| ㄱ. 천성적 나태          ㄴ. 변화지향적 |
| ㄷ. 자율적 활동          ㄹ. 민주적 관리 |
| ㅁ. 어리석은 존재        ㅂ. 타율적 관리 |
| ㅅ. 변화에 저항적        ㅇ. 높은 책임감 |

① ㄱ, ㄴ, ㄷ, ㄹ              ② ㄱ, ㄴ, ㄹ, ㅁ
③ ㄱ, ㅁ, ㅂ, ㅅ              ④ ㄴ, ㄷ, ㄹ, ㅇ
⑤ ㄴ, ㅁ, ㅂ, ㅅ

**17** 다음 중 직무를 수행하는 데 필요한 기능, 능력, 자격 등 직무수행요건(인적요건)에 초점을 두어 작성한 직무분석의 결과물은?

① 직무명세서
② 직무표준서
③ 직무기술서
④ 직무지침서
⑤ 직무제안서

**18** 다음 중 민츠버그가 분류한 조직형상의 구성요소에 해당하지 않은 것은?

① 전략상층부
② 지원스태프
③ 업무핵심층
④ 하위라인
⑤ 테크노스트럭쳐

**19** 다음 중 빈칸에 들어갈 용어로 옳은 것은?

> _____는 기업의 장래 인적자원의 수요를 예측하여, 기업전략의 실현에 필요한 인적자원을 확보하기 위해 실시하는 일련의 활동이다.

① 회계관리
② 마케팅관리
③ 물류관리
④ 인적자원관리
⑤ 창고관리

**20** 다음 중 대차대조표 항목상 성격이 다른 하나는?

① 선수금
② 현금
③ 유가증권
④ 현금성자산
⑤ 미수금

**01** 다음과 같은 상황에서 실질이자율을 계산하면 얼마인가?

> • S는 2년 만기 복리 상품에 연이자율 5%로 은행에 100만 원을 예금하였다.
> • S가 사려고 한 제품의 가격이 2년 동안 50만 원에서 53만 원으로 인상되었다.

① 4.25%
② 5.5%
③ 6.35%
④ 8.5%
⑤ 10.5%

**02** 다음 중 가치의 역설(Paradox of Value)에 대한 설명으로 옳은 것은?

① 다이아몬드의 한계효용은 물의 한계효용보다 크다.
② 다이아몬드는 필수재이고, 물은 사치재이다.
③ 물은 항상 다이아몬드보다 가격이 낮다.
④ 상품의 가격은 총효용에 의해 결정된다.
⑤ 총효용이 낮아지면 상품의 가격도 낮아진다.

**03** 다음 중 전통적인 케인스 소비함수의 특징이 아닌 것은?

① 한계소비성향이 0과 1 사이에 존재한다.
② 평균소비성향은 소득이 증가함에 따라 감소한다.
③ 현재의 소비는 현재의 소득에 의존한다.
④ 이자율은 소비를 결정할 때 중요한 역할을 한다.
⑤ 단기소비곡선에서 평균소비성향은 한계소비성향보다 크다.

**04** 다음 〈보기〉 중 최고가격제에 대한 설명으로 옳은 것을 모두 고르면?

> **보기**
> ㄱ. 암시장을 출현시킬 가능성이 있다.
> ㄴ. 초과수요를 야기한다.
> ㄷ. 사회적 후생을 증대시킨다.
> ㄹ. 최고가격은 시장의 균형가격보다 높은 수준에서 설정되어야 한다.

① ㄱ, ㄴ            ② ㄱ, ㄷ
③ ㄱ, ㄹ            ④ ㄴ, ㄷ
⑤ ㄷ, ㄹ

**05** 다음 중 독점적 경쟁시장의 장기균형에 대한 설명으로 옳지 않은 것은?(단, $P$는 가격, $SAC$는 단기평균비용, $LAC$는 장기평균비용, $SMC$는 단기한계비용을 의미한다)

① $P=SAC$가 성립한다.
② $P=LAC$가 성립한다.
③ $P=SMC$가 성립한다.
④ 균형생산량은 $SAC$가 최소화되는 수준보다 작다.
⑤ 기업의 장기 초과이윤은 0이다.

**06** 다음 글이 설명하는 정책에 대한 내용으로 옳지 않은 것은?

> 중앙은행의 정책으로 금리 인하를 통한 경기부양 효과가 한계에 다다랐을 때 중앙은행이 국채매입 등을 통해 유동성을 시중에 직접 푸는 정책을 뜻한다.

① 경기후퇴를 막음으로써 시장의 자신감을 향상시킨다.
② 디플레이션을 초래할 수 있다.
③ 수출 증대의 효과가 있다.
④ 유동성을 무제한으로 공급하는 것이다.
⑤ 중앙은행은 이율을 낮추지 않고 돈의 흐름을 늘릴 수 있다.

**07** 다음 중 탄력성에 대한 설명으로 옳은 것은?

① 가격이 1% 상승할 때 수요량이 2% 감소했다면 수요의 가격탄력성은 0.5이다.

② 소득이 5% 상승할 때 수요량이 1%밖에 증가하지 않았다면 이 상품은 기펜재(Giffen Goods)이다.

③ 잉크젯프린터와 잉크카트리지 간의 수요의 교차탄력성은 0보다 크다.

④ 수요의 소득탄력성은 항상 0보다 크다.

⑤ 수요의 가격탄력성이 0보다 크고 1보다 작으면 가격이 상승함에 따라 소비자의 총지출은 증가한다.

PART 2

**08** 중국과 인도 근로자 한 사람의 시간당 의복과 자동차 생산량은 다음과 같다. 리카도(D. Ricardo)의 비교우위이론에 따르면, 양국은 어떤 제품을 수출하는가?

| 구분 | 의복(벌) | 자동차(대) |
|---|---|---|
| 중국 | 40 | 30 |
| 인도 | 20 | 10 |

| | 중국 | 인도 |
|---|---|---|
| ① | 의복 | 자동차 |
| ② | 자동차 | 의복 |
| ③ | 의복과 자동차 | 수출하지 않음 |
| ④ | 수출하지 않음 | 자동차와 의복 |
| ⑤ | 두 국가 모두 교역을 하지 않음 | |

**09** 기업의 생산함수가 $Y = 200N - N^2$이고, 근로자의 여가 1시간당 가치가 40이다. 상품시장과 생산요소시장이 완전경쟁시장이고, 생산물의 가격이 1일 때, 균형노동시간은?(단, $Y$는 생산량, $N$은 노동시간이다)

① 25시간                    ② 75시간

③ 80시간                    ④ 95시간

⑤ 125시간

**10** 다음 〈보기〉의 사례를 역선택(Adverse Selection)과 도덕적 해이(Moral Hazard)의 개념에 따라 바르게 구분한 것은?

> **보기**
>
> 가. 자동차 보험 가입 후 더 난폭하게 운전한다.
> 나. 의료보험제도가 실시된 이후 사람들의 의료수요가 현저하게 증가하였다.
> 다. 실업급여를 받게 되자 구직 활동을 성실히 하지 않는다.
> 라. 사망 확률이 낮은 건강한 사람이 주로 종신연금에 가입한다.

|  | 역선택 | 도덕적 해이 |  | 역선택 | 도덕적 해이 |
|---|---|---|---|---|---|
| ① | 가 | 나, 다, 라 | ② | 라 | 가, 나, 다 |
| ③ | 나, 다 | 가, 라 | ④ | 다, 라 | 가, 나 |
| ⑤ | 나, 다, 라 | 가 |  |  |  |

**11** A국과 B국의 상황이 다음과 같을 경우 나타날 수 있는 경제현상이 아닌 것은?(단, 미 달러화로 결제하며, 각국의 환율은 달러 대비 자국 화폐의 가격으로 표시한다)

| A국 | • A국의 해외 유학생 수가 증가하고 있다.<br>• 외국인 관광객이 증가하고 있다. |
|---|---|
| B국 | • B국 기업의 해외 투자가 증가하고 있다.<br>• 외국이 투자자들이 투자자금을 회수하고 있다. |

① A국의 환율은 하락할 것이다.

② A국의 경상수지는 악화될 것이다.

③ B국이 생산하는 수출상품의 가격경쟁력이 높아질 것이다.

④ A국 국민이 B국으로 여행갈 경우 경비 부담이 증가할 것이다.

⑤ B국 국민들 중 환전하지 않은 환율 변동 전 달러를 보유하고 있는 사람은 이익을 얻게 될 것이다.

**12** 다음 중 정부가 재정적자를 국채의 발행으로 조달할 경우 국채의 발행이 채권가격의 하락으로 이어져 시장이자율이 상승하여 투자에 부정적인 영향을 주는 것은?

① 피셔 방정식
② 구축 효과
③ 유동성 함정
④ 오쿤의 법칙
⑤ 화폐수량설

**13** 다음 경제이론과 가장 관련이 있는 것은?

> 1980년대 말 버블경제의 붕괴 이후 지난 10여 년간 A국은 장기침체를 벗어나지 못하고 있다. 이에 대한 대책의 하나로 A국 정부는 극단적으로 이자율을 낮추고 사실상 제로금리정책을 시행하고 있으나, 투자 및 소비의 활성화 등 의도했던 수요확대 효과가 전혀 나타나지 않고 있다.

① 화폐 환상
② 유동성 함정
③ 구축 효과
④ J커브 효과
⑤ 피셔 방정식

**14** 다음 〈보기〉 중 애덤 스미스(Adam Smith)의 보상적 임금격차의 요인으로 옳은 것을 모두 고르면?

> **보기**
> ㄱ. 노동의 난이도
> ㄴ. 작업의 쾌적도
> ㄷ. 임금의 불안정성
> ㄹ. 요구되는 교육훈련의 차이

① ㄱ, ㄴ
② ㄱ, ㄷ
③ ㄴ, ㄷ
④ ㄱ, ㄴ, ㄹ
⑤ ㄱ, ㄴ, ㄷ, ㄹ

**15** X재의 가격이 5% 상승할 때 X재의 소비지출액은 전혀 변화하지 않은 반면, Y재의 가격이 10% 상승할 때 Y재의 소비지출액은 10% 증가하였다. 이때 두 재화에 대한 수요의 가격탄력성은?

|     | X재 | Y재 |
| --- | --- | --- |
| ① | 완전탄력적 | 단위탄력적 |
| ② | 단위탄력적 | 완전탄력적 |
| ③ | 단위탄력적 | 완전비탄력적 |
| ④ | 완전비탄력적 | 비탄력적 |
| ⑤ | 완전비탄력적 | 단위탄력적 |

**16** 다음 중 유량(Flow) 변수가 아닌 것은?

① 반도체에 대한 수요량          ② 쌀의 공급량

③ 국내총생산(GDP)             ④ 핸드폰 수출량

⑤ 통화량

**17** 다음 중 기대가 부가된 필립스곡선(Expectation-augmented Phillips curve)에 대한 설명으로 옳지 않은 것은?

① 중동전쟁으로 원유가격이 급등하면 필립스곡선이 이동한다.

② 1970년대 스태그플레이션(Stagflation)을 설명하는 데 유용하다.

③ 오쿤의 법칙(Okun's Law)과 결합하여 총공급곡선을 도출할 수 있다.

④ 다른 조건이 일정하다면 필립스곡선의 기울기가 가파를수록 희생비율(Sacrifice Ratio)이 크다.

⑤ 기대 물가상승률이 합리적 기대에 따라 결정되면 예상된 통화정책은 실업률에 영향을 미치지 않는다.

**18** 다음 중 빈칸에 들어갈 경제 용어를 바르게 나열한 것은?

> 구매력평가이론(Purchasing Power Parity Theory)은 모든 나라의 통화 한 단위의 구매력이 같도록 환율이 결정되어야 한다는 것이다. 구매력평가이론에 따르면 양국통화의 ___(가)___ 환율은 양국의 ___(나)___ 에 의해 결정되며, 구매력평가이론이 성립하면 ___(다)___ 환율은 불변한다.

|   | (가) | (나) | (다) |
|---|------|------|------|
| ① | 실질 | 물가수준 | 명목 |
| ② | 명목 | 경상수지 | 실질 |
| ③ | 실질 | 경상수지 | 명목 |
| ④ | 명목 | 물가수준 | 실질 |
| ⑤ | 실질 | 자본수지 | 명목 |

**19** 1950년대 이후 선진국 간의 무역이 크게 증가하였다. 다음 중 이러한 선진국 간의 무역 증가의 원인으로 옳은 것은?

① 리카도의 비교우위론  　　　　② 헥셔 – 올린 정리
③ 요소가격균등화 정리  　　　　④ 레온티에프의 역설
⑤ 규모의 경제

**20** 다음 〈보기〉 중 솔로우(R. Solow) 경제성장모형에서 균제상태(Steady State)의 1인당 산출량을 증가시키는 요인으로 옳은 것을 모두 고르면?(단, 다른 조건이 일정하다고 가정한다)

> **보기**
> ㄱ. 저축률의 증가
> ㄴ. 인구증가율의 증가
> ㄷ. 감가상각률의 하락

① ㄱ  　　　　　　　　　　　② ㄱ, ㄴ
③ ㄱ, ㄷ  　　　　　　　　　④ ㄴ, ㄷ
⑤ ㄱ, ㄴ, ㄷ

CHAPTER 04 경제학 · 111

**01**    다음 중 국민기초생활보장제도에 대한 설명으로 옳지 않은 것은?

① 수급자 선정 시 기준 중위소득을 활용한다.

② 소득인정액은 개별가구의 소득평가액과 재산의 소득환산액을 합산한 금액을 말한다.

③ 급여의 기준은 급여종류에 관계없이 동일한 선정기준이 적용된다.

④ 생계급여는 금전으로 지급하는 것이 적당하지 아니하다고 인정될 때 물품으로 지급할 수 있다.

⑤ 생계급여는 수급자가 희망하는 경우에 수급자를 보장시설이나 타인의 가정에 위탁하여 실시할 수 있다.

**02**    다음 중 사회복지실천에서 통합적 접근방법에 대한 내용으로 옳지 않은 것은?

① 전통적인 방법론의 한계로 인해 등장했다.

② 클라이언트의 참여와 자기결정권을 강조한다.

③ 인간의 행동은 환경과 연결되어 있음을 전제한다.

④ 이론이 아닌 상상력에 근거를 둔 해결방법을 지향한다.

⑤ 궁극적으로 클라이언트의 삶의 질 향상을 돕고자 한다.

**03**    다음 중 사회복지행정환경의 변화에 대한 설명으로 옳지 않은 것은?

① 책임성 요구가 높아지고 있다.

② 서비스 이용자의 소비자 주권이 강해지고 있다.

③ 빅데이터 활용이 증가하고 있다.

④ 사회서비스 공급에 민간의 참여가 증가하고 있다.

⑤ 기업의 경영관리기법 도입이 줄어들고 있다.

**04** 다음 중 사회복지정보화에 대한 설명으로 옳지 않은 것은?

① 조직의 업무효율성을 증대시킬 수 있다.
② 대상자 관리의 정확성, 객관성을 확보할 수 있다.
③ 클라이언트에 대한 사생활침해 가능성이 높아졌다.
④ 학습조직의 필요성이 감소하였다.
⑤ 사회복지행정가가 정보를 체계적으로 다룰 수 있다.

**05** 다음 중 사회복지급여 수급권에 대한 설명으로 옳지 않은 것은?

① 사회복지급여 수급권은 정당한 이유 없이 불이익하게 변경될 수 없다.
② 사회복지급여 수급권은 상속될 수 없다.
③ 사회복지급여 수급권은 고의행위 및 과실행위 등에 의하여 제한된다.
④ 사회복지급여 수급권은 행정기관의 재량행위에 의해 인정된다.
⑤ 사회복지급여 수급권을 행사하는 자는 수급절차 및 과정에서 각종 보고와 자료제출 등의 의무를 이행해야 한다.

**06** 다음 중 조지와 윌딩(V. George & P. Wilding)의 사회복지모형에서 복지국가의 확대를 가장 지지하는 이념은?

① 신우파                    ② 반집합주의
③ 마르크스주의              ④ 페이비언 사회주의
⑤ 녹색주의

**07** 다음 중 재분배와 파레토(Pareto) 효율에 대한 설명으로 옳지 않은 것은?

① 파레토 효율은 완전경쟁시장에서 개인의 자발적인 선택을 전제로 한다.
② 파레토 효율의 정의상 소득재분배는 매우 효율적이다.
③ 재분배를 통하여 빈곤층의 소득이 늘어나도 개인의 효용은 증가할 수 있다.
④ 파레토 효율의 예로 민간의 자선활동을 들 수 있다.
⑤ 파레토 효율이란 다른 사람들의 효용을 감소시키지 않으면서 어떤 사람들의 효용을 증가시키는 것이다.

**08** 다음 중 한국 사회복지행정의 역사에 대한 설명으로 옳지 않은 것은?

① 1950 ~ 1960년대 사회복지서비스는 주로 외국 원조단체들에 의해 제공되었다.

② 2000년대에 사회복지관에 대한 정부 보조금 지원이 제도화되었다.

③ 1980년대에 사회복지전문요원제도가 도입되었다.

④ 1990년대에 사회복지시설 평가제도가 도입되었다.

⑤ 1970년대 사회복지사업법 제정으로 사회복지시설에 대한 제도적 지원과 감독의 근거가 마련되었다.

**09** 다음 중 국민기초생활보장법상 제공하는 급여가 아닌 것은?

① 주거급여　　　　　　　　　　　② 해산급여

③ 의료급여　　　　　　　　　　　④ 장애급여

⑤ 자활급여

**10** 다음 설명에 해당하는 지역사회복지 실천 기술은?

---

• 소외되고, 억압된 집단의 입장을 주장한다.
• 보이콧, 피케팅 등의 방법으로 표적을 난처하게 한다.
• 지역주민이 정당한 처우나 서비스를 받지 못하는 경우에 활용된다.

---

① 프로그램 개발 기술　　　　　　② 프로그램 기획 기술

③ 자원개발 · 동원 기술　　　　　④ 옹호 기술

⑤ 지역사회 사정 기술

**11** 다음 〈보기〉 중 사회적 경제에 대한 설명으로 옳은 것을 모두 고르면?

---

**보기**

ㄱ. 사회적 기업은 경제적 이익을 추구한다.
ㄴ. 사회적 경제는 자본주의 시장경제의 대안모델이다.
ㄷ. 사회적 협동조합의 목적은 취약계층에게 사회서비스 또는 일자리를 제공하는 것이다.

---

① ㄱ　　　　　　　　　　　　　　② ㄴ

③ ㄱ, ㄴ　　　　　　　　　　　　④ ㄴ, ㄷ

⑤ ㄱ, ㄴ, ㄷ

**12**  다음 중 사회복지조사에서 양적 조사와 질적 조사의 비교로 옳지 않은 것은?

① 질적 조사에 비하여 양적 조사의 표본크기가 상대적으로 크다.

② 질적 조사에 비하여 양적 조사에서는 귀납법을 주로 사용한다.

③ 양적 조사에 비하여 질적 조사는 사회 현상의 주관적 의미에 관심을 갖는다.

④ 양적 조사는 가설검증을 지향하고 질적 조사는 탐색, 발견을 지향한다.

⑤ 양적 조사에 비하여 질적 조사는 조사결과의 일반화가 어렵다.

**13**  다음 중 사회복지사업법의 내용으로 옳은 것은?

① 사회보장기본법상 사회서비스는 사회복지서비스의 범위에 포함되는 개념이다.

② 사회복지서비스 제공은 현물 제공이 원칙이다.

③ 사회복지사 자격은 1년을 초과하여 정지시킬 수 있다.

④ 사회복지법인은 보건복지부장관의 허가를 받아 설립한다.

⑤ 보건복지부장관은 시설에서 제공하는 서비스의 적정기준을 마련하여야 한다.

**14**  다음 중 지역사회에 대한 설명으로 옳지 않은 것은?

① 지역사회에 대한 정의나 구분은 학자에 따라 매우 다양하다.

② 현대의 지역사회는 지리적 개념을 넘어 기능적 개념까지 포괄하는 추세이다.

③ 지역사회를 상호의존적인 집단들의 결합체로도 볼 수 있다.

④ 펠린(P. F. Fellin)은 역량있는 지역사회를 바람직한 지역사회로 보았다.

⑤ 로스(M. G. Ross)는 지역사회의 기능을 사회통제, 사회통합 등 다섯 가지로 구분하였다.

**15** 다음 중 사회복지서비스 전달체계의 도입을 시대 순으로 바르게 나열한 것은?

> ㄱ. 사회복지사무소 시범사업 실시
> ㄴ. 희망복지지원단 설치
> ㄷ. 사회복지전문요원제도 시행
> ㄹ. 보건복지사무소 시범사업 실시
> ㅁ. 지역사회보장협의체 개편

① ㄱ - ㄷ - ㄹ - ㅁ - ㄴ        ② ㄷ - ㄹ - ㄱ - ㄴ - ㅁ

③ ㄷ - ㄹ - ㅁ - ㄴ - ㄱ        ④ ㄹ - ㄱ - ㄷ - ㄴ - ㅁ

⑤ ㄹ - ㄷ - ㄴ - ㄱ - ㅁ

**16** 다음 중 안토니 기든스(A. Giddens)가 이론적으로 체계화한 소위 '제3의 길'이 추구하는 전략 개념에 해당하지 않는 것은?

① 직접 급여의 제공보다는 인적자원에 투자
② 복지다원주의의 추구
③ 국가에 대한 경제적 의존을 줄여 위험은 공동 부담하는 의식 전환의 강조
④ 중앙정부의 역할 강화
⑤ 시장의 효율성과 사회연대의 조화

**17** 다음 중 사회적 경제조직에 대한 설명으로 옳지 않은 것은?

① 서구에서는 오래전부터 일을 통한 복지(Workfare)라는 차원에서 관심이 증가하고 있다.
② 사회적 경제조직에는 사회적 기업, 협동조합 등이 있다.
③ 사회적 기업이란 정부, 지방자치단체가 출자한 조직이 사회적 기업 인증을 받아 운영하는 공기업이다.
④ 사회적 경제조직은 사회문제를 해결한다는 사회적 측면과 자생력을 가져야 한다는 경제적 측면이 동시에 고려되어야 한다.
⑤ 협동조합은 재화 또는 용역의 구매·생산·판매 등을 협동으로 영위하여 조합원의 권익을 향상한다.

**18** 다음 내용을 모두 충족하는 원조관계의 기본 요소는?

> • 사회복지사와 클라이언트의 책임감을 의미하는 것으로, 관계의 목적을 이루기 위해 서로를 신뢰하고 일관된 태도를 유지한다.
> • 클라이언트는 문제와 상황을 솔직하게 말해야 하고, 사회복지사는 클라이언트의 변화와 성장을 위해 노력해야 한다.

① 수용　　　　　　　　　　　　　② 존중
③ 일치성　　　　　　　　　　　　④ 헌신과 의무
⑤ 권위와 권한

**19** 다음 중 산업재해보상보험법상 업무상 재해를 입은 근로자 등의 진료 · 요양 및 재활 사업을 수행하는 기관은?

① 국민연금공단　　　　　　　　　② 국민건강보험공단
③ 근로복지공단　　　　　　　　　④ 한국장애인고용공단
⑤ 한국산업인력공단

**20** 다음 중 사회복지실천의 관계형성 기술에 대한 설명으로 옳은 것을 〈보기〉에서 모두 고르면?

> **보기**
> ㄱ. 수용 : 클라이언트를 있는 그대로 받아들여 문제행동도 옳다고 인정하고 받아들이는 것을 의미한다.
> ㄴ. 비밀보장 : 원조관계에서 알게 된 클라이언트에 대한 정보는 반드시 비밀을 보호해야 한다.
> ㄷ. 통제된 정서적 관여 : 클라이언트에게 민감하게 반응함으로써 정서적으로 관여하되 그 반응은 원조의 목적에 적합하게 통제되어야 한다.
> ㄹ. 개별화 : 클라이언트의 개인적 특성을 이해하고 개별 특성에 적합한 원조 원칙과 방법을 사용해야 한다.

① ㄱ, ㄴ　　　　　　　　　　　　② ㄱ, ㄷ
③ ㄴ, ㄹ　　　　　　　　　　　　④ ㄷ, ㄹ
⑤ ㄱ, ㄷ, ㄹ

지식에 대한 투자가 가장 이윤이 많이 남는 법이다.

– 벤자민 프랭클린 –

# PART 3
# 최종점검 모의고사

제1회    최종점검  모의고사

제2회    최종점검  모의고사

# 제1회
# 최종점검 모의고사

# ■ 취약영역 분석

| 번호 | O/× | 영역 | 번호 | O/× | 영역 | 번호 | O/× | 영역 | 번호 | O/× | 영역 |
|------|-----|------|------|-----|------|------|-----|------|------|-----|------|
| 01 | | | 26 | | | 51 | | | 76 | | 법학 |
| 02 | | | 27 | | | 52 | | | 77 | | |
| 03 | | | 28 | | | 53 | | | 78 | | |
| 04 | | | 29 | | | 54 | | | 79 | | 행정학 |
| 05 | | | 30 | | | 55 | | 자원관리 능력 | 80 | | |
| 06 | | | 31 | | | 56 | | | 81 | | |
| 07 | | | 32 | | | 57 | | | 82 | | |
| 08 | | | 33 | | 문제해결 능력 | 58 | | | 83 | | |
| 09 | | | 34 | | | 59 | | | 84 | | |
| 10 | | 의사소통 능력 | 35 | | | 60 | | | 85 | | 경영학 |
| 11 | | | 36 | | | 61 | | | 86 | | |
| 12 | | | 37 | | | 62 | | | 87 | | |
| 13 | | | 38 | | | 63 | | | 88 | | |
| 14 | | | 39 | | | 64 | | | 89 | | |
| 15 | | | 40 | | | 65 | | 수리능력 | 90 | | |
| 16 | | | 41 | | | 66 | | | 91 | | 경제학 |
| 17 | | | 42 | | | 67 | | | 92 | | |
| 18 | | | 43 | | | 68 | | | 93 | | |
| 19 | | | 44 | | | 69 | | | 94 | | |
| 20 | | | 45 | | 자원관리 능력 | 70 | | | 95 | | |
| 21 | | | 46 | | | 71 | | | 96 | | |
| 22 | | 문제해결 능력 | 47 | | | 72 | | | 97 | | 사회복지학 |
| 23 | | | 48 | | | 73 | | 법학 | 98 | | |
| 24 | | | 49 | | | 74 | | | 99 | | |
| 25 | | | 50 | | | 75 | | | 100 | | |

| 평가문항 | 100문항 | 평가시간 | 110분 |
|----------|---------|----------|-------|
| 시작시간 | : | 종료시간 | : |
| 취약영역 | | | |

---

## 01  직업기초능력

**01**  다음 글의 내용으로 가장 적절한 것은?

> '청렴(淸廉)'은 현대 사회에서 좁게는 반부패와 동의어로 사용되며 넓게는 투명성과 책임성 등을 포괄하는 통합적 개념으로 사용되고 있다. 유학자들은 청렴을 효제와 같은 인륜의 덕목보다는 하위에 두었지만 군자라면 마땅히 지켜야 할 일상의 덕목으로 중시하였다. 조선의 대표적 유학자였던 이황과 이이는 청렴을 사회 규율이자 개인 처세의 지침으로 강조하였다. 특히 공적 업무에 종사하는 사람이라면 사회 규율로서의 청렴이 개인의 처세와 직결된다는 점에 유념해야 한다고 보았다.
>
> 청렴에 대한 논의는 정약용의 『목민심서』에서 본격적으로 나타난다. 정약용은 청렴이야말로 목민관이 지켜야 할 근본적인 덕목이며 목민관의 직무는 청렴이 없이는 불가능하다고 강조하였다. 정약용은 청렴을 당위의 차원에서 주장하는 기존의 학자들과 달리 행위자 자신에게 실질적 이익이 된다는 점을 들어 설득하고자 한다. 그는 청렴은 큰 이득이 남는 장사라고 말하며, 지혜롭고 욕심이 큰 사람은 청렴을 택하지만 지혜가 짧고 욕심이 작은 사람은 탐욕을 택한다고 설명한다. 정약용은 "지자(知者)는 인(仁)을 이롭게 여긴다."라는 공자의 말을 빌려 "지혜로운 자는 청렴함을 이롭게 여긴다."라고 하였다. 비록 재물을 얻는 데 뜻이 있더라도 청렴함을 택하는 것이 결과적으로는 지혜로운 선택이라고 정약용은 말한다. 목민관의 작은 탐욕은 단기적으로 보면 눈 앞의 재물을 취하여 이익을 얻을 수 있겠지만 궁극에는 개인의 몰락과 가문의 불명예를 가져올 수 있기 때문이다.
>
> 정약용은 청렴을 지키는 것은 두 가지 효과가 있다고 보았다. 첫째, 청렴은 다른 사람에게 긍정적 효과를 미친다. 목민관이 청렴할 경우 백성을 비롯한 공동체 구성원에게 좋은 혜택이 돌아갈 것이다. 둘째, 청렴한 행위를 하는 것은 목민관 자신에게도 좋은 결과를 가져다 준다. 청렴은 그 자신의 덕을 높이는 것일 뿐 아니라 자신의 가문에 빛나는 명성과 영광을 가져다 줄 것이다.

① 정약용은 청렴이 목민관이 반드시 지켜야 할 덕목임을 당위론 차원에서 정당화하였다.

② 정약용은 탐욕을 택하는 것보다 청렴을 택하는 것이 이롭다는 공자의 뜻을 계승하였다.

③ 정약용은 청렴한 사람은 욕심이 작기 때문에 재물에 대한 탐욕에 빠지지 않는다고 보았다.

④ 정약용은 청렴이 백성에게 이로움을 줄 뿐 아니라 목민관 자신에게도 이로운 행위라고 보았다.

⑤ 이황과 이이는 청렴을 개인의 처세에 있어 주요 지침으로 여겼으나 사회 규율로는 보지 않았다.

**02** 다음 글의 내용으로 적절하지 않은 것은?

최저임금제도는 정부가 근로자들을 보호하고 일자리의 질을 향상시키기 위해 근로자들이 임금을 일정 수준 이하로 받지 않도록 보장하여 경제적인 안정성을 제공하는 제도이다.

최저임금제도는 일자리의 안정성과 경제의 포용성을 촉진한다. 일정 수준 이상으로 설정된 최저임금은 근로자들에게 최소한의 생계비를 보장하고 근로 환경에서의 안정성을 확보할 수 있게 한다. 이는 근로자들의 생활의 질과 근로 만족도를 향상시키는 데 기여한다.

최저임금제도는 불공정한 임금구조를 해소하고 경제적인 격차를 완화하는 데 도움을 준다. 일부 기업에서는 경쟁력 확보나 이윤 극대화를 위해 근로자들에게 낮은 임금을 지불하는 경우가 있다. 최저임금제도는 이런 부당한 임금 지급을 방지하고 사회적인 형평성을 증진시킨다.

또한 최저임금제도는 소비 활성화와 경기 부양에도 기여한다. 근로자들이 안정된 임금을 받게 되면 소비력이 강화되고, 소비 지출이 증가한다. 이는 장기적으로 기업의 생산과 판매를 촉진시켜 경기를 활성화한다.

그러나 최저임금제도는 일부 기업들에게 추가적인 경제적 부담으로 다가올 수 있다. 인건비 인상으로 인한 비용 부담 증가는 일자리의 제약이나 물가 상승으로 이어질 수 있다. 그러므로 정부는 적절한 최저임금 수준을 설정하고 기업의 경쟁력을 고려하여 적절한 대응 방안을 모색해야 한다.

이와 같이 최저임금제도는 노동자 보호와 경제적 포용성을 위한 중요한 정책 수단이다. 그러나 최저임금제도만으로는 모든 경제적 문제를 해결할 수 없으며 근로시간, 근로조건 등 다른 노동법과의 조화가 필요하다.

① 최저임금제도는 기업 입장에서 아무런 이득이 없다.
② 최저임금제도는 기업의 경제적 부담을 증가시킬 수 있다.
③ 최저임금제도는 근로자의 소비를 증가시킨다.
④ 최저임금제도는 경제적 양극화를 완화하는 데 도움을 준다.
⑤ 최저임금제도를 통해 근로자들은 최소한의 생계비를 보장받을 수 있다.

(가) 18세기에는 열의 실체가 칼로릭(Caloric)이며, 칼로릭은 온도가 높은 쪽에서 낮은 쪽으로 흐르는 성질이 있고 질량이 없는 입자들의 모임이라는 생각이 받아들여지고 있었다. 이를 칼로릭 이론이라 부르는데, 이에 따르면 찬 물체와 뜨거운 물체를 접촉시켜 놓았을 때 두 물체의 온도가 같아지는 것은 칼로릭이 뜨거운 물체에서 차가운 물체로 이동하기 때문이라는 것이다. 이러한 상황에서 과학자들의 큰 관심사 중의 하나는 증기 기관과 같은 열기관의 열효율 문제였다.

(나) 열기관은 높은 온도의 열원에서 열을 흡수하고 낮은 온도의 대기와 같은 열기관 외부에 열을 방출하며 일을 하는 기관을 말하는데, 열효율은 열기관이 흡수한 열의 양 대비 한 일의 양으로 정의된다. 19세기 초에 카르노는 열기관의 열효율 문제를 칼로릭 이론에 기반을 두고 다루었다. 카르노는 물레방아와 같은 수력 기관에서 물이 높은 곳에서 낮은 곳으로 흐르면서 일을 할 때 물의 양과 한 일의 양의 비가 높이 차이에만 좌우되는 것에 주목하였다. 물이 높이 차에 의해 이동하는 것과 흡사하게 칼로릭도 고온에서 저온으로 이동하면서 일을 하게 되는데, 열기관의 열효율 역시 이러한 두 온도에만 의존한다는 것이었다.

(다) 한편 1840년대에 줄(Joule)은 일정량의 열을 얻기 위해 필요한 각종 에너지의 양을 측정하는 실험을 행하였다. 대표적인 것이 열의 일당량 실험이었다. 이 실험은 열기관을 대상으로 한 것이 아니라, 추를 낙하시켜 물속의 날개바퀴를 회전시키는 실험이었다. 열의 양은 칼로리(Calorie)로 표시되는데, 그는 역학적 에너지인 일이 열로 바뀌는 과정의 정밀한 실험을 통해 1kcal의 열을 얻기 위해서 필요한 일의 양인 열의 일당량을 측정하였다. 줄은 이렇게 일과 열은 형태만 다를 뿐 서로 전환이 가능한 물리량이므로 등가성이 있다는 것을 입증하였으며, 열과 일이 상호 전환될 때 열과 일의 에너지를 합한 양은 일정하게 보존된다는 사실을 알아내었다. 이후 열과 일뿐만 아니라 화학 에너지, 전기 에너지 등이 등가성이 있으며 상호 전환될 때에 에너지의 총량은 변하지 않는다는 에너지 보존 법칙이 입증되었다.

(라) 열과 일에 대한 이러한 이해는 카르노의 이론에 대한 과학자들의 재검토로 이어졌다. 특히 톰슨은 ⊙ 칼로릭 이론에 입각한 카르노의 열기관에 대한 설명이 줄의 에너지 보존 법칙에 위배된다고 지적하였다. 카르노의 이론에 의하면, 열기관은 높은 온도에서 흡수한 열 전부를 낮은 온도로 방출하면서 일을 한다. 이것은 줄이 입증한 열과 일의 등가성과 에너지 보존 법칙에 어긋나는 것이어서 열의 실체가 칼로릭이라는 생각은 더 이상 유지될 수 없게 되었다. 하지만 열효율에 관한 카르노의 이론은 클라우지우스의 증명으로 유지될 수 있었다. 그는 카르노의 이론이 유지되지 않는다면 열은 저온에서 고온으로 흐르는 현상이 생길 수도 있을 것이라는 가정에서 출발하여, 열기관의 열효율은 열기관이 고온에서 열을 흡수하고 저온에 방출할 때의 두 작동 온도에만 관계된다는 카르노의 이론을 증명하였다.

(마) 클라우지우스는 자연계에서는 열이 고온에서 저온으로만 흐르고 그와 반대되는 현상은 일어나지 않는 것과 같이 경험적으로 알 수 있는 방향성이 있다는 점에 주목하였다. 또한 일이 열로 전환될 때와는 달리, 열기관에서 열 전부를 일로 전환할 수 없다는, 즉 열효율이 100%가 될 수 없다는 상호 전환 방향에 관한 비대칭성이 있다는 사실에 주목하였다. 이러한 방향성과 비대칭성에 대한 논의는 이를 설명할 수 있는 새로운 물리량인 엔트로피(Entropy)의 개념을 낳았다.

**03** 다음 중 윗글을 통해 알 수 있는 내용으로 가장 적절한 것은?

① 열기관은 외부로부터 받은 일을 열로 변환하는 기관이다.

② 수력 기관에서 물의 양과 한 일의 양의 비는 물의 온도 차이에 비례한다.

③ 칼로릭 이론에 의하면 차가운 쇠구슬이 뜨거워지면 쇠구슬의 질량은 증가하게 된다.

④ 칼로릭 이론에서는 칼로릭을 온도가 낮은 곳에서 높은 곳으로 흐르는 입자라고 본다.

⑤ 열기관의 열효율은 두 작동 온도에만 관계된다는 이론은 칼로릭 이론의 오류가 밝혀졌음에도 유지되었다.

**04** 다음 중 밑줄 친 ㉠의 내용으로 가장 적절한 것은?

① 열의 실체가 칼로릭이라면 열기관이 한 일을 설명할 수 없다는 점

② 화학 에너지와 전기 에너지는 서로 전환될 수 없는 에너지라는 점

③ 자연계에서는 열이 고온에서 저온으로만 흐르는 것과 같은 방향성이 있는 현상이 존재한다는 점

④ 열효율에 관한 카르노의 이론이 맞지 않는다면 열은 저온에서 고온으로 흐르는 현상이 생길 수 있다는 점

⑤ 열기관의 열효율은 열기관이 고온에서 열을 흡수하고 저온에 방출할 때의 두 작동 온도에만 관계된다는 점

오늘날 특정한 국가에서 순수하게 하나의 언어만을 사용하는 경우는 드물다. 한 국가의 언어 상황은 아주 복잡한 양상을 띠고 있는데, 특히 한 개인이나 사회가 둘 또는 그 이상의 언어를 사용하는 언어적 다양성을 보이는 경우에는 '이중 언어 사용'과 '양층 언어 사용'의 두 상황으로 나누어 볼 수 있다.

먼저 이중 언어 사용은 한 개인이나 사회가 일상생활에서 두 개 혹은 그 이상 언어를 어느 정도 유창하게 사용하는 것을 말하는데, 이때 둘 이상의 언어들은 사회적으로 기능상의 차이 없이 통용된다. 이중 언어 사용은 개인적 이중 언어 사용과 사회적 이중 언어 사용의 두 가지로 나누어 볼 수 있는데, 전자는 개인이 이중 언어 사용 공동체에 속해 있는지의 여부와 상관없이 두 개 이상의 언어를 사용하는 것을 말하며, 후자는 공동체 내에 두 개 이상의 언어가 실제로 사용되고 있는 상황을 가리킨다. 이중 언어 사회의 구성원은 반드시 이중 언어 사용자가 될 필요는 없다. 대다수 구성원들이 두 언어를 모두 사용할 수 있기 때문에 자신은 하나의 언어만 알고 있어도 사회생활의 거의 모든 분야에서 의사소통이 되지 않을 염려는 없다.

이중 언어 사회에서 통용되는 둘 이상의 언어들은 공용어로서 대등한 지위를 가질 수 있지만 대체로 구성원 대다수가 사용하는 언어가 '다수자 언어'가 되고, 상대적으로 사용 인원이 적은 언어는 '소수자 언어'가 된다. 일반적으로 다수자 언어는 힘이나 권위의 문제에 있어 소수자 언어보다 우세한 지위를 가지는 경우가 많고, 소수자 언어는 그 사회에서의 영향력이 작다는 이유로 정치, 교육, 경제 등 여러 분야에서 상대적으로 소홀히 취급되는 경향이 있다.

양층 언어 사용은 언어학자 퍼거슨이 처음으로 사용한 개념이다. 양층 언어 사용은 언어적 유사성이 희미하게 남아 있지만 방언 수준 이상으로 음운, 문법, 어휘 등의 층위에서 서로 다른 모습을 보이는 두 개 이상의 변이어를 사용하는 것을 말한다. 변이어들은 사회적 차원에서 서로 독립적인 기능을 하면서, 사용하는 장소나 상황이 엄격하게 구분되어 쓰인다. 양층 언어 사회에서 변이어들은 언어 사용자 수와 무관하게 '상층어'와 '하층어'로 구분되어 사용되며 상보적 관계에 있다. 상층어는 주로 종교, 법률, 교육, 행정 등과 같은 '높은 차원'의 언어적 기능을 수행하기 위해 사용되며, 주로 학교에서 이루어지는 정식 교육을 통해 배우게 된다. 반면 하층어는 가족 간의 비격식적인 대화, 친교를 위한 일상 담화 등 '낮은 차원'의 언어적 기능을 수행하기 위해 사용되며, 가정에서 모어로 습득되는 경우가 많다. 양층 언어 사용 상황에 있는 구성원은 특정 상황에서 사용되는 언어를 모를 경우 불이익을 받을 수 있다. 예를 들어 정치 분야에서 사용되는 특정 상층어를 모른다면 일상생활에는 지장이 없겠지만, 투표와 같은 참정권을 행사하는 과정에서 불편을 겪게 될 가능성이 크다. 퍼거슨과 달리 피시먼은 그의 연구에서 언어적 유사성이 없는 서로 다른 두 언어가 각자의 기능을 엄격하게 구별하여 수행하는 상황까지를 포함하여 양층 언어 사용을 설명하였다. 피시먼의 연구 결과를 뒷받침하는 대표적인 사례로는 파라과이의 언어 사용 상황을 들 수 있다. 파라과이에서는 스페인어가 상층어로서 각종 행정이나 교육 현장에서 사용되고 스페인어와 언어적 유사성이 없는 토착어인 과라니어는 인구의 90%가 사용하고 있음에도 불구하고 하층어로 사용되고 있다.

**05** 다음 중 윗글의 서술상 특징으로 적절하지 않은 것은?

① 용어의 개념을 밝혀 독자의 이해를 돕고 있다.
② 예시의 방법으로 설명 내용을 뒷받침하고 있다.
③ 대조의 방법으로 대상의 특성을 부각하고 있다.
④ 인과의 방법으로 대상의 변화 과정을 소개하고 있다.
⑤ 대상을 하위 요소로 나누어 체계적으로 설명하고 있다.

**06**  다음 중 윗글의 내용으로 적절하지 않은 것은?

① 양층 언어 사회에서는 사용되는 변이어들이 상보적 관계에 있다.

② 양층 언어 사회에서는 특정 변이어를 모르면 불편을 겪을 수 있다.

③ 양층 언어 사회에서는 구성원들이 각 변이어에 부여하는 가치가 다르다.

④ 이중 언어 사회에서는 소수자 언어가 공용어로서의 지위를 얻을 수 없다.

⑤ 이중 언어 사회에서는 일반적으로 다수자 언어의 사회적 영향력이 더 크다.

PART 3

**07**  다음 중 윗글을 토대로 사례를 이해한 내용으로 적절하지 않은 것은?

> • A지역에서는 현대 표준 아랍어와 구어체 아랍어 두 개의 언어가 사용된다. 사회 구성원들 대다수
> 는 현대 표준 아랍어가 구어체 아랍어보다 우위에 있다고 생각하며, 현대 표준 아랍어를 사용해야
> 하는 종교 시설에서 구어체 아랍어를 사용하면 비난을 받게 된다.
> • B지역에서는 프랑스 어와 영어 두 개의 언어가 사용된다. 이 두 언어를 모두 유창하게 구사할 수
> 있는 공무원들은 공공기관에 찾아온 민원인에게 프랑스 어와 영어 중 무엇을 사용할 것인지에 대
> 한 선택권을 주기 위해 'Bonjour(봉주르), Hello(헬로)!'와 같이 인사를 건넨다.

① A지역에서는 두 개의 언어를 습득하는 환경이 다를 수 있다.

② B지역에서는 구성원 모두가 두 개의 언어를 유창하게 구사할 수 있어야 한다.

③ A지역에서는 B지역에서와 달리 두 개의 언어가 사회적으로 그 기능에 차이가 있다.

④ B지역에서는 A지역에서와 달리 두 개의 언어가 사용되는 장소의 구분이 없다.

⑤ A지역과 B지역에서는 두 개의 언어가 통용될 수 있는 언어적 다양성이 나타날 것이다.

※ 다음은 색채심리학을 소개하는 기사이다. 이어지는 질문에 답하시오. [8~9]

색채는 상징성과 이미지를 지니는 동시에 인간과 심리적 교감을 나눈다. 과거 노란색은 중국 황제를 상징했고, 보라색은 로마 황제의 색이었다. 또한, 붉은색은 공산주의의 상징이었다. 백의민족이라 불린 우리 민족은 태양의 광명인 흰색을 숭상했던 것으로 보여진다. 이처럼 각 색채는 희망·열정·사랑·생명·죽음 등 다양한 상징을 갖고 있다. 여기에 각 색깔이 주는 독특한 자극은 인간의 감성과 심리에 큰 영향을 미치고 있으며, 이는 색채심리학이라는 학문의 등장으로 이어졌다.

색채심리학이란 색채와 관련된 인간의 행동(반응)을 연구하는 심리학을 말한다. 색채심리학에서는 색각(色覺)의 문제로부터, 색채가 가지는 인상·조화감 등에 이르는 여러 문제를 다룬다. 그뿐만 아니라, 생리학·예술·디자인·건축 등과도 관계를 가진다. 특히 색채가 어떠하며, 우리 눈에 그것이 어떻게 보이고, 어떤 느낌을 주는지는 색채심리학이 다루는 연구대상 중 가장 주요한 부분이다.

우리는 보통 몇 가지의 색을 동시에 보게 된다. 이럴 경우 몇 가지의 색이 상호작용을 하므로, 한 가지의 색을 볼 때와는 다른 현상이 일어난다. 그 대표적인 것이 대비(對比) 현상이다. 색채의 대비는 2개 이상의 색을 동시에 보거나 계속해서 볼 때 일어나는 현상이다. 전자를 '동시대비', 후자를 '계속대비'라 한다. 이때 제시되는 색은 서로 영향을 미치며 각기 지니고 있는 색의 특성을 더욱더 강조하는 경향이 생긴다.

이러한 색의 대비 현상을 살펴보면 색에는 색상·명도(색의 밝기 정도)·채도(색의 선명도)의 3가지 속성이 있으며, 이에 따라 색상대비·명도대비·채도대비의 3가지 대비를 볼 수 있다. 색상대비는 색상이 다른 두 색을 동시에 이웃하여 놓았을 때 두 색이 서로의 영향으로 색상 차가 나는 현상이다. 다음으로 명도대비는 명도가 다른 두 색을 이웃하거나 배색하였을 때 밝은 색은 더욱 밝게, 어두운 색은 더욱 어둡게 보이는 현상으로 볼 수 있다. 그리고 채도대비는 채도가 다른 두 색을 인접시켰을 때 서로의 영향을 받아 채도가 높은 색은 더욱 높아 보이고 채도가 낮은 색은 더욱 낮아 보이는 현상을 말한다.

오늘날 색의 대비 현상은 일상생활에서 많이 활용되고 있다. 색채를 활용하여 먼 거리에서 더 잘 보이게 하거나 뚜렷하게 보이도록 해야 할 때가 있는데, 그럴 경우에는 배경과 그 앞에 놓이는 그림의 속성 차를 크게 해야 한다. 일반적으로 배경색과 그림색의 속성이 다르면 다를수록 그림은 명확하게 인지되고, 멀리서도 잘 보인다. 색의 대비 중 이와 같은 현상에 가장 영향을 미치는 것은 명도대비이며 그다음이 색상대비, 채도대비의 순이다. 특히, 멀리서도 잘 보여야 하는 표지류 등은 대비량이 큰 색을 사용한다.

색이 우리 눈에 보이는 현상으로는 이 밖에도 잔상색·순응색 등이 있다. 흰 종이 위에 빨간 종이를 놓고 잠깐 동안 주시한 다음 빨간 종이를 없애면, 흰 종이 위에 빨간 청록색이 보인다. 이것이 이른바 보색잔상으로서 비교적 밝은 면에서 잔상을 관찰했을 때 나타나는 현상이다. 그러나 암흑 속이나 백광색의 자극을 받을 때는 매우 복잡한 양상을 띤다. 또한, 조명광이나 물체색(物體色)을 오랫동안 계속 쳐다보고 있으면 그 색에 순응되어 색의 지각이 약해진다. 그래서 조명에 의해 물체색이 바뀌어도 자신이 알고 있는 고유의 색으로 보이게 되는데 이러한 현상을 '색순응'이라고 한다.

**08** 다음 중 기사를 읽고 이해한 내용으로 적절하지 않은 것은?

① 색채의 대비 중 2개 이상의 색을 계속 보는 경우를 '계속대비'라 한다.
② 색을 계속 응시하면 색의 보이는 상태가 변화됨을 알 수 있다.
③ 색채심리학은 색채가 우리에게 어떤 느낌을 주는지도 연구한다.
④ 배경과 그림의 속성 차를 작게 할수록 뚜렷하게 보이는 효과가 있다.
⑤ 멀리서도 잘 보여야 하는 경우는 대비량이 큰 색을 사용한다.

**09** 다음 중 기사를 읽고 추론한 내용으로 가장 적절한 것은?

① 어두운 밝기의 회색이 검은색 바탕 위에 놓일 경우 밝아 보이는 현상은 채도대비로 볼 수 있다.

② 연두색 배경 위에 놓인 노란색은 좀더 붉은 색을 띠게 되는 현상은 색상대비로 볼 수 있다.

③ 무채색 위에 둔 유채색이 훨씬 선명하게 보이는 현상은 명도대비로 볼 수 있다.

④ 색의 물체를 응시한 후 흰 벽으로 눈을 옮기면 전자의 색에 칠하여진 동형의 상을 볼 수 있는데 이는 색순응으로 볼 수 있다.

⑤ 파란색 선글라스를 통해 푸르게 보이던 것이 곧 익숙해져서 본래의 색으로 느끼는 것은 보색잔상으로 볼 수 있다.

**10** 다음 중 의사 표현법을 바르게 사용하고 있는 사람은?

① A대리 : (늦잠으로 지각한 후배 사원의 잘못을 지적하며) 오늘도 지각을 했네요. 어제도 늦게 출근하지 않았나요? 왜 항상 지각하는 거죠?

② B대리 : (후배 사원의 고민을 들으며) 방금 뭐라고 이야기했죠? 미안해요. 아까 이야기한 고민에 대해서 어떤 답을 해야 할지 생각하고 있었어요.

③ C대리 : (후배 사원의 실수가 발견되어 이를 질책하며) 이번 프로젝트를 위해 많이 노력했다는 것 압니다. 다만, 발신 메일 주소를 한 번 더 확인하는 습관을 갖는 것이 좋겠어요. 앞으로는 더 잘할 거라고 믿어요.

④ D대리 : (거래처 직원에게 변경된 계약서에 서명할 것을 설득하며) 이 정도는 그쪽에 큰 손해 사항도 아니지 않습니까? 지금 서명해 주지 않으시면 곤란합니다.

⑤ E대리 : (후배 사원에게 업무를 지시하며) 이번 일은 직접 발로 뛰어야 해요. 특히 빨리 처리해야 하니까 반드시 이 순서대로 진행하세요!

**11** 다음 문단을 논리적 순서대로 바르게 나열한 것은?

(가) 나무를 가꾸기 위해서는 처음부터 여러 가지를 고려해 보아야 한다. 심을 나무의 생육조건, 나무의 형태, 성목이 되었을 때의 크기, 꽃과 단풍의 색, 식재지역의 기후와 토양 등을 종합적으로 생각하고 심어야 한다. 나무의 생육조건은 저마다 다르기 때문에 지역의 환경조건에 적합한 나무를 선별하여 환경에 적응하도록 해야 한다. 동백나무와 석류, 홍가시나무는 남부지방에 키우기 적합한 나무로 알려져 있지만 지구온난화로 남부수종의 생육한계선이 많이 북상하여 중부지방에서도 재배가 가능한 나무도 있다. 부산의 도로 중앙분리대에서 보았던 잎이 붉은 홍가시나무는 여주의 시골집 마당 양지바른 곳에서 3년째 잘 적응하고 있다.

(나) 더불어 나무의 특성을 외면하고 주관적인 해석에 따라 심었다가는 훗날 낭패를 보기 쉽다. 물을 좋아하는 수국 곁에 물을 싫어하는 소나무를 심었다면 둘 중 하나는 살기 어려운 환경이 조성된다. 나무를 심고 가꾸기 위해서는 전체적인 밑그림을 그려보고 생태적 특징을 살펴본 후에 심는 것이 바람직하다.

(다) 나무들이 밀집해 있으면 나무끼리의 경쟁은 물론 바람과 햇빛의 방해로 성장은 고사하고 병충해에 시달리기 쉽다. 또한 나무들은 성장속도가 다르기 때문에 항상 다 자란 나무의 모습을 상상하며 나무들 사이의 공간 확보를 염두에 두어야 한다. 그러나 묘목을 심고 보니 듬성듬성한 공간을 메꾸기 위하여 자꾸 나무를 심게 되는 실수를 저지른다.

(라) 식재계획의 시작은 장기적인 안목으로 적재적소의 원칙을 염두에 두고 나무를 선정해야 한다. 식물은 햇빛, 물, 바람의 조화를 이루면 잘 산다고 하지 않는가. 그래서 나무의 특성 중에서 햇볕을 좋아하는지, 그늘을 좋아하는지, 물을 좋아하는지 여부를 살펴보는 것이 중요하다. 어린 묘목을 심을 경우 실수하는 것은 나무가 자랐을 때의 생육공간을 생각하지 않고 촘촘하게 심는 것이다.

① (가) – (나) – (다) – (라)
② (가) – (라) – (나) – (다)
③ (가) – (라) – (다) – (나)
④ (나) – (가) – (라) – (다)
⑤ (나) – (다) – (가) – (라)

**12** 다음 중 A의 주장에 효과적으로 반박할 수 있는 진술은?

> A : 우리나라는 경제 성장과 국민 소득의 향상으로 매년 전력소비가 증가하고 있습니다. 이런 와중에 환경문제를 이유로 발전소를 없앤다는 것은 말도 안 되는 소리입니다. 반드시 발전소를 증설하여 경제 성장을 촉진해야 합니다.
>
> B : 하지만 최근 경제 성장 속도에 비해 전력소비량의 증가가 둔화되고 있는 것도 사실입니다. 더구나 전력소비에 대한 시민의식도 점차 바뀌어가고 있으므로 전력소비량 관련 캠페인을 실시하여 소비량을 줄인다면 발전소를 증설하지 않아도 됩니다.
>
> A : 의식의 문제는 결국 개인에게 기대하는 것이고, 희망적인 결과만을 생각한 것입니다. 확실한 것은 앞으로 우리나라 경제 성장에 있어 더욱더 많은 전력이 필요할 것이라는 겁니다.

① 친환경 발전으로 환경과 경제 문제를 동시에 해결할 수 있다.
② 경제 성장을 하면서도 전력소비량이 감소한 선진국의 사례도 있다.
③ 최근 국제 유가의 하락으로 발전비용이 저렴해졌다.
④ 발전소의 증설이 건설경제의 선순환 구조를 이룩할 수 있는 것이 아니다.
⑤ 우리나라 시민들의 전기소비량에 대한 인식조사를 해야 한다.

**13** 다음 글의 주제로 가장 적절한 것은?

> 1920년대 세계 대공황의 발생으로 애덤 스미스 중심의 고전학파 경제학자들의 '보이지 않는 손'에 대한 신뢰가 무너지게 되자 경제를 보는 새로운 시각이 요구되었다. 당시 고전학파 경제학자들은 국가의 개입을 철저히 배제하고 '공급이 수요를 창출한다.'는 세이의 법칙을 믿고 있었다. 그러나 이러한 믿음으로는 세계 대공황을 설명할 수 없었다. 이때 새롭게 등장한 것이 케인스의 '유효수요이론'이다. 유효수요이론이란 공급이 수요를 창출하는 것이 아니라, 유효수요, 즉 물건을 살 수 있는 확실한 구매력이 뒷받침되는 수요가 공급 및 고용을 결정한다는 이론이다. 케인스는 세계 대공황의 원인이 이 유효수요의 부족에 있다고 보았다. 유효수요가 부족해지면 기업은 생산량을 줄이고, 이것은 노동자의 감원으로 이어지며 구매력을 감소시켜 경제의 악순환을 발생시킨다는 것이다. 케인스는 불황을 해결하기 위해서는 가계와 기업이 소비 및 투자를 충분히 해야 한다고 주장했다. 그는 소비가 없는 생산은 공급 과다 및 실업을 일으키며 궁극적으로는 경기 침체와 공황을 가져온다고 하였다. 절약은 분명 권장되어야 할 미덕이지만 소비가 위축되어 경기 침체와 공황을 불러올 경우, 절약은 오히려 악덕이 될 수도 있다는 것이다.

① 고전학파 경제학자들이 주장한 '보이지 않는 손'
② 세계 대공황의 원인과 해결책
③ '유효수요이론'의 영향
④ '유효수요이론'의 정의
⑤ 세이 법칙의 이론적 배경

※ 다음은 블라인드 채용에 대한 글이다. 이어지는 질문에 답하시오. [14~16]

인사 담당자 또는 면접관이 지원자의 학벌, 출신 지역, 스펙 등을 평가하는 기존 채용 방식에서는 기업 성과에 필요한 직무능력 외 기타 요인에 의한 불공정한 채용이 만연했다. 한 설문조사에서 구직자의 77%가 불공정한 채용 평가를 경험한 적이 있다고 답했으며, 그에 따라 대다수의 구직자들은 기업의 채용 공정성을 신뢰하지 않는다고 응답했다. 이러한 스펙 위주의 채용으로 기업, 취업 준비생 모두에게 시간적・금전적 비용이 과잉 발생하게 되었고, 직무에 적합한 인성・역량을 보여줄 수 있는 채용 제도인 블라인드 채용이 대두되기 시작했다.

블라인드 채용이란 입사지원서, 면접 등의 채용 과정에서 편견이 개입돼 불합리한 차별을 초래할 수 있는 출신지, 가족관계, 학력, 외모 등의 항목을 걷어내고 실력, 즉 직무 능력만으로 인재를 평가해 채용하는 방식이다. 서류 전형은 없애거나 블라인드 지원서로 대체하고, 면접 전형은 블라인드 오디션 또는 면접으로 진행함으로써 실제 지원자가 가진 직무 능력을 가릴 수 있는 요소들을 배제하고 직무에 적합한 지식, 기술, 태도 등을 종합적으로 평가한다. 서류 전형에서는 모든 지원자에게 공정한 기회를 제공하고, 필기 및 면접 전형에서는 기존에 열심히 쌓아온 실력을 검증한다. 또한 지원자가 쌓은 경험과 능력, 학교생활을 하며 양성한 지식, 경험, 능력 등이 모두 평가 요소이기에 그간의 노력이 저평가되거나 역차별 요소로 작용하지 않는다.

블라인드 채용의 서류 전형은 무서류 전형과 블라인드 지원서 전형으로 구분된다. 무서류 전형은 채용 절차 진행을 위한 최소한의 정보만을 포함한 입사지원서를 접수하되 이를 선발 기준으로 활용하지 않는 방식이다. 블라인드 지원서 전형에는 입사지원서에 최소한의 정보만 수집하여 선발 기준으로 활용하는 방식과 블라인드 처리되어야 할 정보까지 수집하되 온라인 지원서상 개인정보를 암호화하거나 서면 이력서상 마스킹 처리를 하는 등 채용담당자는 볼 수 없도록 기술적으로 처리하는 방식이 있다. 면접 전형의 블라인드 면접에는 입사지원서, 인・적성검사 결과 등의 자료 없이 면접을 진행하는 무자료 면접 방식과 면접관의 인지적 편향을 유발할 수 있는 항목을 제거한 자료를 기반으로 면접을 진행하는 방식이 있다. 이와 달리 블라인드 오디션은 오디션으로 작업 표본, 시뮬레이션 등을 수행하도록 함으로써 지원자의 능력과 기술을 평가하는 방식이다.

한편 ㉠ 기존 채용, ㉡ 국가직무능력표준(NCS) 기반 채용, ㉢ 블라인드 채용의 3가지 채용 모두 채용 공고, 서류 전형, 필기 전형, 면접 전형 등으로 채용 프로세스는 같지만 전형별 세부 사항과 취지에 차이가 있다. 기존의 채용은 기업이 지원자에게 자신이 인재임을 스스로 증명하도록 요구해 무분별한 스펙 경쟁을 유발했던 반면, NCS 기반 채용은 기업이 직무별로 원하는 요건을 제시하고 지원자가 자신의 준비 정도를 증명해 목표 지향적인 능력・역량 개발을 촉진한다. 블라인드 채용은 선입견을 품을 수 있는 요소들을 전면 배제해 실력과 인성만으로 평가받도록 구성한 것이다.

**14** 다음 중 블라인드 채용의 등장 배경으로 적절하지 않은 것은?

① 대다수의 구직자들은 기존 채용 방식의 공정성을 신뢰하지 못했다.

② 기존 채용 방식으로는 지원자의 직무에 적합한 인성·역량 등을 제대로 평가할 수 없었다.

③ 구직자의 77%가 불공정한 채용 평가를 경험했을 만큼 불공정한 채용이 만연했다.

④ 스펙 위주의 채용으로 인해 취업 준비생에게 시간적·금전적 비용이 과도하게 발생하였다.

⑤ 지원자의 직무 능력을 가릴 수 있는 요소들을 배제하는 기존의 방식이 불합리한 차별을 초래했다.

**15** 다음 중 블라인드 채용을 이해한 내용으로 가장 적절한 것은?

① 무서류 전형에서는 입사지원서를 제출할 필요가 없다.

② 블라인드 온라인 지원서의 암호화된 지원자의 개인정보는 채용담당자만 볼 수 있다.

③ 별다른 자료 없이 진행되는 무자료 면접의 경우에도 인·적성검사 결과는 필요하다.

④ 블라인드 면접관은 선입견을 유발하는 항목이 제거된 자료를 기반으로 면접을 진행하기도 한다.

⑤ 서류 전형을 없애면 기존에 쌓아온 능력·지식·경험 등은 아무런 쓸모가 없다.

**16** 다음 중 밑줄 친 ㉠~㉢에 대한 설명으로 적절하지 않은 것은?

① ㉠의 경우 기업은 지원자에게 자신이 적합한 인재임을 스스로 증명하도록 요구한다.

② ㉠~㉢은 모두 채용 공고, 서류 전형, 필기 전형, 면접 전형 등의 동일한 채용 프로세스로 진행된다.

③ ㉡은 ㉠과 달리 기업이 직무별로 필요한 조건을 제시하면 지원자는 이에 맞춰 자신의 준비 정도를 증명해야 한다.

④ ㉢은 선입견 요소들을 모두 배제하여 지원자의 실력과 인성만을 평가한다.

⑤ ㉠과 ㉡은 지원자가 자신의 능력을 증명해야 하므로 지원자들의 무분별한 스펙 경쟁을 유발한다.

**17** 다음 중 빈칸에 들어갈 내용으로 가장 적절한 것은?

MZ세대 직장인을 중심으로 '조용한 사직'이 유행하고 있다. '조용한 사직'이라는 신조어는 2022년 7월 한 미국인이 SNS에 소개하면서 큰 호응을 얻은 것으로 실제로 퇴사하진 않지만 최소한의 일만 하는 업무 태도를 말한다. 실제로 MZ세대 직장인은 적당히 하자라는 생각으로 주어진 업무는 하되 더 찾아서 하거나 스트레스 받을 수준으로 많은 일을 맡지 않고, 사내 행사도 꼭 필요할 때만 참여해 일과 삶을 철저히 분리하고 있다.

한 채용플랫폼의 설문조사 결과에 따르면 직장인 10명 중 7명이 '월급 받는 만큼만 일하면 끝'이라고 답했고, 20대 응답자 중 78.5%, 30대 응답자 중 77.1%가 '받은 만큼만 일한다.'라고 답했다. 설문조사 결과 연령대가 높아질수록 그 비율은 감소해 젊은 층을 중심으로 이 같은 인식이 확산하고 있음을 짐작할 수 있다.

이러한 인식이 확산하는 데는 인플레이션으로 인한 임금 감소, '돈을 많이 모아도 집 한 채를 살 수 있을까?' 등 전반적인 경제적 불만이 기저에 있다고 전문가들은 말했다. 또한 MZ세대가 '노력에 상응하는 보상을 받고 있는지'에 민감하게 반응하는 특성을 가지고 있는 것도 한 몫 하고 있다.

문제점은 이러한 '조용한 사직' 분위기가 기업의 전반적인 생산성 저하로 이어지고 있는 것이다. 이에 맞서 기업도 '조용한 사직'으로 대응해 게으른 직원에게 업무를 주지 않는 '조용한 해고'를 하는 상황이 발생하고 있다. 이에 전문가들은 MZ세대 직장인을 나태하다고 구분 짓는 사고방식은 잘못되었다고 지적하며, 기업 차원에서는 "_____"이, 개인 차원에서는 "스스로 일과 삶을 잘 조율하는 현명함을 만드는 것"이 필요하다고 언급했다.

① 직원이 일한 만큼 급여를 올려주는 것
② 직원이 스트레스를 받지 않게 적당량의 업무를 배당하는 것
③ 젊은 세대의 채용을 신중히 하는 것
④ 젊은 세대의 특성을 이해하고 온전히 받아들이는 것
⑤ 젊은 세대가 함께할 수 있도록 분위기를 만드는 것

※ 다음 글을 읽고 이어지는 질문에 답하시오. [18~19]

맹사성은 고려 시대 말 문과에 급제하여 정계에 진출해 조선이 세워진 후 황희 정승과 함께 조선 전기의 문화 발전에 큰 공을 세운 인물이다. 맹사성은 성품이 맑고 깨끗하며, 단정하고 묵직해서 재상으로 지내면서 재상으로서의 품위를 지켰다. 또한 그는 청렴하고 검소하여 늘 ㉠ 남루한 행색으로 다녔는데, 이로 인해 한 번은 어느 고을 수령의 야유를 받았다. 나중에서야 맹사성의 실체를 알게 된 수령이 후사가 두려워 도망을 가다가 관인을 못에 빠뜨렸고, 후에 그 못을 인침연(印沈淵)이라 불렀다는 일화가 남아 있다.

조선 시대의 학자 서거정은 『필원잡기』에서 이런 맹사성이 평소에 어떻게 살았는가를 소개했다. 서거정의 소개에 따르면 맹사성은 음률을 ㉡ 깨우쳐서 항상 하루에 서너 곡씩 피리를 불곤 했다. 그는 혼자 문을 닫고 조용히 앉아 피리 불기를 계속할 뿐 ㉢ 사사로운 손님을 받지 않았다. 일을 보고하러 오는 등 꼭 만나야 할 손님이 오면 잠시 문을 열어 맞이할 뿐 그 밖에는 오직 피리를 부는 것만이 그의 삶의 전부였다. 일을 보고하러 오는 사람은 동구 밖에서 피리 소리를 듣고 맹사성이 방 안에 있다는 것을 알 정도였다.

맹사성은 여름이면 소나무 그늘 아래에 앉아 피리를 불고, 겨울이면 방 안 부들자리에 앉아 피리를 불었다. 서거정의 표현에 의하면 맹사성의 방에는 '오직 부들자리와 피리만 있을 뿐 다른 물건은 없었다.'고 한다. 당시 한 나라의 정승까지 ㉣ 맡고 있었던 사람의 방이었건만 그곳에는 온갖 ㉤ 요란한 장신구나 수많은 장서가 쌓여 있지 않고 오직 피리 하나만 있었던 것이다.

옛 왕조의 끝과 새 왕조의 시작이라는 격동기에 살면서 급격한 변화를 경험해야 했던 맹사성이 방에 오직 부들자리와 피리만을 두면서 생각한 것은 무엇일까? 그는 어떤 생각을 하며 어떤 삶을 살아갔을까? 피리 소리만 남겨둔 채 늘 비우는 방과 같이 늘 마음을 비우려 노력했던 것은 아닐까.

**18** 다음 중 윗글의 내용으로 가장 적절한 것은?

① 맹사성은 조선 전기 과거에 급제하여 조선의 문화 발전에 큰 공을 세웠다.
② 맹사성은 자신을 야유한 고을 수령의 뒤를 쫓다 인침연에 빠졌다.
③ 맹사성은 자신의 평소 생활 모습을 『필원잡기』에 담았다.
④ 맹사성은 혼자 문을 닫고 앉아 일체의 손님을 받지 않았다.
⑤ 맹사성은 여름과 겨울을 가리지 않고 피리를 불었다.

**19** 다음 중 밑줄 친 ㉠~㉤의 의미로 적절하지 않은 것은?

① ㉠ : 옷 따위가 낡아 해지고 차림새가 너저분한
② ㉡ : 깨달아 알아서
③ ㉢ : 보잘것없이 작거나 적은
④ ㉣ : 어떤 일에 대한 책임을 지고 담당하고
⑤ ㉤ : 정도가 지나쳐 어수선하고 야단스러운

**20** 다음 문단을 논리적 순서대로 바르게 나열한 것은?

(가) '단어 연상법'은 프랜시스 갤턴이 개발한 것으로서 지능의 종류를 구분하기 위한 것이었다. 이것은 피실험자에게 일련의 단어들을 또박또박 읽어주면서 각각의 단어를 듣는 순간 제일 먼저 떠오르는 단어를 말하게 하고, 실험자는 계시기를 들고 응답 시간, 즉 피실험자가 응답하는 데 걸리는 시간을 측정하여 차트에 기록하는 방법으로 진행된다. 실험은 대개 1백 개가량의 단어들로 이루어졌다. 갤턴은 응답 시간을 정확히 재기 위해 온갖 수단을 동원했지만, 그렇게 해서 얻은 정보의 양은 거의 없거나 지능의 수준을 평가하는 데 별로 중요하지 않은 경우가 많았다.

(나) 융이 그린 그래프들은 특정한 단어에 따르는 응답자의 심리 상태를 보여주었다. 이 결과를 통해 다음과 같은 두 가지 결론을 얻어낼 수 있었다. 첫째, 대답 과정에서 감정이 생겨난다. 둘째, 응답의 지연은 모종의 인식하지 못한 과정에 의해 자연 발생적으로 생겨난다. 하지만 이 기록을 토대로 결론을 내리거나 중요성을 따지기에는 너무 일렀다. 피실험자의 의식적 의도와는 별개로 작동하는 뭔가 알지 못하는 지연 행위가 있음이 분명했다.

(다) 당시에 성행했던 심리학 연구나 심리학을 정신의학에 응용하는 연구는 주로 의식에 초점이 맞춰져 있었다. 따라서 단어 연상법의 심리학에 대한 실험 연구도 의식을 바탕으로 해서 진행되었다. 하지만 융은 의식 또는 의지의 작용을 넘어서는 무엇인가가 있을 것이라고 생각했다. 여기서 그는 콤플렉스라는 개념을 끌어들인다. 융의 정의에 따르면 그것은 특수한 종류의 감정으로 이루어진 무의식 속의 관념 덩어리인데, 이것이 응답 시간을 지연시켰다는 것이다. 이후 여러 차례 실험을 거듭한 결과 그 결론은 사실임이 밝혀졌으며, 콤플렉스와 개인적 속성은 융의 사상 체계에서 핵심적인 요소가 되었다.

(라) 융의 연구 결과 단어 연상의 응답 시간은 피실험자의 정서에 큰 영향을 받으며, 그 실험법은 감춰진 정서를 찾아내는 데 더 유용하다는 점이 입증되었다. 정신적 연상의 연구를 통해 지능의 종류를 판단하고자 했던 단어 연상 실험이 오히려 그와는 다른 방향, 즉 무의식적인 감정이 빚어내는 효과를 드러내는 데 더 유용하다는 사실이 증명된 것이다. 그동안 갤턴을 비롯하여 그 실험법을 수천 명의 사람들에게 실시했던 연구자들은 지연된 응답의 배후에 있는 피실험자의 정서에 주목하지 않았으며, 단지 응답의 지연을 피실험자가 반응하지 못한 것으로만 기록했던 것이었다.

(마) 그런데 융은 이 실험에서 응답 시간이 늦어질 경우 피실험자에게 왜 응답을 망설이는지 물어보는 과정을 추가하였다. 그러자 놀랍게도 피실험자는 자신의 응답 시간이 늦어지는 것도 알지 못했을 뿐만 아니라, 그에 대해 아무런 설명도 하지 못했다. 융은 거기에 틀림없이 어떤 이유가 있으리라고 생각하고 구체적으로 파고들어갔다. 한번은 말(馬)이라는 단어가 나왔는데 어떤 피실험자의 응답 시간이 무려 1분이 넘었다. 자세히 조사해 보니 그 피실험자는 과거에 사고로 말을 잃었던 아픈 기억을 지니고 있었다. 실험이 있기 전까지는 잊고 있었던 그 기억이 실험 과정에서 되살아난 것이다.

① (가) – (마) – (라) – (나) – (다)
② (가) – (마) – (라) – (다) – (나)
③ (나) – (마) – (라) – (가) – (다)
④ (다) – (가) – (마) – (라) – (나)
⑤ (다) – (나) – (가) – (마) – (라)

**21** 세 상품 A ~ C에 대한 선호도 조사를 실시했다. 조사에 응한 사람이 가장 좋아하는 상품부터 1 ~ 3순위를 부여했다. 조사의 결과가 다음과 같을 때 C에 3순위를 부여한 사람의 수는?(단, 두 상품에 같은 순위를 표시할 수는 없다)

- 조사에 응한 사람은 20명이다.
- A를 B보다 선호한 사람은 11명이다.
- B를 C보다 선호한 사람은 14명이다.
- C를 A보다 선호한 사람은 6명이다.
- C에 1순위를 부여한 사람은 없다.

① 4명            ② 5명

③ 6명            ④ 7명

⑤ 8명

**22** 다음 〈조건〉을 토대로 판단할 때, 항상 옳은 것은?

**조건**
- 기획팀 사람 중 컴퓨터 자격증이 없는 사람은 기혼자이다.
- 영업팀 사람은 컴퓨터 자격증이 있고 귤을 좋아한다.
- 경상도 출신인 사람은 컴퓨터 자격증이 없다.
- 경기도에 사는 사람은 지하철을 이용한다.
- 통근버스를 이용하는 사람은 기획팀 사람이 아니다.

① 경상도 출신인 사람이 기획팀에 소속되어 있다면 기혼자이다.
② 경기도에 사는 사람은 기획팀 사람이다.
③ 영업팀 사람 중 경상도 출신이 있다.
④ 기획팀 사람 중 통근버스를 이용하는 사람이 있다.
⑤ 기획팀 사람 중 미혼자는 귤을 좋아한다.

**23** 바둑판에 흰 돌과 검은 돌을 다음과 같은 규칙으로 놓았을 때, 11번째 바둑판에 놓인 모든 바둑돌의 개수는?

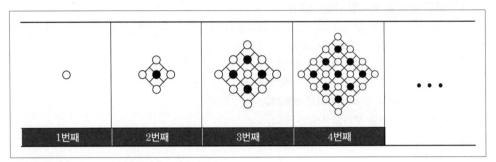

① 181개
② 221개
③ 265개
④ 313개
⑤ 365개

**24** 다음 글의 상황에서 〈조건〉의 사실을 토대로 신입사원이 김과장을 찾기 위해 추측한 내용 중 반드시 참인 것은?

김과장은 오늘 아침 조기 축구 시합에 나갔다. 그런데 김과장을 한 번도 본 적이 없는 같은 회사의 어떤 신입사원이 김과장에게 급히 전할 서류가 있어 직접 축구 시합장을 찾았다. 시합은 이미 시작되었고, 김과장이 현재 양 팀의 수비수나 공격수 중 한 사람으로 뛰고 있다는 것은 분명하다.

> **조건**
> ㉠ A팀은 검정색 상의를, B팀은 흰색 상의를 입고 있다.
> ㉡ 양 팀에서 축구화를 신고 있는 사람은 모두 안경을 쓰고 있다.
> ㉢ 양 팀에서 안경을 쓴 사람은 모두 수비수이다.

① 만약 김과장이 공격수라면 안경을 쓰고 있다.
② 만약 김과장이 A팀의 공격수라면 흰색 상의를 입고 있거나 축구화를 신고 있다.
③ 만약 김과장이 B팀의 공격수라면 축구화를 신고 있지 않다.
④ 만약 김과장이 검정색 상의를 입고 있다면 안경을 쓰고 있다.
⑤ 만약 김과장이 A팀의 수비수라면 검정색 상의를 입고 있으며 안경을 쓰고 있지 않다.

**25** 세미는 1박 2일로 경주 여행을 떠나 불국사, 석굴암, 안압지, 첨성대 유적지를 방문했다. 다음 〈조건〉에 따를 때, 세미의 유적지 방문 순서가 될 수 없는 것은?

> **조건**
> • 첫 번째로 방문한 곳은 석굴암, 안압지 중 한 곳이었다.
> • 여행 계획대로라면 첫 번째로 석굴암을 방문했을 때, 두 번째로는 첨성대에 방문하기로 되어 있었다.
> • 두 번째로 방문한 곳이 안압지가 아니라면, 불국사도 아니었다.
> • 세 번째로 방문한 곳은 석굴암이 아니었다.
> • 세 번째로 방문한 곳이 첨성대라면, 첫 번째로 방문한 곳은 불국사였다.
> • 마지막으로 방문한 곳이 불국사라면, 세 번째로 방문한 곳은 안압지였다.

① 안압지 – 첨성대 – 불국사 – 석굴암
② 안압지 – 석굴암 – 첨성대 – 불국사
③ 안압지 – 석굴암 – 불국사 – 첨성대
④ 석굴암 – 첨성대 – 안압지 – 불국사
⑤ 석굴암 – 첨성대 – 불국사 – 안압지

**26** K프랜차이즈 카페에서는 디저트로 빵, 케이크, 마카롱, 쿠키를 판매하고 있다. 최근 각 지점에서 디저트를 섭취하고 땅콩 알레르기가 발생했다는 컴플레인이 제기되었다. 해당 디저트에는 모두 땅콩이 들어가지 않으며, 땅콩을 사용한 제품과 인접 시설에서 제조하고 있다. 다음 자료를 참고할 때, 반드시 옳지 않은 것은?

> • 땅콩 알레르기 유발 원인이 된 디저트는 빵, 케이크, 마카롱, 쿠키 중 하나이다.
> • 각 지점에서 땅콩 알레르기가 있는 손님이 섭취한 디저트와 알레르기 유무는 아래와 같다.
>
> | A지점 | 빵과 케이크를 먹고, 마카롱과 쿠키를 먹지 않은 경우, 알레르기가 발생했다. |
> |---|---|
> | B지점 | 빵과 마카롱을 먹고, 케이크와 쿠키를 먹지 않은 경우, 알레르기가 발생하지 않았다. |
> | C지점 | 빵과 쿠키를 먹고, 케이크와 마카롱을 먹지 않은 경우, 알레르기가 발생했다. |
> | D지점 | 케이크와 마카롱을 먹고, 빵과 쿠키를 먹지 않은 경우, 알레르기가 발생했다. |
> | E지점 | 케이크와 쿠키를 먹고, 빵과 마카롱을 먹지 않은 경우, 알레르기가 발생하지 않았다. |
> | F지점 | 마카롱과 쿠키를 먹고, 빵과 케이크를 먹지 않은 경우, 알레르기가 발생하지 않았다. |

① A, B, D지점의 사례만을 고려하면, 케이크가 알레르기의 원인이다.
② A, C, E지점의 사례만을 고려하면, 빵이 알레르기의 원인이다.
③ B, D, F지점의 사례만을 고려하면, 케이크가 알레르기의 원인이다.
④ C, D, F지점의 사례만을 고려하면, 마카롱이 알레르기의 원인이다.
⑤ D, E, F지점의 사례만을 고려하면, 쿠키는 알레르기의 원인이 아니다.

**27** 경영학과에 재학 중인 A ~ E는 계절학기 시간표에 따라 요일별로 하나의 강의만 수강한다. 전공 수업을 신청한 C는 D보다 앞선 요일에 수강하고, E는 교양 수업을 신청한 A보다 나중에 수강한다고 할 때, 다음 중 항상 참이 되는 것은?

| 월 | 화 | 수 | 목 | 금 |
|---|---|---|---|---|
| 전공1 | 전공2 | 교양1 | 교양2 | 교양3 |

① A가 수요일에 강의를 듣는다면 E는 교양2 강의를 듣는다.

② B가 전공 수업을 듣는다면 C는 화요일에 강의를 듣는다.

③ C가 화요일에 강의를 듣는다면 E는 교양3 강의를 듣는다.

④ D는 반드시 전공 수업을 듣는다.

⑤ E는 반드시 교양 수업을 듣는다.

**28** K공단은 6층 건물의 모든 층을 사용하고 있으며, 건물에는 기획부, 인사운영부, 서비스개선부, 연구・개발부, 복지사업부, 가입지원부가 층별로 위치하고 있다. 다음 〈조건〉을 참고할 때 항상 옳은 것은?(단, 6개의 부서는 서로 다른 층에 위치하며, 3층 이하에 위치한 부서의 직원은 출근 시 반드시 계단을 이용해야 한다)

> **조건**
> • 기획부의 문대리는 복지사업부의 이주임보다 높은 층에 근무한다.
> • 인사운영부는 서비스개선부와 복지사업부 사이에 위치한다.
> • 가입지원부의 김대리는 오늘 아침 엘리베이터에서 서비스개선부의 조대리를 만났다.
> • 6개의 부서 중 건물의 옥상과 가장 가까이 위치한 부서는 연구・개발부이다.
> • 연구・개발부의 오사원이 인사운영부 박차장에게 휴가 신청서를 제출하기 위해서는 4개의 층을 내려와야 한다.
> • 건물 1층에는 공단에서 자체적으로 운영하는 카페가 함께 있다.

① 출근 시 엘리베이터를 탄 가입지원부의 김대리는 5층에서 내린다.

② 가입지원부의 김대리가 서비스개선부의 조대리보다 먼저 엘리베이터에서 내린다.

③ 인사운영부와 카페는 같은 층에 위치한다.

④ 기획부의 문대리는 출근 시 반드시 계단을 이용해야 한다.

⑤ 인사운영부의 박차장은 출근 시 연구・개발부의 오사원을 계단에서 만날 수 없다.

**29** K학원에서 10명의 학생(가 ~ 차)을 차례로 한 줄로 세우려고 한다. 다음 〈조건〉을 참고하여 7번째에 오는 학생이 사일 때, 3번째에 올 학생은 누구인가?

• 자와 차는 결석하여 줄을 서지 못했다.
• 가보다 다가 먼저 서 있다.
• 마는 다와 아보다 먼저 서 있다.
• 아는 가와 바 사이에 서 있다.
• 바는 나보다는 먼저 서 있지만, 가보다는 뒤에 있다.
• 라는 사와 나의 뒤에 서 있다.

① 가　　　　　　　　　　② 나
③ 마　　　　　　　　　　④ 바
⑤ 아

**30** 이번 주까지 A가 해야 하는 일들은 총 아홉 가지(a ~ i)가 있고, 일주일 동안 월요일부터 매일 하나의 일을 한다. 다음 〈조건〉을 참고하여 A가 토요일에 하는 일이 b일 때, 화요일에 하는 일은?

• 9개의 할 일 중에서 e와 g는 하지 않는다.
• d를 c보다 먼저 수행한다.
• c는 f보다 먼저 수행한다.
• i는 a와 f보다 나중에 수행한다.
• h는 가장 나중에 수행한다.
• a는 c보다 나중에 진행한다.

① a　　　　　　　　　　② c
③ d　　　　　　　　　　④ f
⑤ i

※ 다음은 K국가의 차량번호에 대한 자료이다. 이어지는 질문에 답하시오. **[31~33]**

- K국가는 총 26개의 A~Z주로 이루어져 있다.
- 차량번호에 대한 다음 기준은 2000년부터 2026년까지의 등록차량에 한해서만 적용된다.
- 차량번호는 다음과 같이 구성되어 있다.

| AAA-AAAA | BB | CC | DD | EE |
|---|---|---|---|---|
| 차량등록일 | 차량등록지역 | 국산·수입산 | 차종 | 도어 수 |

| 차량등록일 | | |
|---|---|---|
| 차량등록일 | 연도 | 2001년 : A<br>2002년 : B<br>…<br>2020년 : T<br>…<br>2026년 : Z |
| | 월 | 1월~3월 : O<br>4월~6월 : P<br>7월~9월 : Q<br>10월~12월 R |
| | 일 | 1일~10일 : U<br>11일~20일 : V<br>21일~말일 : Y |
| | 순번 | 1번째 등록자 : 0001<br>2번째 등록자 : 0002<br>…<br>9998번째 등록자 : 9998<br>9999번째 등록자 : 9999<br>10000번째 등록자 : 0000 |
| 차량등록지역 | | A주 : 01<br>B주 : 02<br>C주 : 03<br>…<br>Z주 : 26 |
| 국산·수입산 | | 국산 : 10<br>수입산 : 01 |
| 차종 | | 경형 : 00<br>소형 : 01<br>중형 : 10<br>대형 : 11 |

| 도어 수 | 2도어 : 02 |
| | 3도어 : 20 |
| | 4도어 : 22 |

※ 차량등록일 일자 내 기간 동안의 총 등록자는 1만 명을 초과하지 않음
※ 상반기는 1 ~ 6월, 하반기는 7 ~ 12월임

**31** 2019년 10월 5일 H주에서 801번째 차량등록을 한 수입산 중형 2도어 차량의 차량번호로 옳은 것은?

① SRU-80108010102
② SRU-080108011002
③ SRU-80108011002
④ SRU-080108111002
⑤ SRU-80108101002

**32** 다음 중 A씨의 차량번호로 옳은 것은?

> A씨는 2014년 6월 28일 국산 3도어 소형차를 구매하고, 3일 후 F주에서 1024번째 차량으로 등록을 하였다.

① NPU-012406100120
② NPU-102406010120
③ NPY-102406010120
④ NQU-102406100120
⑤ NQY-102406100120

**33** K국가는 매년 일정한 범위를 정하여 범위에 해당하는 차량만 차량검사를 진행한다. 다음 차량번호 중 올해 차량검사 대상인 것은 모두 몇 대인가?

> 올해는 2012년부터 2018년까지 등록한 차량 중 하반기에 등록한 국산 중·소형 2도어 및 4도어 차량만을 차량검사 대상으로 한다.

| COU-080120101002 | RQY-202020101002 | OQV-201216100122 |
| PQV-252412011002 | LPV-100414100120 | MRY-209423100102 |
| KRV-300126011102 | SPU-873113011122 | EQU-187120100122 |
| TRY-002121101020 | NQY-278625101020 | QRV-006214010022 |

① 없음
② 1대
③ 3대
④ 5대
⑤ 8대

**34** 컨설팅 회사에 근무 중인 A사원은 최근 컨설팅 의뢰를 받은 B사진관에 대해 SWOT 분석을 진행하기로 하였다. 밑줄 친 ㉠ ~ ㉤ 중 SWOT 분석에 들어갈 내용으로 적절하지 않은 것은?

| 강점(Strength) | • ㉠ 넓은 촬영 공간(야외 촬영장 보유)<br>• 백화점 인근의 높은 접근성<br>• ㉡ 다양한 채널을 통한 홍보로 높은 인지도 확보 |
|---|---|
| 약점(Weakness) | • ㉢ 직원들의 높은 이직률<br>• 회원 관리 능력 부족<br>• 내부 회계 능력 부족 |
| 기회(Opportunity) | • 사진 시장의 규모 확대<br>• 오프라인 사진 인화 시장의 성장<br>• ㉣ 전문가용 카메라의 일반화 |
| 위협(Threat) | • 저가 전략 위주의 경쟁 업체 증가<br>• ㉤ 온라인 사진 저장 서비스에 대한 수요 증가 |

① ㉠
② ㉡
③ ㉢
④ ㉣
⑤ ㉤

**35** 다음은 국내 화장품 제조 회사에 대한 SWOT 분석 자료이다. 〈보기〉 중 분석에 따른 대응 전략으로 적절한 것을 모두 고르면?

| 강점(Strength) | 약점(Weakness) |
|---|---|
| • 신속한 제품 개발 시스템<br>• 차별화된 제조 기술 보유 | • 신규 생산 설비 투자 미흡<br>• 낮은 브랜드 인지도 |
| 기회(Opportunity) | 위협(Threat) |
| • 해외시장에서의 한국 제품 선호 증가<br>• 새로운 해외시장의 출현 | • 해외 저가 제품의 공격적 마케팅<br>• 저임금의 개발도상국과 경쟁 심화 |

> **보기**
> ㄱ. 새로운 해외시장의 소비자 기호를 반영한 제품을 개발하여 출시한다.
> ㄴ. 국내에 화장품 생산 공장을 추가로 건설하여 제품 생산량을 획기적으로 증가시킨다.
> ㄷ. 차별화된 제조 기술을 통해 품질 향상과 고급화 전략을 추구한다.
> ㄹ. 브랜드 인지도가 낮으므로 해외 현지 기업과의 인수・합병을 통해 해당 회사의 브랜드로 제품을 출시한다.

① ㄱ, ㄴ
② ㄱ, ㄷ
③ ㄴ, ㄷ
④ ㄴ, ㄹ
⑤ ㄷ, ㄹ

**36** K자동차 회사에 근무하는 A씨는 올해 새로 출시될 예정인 수소전기차 '럭스'에 대해 SWOT 분석을 진행하기로 하였다. '럭스'의 분석 내용이 다음과 같을 때, 〈보기〉의 (가) ~ (마) 중 SWOT 분석에 들어갈 내용으로 적절하지 않은 것은?

---

**〈수소전기차 '럭스' 분석 내용〉**

- 럭스는 서울에서 부산을 달리고도 절반 가까이 남는 609km에 달하는 긴 주행거리와 5분에 불과한 짧은 충전시간을 볼 수 있다.
- 수소전기차의 정부 보조금 지급 대상은 총 240대로, 생산량에 비해 보조금이 부족한 실정이다.
- 전기차의 경우 전기의 가격은 약 10 ~ 30원/km이며, 수소차의 경우 수소의 가격은 약 72.8원/km이다.
- 럭스의 가격은 정부와 지자체의 보조금을 통해 3천여만 원에 구입이 가능하며, 이는 첨단 기술이 집약된 친환경차를 중형 SUV 가격에 구매한다는 점에서 매력적이지 않을 수 없다.
- 화석연료료 만든 전기를 충전해서 움직이는 전기차보다 물로 전기를 만들어서 움직이는 수소전기차가 더 친환경적이다.
- 수소를 충전할 수 있는 충전소는 전국 12개소에 불과하며, 올해 K자동차 회사는 안에 10개소를 더 설치한다고 발표하였으나 모두 완공될지는 미지수이다.
- 현재 전세계에서 친환경차의 인기는 뜨거우며, 저유가와 레저 문화의 확산으로 앞으로도 인기가 지속될 전망이다.

---

**보기**

| 강점(Strength) | 약점(Weakness) |
|---|---|
| • (가) 보조금 지원으로 상대적으로 저렴한 가격<br>• 일반 전기차보다 깨끗한 수소전기차<br>• 짧은 충전시간과 긴 주행거리 | • (나) 충전 인프라 부족<br>• (다) 전기보다 비싼 수소 가격 |
| **기회(Opportunity)** | **위협(Threat)** |
| • (라) 친환경차에 대한 인기<br>• 레저 문화의 확산 | • (마) 생산량에 비해 부족한 보조금 |

① (가)  ② (나)
③ (다)  ④ (라)
⑤ (마)

※ 다음은 2020년 이후 생산된 스마트폰의 시리얼넘버에 대한 자료이다. 이어지는 질문에 답하시오.
[37~38]

• 스마트폰은 다음과 같이 12자리의 시리얼넘버를 갖는다.

| 제조공장 | 생산연도 | 생산된 주 | 식별자 | 색상 | 용량 |
|---|---|---|---|---|---|
| AA | BB | CC | DDD | EE | F |

### 〈시리얼넘버 부여코드〉

| 제조공장 | 생산연도 | 생산된 주 | 식별자 | 색상 | 용량 |
|---|---|---|---|---|---|
| AN : 한국<br>BA : 중국<br>CF : 베트남<br>DK : 인도<br>EP : 대만 | 20 : 2020년<br>21 : 2021년<br>22 : 2022년<br>23 : 2023년<br>⋮ | 01 : 첫 번째 주<br>02 : 두 번째 주<br>⋮<br>10 : 열 번째 주<br>⋮ | ADW : 보급<br>DFH : 일반<br>BEY : 프리미엄<br>HQC : 한정판<br>IOH : 이벤트 | UY : 빨강<br>VS : 검정<br>EE : 파랑<br>WA : 하양<br>ML : 초록 | M : 64GB<br>S : 128GB<br>T : 256GB<br>U : 512GB |

**37** 다음 중 한국의 공장에서 2021년 34번째 주에 생산된 하얀색 256GB 프리미엄 스마트폰의 시리얼넘버로 옳은 것은?

① AN2134BEYWAT  ② AN2334BEYWAT
③ BA2134BEYWAT  ④ AN2134BEYMLT
⑤ AN2134HQCWAT

**38** 다음 중 A씨가 구매한 스마트폰의 시리얼넘버로 옳은 것은?

사진 촬영이 취미인 A씨는 기존에 사용하던 스마트폰의 용량이 부족하여 2020년에 출시된 512GB의 최신 스마트폰을 구입하였다. A씨가 구매한 검정색 스마트폰은 인도의 공장에서 올해 첫 번째 주에 생산된 한정판 제품이다.

① DK2010HQCVSU  ② DL2001HQCVSU
③ DK2001HQCVSU  ④ DK1001HQCVSU
⑤ DK2001IOHVSU

※ K공단은 모든 임직원에게 다음과 같은 규칙으로 사원번호를 부여한다. 이어지는 질문에 답하시오.
**[39~40]**

### 〈사원번호 부여 기준〉

| M | 0 | 1 | 2 | 5 | 0 | 1 | 0 | 1 |
|---|---|---|---|---|---|---|---|---|
| 성별 | 부서 | | 입사연도 | | 입사월 | | 입사순서 | |

• 사원번호 부여 순서 : [성별] – [부서] – [입사연도] – [입사월] – [입사순서]
• 성별 구분

| 남성 | 여성 |
|---|---|
| M | W |

• 부서 구분

| 운영지원부 | 인사부 | 기획부 | 보험급여부 | 자격관리부 |
|---|---|---|---|---|
| 01 | 02 | 03 | 04 | 05 |

• 입사연도 : 연도별 끝자리를 2자리 숫자로 기재(예 2025년 – 25)
• 입사월 : 2자리 숫자로 기재(예 5월 – 05)
• 입사순서 : 해당 월의 누적 입사순서(예 해당 월의 3번째 입사자 – 03)
 ※ K공단에 같은 날 입사자는 없음

**39** 다음 중 사원번호가 'W05240401'인 사원에 대한 설명으로 적절하지 않은 것은?

① 2024년도 자격관리부서 최초의 여직원이다.
② 2024년에 입사하였다.
③ 4월에 입사한 여성이다.
④ 'M03240511' 사원보다 입사일이 빠르다.
⑤ 자격관리부서로 입사하였다.

**40** 다음 K공단의 2024년 하반기 신입사원 명단을 참고할 때, 기획부에 입사한 여성은 모두 몇 명인가?

| M01240903 | W03241005 | M05240912 | W05240913 | W01241001 | W04241009 |
|---|---|---|---|---|---|
| W02240901 | M04241101 | W01240905 | W03240909 | M02241002 | W03241007 |
| M03240907 | M01240904 | W02240902 | M04241008 | M05241107 | M01241103 |
| M03240908 | M05240910 | M02241003 | M01240906 | M05241106 | M02241004 |
| M04241101 | M05240911 | W03241006 | W05241105 | W03241104 | M05241108 |

① 2명      ② 3명
③ 4명      ④ 5명
⑤ 6명

**41** R부장은 모스크바 현지 영업소로 출장을 갈 계획이다. 4일 오후 2시 회의가 예정되어 있어 모스크바 공항에 적어도 오전 11시 이전에는 도착하고자 한다. 인천에서 모스크바까지는 8시간이 걸리며, 시차는 인천이 모스크바보다 6시간이 더 빠르다. R부장은 인천에서 늦어도 몇 시에 출발하는 비행기를 예약해야 하는가?

① 3일 오전 9시
② 3일 오후 7시
③ 4일 오전 9시
④ 4일 오전 11시
⑤ 5일 오전 2시

**42** 다음 〈조건〉을 참고할 때 점포 A ~ E의 일일매출액 총합은 얼마인가?

> **조건**
> • A점포의 일일매출액은 B점포의 일일매출액보다 30만 원 적다.
> • B점포의 일일매출액은 D점포 일일매출액의 20% 수준이다.
> • D점포와 E점포의 일일매출액을 합한 것은 C점포의 매출액보다 2,450만 원이 모자라다.
> • C점포가 이틀 동안 일한 매출액에서 D점포가 12일 동안 일한 매출액을 빼면 3,500만 원이다.
> • E점포가 30일 동안 진행한 매출은 9,000만 원이다.

① 3,400만 원
② 3,500만 원
③ 5,500만 원
④ 6,000만 원
⑤ 7,500만 원

**43** 다음은 A제품을 생산·판매하는 K사의 1 ~ 3주 차 A제품 주문량 및 B, C부품 구매량에 대한 자료이다. 〈조건〉을 토대로 3주 차 토요일 판매완료 후 A제품과 B, C부품의 재고량을 바르게 나열한 것은?

〈A제품 주문량 및 B, C부품 구매량〉

(단위 : 개)

| 구분 | 1주 차 | 2주 차 | 3주 차 |
|---|---|---|---|
| A제품 주문량 | 0 | 200 | 500 |
| B부품 구매량 | 450 | 1,000 | 550 |
| C부품 구매량 | 700 | 2,400 | 1,300 |

※ 1주 차 시작 전 A제품의 재고는 없고, B, C부품의 재고는 각각 50개, 100개임
※ 한 주의 시작은 월요일임

**조건**

• A제품은 매주 월요일부터 금요일까지 생산하고, A제품 1개 생산 시 B부품 2개, C부품 4개가 사용된다.
• B, C부품은 매주 일요일에 일괄구매하고, 그 다음 부품이 모자랄 때까지 A제품을 생산한다.
• 생산된 A제품은 매주 토요일에 주문량만큼 즉시 판매되고, 남은 A제품은 이후 판매하기 위한 재고로 보유한다.

|     | A제품 | B부품 | C부품 |
|---|---|---|---|
| ① | 0 | 50 | 0 |
| ② | 0 | 50 | 100 |
| ③ | 50 | 0 | 100 |
| ④ | 50 | 0 | 200 |
| ⑤ | 100 | 50 | 200 |

**44** 甲은 개인사유로 인해 5년간 재직했던 회사를 그만두게 되었다. 甲에게 지급된 퇴직금이 1,900만 원일 때, 甲의 평균 연봉을 바르게 계산한 것은?(단, 1일 평균임금 계산 시 천의 자리에서 올림하고, 윤년은 계산하지 않는다)

---

〈퇴직금 산정방법〉

▶ 고용주는 퇴직하는 근로자에게 계속근로기간 1년에 대해 30일분 이상의 평균임금을 퇴직금으로 지급해야 합니다.
　– '평균임금'이란 이를 산정해야 할 사유가 발생한 날 이전 3개월 동안에 해당 근로자에게 지급된 임금의 총액을 그 기간의 총 일수로 나눈 금액을 말합니다.
　– 평균임금이 근로자의 통상임금보다 적으면 그 통상임금을 평균임금으로 합니다.

▶ 퇴직금 산정공식
　(퇴직금)＝[(1일 평균임금)×30×(총 계속근로기간)]÷365

---

① 4,110만 원　　　　　　　　　② 4,452만 원
③ 4,650만 원　　　　　　　　　④ 4,745만 원
⑤ 4,800만 원

**45** 오전 5시 40분에 당고개에서 출발하는 4호선 오이도행 열차가 있다. 다음은 오이도역에서 출발하는 4호선 당고개행 열차의 출발 시각표이고, 오이도에서 당고개까지 총 47개의 역일 때, 당고개에서 출발하는 열차가 오이도에서 출발하는 열차와 몇 번째 역에서 마주치게 되겠는가?(단, 다음 정차역까지 걸리는 시간은 모두 2분 간격이며, 오이도역을 1번으로 하여 순번을 매긴다)

〈당고개행 열차 오이도역 출발 시각〉

| 열차 | 출발 시각 |
|---|---|
| ㉮ | 06:00 |
| ㉯ | 06:24 |
| ㉰ | 06:48 |

|  | ㉮ | ㉯ | ㉰ |
|---|---|---|---|
| ① | 21번째 역 | 15번째 역 | 9번째 역 |
| ② | 19번째 역 | 13번째 역 | 7번째 역 |
| ③ | 17번째 역 | 11번째 역 | 5번째 역 |
| ④ | 14번째 역 | 10번째 역 | 4번째 역 |
| ⑤ | 14번째 역 | 9번째 역 | 3번째 역 |

**46** 다음은 R대리가 부산 출장을 갔다 올 때, 선택할 수 있는 교통편에 대한 자료이다. R대리가 교통편 하나를 선택하여 왕복티켓을 모바일로 예매하려고 할 때, 가장 저렴한 교통편의 금액은 얼마인가?

〈출장 시 이용 가능한 교통편 현황〉

| 교통편 | 종류 | 비용 | 기타 |
|---|---|---|---|
| 버스 | 일반버스 | 24,000원 | – |
| | 우등버스 | 32,000원 | 모바일 예매 1% 할인 |
| 기차 | 무궁화호 | 28,000원 | 왕복 예매 시 15% 할인 |
| | 새마을호 | 36,000원 | 왕복 예매 시 20% 할인 |
| | KTX | 58,000원 | 1+1 이벤트(편도 금액으로 왕복 예매 가능) |

① 45,600원      ② 46,600원

③ 47,600원      ④ 48,600원

⑤ 49,600원

**47** 자동차 회사에 근무하고 있는 P씨는 중국 공장에 점검차 방문하기 위해 교통편을 알아보고 있다. 내일 새벽 비행기를 타기 위한 여러 가지 방법 중 가장 적은 비용으로 공항에 도착하는 방법은?

〈숙박요금〉

| 구분 | 공항 근처 모텔 | 공항 픽업 호텔 | 회사 근처 모텔 |
|---|---|---|---|
| 요금 | 80,000원 | 100,000원 | 40,000원 |

〈대중교통 요금 및 소요시간〉

| 구분 | 버스 | 택시 |
|---|---|---|
| 회사 → 공항 근처 모텔 | 20,000원 / 3시간 | 40,000원 / 1시간 30분 |
| 회사 → 공항 픽업 호텔 | 10,000원 / 1시간 | 20,000원 / 30분 |
| 회사 → 회사 근처 모텔 | 근거리이므로 무료 | |
| 공항 픽업 호텔 → 공항 | 픽업으로 무료 | |
| 공항 근처 모텔 → 공항 | | |
| 회사 근처 모텔 → 공항 | 20,000원 / 3시간 | 40,000원 / 1시간 30분 |

※ 소요시간도 금액으로 계산함(30분당 5,000원)

① 공항 근처 모텔로 버스 타고 이동 후 숙박

② 공항 픽업 호텔로 버스 타고 이동 후 숙박

③ 공항 픽업 호텔로 택시 타고 이동 후 숙박

④ 회사 근처 모텔에서 숙박 후 버스 타고 공항 이동

⑤ 회사 근처 모텔에서 숙박 후 택시 타고 공항 이동

**48** K공단은 사내 요리대회를 진행하고 있다. 최종 관문인 협동심 평가는 이전 평가에서 통과한 참가자 A~D 4명이 한 팀이 되어 역할을 나눠 주방에서 제한시간 내에 하나의 요리를 만드는 것이다. 재료손질, 요리보조, 요리, 세팅 및 정리 4개의 역할이 있고, 협동심 평가 후 참가자별 기존 점수에 가산점을 더하여 최종 점수를 계산할 때, 〈조건〉을 토대로 역할을 선정한 것은?

〈참가자별 점수 분포〉

(단위 : 점)

| 구분 | A참가자 | B참가자 | C참가자 | D참가자 |
| --- | --- | --- | --- | --- |
| 기존 점수 | 90 | 95 | 92 | 97 |

〈각 역할을 성실히 수행 시 가산점〉

(단위 : 점)

| 구분 | 재료손질 | 요리보조 | 요리 | 세팅 및 정리 |
| --- | --- | --- | --- | --- |
| 가산점 | 5 | 3 | 7 | 9 |

※ 협동심 평가의 각 역할은 한 명만 수행할 수 있음

**조건**

• C참가자는 주부습진이 있어 재료손질 역할을 원하지 않는다.
• A참가자는 깔끔한 성격으로 세팅 및 정리 역할을 원한다.
• D참가자는 손재주가 없어 재료손질 역할을 원하지 않는다.
• B참가자는 적극적인 성격으로 어떤 역할이든지 자신 있다.
• 최종점수는 100점을 넘을 수 없다.

|  | 재료손질 | 요리보조 | 요리 | 세팅 및 정리 |
| --- | --- | --- | --- | --- |
| ① | A | D | C | B |
| ② | B | C | D | A |
| ③ | B | D | C | A |
| ④ | C | A | D | B |
| ⑤ | D | C | A | B |

**49** K씨는 휴대전화를 구입하기 위하여 A ~ C 세 상품에 대한 만족도를 조사하였다. 다음 중 경제적 의사결정에 대한 설명으로 옳은 것은?(단, 만족도 1단위는 화폐 1만 원의 가치와 같다)

〈A ~ C 상품의 만족도 조사〉

(단위 : 점)

| 상품 \ 가격 | 만족도 | 광고의 호감도 (5) | 디자인 (12) | 카메라 기능 (8) | 단말기 크기 (9) | A/S (6) |
|---|---|---|---|---|---|---|
| A | 135만 원 | 5 | 10 | 6 | 8 | 5 |
| B | 128만 원 | 4 | 9 | 6 | 7 | 5 |
| C | 125만 원 | 3 | 7 | 5 | 6 | 4 |

※ (　) 안은 만족도의 만점임

① 합리적으로 선택한다면 상품 B를 구입할 것이다.
② 단말기 크기보다 카메라 기능을 더 중시하고 있다.
③ 만족도가 가장 큰 대안을 선택하는 것이 가장 합리적이다.
④ 예산을 125만 원으로 제한하면 휴대전화 구입을 포기할 것이다.
⑤ 구매 선택의 기준으로 휴대전화의 성능을 지나치게 중시하고 있다.

**50** K회사에서 근무하는 김사원은 수출계약 건으로 한국에 방문하는 바이어를 맞이하기 위해 인천공항에 가야 한다. 미국 뉴욕에서 오는 바이어는 현지시각으로 21일 오전 8시 30분에 한국행 비행기에 탑승할 예정이며, 비행시간은 17시간이다. K회사에서 인천공항까지는 1시간 30분이 걸리고, 바이어의 도착 예정시각보다는 30분 일찍 도착하여 대기하려고 할 때, 김사원은 적어도 회사에서 몇 시에 출발해야 하는가?(단, 뉴욕은 한국보다 13시간이 느리다)

① 21일 10시 30분
② 21일 12시 30분
③ 22일 12시
④ 22일 12시 30분
⑤ 22일 14시 30분

**51** K공단은 여름방학을 맞이하여 대학생 서포터즈와 함께하는 농촌체험활동 행사를 진행했다. 총 다섯 팀이 행사에 참가하였으며, 각 팀은 활동을 바탕으로 홍보영상을 제작하였다. 세 가지 평가 기준에 따라 우수팀을 선정하려고 할 때, 가장 높은 등급을 받는 팀은?

**〈평가항목과 배점비율〉**

| 평가항목 | 창의력 | 전달력 | 기술력 | 합계 |
|---|---|---|---|---|
| 배점비율 | 50% | 30% | 20% | 100% |

**〈창의력〉**

(단위 : 점)

| 구분 | 10 ~ 8 | 7 ~ 5 | 4 ~ 2 | 1 ~ 0 |
|---|---|---|---|---|
| 환산점수 | 100 | 80 | 70 | 40 |

**〈전달력〉**

(단위 : 점)

| 구분 | 10 ~ 7 | 6 ~ 4 | 3 ~ 2 | 1 ~ 0 |
|---|---|---|---|---|
| 환산점수 | 100 | 70 | 50 | 30 |

**〈기술력〉**

(단위 : 점)

| 구분 | 10 ~ 6 | 5 ~ 4 | 3 ~ 0 |
|---|---|---|---|
| 환산점수 | 100 | 70 | 40 |

**〈팀별점수〉**

(단위 : 점)

| 구분 | 창의력 | 전달력 | 기술력 | 총 환산점수 | 환산등급 |
|---|---|---|---|---|---|
| A팀 | 7 | 4 | 6 | | |
| B팀 | 8 | 2 | 5 | | |
| C팀 | 3 | 8 | 2 | | |
| D팀 | 8 | 3 | 4 | | |
| E팀 | 8 | 8 | 6 | | |

※ 총점은 각 평가항목의 비율별로 합한 것이고, 환산등급은 등급별로 A(100 ~ 91점), B(90 ~ 81점), C(80 ~ 71점), D(70 ~ 61점), E(60점 이하)임

① A팀      ② B팀
③ C팀      ④ D팀
⑤ E팀

**52** 다음은 K공단의 당직 근무 규칙과 이번 주 당직 근무자들의 일정표이다. 당직 근무 규칙에 따라 이번 주에 당직 근무 일정을 추가해야 하는 사람으로 옳은 것은?

---

### 〈당직 근무 규칙〉

- 1일 당직 근무 최소 인원은 오전 1명, 오후 2명으로 총 3명이다.
- 1일 최대 6명을 넘길 수 없다.
- 같은 날 오전·오후 당직 근무는 서로 다른 사람이 해야 한다.
- 오전 또는 오후 당직을 모두 포함하여 당직 근무는 주당 3회 이상 5회 미만으로 해야 한다.

### 〈당직 근무 일정〉

| 성명 | 일정 | 성명 | 일정 |
|---|---|---|---|
| 공주원 | 월 오전 / 수 오후 / 목 오전 | 최민관 | 월 오후 / 화 오후 / 토 오전 / 일 오전 |
| 이지유 | 월 오후 / 화 오전 / 금 오전 / 일 오후 | 이영유 | 화 오후 / 수 오전 / 금 오후 / 토 오후 |
| 강리환 | 수 오전 / 목 오전 / 토 오후 | 지한준 | 월 오전 / 수 오후 / 금 오전 |
| 최유리 | 화 오전 / 목 오후 / 토 오후 | 강지공 | 화 오후 / 수 오전 / 금 오후 / 토 오후 |
| 이건율 | 목 오전 / 일 오전 | 김민정 | 월 오전 / 수 오후 / 토 오전 / 일 오후 |

① 공주원
② 이지유
③ 최유리
④ 지한준
⑤ 김민정

**53** K공단에서는 신입사원 2명을 채용하기 위하여 서류와 필기전형을 통과한 갑 ~ 정 네 명의 최종 면접을 실시하려고 한다. 다음 표와 같이 네 개 부서의 팀장이 각각 네 명을 모두 면접하여 채용 우선순위를 결정하였다. 면접 결과에 대한 〈보기〉 중 옳은 것을 모두 고르면?

〈면접 결과〉

| 면접관<br>순위 | 인사팀장 | 경영관리팀장 | 복지사업팀장 | 회계팀장 |
|---|---|---|---|---|
| 1순위 | 을 | 갑 | 을 | 병 |
| 2순위 | 정 | 을 | 병 | 정 |
| 3순위 | 갑 | 정 | 정 | 갑 |
| 4순위 | 병 | 병 | 갑 | 을 |

※ 우선순위가 높은 사람순으로 2명을 채용함
※ 동점자는 인사, 경영관리, 복지사업, 회계팀장 순서로 부여한 고순위자로 결정함
※ 각 팀장이 매긴 순위에 대한 가중치는 모두 동일함

보기

㉠ '을' 또는 '정' 중 한 명이 입사를 포기하면 '갑'이 채용된다.
㉡ 인사팀장이 '을'과 '정'의 순위를 바꿨다면 '갑'이 채용된다.
㉢ 경영관리팀장이 '갑'과 '병'의 순위를 바꿨다면 '정'은 채용되지 못한다.

① ㉠
② ㉠, ㉡
③ ㉠, ㉢
④ ㉡, ㉢
⑤ ㉠, ㉡, ㉢

**54** 다음은 K공단 인사팀의 하계휴가 스케줄이다. A사원은 휴가를 신청하기 위해 하계휴가 스케줄을 확인하였다. 인사팀 팀장인 P부장이 25 ~ 28일은 하계워크숍 기간이므로 휴가 신청이 불가능하며, 하루에 6명 이상은 사무실에 반드시 있어야 한다고 팀원들에게 공지했다. A사원이 휴가를 쓸 수 있는 기간으로 가장 적절한 것은?

| 구분 | 8월 | | | | | | | | | | | | | | | | | | | |
|---|---|---|---|---|---|---|---|---|---|---|---|---|---|---|---|---|---|---|---|---|
| | 3 | 4 | 5 | 6 | 7 | 10 | 11 | 12 | 13 | 14 | 17 | 18 | 19 | 20 | 21 | 24 | 25 | 26 | 27 | 28 |
| | 월 | 화 | 수 | 목 | 금 | 월 | 화 | 수 | 목 | 금 | 월 | 화 | 수 | 목 | 금 | 월 | 화 | 수 | 목 | 금 |
| P부장 | ■ | ■ | ■ | | | | | | | | | | | | | | | | | |
| Q차장 | | | | | | | | ■ | ■ | ■ | | | | | | | | | | |
| J과장 | | | | | | ■ | ■ | | | | | | | | | | | | | |
| H대리 | | | | | | | | | | ■ | ■ | ■ | | | | | | | | |
| S주임 | | | | | | | | | | | | | | ■ | ■ | ■ | | | | |
| W주임 | | | | | | | | | | | ■ | ■ | ■ | | | | | | | |
| A사원 | | | | | | | | | | | | | | | | | | | | |
| B사원 | | | | | | | ■ | ■ | | | | | | | | | | | | |

※ 색칠된 부분은 다른 팀원의 휴가기간임

※ A사원은 4일 이상 휴가를 사용해야 함(토, 일 제외)

① 8월 7 ~ 11일      ② 8월 6 ~ 11일

③ 8월 11 ~ 14일      ④ 8월 13 ~ 18일

⑤ 8월 19 ~ 24일

**55** K사는 사원들에게 사택을 제공하고 있다. 사택 신청자 A ~ E 중 현재 2명만이 사택을 제공받을 수 있으며, 추첨은 조건별 점수에 따라 이뤄진다고 할 때, 〈보기〉에 따라 사택을 제공받을 수 있는 사람은?

〈사택 제공 조건별 점수〉

| 근속연수 | 점수 | 직위 | 점수 | 부양가족 수 | 점수 | 직종 | 점수 |
|---|---|---|---|---|---|---|---|
| 1년 이상 | 1점 | 차장 | 5점 | 5명 이상 | 10점 | 연구직 | 10점 |
| 2년 이상 | 2점 | 과장 | 4점 | 4명 | 8점 | 기술직 | 10점 |
| 3년 이상 | 3점 | 대리 | 3점 | 3명 | 6점 | 영업직 | 5점 |
| 4년 이상 | 4점 | 주임 | 2점 | 2명 | 4점 | 서비스직 | 5점 |
| 5년 이상 | 5점 | 사원 | 1점 | 1명 | 2점 | 사무직 | 3점 |

※ 근속연수는 휴직기간을 제외하고 1년마다 1점씩 적용하여 최대 5점까지 받을 수 있음. 단, 해고 또는 퇴직 후 일정기간을 경과하여 재고용된 경우에는 이전에 고용되었던 기간(개월)을 통산하여 근속연수에 포함하며, 근속연수 산정은 2025. 01. 01을 기준으로 함
※ 부양가족 수의 경우 배우자는 제외됨
※ 무주택자의 경우 10점의 가산점을 받음
※ 동점일 경우 부양가족 수가 많은 사람이 우선순위로 선발됨

**보기**

| 구분 | 직위 | 직종 | 입사일 | 가족 구성 | 주택 유무 | 비고 |
|---|---|---|---|---|---|---|
| A | 대리 | 영업직 | 2021. 08. 20 | 남편 | 무주택자 | – |
| B | 사원 | 기술직 | 2023. 09. 17 | 아내, 아들 1명, 딸 1명 | 무주택자 | – |
| C | 과장 | 연구직 | 2020. 02. 13 | 어머니, 남편, 딸 1명 | 유주택자 | • 2021. 12. 17 퇴사<br>• 2022. 05. 15 재입사 |
| D | 주임 | 사무직 | 2023. 03. 03 | 아내, 아들 1명, 딸 2명 | 무주택자 | – |
| E | 차장 | 영업직 | 2018. 05. 06 | 아버지, 어머니, 아내, 아들 1명 | 유주택자 | • 2020. 05. 03 퇴사<br>• 2021. 06. 08 재입사 |

① A대리, C과장
② A대리, E차장
③ B사원, C과장
④ B사원, D주임
⑤ D주임, E차장

**56** 다음은 계절별 전기요금표이다. 7월에 전기 460kWh를 사용하여 전기세가 많이 나오자 10월에는 전기사용량을 줄이기로 하였다. 10월에 사용한 전력이 341kWh이라면, 10월의 전기세로 청구될 금액은 얼마인가?

〈전기요금표〉

• 하계(7.1 ~ 8.31)

| 구간 | | 기본요금(원/호) | 전력량 요금(원/kWh) |
|---|---|---|---|
| 1단계 | 300kWh 이하 사용 | 910 | 93.3 |
| 2단계 | 301 ~ 450kWh | 1,600 | 187.9 |
| 3단계 | 450kWh 초과 | 7,300 | 280.6 |

• 기타 계절(1.1 ~ 6.30, 9.1 ~ 12.31)

| 구간 | | 기본요금(원/호) | 전력량 요금(원/kWh) |
|---|---|---|---|
| 1단계 | 200kWh 이하 사용 | 910 | 93.3 |
| 2단계 | 201 ~ 400kWh | 1,600 | 187.9 |
| 3단계 | 400kWh 초과 | 7,300 | 280.6 |

• 부가가치세(1원 미만 반올림) : 전기요금의 10%
• 전력산업기반기금(10원 미만 절사) : 전기요금의 3.7%
• 전기요금(1원 미만 절사) : (기본요금)+(전력량 요금)

  ※ 전력량 요금은 요금 누진제가 적용됨. 요금 누진제는 사용량이 증가함에 따라 순차적으로 높은 단가가 적용되며, 기타 계절의 요금은 200kWh 단위로 3단계로 운영됨. 예를 들어, 월 300kWh를 사용한 세대는 처음 200kWh에 대해서는 kWh당 93.3원이 적용되고, 나머지 100kWh에 대해서는 187.9원이 적용돼 총 37,450원의 전력량 요금이 부과됨

• 청구금액(10원 미만 절사) : (전기요금)+(부가가치세)+(전력산업기반기금)

① 51,020원
② 53,140원
③ 57,850원
④ 64,690원
⑤ 72,560원

**57** K컨설팅사에 근무하고 있는 A사원은 팀장으로부터 새로운 프로젝트를 수주하기 위해 제안서를 작성하라는 과제를 받았다. 우선 프로젝트 제안 비용을 결정하기 위해 직접비와 간접비를 기준으로 예산을 작성하려 한다. 다음 중 직접비와 간접비가 바르게 연결되지 않은 것은?

|   | 직접비 | 간접비 |
|---|---|---|
| ① | 재료비 | 보험료 |
| ② | 과정개발비 | 여행(출장) 및 잡비 |
| ③ | 인건비 | 광고비 |
| ④ | 시설비 | 사무비품비 |
| ⑤ | 여행(출장) 및 잡비 | 통신비 |

**58** 직원 수가 100명인 K회사에서 치킨을 주문하려고 한다. 1마리를 시키면 2명이 먹을 수 있다고 할 때, 최소 비용으로 치킨을 먹을 수 있는 방법은?

| 구분 | 정가 | 할인 | |
|---|---|---|---|
| | | 방문 포장 시 | 단체 주문 시 |
| A치킨 | 15,000원/마리 | 35% | 5%(단, 50마리 이상 주문 시) |
| B치킨 | 16,000원/마리 | 20% | 3%(10마리당 할인) |

※ 방문 포장 시 유류비와 이동할 때의 번거로움 등을 계산하면 A치킨은 50,000원, B치킨은 15,000원의 비용이 듦
※ 중복 할인이 가능하며, 중복 할인 시 할인율을 더한 값으로 계산함

① A치킨에서 방문 포장하고 단체 주문 옵션을 선택한다.
② B치킨에서 방문 포장하고 단체 주문 옵션을 선택한다.
③ A치킨에서 배달을 시킨다.
④ A치킨과 B치킨에서 전체의 반씩 방문 포장으로 단체 주문 옵션을 선택한다.
⑤ B치킨에서 배달을 시킨다.

59 K물류회사에서 근무 중인 J사원에게 화물운송기사 두 명이 찾아와 운송시간에 대한 질문을 하였다. 주요 도시 간 이동시간 자료를 참고했을 때, 두 기사에게 안내해야 할 시간은?(단, J사원과 두 기사는 A도시에 위치하고 있다)

> P기사 : 저는 여기서 화물을 싣고 E도시로 운송한 후에 C도시로 가서 다시 화물을 싣고 여기로 돌아와야 하는데 시간이 얼마나 걸릴까요? 최대한 빨리 마무리 지었으면 좋겠는데….
>
> Q기사 : 저는 여기서 출발해서 모든 도시를 한 번씩 거쳐 다시 여기로 돌아와야 해요. 가장 짧은 이동시간으로 다녀오면 얼마나 걸릴까요?

### 〈주요도시 간 이동시간〉

(단위 : 시간)

| 출발도시 \ 도착도시 | A | B | C | D | E |
|---|---|---|---|---|---|
| A | − | 1.0 | 0.5 | − | − |
| B | − | − | − | 1.0 | 0.5 |
| C | 0.5 | 2.0 | − | − | − |
| D | 1.5 | − | − | − | 0.5 |
| E | − | − | 2.5 | 0.5 | − |

※ 화물을 싣고 내리기 위해 각 도시에서 정차하는 시간은 고려하지 않음
※ '−' 표시가 있는 구간은 이동이 불가능함

| | P기사 | Q기사 | | P기사 | Q기사 |
|---|---|---|---|---|---|
| ① | 4시간 | 4시간 | ② | 4.5시간 | 5시간 |
| ③ | 4.5시간 | 5.5시간 | ④ | 5.5시간 | 5시간 |
| ⑤ | 5.5시간 | 5.5시간 | | | |

**60** 독일인 A씨는 베를린에서 한국을 경유하여 일본으로 가는 비행기표를 구매하였다. A씨의 일정이 다음과 같을 때, A씨가 인천공항에 도착하는 한국시각과 A씨가 참여했을 환승투어를 바르게 짝지은 것은?(단, 제시된 조건 외에 고려하지 않는다)

〈A씨의 일정〉

| 한국행 출발시각<br>(독일시각 기준) | 비행시간 | 인천공항 도착시각 | 일본행 출발시각<br>(한국시각 기준) |
|---|---|---|---|
| 11월 2일 19:30 | 12시간 20분 | ( ) | 11월 3일 19:30 |

※ 독일은 한국보다 8시간 느림
※ 비행 출발 1시간 전에는 공항에 도착해야 함

〈환승투어 코스 안내〉

| 구분 | 코스 | 소요시간 |
|---|---|---|
| 엔터테인먼트 | • 인천공항 → 파라다이스시티 아트테인먼트 → 인천공항 | 2시간 |
| 인천시티 | • 인천공항 → 송도한옥마을 → 센트럴파크 → 인천공항<br>• 인천공항 → 송도한옥마을 → 트리플 스트리트 → 인천공항 | 2시간 |
| 산업 | • 인천공항 → 광명동굴 → 인천공항 | 4시간 |
| 전통 | • 인천공항 → 경복궁 → 인사동 → 인천공항 | 5시간 |
| 해안관광 | • 인천공항 → 을왕리해변 또는 마시안해변 → 인천공항 | 1시간 |

| | 도착시각 | 환승투어 |
|---|---|---|
| ① | 11월 2일 23:50 | 산업 |
| ② | 11월 2일 15:50 | 엔터테인먼트 |
| ③ | 11월 3일 23:50 | 전통 |
| ④ | 11월 3일 15:50 | 인천시티 |
| ⑤ | 11월 3일 14:50 | 해안관광 |

**61** 서로 직선상에 있는 A지점과 B지점의 거리는 16km이다. 갑은 A지점에서 B지점을 향해 시속 3km로 걸어서 이동하고, 을은 B지점에서 A지점을 향해 시속 5km로 자전거를 타고 이동한다. 두 사람은 출발한 지 몇 시간 만에 만나게 되며, 두 사람이 이동한 거리의 차는 얼마인가?

① 1시간, 3km
② 1시간, 5km
③ 2시간, 2km
④ 2시간, 4km
⑤ 3시간, 2km

**62** 영희는 3시에 학교 수업이 끝난 후 할머니를 모시고 병원에 간다. 학교에서 집으로 갈 때는 4km/h의 속력으로 이동하고 집에서 10분 동안 할머니를 기다린 후, 할머니와 병원까지 3km/h의 속력으로 이동한다고 한다. 학교와 집, 집과 병원 사이의 거리 비가 2 : 1일 때, 병원에 도착한 시각은 4시 50분이다. 병원에서 집까지의 거리는?

① 1km
② 2km
③ 3km
④ 4km
⑤ 5km

**63** 2024년 상반기 K기업 홍보팀 입사자는 2023년 하반기에 비해 20% 감소하였으며, 2024년 상반기 인사팀 입사자는 2023년 하반기 마케팅팀 입사자 수의 2배이고, 영업팀 입사자는 2023년 하반기보다 30명이 늘었다. 2024년 상반기 마케팅팀의 입사자는 2024년 상반기 인사팀의 입사자와 같다. 2024년 상반기 전체 입사자가 2023년 하반기 대비 25% 증가했을 때, 2023년 하반기 대비 2024년 상반기 인사팀 입사자의 증감률은?

〈K기업 입사자 수〉

(단위 : 명)

| 구분 | 마케팅 | 영업 | 홍보 | 인사 | 합계 |
|---|---|---|---|---|---|
| 2023년 하반기 입사자 수 | 50 | | 100 | | 320 |

① − 15%
② 0%
③ 15%
④ 25%
⑤ − 25%

**64** K공단의 재활보상부, 복지사업부, 경영지원부에서 2명씩 대표로 회의에 참석하기로 하였다. 자리 배치는 원탁 테이블에 같은 부서 사람이 옆자리로 앉는다고 할 때, 6명이 앉을 수 있는 경우의 수는 몇 가지인가?

① 15가지  ② 16가지
③ 17가지  ④ 18가지
⑤ 20가지

**65** 다음과 같이 일정한 규칙으로 수를 나열할 때, 빈칸에 들어갈 수는?

| | | | | | | | | |
|---|---|---|---|---|---|---|---|---|
| 2 | 12 | 32 | 72 | 152 | 312 | 632 | ( | ) |

① 1,252  ② 1,262
③ 1,264  ④ 1,272
⑤ 2,280

**66** K유통회사는 LED전구를 수입하여 국내에 판매할 계획을 세우고 있다. 다음 자료는 동급의 LED전구를 생산하는 해외업체들의 가격정보이다. 어떤 기업의 판매단가가 가장 경쟁력이 높은가?

| 구분 | A기업 | B기업 | C기업 | D기업 | E기업 |
|---|---|---|---|---|---|
| 판매단가(개당) | 8USD | 50CNY | 270TWD | 30AED | 550INR |
| 교환비율 | 1 | 6 | 35 | 3 | 70 |

※ 교환비율 : USD를 기준으로 다른 화폐와 교환할 수 있는 비율

① A기업  ② B기업
③ C기업  ④ D기업
⑤ E기업

**67** 부동산 취득세 세율이 다음과 같을 때, 실 매입비가 6억 7천만 원인 $92\text{m}^2$ 아파트의 거래금액은? (단, 만 원 단위 미만은 절사한다)

| 구분 | | 취득세 | 농어촌특별세 | 지방교육세 |
|---|---|---|---|---|
| 6억 원 이하 주택 | $85\text{m}^2$ 이하 | 1% | 비과세 | 0.1% |
| | $85\text{m}^2$ 초과 | 1% | 0.2% | 0.1% |
| 6억 원 초과 9억 원 이하 주택 | $85\text{m}^2$ 이하 | 2% | 비과세 | 0.2% |
| | $85\text{m}^2$ 초과 | 2% | 0.2% | 0.2% |
| 9억 원 초과 주택 | $85\text{m}^2$ 이하 | 3% | 비과세 | 0.3% |
| | $85\text{m}^2$ 초과 | 3% | 0.2% | 0.3% |

〈표준세율〉

① 65,429만 원
② 65,800만 원
③ 67,213만 원
④ 67,480만 원
⑤ 68,562만 원

**68** 다음은 K국의 치료감호소 수용자 현황에 대한 자료이다. 빈칸 (가) ~ (라)에 해당하는 수를 모두 더한 값은?

〈치료감호소 수용자 현황〉

(단위 : 명)

| 구분 | 약물 | 성폭력 | 심신장애자 | 합계 |
|---|---|---|---|---|
| 2020년 | 89 | 77 | 520 | 686 |
| 2021년 | (가) | 76 | 551 | 723 |
| 2020년 | 145 | (나) | 579 | 824 |
| 2022년 | 137 | 131 | (다) | 887 |
| 2023년 | 114 | 146 | 688 | (라) |
| 2024년 | 88 | 174 | 688 | 950 |

① 1,524
② 1,639
③ 1,751
④ 1,763
⑤ 1,770

**69** 다음은 2014 ~ 2024년 국내 5급 공무원과 7급 공무원 채용인원 현황에 대한 자료이다. 이에 대한 〈보기〉 중 옳은 것을 모두 고르면?(단, 비율은 소수점 둘째 자리에서 반올림한다)

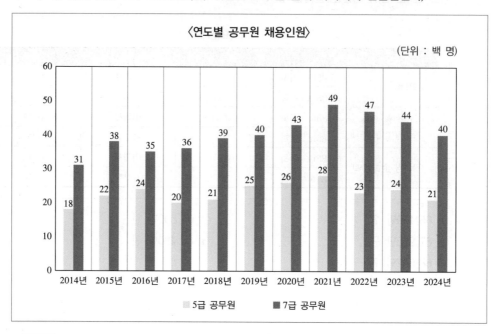

〈연도별 공무원 채용인원〉

(단위 : 백 명)

**보기**

ㄱ. 2017 ~ 2021년 동안 5급 공무원과 7급 공무원 채용인원의 증감추이는 동일하다.

ㄴ. 2014 ~ 2024년 동안 채용인원이 가장 적은 해와 가장 많은 해의 인원 차이는 5급 공무원이 7급 공무원보다 크다.

ㄷ. 2015 ~ 2024년 동안 전년 대비 채용인원의 증감량이 가장 많은 해는 5급 공무원과 7급 공무원 모두 동일하다.

ㄹ. 2014 ~ 2024년 동안 매년 7급 공무원 채용인원이 5급 공무원 채용인원의 2배 미만이다.

① ㄱ
② ㄷ
③ ㄱ, ㄴ
④ ㄱ, ㄷ
⑤ ㄷ, ㄹ

**70** 다음은 엔화 대비 원화 환율과 달러화 대비 원화 환율 추이 자료이다. 〈보기〉 중 이에 대한 설명으로 옳은 것을 모두 고르면?

PART 3

**보기**

ㄱ. 원/엔 환율은 3월 한 달 동안 1,200원을 상회하는 수준에서 등락을 반복했다.
ㄴ. 2월 21일의 원/달러 환율은 지난주보다 상승하였다.
ㄷ. 3월 12일부터 3월 19일까지 달러화의 강세가 심화되는 추세를 보였다.
ㄹ. 3월 27일의 달러/엔 환율은 3월 12일보다 상승하였다.

① ㄱ, ㄴ　　　　　　　② ㄱ, ㄷ
③ ㄴ, ㄷ　　　　　　　④ ㄴ, ㄹ
⑤ ㄷ, ㄹ

**71** 다음 중 사회법에 속하는 것은?

① 상법
② 수표법
③ 산업재해보상보험법
④ 가등기담보 등에 관한 법률
⑤ 특정범죄 가중처벌 등에 관한 법률

**72** 다음 중 시효제도의 존재 이유에 대한 설명으로 옳지 않은 것은?

① 증거보전 곤란 구제
② 권리 위에 잠자는 자는 보호하지 않음
③ 연속한 사실상태의 존중
④ 진정한 권리자의 보호
⑤ 법적 안정성 추구

**73** 다음 중 법률행위의 조건에 대한 설명으로 옳지 않은 것은?

① 해제조건부 법률행위는 조건이 성취한 때로부터 그 효력이 생긴다.
② 조건이 선량한 풍속 기타 사회질서에 반하는 것인 때에는 그 법률행위는 무효로 한다.
③ 조건의 성취가 아직 정하여지지 아니한 권리도 상속될 수 있다.
④ "내일 비가 오면 이 반지를 주겠다."는 약속은 정지조건부 법률행위이다.
⑤ 조건이 법률행위의 당시 이미 성취한 것인 경우, 그 조건이 정지조건이면 조건 없는 법률행위로
   한다.

**74** 다음 중 대리권의 소멸사유로 볼 수 없는 것은?

① 본인의 사망
② 본인의 성년후견의 개시
③ 대리인의 파산
④ 대리인의 성년후견의 개시
⑤ 대리인의 사망

**75** 다음 중 법과 도덕의 관계에 대한 설명으로 옳지 않은 것은?

① 법은 정의(征衣)의 실현을, 도덕은 선(善)의 실현을 추구한다.
② 법도 때에 따라서는 '선의' 또는 '악의'와 같은 인간의 내부적 의사를 중요시한다.
③ 법의 효력은 국가의 강제력에 의하여 보장되지만, 도덕은 개인의 양심에 의해 구속받는다.
④ 법은 인간의 외면적 행위를 주로 규율하고, 도덕은 인간의 내면적 의사를 주로 규율한다.
⑤ 법은 권리·의무의 양 측면을 규율하고, 도덕은 의무적 측면만을 규율하므로 권리가 없거나 의무가 없는 법은 존재하지 않는다.

**76** 다음 중 사회보험에 대한 설명으로 옳지 않은 것은?

① 사회보험의 보험납부비용은 모두 당사자가 부담한다.
② 사회보험은 그 가입이 강제적이다.
③ 사회보험의 계약의 체결 및 해약 등에는 조건이 수반된다.
④ 사회보험의 수급자격과 보험료율 및 급부내용 등의 보험계약내용은 법으로 정해져 있다.
⑤ 사회보험은 사회의 연대성이 적용된다.

**77** 다음 중 개방형 인사관리에 대한 설명으로 옳지 않은 것은?

① 충원된 전문가들이 관료집단에서 중요한 역할을 수행하게 한다.
② 개방형은 승진기회의 제약으로, 직무의 폐지는 대개 퇴직으로 이어진다.
③ 정치적 리더십의 요구에 따른 고위층의 조직 장악력 약화를 초래한다.
④ 공직의 침체, 무사안일주의 등 관료제의 병리를 억제한다.
⑤ 민간부문과의 인사교류로 적극적 인사행정이 가능하다.

**78** 정부 각 기관에 배정될 예산의 지출한도액은 중앙예산기관과 행정수반이 결정하고 각 기관의 장에게는 그러한 지출한도액의 범위 내에서 자율적으로 목표달성 방법을 결정하는 자율권을 부여하는 예산관리모형은?

① 계획 예산제도
② 목표관리 예산제도
③ 성과주의 예산제도
④ 결과기준 예산제도
⑤ 총액배분 자율편성 예산제도


**79** 다음 중 규제피라미드에 대한 설명으로 옳은 것은?

① 새로운 위험만 규제하다 보면 사회의 전체 위험 수준은 증가하는 상황이다.
② 규제가 또 다른 규제를 낳아 피규제자의 비용 부담이 점점 늘어나게 되는 상황이다.
③ 소득재분배를 위한 규제가 오히려 사회적으로 가장 어려운 사람들에게 해를 끼치게 되는 상황이다.
④ 과도한 규제를 무리하게 설정하다 보면 실제로는 규제가 거의 이루어지지 않게 되는 상황이다.
⑤ 기업체에게 상품 정보에 대한 공개 의무를 강화할수록 소비자들의 실질적인 정보량은 줄어들게 되는 상황이다.


**80** 다음 중 행태주의와 제도주의에 대한 설명으로 옳은 것은?

① 행태주의에서는 인간의 자유와 존엄과 같은 가치를 강조한다.
② 제도주의에서는 사회과학도 엄격한 자연과학의 방법을 따라야 한다고 본다.
③ 행태주의에서는 시대적 상황에 적합한 학문의 실천력을 중시한다.
④ 제도의 변화와 개혁을 지향한다는 점에서 행태주의와 제도주의는 같다.
⑤ 각국에서 채택된 정책의 상이성과 효과를 역사적으로 형성된 제도에서 찾으려는 것은 제도주의 접근의 한 방식이다.


**81** 교통체증 완화를 위한 차량 10부제 운행은 윌슨(Wilson)이 제시한 규제정치이론의 네 가지 유형 중 어디에 해당하는가?

① 대중정치
② 기업가정치
③ 이익집단정치
④ 고객정치
⑤ 소비자정치

**82** 다음 〈보기〉 중 분배정책과 재분배정책에 대한 설명으로 옳은 것을 모두 고르면?

> **보기**
>
> ㄱ. 분배정책에서는 로그롤링(Log Rolling)이나 포크배럴(Pork Barrel)과 같은 정치적 현상이 나타나기도 한다.
> ㄴ. 분배정책은 사회계급적인 접근을 기반으로 이루어지기 때문에 규제정책보다 갈등이 더 가시적이다.
> ㄷ. 재분배정책에는 누진소득세, 임대주택 건설사업 등이 포함된다.
> ㄹ. 재분배정책에서는 자원배분에 있어서 이해당사자들 간 연합이 분배정책에 비하여 안정적으로 이루어진다.

① ㄱ, ㄴ                  ② ㄱ, ㄷ
③ ㄴ, ㄷ                  ④ ㄷ, ㄹ
⑤ ㄱ, ㄷ, ㄹ

**83** 다음 중 기본적 귀인 오류(Fundamental Attribution Error)에 대한 설명으로 옳지 않은 것은?

① 관찰자가 다른 이들의 행동을 설명할 때 상황 요인들의 영향을 과소평가한다.
② 기본적 귀인 오류는 부정적인 결과만을 초래한다.
③ 관찰자가 다른 이들의 행동을 설명할 때 행위자의 내적, 기질적인 요인들의 영향을 과대평가한다.
④ 다른 사람의 행동 원인을 그 사람이 처한 상황의 조건보다는 그 사람의 성격, 태도 등으로 돌리는 것을 말한다.
⑤ 기본적 귀인 오류를 줄이기 위한 방법에는 자신이라면 어떻게 행동했을지 자문해 보기 등의 방법이 있다.

**84** 다음 중 명목집단법(Nominal Group Technique)에 대한 설명으로 옳은 것은?

① 여러 전문가의 의견을 되풀이해 모으고, 교환하고, 발전시켜 미래를 예측한다.
② 대상과 비슷한 것을 찾아내 그것을 힌트로 새로운 아이디어 등을 생각해낸다.
③ 여러 대안을 토론이나 비평 없이 자유롭게 서면으로 제시하여 그중 하나를 선택한다.
④ 무엇이 진정한 문제인지를 모른다는 상태에서 시작하여, 참가자들에게 그것과 관련된 정보를 탐색하게 한다.
⑤ 리더로부터 문제의 설명을 듣고 될 수 있는 대로 많은 대안을 제시하여 토의하고 분석하여 결정한다.

**85** 다음 중 마이클 포터(Michael E. Porter)의 경쟁우위 전략에 대한 설명으로 옳지 않은 것은?

① 원가우위 전략은 경쟁업체에 대해 비용적인 우위를 가지는 것으로 규모의 경제 추구 등이 있다.

② 차별화 전략은 성능, 디자인 등에서 경쟁업체와 다른 특징을 강조하는 것이다.

③ 집중화 전략은 특정 구매자나 시장을 집중적으로 공략하는 것으로 블루오션 전략 등이 있다.

④ 원가우위 전략, 차별화 전략, 집중화 전략을 동시에 추구하는 것이 이상적이다.

⑤ 경쟁사와 경쟁하지 않고 이기는 방법을 가장 좋은 방법으로 보았다.


**86** 다음 중 카르텔(Cartel)에 대한 설명으로 옳은 것은?

① 동종 또는 상호관계가 있는 이종 기업이 시장 독점을 목적으로 법률적으로 하나의 기업체가 된다.

② 인수합병 후 통합하는 기업합병 방법이다.

③ 같은 종류의 상품을 생산하는 기업이 서로 협정하여 경쟁을 피한다.

④ 동종 또는 이종의 각 기업이 법률적으로 독립성을 유지하나, 실질적으로는 주식의 소유 또는 금융적 결합에 의하여 수직적으로 결합하는 기업 집단이다.

⑤ 동일 시장 내의 여러 기업이 출자하여 공동판매회사를 설립하고 일원적으로 판매하는 조직을 뜻한다.


**87** 다음 중 터크만(Tuckman)의 집단 발달의 5단계 모형에서 집단구성원들 간에 집단의 목표와 수단에 대해 합의가 이루어지고 응집력이 높아지며 구성원들의 역할과 권한 관계가 정해지는 단계는?

① 형성기(Forming)  　　　　② 격동기(Storming)

③ 규범기(Norming)  　　　　④ 성과달성기(Performing)

⑤ 해체기(Adjourning)

**88** 다음 중 효과적인 시장세분화를 위한 요건으로 옳지 않은 것은?

① 측정가능성        ② 충분한 세분시장 규모
③ 접근가능성        ④ 세분시장 간의 동질성
⑤ 실행가능성

**89** 수직의 수요곡선과 우상향하는 일반적인 공급곡선을 가지는 재화 Y가 있다. 생산자에게 조세(종량세)가 부과될 경우 나타나는 변화로 옳은 것은?

① 생산자 잉여가 증가한다.
② 부과된 조세가 소비자와 생산자에게 절반씩 귀착된다.
③ 공급곡선이 하방이동 한다.
④ 시장 거래량이 감소한다.
⑤ 부과된 조세만큼 시장가격이 상승한다.

**90** 다음 중 생산가능곡선에 대한 설명으로 옳지 않은 것은?

① 일반적으로 우하향하면서 원점에 대하여 오목하다.
② 생산가능곡선상에 존재하는 점들은 모두 생산의 효율성을 만족한다.
③ 생산가능곡선의 접선의 기울기는 기회비용을 의미한다.
④ X재 생산의 기술 진보가 일어나면 생산가능곡선이 X재 쪽으로 확장된다.
⑤ 실업이 감소하면 생산가능곡선이 바깥쪽으로 이동한다.

**91** 다음 중 실업률이 상승하는 상황을 〈보기〉에서 모두 고르면?

> **보기**
>
> 가. 취업준비생 A씨가 구직을 포기하였다.
> 나. 직장인 B씨가 은퇴 후 전업주부가 되었다.
> 다. 직장인 C씨가 2주간의 휴가를 떠났다.
> 라. 대학생 D씨가 부모님이 운영하는 식당에서 주당 18시간의 아르바이트를 시작하였다.

① 가          ② 나
③ 가, 나       ④ 나, 다
⑤ 다, 라

**92** 현재 우리나라 채권의 연간 명목수익률이 5%이고 동일 위험을 갖는 미국 채권의 연간 명목수익률이 2.5%일 때, 현물환율이 달러당 1,200원인 경우 연간 선물환율은?(단, 이자율평가설이 성립한다고 가정한다)

① 1,200원/달러       ② 1,210원/달러
③ 1,220원/달러       ④ 1,230원/달러
⑤ 1,240원/달러

**93** 다음 중 공공부조에 대한 설명으로 옳지 않은 것은?

① 주어진 자원으로 집중적으로 급여를 제공할 수 있어 대상효율성이 높다.
② 기여 없이 가난한 사람에게 급여를 제공하기 때문에 소득재분배 효과가 크다.
③ 수급자의 근로의욕을 상승시킨다.
④ 정부가 투입하는 비용에 비해 빈곤해소의 효과가 크다.
⑤ 사회적으로 보호받아야 할 자에게 최소한의 인간다운 생활을 할 수 있도록 지원한다.

**94** 초기 노동자 10명이 생산에 참여할 때 1인당 평균생산량은 30단위였다. 노동자를 한 사람 더 고용하여 생산하니 1인당 평균생산량은 28단위로 줄었다. 이 경우 노동자의 한계생산량은 얼마인가?

① 2단위　　　　　　　　　　　　　② 8단위

③ 10단위　　　　　　　　　　　　　④ 28단위

⑤ 30단위

**95** 다음 중 사회복지실천의 전문적 관계에 대한 설명으로 옳지 않은 것은?

① 사회복지사와 클라이언트가 합의하여 목적을 설정한다.

② 사회복지사는 소속된 기관의 특성에 영향을 받는다.

③ 사회복지사의 이익과 욕구 충족을 위한 일방적 관계이다.

④ 사회복지사는 전문성에 바탕을 둔 권위를 가진다.

⑤ 계약에 의해 이루어지는 시간제한적인 특징을 갖는다.

**96** 복지국가의 발달을 설명하는 이론 중 다음 글의 주장과 가장 가까운 이론은?

> 노동자계급을 대변하는 정치적 집단의 정치적 세력이 커질수록 복지국가가 발전한다.

① 국가중심적 이론　　　　　　　　　② 이익집단 정치이론

③ 산업화 이론　　　　　　　　　　　④ 독점자본 이론

⑤ 사회민주주의 이론

**97** 다음 중 빈칸 ㉠, ㉡에 들어갈 단어를 순서대로 바르게 연결한 것은?

> 사회복지의 효율성을 논할 때 ___㉠___ 효율과 ___㉡___ 효율이 있다. 전자는 더 이상 어떠한 개선이 불가능한 최적인 자원배분 상태를 의미하며, 후자는 특정한 목표를 달성하는 데 가능한 한 적은 자원을 투입하여 최대한의 산출을 얻는 것을 의미한다.

|  | ㉠ | ㉡ |
|---|---|---|
| ① | 자원적 | 수단적 |
| ② | 파레토 | 비용적 |
| ③ | 목표적 | 자원적 |
| ④ | 자원적 | 비용적 |
| ⑤ | 파레토 | 수단적 |

**98** 다음 중 산업재해보상보험제도에 대한 설명으로 옳지 않은 것은?

① 근로복지공단은 보험급여를 결정하고 지급한다.

② 업무상의 재해란 업무상의 사유에 따른 근로자의 부상·질병·장해 또는 사망을 말한다.

③ 국민건강보험공단이 보험료를 징수한다.

④ 업무상 질병의 인정 여부를 심의하기 위하여 근로복지공단 소속 기관에 업무상질병판정위원회를 둔다.

⑤ 직장 내 괴롭힘, 고객의 폭언 등으로 인한 업무상 정신적 스트레스가 원인이 되어 발생한 질병은 업무상 재해로 인정되지 않는다.


**99** 다음 중 에릭슨(E. Erikson)의 심리사회적 발달단계에서 긍정적 결과와 주요 관계의 연결이 옳지 않은 것은?

① 영아기(0 ~ 2세, 신뢰감 대 불신감) : 지혜 – 어머니

② 유아기(2 ~ 4세, 자율성 대 수치심과 의심) : 의지 – 부모

③ 학령전기(4 ~ 6세, 주도성 대 죄의식) : 목적 – 가족

④ 아동기(6 ~ 12세, 근면성 대 열등감) : 능력 – 이웃, 학교

⑤ 청소년기(12 ~ 19세, 자아정체감 대 정체감 혼란) : 성실 – 또래집단


**100** 다음 중 우리나라의 국민기초생활보장제도에 대한 설명으로 옳은 것은?

① 의료급여는 국가가 진료비를 지원하는 공공부조제도로써 본인부담금이 없다.

② 희망키움통장과 내일키움통장은 자산형성 지원사업이다.

③ 중위소득은 가구 경상소득 중간값에 전년도 대비 가구소득 증가율을 곱하여 산정한다.

④ 노숙인은 의료급여 2종 수급권자의 대상에 포함된다.

⑤ 생계급여, 의료급여, 주거급여, 교육급여는 부양의무자 기준이 적용된다.

작은 기회로부터 종종 위대한 업적이 시작된다.

– 데모스테네스 –

# 제2회
# 최종점검 모의고사

## ■ 취약영역 분석

| 번호 | O/× | 영역 | 번호 | O/× | 영역 | 번호 | O/× | 영역 | 번호 | O/× | 영역 |
|---|---|---|---|---|---|---|---|---|---|---|---|
| 01 | | | 26 | | | 51 | | | 76 | | 법학 |
| 02 | | | 27 | | | 52 | | | 77 | | |
| 03 | | | 28 | | | 53 | | | 78 | | |
| 04 | | | 29 | | | 54 | | | 79 | | 행정학 |
| 05 | | | 30 | | | 55 | | 자원관리 능력 | 80 | | |
| 06 | | | 31 | | | 56 | | | 81 | | |
| 07 | | | 32 | | | 57 | | | 82 | | |
| 08 | | | 33 | | 문제해결 능력 | 58 | | | 83 | | |
| 09 | | | 34 | | | 59 | | | 84 | | |
| 10 | | 의사소통 능력 | 35 | | | 60 | | | 85 | | 경영학 |
| 11 | | | 36 | | | 61 | | | 86 | | |
| 12 | | | 37 | | | 62 | | | 87 | | |
| 13 | | | 38 | | | 63 | | | 88 | | |
| 14 | | | 39 | | | 64 | | | 89 | | |
| 15 | | | 40 | | | 65 | | | 90 | | |
| 16 | | | 41 | | | 66 | | 수리능력 | 91 | | |
| 17 | | | 42 | | | 67 | | | 92 | | 경제학 |
| 18 | | | 43 | | | 68 | | | 93 | | |
| 19 | | | 44 | | | 69 | | | 94 | | |
| 20 | | | 45 | | 자원관리 능력 | 70 | | | 95 | | |
| 21 | | | 46 | | | 71 | | | 96 | | |
| 22 | | 문제해결 능력 | 47 | | | 72 | | | 97 | | 사회복지학 |
| 23 | | | 48 | | | 73 | | 법학 | 98 | | |
| 24 | | | 49 | | | 74 | | | 99 | | |
| 25 | | | 50 | | | 75 | | | 100 | | |

| 평가문항 | 100문항 | 평가시간 | 110분 |
|---|---|---|---|
| 시작시간 | : | 종료시간 | : |
| 취약영역 | | | |

| 01 | 직업기초능력 |
|---|---|

**01** 다음 글에서 밑줄 친 ㉠ ~ ㉤의 수정 방안으로 적절하지 않은 것은?

> "저 친구 이름이 뭐였더라?", "이거 전에 배웠던 건데 왜 생각이 안 나지?" 바쁘게 일상을 살다 보면 때때로 이처럼 꼭 기억해야 할 것이 생각나지 않아서 답답할 때가 있다. 모든 것을 다 기억하면서 살아갈 수는 없지만, 밤새 공부했던 내용이 시험 때 생각나지 않는다거나, 여러 날 고생해서 만든 과제를 깜빡 잊고 그냥 학교에 갔을 때는 짜증이 나고 속이 상하기 마련이다. ㉠ 그러므로 기억력을 향상할 수 있는 방법은 없을까?
>
> 기억 전문가들은 기억력 때문에 고생하는 사람들이 이를 극복하기 위해서는 20초 동안 대상을 응시하는 습관을 ㉡ 들여야 한다고 말한다. 방법은 간단하다. 기억할 대상을 20초 동안 집중해서 기억한 다음 눈을 감고 그 내용을 다시 한 번 확인하는 것인데, 이때 기억한 내용이 잘 떠오르지 않는다면 다시 20초 동안 집중해서 바라본다. 이런 식으로 기억하는 습관을 들이면 ㉢ 행동하던 학습하던 그 내용이 2 ~ 3배는 더 강력하게 ㉣ 저장되어진다고 한다.
>
> ㉤ 물론 이러한 습관이 기억력 향상에 도움을 주는 것은 아니다. 기억은 기억을 보유하는 시간과 안정성의 정도에 따라 단기 기억과 장기 기억으로 나눌 수 있는데, 앞에서 제시한 방법이 기억력을 높이는 데 도움이 되는 이유는 단기 기억을 20초 이상 유지할 때, 입력된 정보가 비교적 안정된 장기 기억으로 남을 확률이 높아지기 때문이다.

① 문장의 접속 관계를 고려하여 ㉠을 '그렇다면'으로 고친다.

② 호응 관계를 고려하여 ㉡을 '들여야 한다'로 고친다.

③ 어미의 사용이 잘못되었으므로 ㉢을 '행동하든 학습하든'으로 고친다.

④ 피동 표현이 불필요하게 중복되었으므로 ㉣을 '저장된다고'로 고친다.

⑤ 글의 흐름과 어긋나는 문장이므로 ㉤을 삭제한다.

**02** 다음 글의 핵심 내용으로 가장 적절한 것은?

> BMO 금속 및 광업 관련 리서치 보고서에 따르면 최근 가격 강세를 지속해 온 알루미늄, 구리, 니켈 등 산업금속들의 4분기 중 공급부족 심화와 가격 상승세가 전망된다. 산업금속이란 산업에 필수적으로 사용되는 금속들을 말하는데, 앞서 제시한 알루미늄, 구리, 니켈뿐만 아니라 비교적 단단한 금속에 속하는 은이나 금 등도 모두 산업에 많이 사용될 수 있는 금속이므로 산업금속의 카테고리에 속한다고 할 수 있다. 이러한 산업금속은 물품을 생산하는 기계의 부품으로서 필요하기도 하고, 전자제품 등의 소재로 쓰이기도 하기 때문에 특정 분야의 산업이 활성화되면 특정 금속의 가격이 뛰거나 심각한 공급난을 겪기도 한다.
>
> 지난 4일 금융투자업계에 따르면 최근 전세계적인 경제 회복 조짐과 함께 탈 탄소 트렌드, 즉 '그린 열풍'에 따른 수요 증가로 산업금속 가격이 초강세이다. 런던금속거래소에서 발표한 자료에 따르면 올해 들어 지난달까지 알루미늄은 20.7%, 구리는 47.8%, 니켈은 15.9%만큼 가격이 상승했다. 자료에서도 알 수 있듯이 구리 수요를 필두로 알루미늄, 니켈 등 전반적인 산업금속 섹터의 수요량이 증가하였다. 이는 전기자동차 산업의 확충과 관련이 있다. 전기자동차의 핵심적인 부품인 배터리를 만드는 데 구리와 니켈이 사용되기 때문이다. 이때, 배터리 소재 중 니켈의 비중을 높이면 배터리의 용량을 키울 수 있으나 배터리의 안정성이 저하된다. 기존의 전기자동차 배터리는 니켈의 사용량이 높았기 때문에 더욱 안정성 문제가 제기되어 왔다. 그래서 연구 끝에 적정량의 구리를 배합하는 것이 배터리 성능과 안정성을 모두 향상시키기 위해서 중요하다는 것을 밝혀내었다. 구리가 전기자동차 산업의 핵심 금속인 셈이다.
>
> 이처럼 전기자동차와 배터리 등 친환경 산업에 필수적인 금속들의 수요는 증가하는 반면, 세계 각국의 환경 규제 강화로 인해 금속의 생산은 오히려 감소하고 있기 때문에 산업금속에 대한 공급난과 가격 인상이 우려되고 있다.

① 전기자동차의 배터리 성능을 향상하는 기술
② 세계적인 '그린 열풍' 현상 발생의 원인
③ 필수적인 산업금속 공급난으로 인한 문제
④ 전기자동차 산업 확충에 따른 산업금속 수요의 증가
⑤ 탈 탄소 산업의 대표 주자인 전기자동차 산업

※ 다음 글을 읽고 이어지는 질문에 답하시오. [3~4]

저명한 철학자 화이트헤드는 철학을 '관념들의 모험'이라고 하였다. 실로 그렇다. 그러나 어떠한 모험도 위험이 뒤따르며 철학의 모험도 예외가 아니다. 여기서는 철학의 모험을 처음으로 시도하려고 할 때에 겪을 수 있는 몇 가지 위험을 지적해 보겠다.

일반적으로 적은 지식은 위험하다고 말하곤 한다. 그러나 커다란 지식을 얻기 위해서는 적은 양에서 시작하지 않으면 안 된다. 또한 커다란 지식을 갖추었다고 하더라도 위험이 완전히 배제되는 것은 아니다. 예를 들면, 원자 에너지의 파괴적인 위력에 대해 지대한 관심을 가진 사람들이 원자의 비밀을 꿰뚫어 보려고 막대한 노력을 기울였다. 그러나 원자에 대한 지식의 획득에도 불구하고 사람들이 느끼는 위험은 줄어들지 않고 오히려 늘어났다. 이와 같이 증대하는 지식이 새로운 난점들을 발생시킨다는 사실을 알게 된 것은 최근의 일이 아니다. 서양 철학자 플라톤의 '동굴의 비유'는 지식의 획득과 그에 따른 대가 지불을 불가분의 관계로 이해하고 있음을 보여준다.

㉠ '동굴의 비유'에 의하면, 사람들은 태어나면서부터 앞만 보도록 된 곳에 앉은 쇠사슬에 묶인 죄수와 같다는 것이다. 사람들의 등 뒤로는 불이 타오르고, 그 불로 인해 모든 사물은 동굴의 벽에 그림자로 나타날 뿐이다. 혹 동굴 밖의 환한 세상으로 나온 이가 있다면, 자신이 그동안 기만과 구속의 흐리멍덩한 삶을 살아왔음을 깨닫게 될 것이다. 그리하여 그가 동굴로 돌아가 사람들을 계몽하고자 한다면, 그는 오히려 무지의 장막에 휩싸인 자들에게 불신과 박해를 받게 될 것이다. 여기에서 박해를 받는 것은 깨달음에 가해진 '선물'이라고 할 수 있다.

철학 입문자들은 실제로 지적(知的)으로 도전받기를 원하는 사람들이다. 그들은 정신의 모험에 참여하겠다는 서명을 한 셈이다. 또한 그들은 자신들을 위해 계획된 새로운 내용과 높은 평가 기준이 자신에게 적용되기를 바란다. 그들은 앞으로 무슨 일이 일어날지 거의 모르고 있지만, 그들 자신은 자발적으로 상당한 정도의 개인적인 위험을 기꺼이 감수하려 든다. 이러한 위험을 구체적으로 말하면 자기를 인식하는 데 따르는 위험이며, 이전부터 갖고 있던 사고와 행위 방식을 혼란시킬지도 모르는 모험이며, 학습하는 도중에 발생할 수 있는 미묘하고도 중대한 위험이다. 한 번 문이 열리면 다시 그 문을 닫기란 매우 어렵다. 일반 사람들은 더 큰 방, 더 넓은 인생 공간에 나아가면 대부분 두려움을 느끼며 용기를 잃게 된다. 그러나 몇몇 뛰어난 입문자들은 사활(死活)을 걸어야 하는 도전에 맞서 위험을 감싸 안으며 흥미로운 작업을 진전시키기 위해 지성적 도구들을 예리하게 간다.

철학의 모험은 자주 거칠고 무한한 혼돈의 바다에 표류하는 작은 뗏목에 비유된다. 어떤 철학적 조난자들은 뗏목과 파도와 날씨 등의 직접적인 환경을 더욱 깊이 알게 될 것이다. 또한 어떤 조난자들은 조류의 속도나 현재의 풍향을 알게 될 것이다. 또 어떤 조난자들은 진리의 섬을 얼핏 보고 믿음이라는 항구를 향해 힘차게 배를 저어 나아갈 것이다. 또 다른 조난자들은 막막함과 절망의 중심에서 완전히 좌초해 버릴 수도 있다. 뗏목과 그 위에 탄 사람들은 '보험'에 들어 있지 않다. 거기에는 보증인이 없다. 그러나 뗏목은 늘 거기에 있으며, 이미 뗏목을 타고 있는 사람들은 더 많은 사람이 자신이 있는 곳으로 올 수 있도록 자리를 마련할 것이다.

**03** 다음 중 윗글의 서술상 특징으로 가장 적절한 것은?

① 비유적인 표현으로 대상의 특성을 밝히고 있다.

② 여러 가지를 비교하면서 우월성을 논하고 있다.

③ 상반된 이론을 대비하여 독자의 관심을 유도하고 있다.

④ 용어의 개념을 제시하여 대상의 범위를 한정하고 있다.

⑤ 대상의 문제점을 파악하고 나름의 해결책을 모색하고 있다.

**04** 다음 중 윗글의 글쓴이가 밑줄 친 ㉠을 인용한 이유를 바르게 추론한 것은?

① 자신의 운명은 스스로 개척해야 한다는 것을 주지시키기 위해

② 인간의 호기심은 불행한 결과를 초래한다는 것을 알려 주기 위해

③ 인간이 지켜야 할 공동의 규범은 반드시 따라야 함을 강조하기 위해

④ 새로운 지식을 획득하려면 대가를 치러야 한다는 것을 주지시키기 위해

⑤ 커다란 지식을 갖추는 것이 중요함을 알리기 위해

**05** 다음 글의 내용으로 가장 적절한 것은?

> 예술과 도덕의 관계, 더 구체적으로는 예술작품의 미적 가치와 도덕적 가치의 관계는 동서양을 막론하고 사상사의 중요한 주제들 중 하나이다. 그 관계에 대한 입장들로는 '극단적 도덕주의', '온건한 도덕주의', '자율성주의'가 있다. 이 입장들은 예술작품이 도덕적 가치판단의 대상이 될 수 있느냐는 물음에 각기 다른 대답을 한다.
>
> 극단적 도덕주의 입장은 모든 예술작품을 도덕적 가치판단의 대상으로 본다. 이 입장은 도덕적 가치를 가장 우선적인 가치이자 가장 포괄적인 가치로 본다. 따라서 모든 예술작품은 도덕적 가치에 의해서 긍정적으로, 또는 부정적으로 평가된다. 또한 도덕적 가치는 미적 가치를 비롯한 다른 가치들보다 우선한다. 이러한 입장을 대표하는 사람이 바로 톨스토이이다. 그는 인간의 형제애에 관한 정서를 전달함으로써 인류의 심정적 통합을 이루는 것이 예술의 핵심적 가치라고 보았다.
>
> 온건한 도덕주의는 오직 일부 예술작품만이 도덕적 판단의 대상이 된다고 보는 입장이다. 따라서 일부의 예술작품들에 대해서만 긍정적인, 또는 부정적인 도덕적 가치판단이 가능하다고 본다. 이 입장에 따르면, 도덕적 판단의 대상이 되는 예술작품의 도덕적 가치와 미적 가치는 서로 독립적으로 성립하는 것이 아니다. 그것들은 서로 내적으로 연결되어 있기 때문에 어떤 예술작품이 가지는 도덕적 장점이 그 예술작품의 미적 강점이 된다. 또한 어떤 예술작품의 도덕적 결함은 그 예술작품의 미적 결함이 된다.
>
> 자율성주의는 어떠한 예술작품도 도덕적 가치판단의 대상이 될 수 없다고 보는 입장이다. 이 입장에 따르면, 도덕적 가치와 미적 가치는 서로 자율성을 유지한다. 즉, 도덕적 가치와 미적 가치는 각각 독립적인 영역에서 구현되고 서로 다른 기준에 의해 평가된다는 것이다. 결국 자율성주의는 예술작품에 대한 도덕적 가치판단을 범주착오에 해당하는 것으로 본다.

① 자율성주의는 예술작품의 미적 가치를 도덕적 가치보다 우월한 것으로 본다.

② 온건한 도덕주의에서는 미적 가치와 도덕적 가치의 독립적인 지위를 인정해야 한다고 본다.

③ 자율성주의는 도덕적 가치판단은 작품을 감상하는 각자에게 맡겨야 한다고 주장한다.

④ 온건한 도덕주의에서 도덕적 판단의 대상이 되는 예술작품은 극단적 도덕주의에서도 도덕적 판단의 대상이 된다.

⑤ 톨스토이는 극단적 도덕주의를 비판하면서 예술작품은 인류의 심정적 통합 정도에만 기여해야 한다고 주장했다.

**06** 다음 글의 제목으로 가장 적절한 것은?

> 사회보장제도는 사회구성원에게 생활의 위험이 발생했을 때 사회적으로 보호하는 대응체계를 가리키는 포괄적 용어로 크게 사회보험, 공공부조, 사회서비스가 있다. 예를 들면, 실직자들이 구직활동을 포기하고 다시 노숙자가 되지 않도록 지원하는 것 등이 있다.
> 사회보험은 보험의 기전을 이용하여 일반주민들을 질병, 상해, 폐질, 실업, 분만 등으로 인한 생활의 위협으로부터 보호하기 위하여 국가가 법에 의하여 보험가입을 의무화하는 제도로 개인적 필요에 따라 가입하는 민간보험과 차이가 있다.
> 공공부조는 극빈자, 불구자, 실업자 또는 저소득계층과 같이 스스로 생계를 영위할 수 없는 계층의 생활을 그들이 자립할 수 있을 때까지 국가가 재정기금으로 보호하여 주는 일종의 구빈제도이다.
> 사회서비스는 복지사회를 건설할 목적으로 법률이 정하는 바에 의하여 특정인에게 사회보장 급여를 국가 재정부담으로 실시하는 제도로 군경, 전상자, 배우자 사후, 고아, 지적 장애아 등과 같은 특별한 사유가 있는 자나 노령자 등이 해당된다.

① 사회보험제도와 민간보험제도의 차이
② 사회보장제도의 의의
③ 우리나라의 사회보장제도
④ 사회보장제도의 대상자
⑤ 사회보장제도와 소득보장의 차이점

**07** 다음 글에 나타난 글쓴이의 주장으로 가장 적절한 것은?

> 동물들의 행동을 잘 살펴보면 동물들도 우리가 사용하는 말 못지않은 의사소통 수단을 가지고 있는 듯이 보인다. 즉, 동물들도 여러 가지 소리를 내거나 몸짓을 함으로써 자신들의 감정과 기분을 나타낼 뿐 아니라 경우에 따라서는 인간과 다를 바 없이 의사를 교환하고 있는 듯하다. 그러나 그것은 단지 겉모습의 유사성에 지나지 않을 뿐이고 사람의 말과 동물의 소리에는 아주 근본적인 차이가 존재한다는 점을 잊어서는 안 된다. 동물들이 사용하는 소리는 단지 배고픔이나 고통 같은 생물학적인 조건에 대한 반응이거나, 두려움이나 분노 같은 본능적인 감정들을 표현하기 위한 것에 지나지 않는다.

① 모든 동물이 다 말을 하는 것은 아니지만, 원숭이와 같이 지능이 높은 동물은 말을 할 수 있다.
② 동물들은 인간이 알아듣지 못하는 방식으로 대화할 뿐 서로 대화를 나누고 정보를 교환하며 인간과 같이 의사소통을 한다.
③ 사육사의 지속적인 훈련을 받는다면 동물들은 인간의 소리를 똑같은 목소리로 정확하게 따라 할 수 있다.
④ 동물들이 내는 소리가 때때로 의사소통의 수단으로 이용된다고 해서 그것을 대화나 토론이나 회의와 같은 언어활동이라고 할 수는 없다.
⑤ 자라면서 언어를 익히는 인간과 달리 동물들은 태어날 때부터 소리를 내고, 이를 통해 자신들의 의사를 표현한다.

※ 다음 글을 읽고 이어지는 질문에 답하시오. [8~9]

딸기에는 비타민 C가 귤의 1.6배, 레몬의 2배, 키위의 2.6배, 사과의 10배 정도 함유되어 있어 딸기 5 ~ 6개를 먹으면 하루에 필요한 비타민 C를 전부 섭취할 수 있다. 비타민 C는 신진대사 활성화에 도움을 줘 원기를 회복하고 체력을 증진시키며, 멜라닌 색소가 축적되는 것을 막아 기미, 주근깨를 예방해준다. 멜라닌 색소가 많을수록 피부색이 검어지므로 미백 효과도 있는 셈이다. 또한 비타민 C는 피부 저항력을 높여줘 알레르기성 피부나 홍조가 짙은 피부에도 좋다. 비타민 C가 내는 신맛은 식욕 증진 효과와 스트레스 해소 효과가 있다.

한편, 딸기에 비타민 C만큼 풍부하게 함유된 성분이 항산화 물질인데, 이는 암세포 증식을 억제하는 동시에 콜레스테롤 수치를 낮춰주는 기능을 한다. 그래서 심혈관계 질환, 동맥경화 등의 예방에 좋고 눈의 피로를 덜어주며 시각 기능을 개선해주는 효과도 있다.

딸기는 식물성 섬유질 함량도 높은 과일이다. 섬유질 성분은 콜레스테롤을 낮추고, 혈액을 깨끗하게 만들어 준다. 그뿐만 아니라 소화 기능을 촉진하고 장운동을 활발히 해 변비를 예방한다. 딸기 속 철분은 빈혈 예방 효과가 있어 혈색이 좋아지게 한다. 더불어 모공을 축소시켜 피부 탄력도 증진시킨다. 딸기와 같은 붉은 과일에는 라이코펜이라는 성분이 들어 있는데, 이 성분은 면역력을 높이고 혈관을 튼튼하게 해 노화 방지 효과를 낸다. 이처럼 건강에 무척 좋지만 당도가 높으므로 하루에 5 ~ 10개 정도만 먹는 것이 적당하다. 물론 달달한 맛에 비해 칼로리는 100g당 27kcal로 높지 않아 다이어트 식품으로 선호도가 높다.

**08** 다음 중 윗글의 제목으로 가장 적절한 것은?

① 딸기 속 비타민 C를 찾아라
② 비타민 C의 신맛의 비밀
③ 제철 과일, 딸기 맛있게 먹는 법
④ 다양한 효능을 가진 딸기
⑤ 딸기를 먹을 때 주의해야 할 몇 가지

**09** 다음 중 윗글을 마케팅에 이용할 때, 마케팅 대상으로 적절하지 않은 사람은?

① 잦은 야외 활동으로 주근깨가 걱정인 사람
② 스트레스로 입맛이 사라진 사람
③ 콜레스테롤 수치 조절이 필요한 사람
④ 당뇨병으로 혈당 조절을 해야 하는 사람
⑤ 피부 탄력과 노화 예방에 관심이 많은 사람

**10** 다음 글을 읽고 이어질 문단을 논리적 순서대로 바르게 나열한 것은?

> 선택적 함묵증(Selective Mutism)은 정상적인 언어발달 과정을 거쳐서 어떤 상황에서는 말을 하면서도 말을 해야 하는 특정한 사회적 상황에서는 말을 지속적으로 하지 않거나 다른 사람의 말에 언어적으로 반응하지 않는 것을 말하며, 이렇게 말을 하지 않는 증상이 1개월 이상 지속되고 교육적, 사회적 의사소통을 저해하는 요소로 작용할 때 선택적 함묵증으로 진단할 수 있으며, 이를 불안장애로 분류하고 있다.
>
> (가) 이러한 불안을 잠재우기 위해서는 발생 원인에 따라서 적절한 심리치료 방법을 선택해 치료과정을 관찰하면서 복합적인 치료 방법을 혼용하여야 한다.
>
> (나) 아동은 굳이 말을 사용하지 않고서도 자신의 생각을 자연스럽게 표현하는 긍정적인 경험을 갖게 되어 이는 부정적 정서로 인한 긴장과 위축을 이완시킬 수 있다.
>
> (다) 그 중 하나인 미술치료는 아동의 저항을 줄이고, 언어의 한계성을 벗어나며, 육체적 활동을 통해 창조성을 생활화하고 미술표현이 사고와 감정을 객관화한다고 볼 수 있다.
>
> (라) 불안장애의 한 유형인 선택적 함묵증은 불안이 표면화되어 행동으로 나타나는 경우라고 볼 수 있으며, 대체로 심한 부끄러움, 사회적 상황에 대한 두려움, 사회적 위축, 강박적 특성, 거절증, 반항 등의 행동으로 표출된다.

① (가) – (다) – (라) – (나)  　② (가) – (라) – (나) – (다)
③ (가) – (라) – (다) – (나)  　④ (라) – (가) – (나) – (다)
⑤ (라) – (가) – (다) – (나)

**11** 다음 글의 주장에 대한 비판으로 적절하지 않은 것은?

동물실험이란 교육, 시험, 연구 및 생물학적 제제의 생산 등 과학적 목적을 위해 동물을 대상으로 실시하는 실험 또는 그 과학적 절차를 말한다. 전 세계적으로 매년 약 6억 마리의 동물들이 실험에 이용되고 있다고 추정되며, 대부분의 동물들은 실험이 끝난 뒤 안락사를 당한다.

동물실험은 대개 인체실험의 전 단계로 이루어지는데, 검증되지 않은 물질을 바로 사람에게 주입하여 발생하는 위험을 줄일 수 있다는 점에서 필수적인 실험이라고 말할 수 있다. 물론 살아있는 생물을 대상으로 하는 실험이기 때문에 대체(Replacement), 감소(Reduction), 개선(Refinement)으로 요약되는 3R 원칙에 입각하여 실험하는 것이 당연하다. 굳이 다른 방법이 있다면 그 방법을 채택할 것이며, 희생이 되는 동물의 수를 최대한 줄이고, 필수적인 실험 조건 외에는 자극을 주지 않아야 한다.

하지만 그럼에도 보다 안전한 결과를 도출해내기 위한 동물실험은 필요악이며, 이러한 필수적인 의약실험조차 금지하려 한다는 것은 기술 발전 속도를 늦춰 약이 필요한 누군가의 고통을 감수하자는 이기적인 주장과 같다고 할 수 있다.

① 3R 원칙과 같은 윤리적 강령이 법적인 통제력을 지니지 않은 이상 실제로 얼마나 엄격하게 지켜질 것인지는 알 수 없다.

② 화장품 업체들의 동물실험과 같은 사례를 보아, 생명과 큰 연관이 없는 실험은 필요악이라고 주장할 수 없다.

③ 아무리 엄격하게 통제된 실험이라고 해도 동물 입장에서 바라본 실험이 비윤리적이며 생명체의 존엄성을 훼손하는 행위라는 사실을 벗어날 수는 없다.

④ 과거와 달리 현대에서는 인공 조직을 배양하여 실험의 대상으로 삼을 수 있으므로 동물실험 자체를 대체하는 것이 가능하다.

⑤ 동물실험에서 안전성을 검증받은 이후 인체에 피해를 준 약물의 사례가 존재한다.

**12** 다음 글에 나타난 '라이헨바흐의 논증'을 평가·비판한 내용으로 적절하지 않은 것은?

> 귀납은 현대 논리학에서 연역이 아닌 모든 추론, 즉 전제가 결론을 개연적으로 뒷받침하는 모든 추론을 가리킨다. 귀납은 기존의 정보나 관찰 증거 등을 근거로 새로운 사실을 추가하는 지식 확장적 특성을 지닌다. 이 특성으로 인해 귀납은 근대 과학 발전의 방법적 토대가 되었지만, 한편으로 귀납 자체의 논리적 한계를 지적하는 문제들에 부딪히기도 한다.
>
> 먼저 흄은 과거의 경험을 근거로 미래를 예측하는 귀납이 정당한 추론이 되려면 미래의 세계가 과거에 우리가 경험해 온 세계와 동일하다는 자연의 일양성(一樣性), 곧 한결같음이 가정되어야 한다고 보았다. 그런데 자연의 일양성은 선험적으로 알 수 있는 것이 아니라 경험에 기대어야 알 수 있는 것이다. 즉, "귀납이 정당한 추론이다."라는 주장은 "자연은 일양적이다."라는 다른 지식을 전제로 하는데, 그 지식은 다시 귀납에 의해 정당화되어야 하는 경험적 지식이므로 귀납의 정당화는 순환 논리에 빠져 버린다는 것이다. 이것이 귀납의 정당화 문제이다.
>
> 귀납의 정당화 문제로부터 과학의 방법인 귀납을 옹호하기 위해 라이헨바흐는 이 문제에 대해 현실적 구제책을 제시한다. 라이헨바흐는 자연이 일양적일 수도 있고 그렇지 않을 수도 있음을 전제한다. 먼저 자연이 일양적일 경우, 그는 지금까지의 우리의 경험에 따라 귀납이 점성술이나 예언 등의 다른 방법보다 성공적인 방법이라고 판단한다. 자연이 일양적이지 않다면, 어떤 방법도 체계적으로 미래 예측에 계속해서 성공할 수 없다는 논리적 판단을 통해 귀납은 최소한 다른 방법보다 나쁘지 않은 추론이라고 확언한다. 결국 자연이 일양적인지 그렇지 않은지 알 수 없는 상황에서는 귀납을 사용하는 것이 옳은 선택이라는 라이헨바흐의 논증은 귀납의 정당화 문제를 현실적 차원에서 해소하려는 시도로 볼 수 있다.

① 귀납이 지닌 논리적 허점을 완전히 극복한 것은 아니라는 비판의 여지가 있다.

② 귀납을 과학의 방법으로 사용할 수 있음을 지지하려는 목적에서 시도하였다는 데 의미가 있다.

③ 귀납과 다른 방법을 비교하기 위해 경험적 판단과 논리적 판단을 모두 활용한 것이 특징이다.

④ 귀납과 견주어 미래 예측에 더 성공적인 방법이 없다는 판단을 근거로 귀납의 가치를 보여 주고 있다.

⑤ 귀납이 현실적으로 옳은 추론 방법임을 밝히기 위해 자연의 일양성이 선험적 지식임을 증명한 데 의의가 있다.

**13**

태양은 지구의 생명체가 살아가는 데 필요한 빛과 열을 공급해 준다. 태양은 어떻게 이런 막대한 에너지를 계속 내놓을 수 있을까?

16세기 이전까지는 태양을 포함한 별들이 지구상의 물질을 이루는 네 가지 원소와 다른, 불변의 '제5원소'로 이루어졌다고 생각했다. 하지만 밝기가 변하는 신성(新星)이 별 가운데 하나라는 사실이 알려지면서 별이 불변이라는 통념은 무너지게 되었다. 또한, 태양의 흑점 활동이 관측되면서 태양 역시 불덩어리일지도 모른다고 생각하기 시작했다. 그 후 섭씨 5,500℃로 가열된 물체에서 노랗게 보이는 빛이 나오는 것을 알게 되면서 유사한 빛을 내는 태양의 온도도 비슷할 것이라고 추측하게 되었다.

19세기에는 에너지 보존 법칙이 확립되면서 새로운 에너지 공급이 없다면 태양의 온도가 점차 낮아져야 한다는 결론을 내렸다. 그렇다면 과거에는 태양의 온도가 훨씬 높았어야 했고, 지구의 바다가 펄펄 끓어야 했을 것이다. 하지만 실제로는 그렇지 않았고, 사람들은 태양의 온도를 일정하게 유지해 주는 에너지원이 무엇인지에 대해 생각하게 되었다.

20세기 초 방사능이 발견되면서 방사능 물질의 붕괴에서 나오는 핵분열 에너지를 태양의 에너지원으로 생각하였다. 그러나 태양빛의 스펙트럼을 분석한 결과 태양에는 우라늄 등의 방사능 물질 대신 수소와 헬륨이 있다는 것을 알게 되었다. 즉, 방사능 물질의 붕괴에서 나오는 핵분열 에너지가 태양의 에너지원이 아니었던 것이다.

현재 태양의 에너지원은 수소 원자핵 네 개가 헬륨 원자핵 하나로 융합하는 과정의 질량 결손으로 인해 생기는 핵융합 에너지로 알려져 있다. 태양은 엄청난 양의 수소 기체가 중력에 의해 뭉쳐진 것으로, 그 중심으로 갈수록 밀도와 압력, 온도가 증가한다. 태양에서의 핵융합은 천만℃ 이상의 온도를 유지하는 중심부에서만 일어난다. 높은 온도에서만 원자핵들은 높은 운동 에너지를 가지게 되며, 그 결과로 원자핵들 사이의 반발력을 극복하고 융합되기에 충분히 가까운 거리로 근접할 수 있기 때문이다. 태양빛이 핵융합을 통해 나온다는 사실은 태양으로부터 온 중성미자가 관측됨으로써 더 확실해졌다.

중심부의 온도가 올라가 핵융합 에너지가 늘어나면 그 에너지로 인한 압력으로 수소를 밖으로 밀어내어 중심부의 밀도와 온도를 낮추게 된다. 이렇게 온도가 낮아지면 방출되는 핵융합 에너지가 줄어들며, 그 결과 압력이 낮아져서 수소가 중심부로 들어오게 되어 중심부의 밀도와 온도를 다시 높인다. 이렇듯 태양 내부에서 중력과 핵융합 반응의 평형 상태가 유지되기 때문에 _____ 태양은 이미 50억 년간 빛을 냈고, 앞으로도 50억 년 이상 더 빛날 것이다.

① 태양의 핵융합 에너지가 폭발적으로 증가할 수 있게 된다.

② 태양 외부의 밝기가 내부 상태에 따라 변할 수 있게 된다.

③ 태양이 오랫동안 안정적으로 빛을 낼 수 있게 된다.

④ 태양이 일정한 크기를 유지할 수 있었다.

⑤ 과거와 달리 태양이 일정한 온도를 유지할 수 있게 된다.

**14**

동물들은 홍채에 있는 근육의 수축과 이완을 통해 눈동자를 크게 혹은 작게 만들어 눈으로 들어오는 빛의 양을 조절하므로 눈동자 모양이 원형인 것이 가장 무난하다. 그런데 고양이와 늑대와 같은 육식동물은 세로로, 양이나 염소와 같은 초식동물은 가로로 눈동자 모양이 길쭉하다. 특별한 이유가 있는 것일까?

육상동물 중 모든 육식동물의 눈동자가 세로로 길쭉한 것은 아니다. 주로 매복형 육식동물의 눈동자가 세로로 길쭉하다. 이는 숨어서 기습을 하는 사냥 방식과 밀접한 관련이 있는데, 세로로 길쭉한 눈동자가 _____

일반적으로 매복형 육식동물은 양쪽 눈으로 초점을 맞춰 대상을 보는 양안시로, 각 눈으로부터 얻는 영상의 차이인 양안시차를 하나의 입체 영상으로 재구성하면서 물체와의 거리를 파악한다. 그런데 이러한 양안시차뿐만 아니라 거리지각에 대한 정보를 주는 요소로 심도 역시 중요하다. 심도란 초점이 맞는 공간의 범위를 말하며, 심도는 눈동자의 크기에 따라 결정된다. 즉 눈동자의 크기가 커져 빛이 많이 들어오게 되면, 커지기 전보다 초점이 맞는 범위가 좁아진다. 이렇게 초점의 범위가 좁아진 경우를 '심도가 얕다.'라고 하며, 반대인 경우를 '심도가 깊다.'라고 한다.

① 사냥감의 주변 동태를 정확히 파악하는 데 효과적이기 때문이다.
② 사냥감의 움직임을 정확히 파악하는 데 효과적이기 때문이다.
③ 사냥감의 위치를 정확히 파악하는 데 효과적이기 때문이다.
④ 사냥감과의 거리를 정확히 파악하는 데 효과적이기 때문이다.
⑤ 사냥감과의 경로를 정확히 파악하는 데 효과적이기 때문이다.

**15**

한 존재가 가질 수 있는 욕망과 그 존재가 가졌다고 할 수 있는 권리 사이에는 모종의 개념적 관계가 있다. 권리는 침해될 수 있는 것이며, 어떤 것에 대한 개인의 권리를 침해하는 것은 그것과 관련된 욕망을 좌절시키는 것이다. 예를 들어, 당신이 차를 가지고 있다고 가정해 보자. 그럴 때 나는 우선 그것을 당신으로부터 빼앗지 말아야 한다는 의무를 가진다. 그러나 그 의무는 무조건적인 것이 아니다. 이는 부분적으로 당신이 그것과 관련된 욕망을 가지고 있는지 여부에 달려 있다. 만약 당신이 차를 빼앗기든지 말든지 관여치 않는다면, 내가 당신의 차를 빼앗는다고 해서 당신의 권리를 침해하는 것은 아닐 수 있다.

물론 권리와 욕망 간의 관계를 정확히 설명하는 것은 어렵다. 이는 졸고 있는 경우나 일시적으로 의식을 잃는 경우와 같은 특수한 상황 때문인데, 그러한 상황에서도 졸고 있는 사람이나 의식을 잃은 사람에게 권리가 없다고 말하는 것은 옳지 않을 것이다. 그러나 이와 같이 권리의 소유가 실제적인 욕망 자체와 연결되지는 않는다고 하더라도, 권리를 소유하려면 어떤 방식으로든 관련된 욕망을 가지는 능력이 있어야 한다. 어떤 권리를 소유할 수 있으려면 최소한 그 권리와 관련된 욕망을 가질 수 있어야 한다는 것이다.

이러한 관점을 '생명에 대한 권리'라는 경우에 적용해 보자. 생명에 대한 권리는 개별적인 존재의 생존을 지속시킬 권리이고, 이를 소유하는 데 관련되는 욕망은 개별존재로서 생존을 지속시키고자 하는 욕망이다.

따라서 자신을 일정한 시기에 걸쳐 존재하는 개별존재로서 파악할 수 있는 존재만이 생명에 대한 권리를 가질 수 있다. 왜냐하면 _____

① 생명에 대한 권리를 가질 수 있는 존재만이 개별존재로서 생존을 지속시키고자 하는 욕망을 가질 수 있기 때문이다.

② 자신을 일정한 시기에 걸쳐 존재하는 개별존재로서 파악할 수 있는 존재는 다른 존재자의 생명을 빼앗지 말아야한다는 의무를 지니기 때문이다.

③ 자신을 일정한 시기에 걸쳐 존재하는 개별존재로서 파악할 수 있는 존재만이 개별존재로서 생존을 지속시키고자 하는 욕망을 가질 수 있기 때문이다.

④ 개별존재로서 생존을 지속시키고자 하는 욕망을 가질 수 있는 존재만이 자신을 일정한 시기에 걸쳐 존재하는 개별존재로서 파악할 수 있기 때문이다.

⑤ 자신을 일정한 시기에 걸쳐 존재하는 개별존재로서 파악할 수 있는 존재는 어떤 실제적인 욕망을 가지지 않는다고 하여도 욕망을 가질 수 있는 능력이 있다고 파악되기 때문이다.

**16** 다음 글의 중심 내용으로 가장 적절한 것은?

통계는 다양한 분야에서 사용되며 막강한 위력을 발휘하고 있다. 그러나 모든 도구나 방법이 그렇듯이 통계 수치에도 함정이 있다. 함정에 빠지지 않으려면 통계 수치의 의미를 정확히 이해하고, 도구와 방법을 바르게 사용해야 한다. 친구 5명이 만나서 이야기를 나누다가 연봉이 화제가 되었다. 2천만 원이 4명, 7천만 원이 1명이었는데, 평균을 내면 3천만 원이다. 이 숫자에 대해 4명은 "나는 봉급이 왜 이렇게 적을까?" 하며 한숨을 내쉬었다. 그러나 이 평균값 3천만 원이 5명의 집단을 대표하는 데 아무 문제가 없을까? 물론 계산 과정에는 하자가 없지만, 평균을 집단의 대푯값으로 사용하는 데 어떤 한계가 있을 수 있는지 깊이 생각해 보지 않는다면 우리는 잘못된 생각에 빠질 수도 있다. 평균은 극단적인 아웃라이어(비정상적인 수치)에 민감하다. 집단 내에 아웃라이어가 하나만 있어도 평균이 크게 바뀐다는 것이다. 위의 예에서 1명의 연봉이 7천만 원이 아니라 100억 원이었다고 하자. 그러면 평균은 20억 원이 넘게 된다.

나머지 4명은 자신의 연봉이 평균치의 100분의 1밖에 안 된다며 슬퍼해야 할까? 연봉 100억 원인 사람이 아웃라이어이듯이 처음의 예에서 연봉 7천만 원인 사람도 아웃라이어인 것이다. 두드러진 아웃라이어가 있는 경우에는 평균보다는 최빈값이나 중앙값이 대푯값으로써 더 나을 수 있다.

① 평균은 집단을 대표하는 수치로서는 매우 부적당하다.
② 통계는 숫자 놀음에 불과하므로 통계 수치에 일희일비할 필요가 없다.
③ 평균보다는 최빈값이나 중앙값을 대푯값으로 사용해야 한다.
④ 통계 수치의 의미와 한계를 정확히 인식하고 사용할 필요가 있다.
⑤ 통계는 바르게 활용하면 다양한 분야에서 사용할 수 있는 도구이다.

PART 3

**17** 다음 글의 뒤에 이어질 내용으로 가장 적절한 것은?

키는 유전적인 요소가 크다. 그러나 이러한 한계를 극복할 수 있는 강력한 수단이 있다. 바로 영양이다. 키 작은 유전자를 갖고 태어나도 잘 먹으면 키가 커질 수 있다는 것이다. 핵심은 단백질과 칼슘이다. 가장 손쉽게 이를 섭취할 수 있는 것은 우유다. 가격도 생수보다 저렴하다. 물론 우유의 효과에 대해 부정적 견해도 존재한다. 아토피 피부염과 빈혈·골다공증 등 각종 질병이 생길 수 있다는 주장이다. 그러나 이는 일부 학계의 의견이 침소봉대(針小棒大)되었다고 본다. 당뇨가 생기니 밥을 먹지 말고, 바다가 오염됐다고 생선을 먹지 않을 순 없지 않은가.

① 키와 건강을 위한 우유 섭취의 권장
② 아이들의 건강을 위한 우유 섭취 금지
③ 아이들의 건강 상태를 위한 각종 우유식품 개발
④ 키의 유전적 요소를 극복하기 위한 방법
⑤ 우유 가격 인상으로 인한 대체 식품

**18** 다음 글에서 밑줄 친 ㉠~㉤의 수정 방안으로 적절하지 않은 것은?

미세조류는 광합성을 하는 수중 단세포 생물로 '식물성 플랑크톤'으로도 불린다. 미세조류를 높은 밀도로 배양하여 처리하면 기름, 즉 바이오디젤을 얻을 수 있다. 최근 국내에서 미세조류에 관한 연구가 ㉠ 급속히 빠르게 늘고 있다. 미세조류는 성장 과정에서 많은 양의 이산화탄소를 소비하는 환경친화적인 특성을 지닌다. ㉡ 그러므로 미세조류로 만든 바이오디젤은 연소 시 석유에 비해 공해 물질을 ㉢ 적게 배출하는 환경친화적인 특성이 있다. 또한 미세조류는 옥수수, 콩, 사탕수수 등 다른 바이오디젤의 원료와 달리 식용 작물이 아니어서 식량 자원을 에너지원으로 쓴다는 비판에서 벗어날 수 있다. 다만 아직까지는 미세조류로 만든 바이오디젤이 석유에 비해 ㉣ 두 배 가량 비싸다는 문제가 남아 있다. 향후 이 문제가 극복되면 미세조류를 대체 에너지원으로 ㉤ 쓰일 수 있을 것이다.

① ㉠ : 의미가 중복되므로 '빠르게'를 삭제한다.
② ㉡ : 앞 문장과의 관계를 고려하여 '그리고'로 고친다.
③ ㉢ : 문맥의 흐름을 고려하여 '작게'로 고친다.
④ ㉣ : 띄어쓰기가 올바르지 않으므로 '두 배가량'으로 고친다.
⑤ ㉤ : 목적어와 서술어의 호응 관계를 고려하여 '쓸'로 고친다.

(가) 1772년 프랑스 기행작가인 피에르 장 그로슬리가 쓴 '런던여행'이라는 책에 샌드위치 백작의 관련 일화가 나온다. 이 책에는 샌드위치 백작이 도박을 하다가 빵 사이에 소금에 절인 고기를 끼워 먹는 것을 보고 옆에 있던 사람이 '샌드위치와 같은 음식을 달라.'고 주문한 것에서 샌드위치라는 이름이 생겼다고 적혀있다. 하지만 샌드위치 백작의 일대기를 쓴 전기 작가 로저는 이와 다른 주장을 한다. 샌드위치 백작이 각료였을 때 업무에 바빠서 제대로 된 식사를 못 하고 책상에서 빵 사이에 고기를 끼워 먹었다는 데서 샌드위치 이름이 유래되었다는 것이다.

(나) 샌드위치는 사람의 이름이 아니고, 영국 남동부 도버 해협에 있는 중세풍 도시로 지금도 많은 사람이 찾는 유명 관광지이다. 도시명이 음식 이름으로 널리 알려진 이유는 18세기 사람으로, 이 도시의 영주였던 샌드위치 백작 4세, 존 몬태규 경 때문이다. 샌드위치 백작은 세계사에 큰 발자취를 남긴 인물로 세계 곳곳에서 그의 흔적을 찾을 수 있다.

(다) 샌드위치는 빵과 빵 사이에 햄과 치즈, 달걀 프라이와 채소 등을 끼워 먹는 것이 전부인 음식으로 도박꾼이 노름하다 만든 음식이라는 소문까지 생겼을 정도로 간단한 음식이다. 그러나 사실 샌드위치의 유래에는 복잡한 진실이 담겨 있으며, 샌드위치가 사람 이름이라고 생각하는 경우가 많지만 그렇지 않다.

(라) 샌드위치의 기원에 대해서는 이야기가 엇갈리는데, 그 이유는 _____
일부에서는 샌드위치 백작을 유능한 정치인이며 군인이었다고 말하지만 또 다른 한편에서는 무능하고 부패했던 도박꾼에 지나지 않았다고 평가한다.

PART 3

**19** 다음 중 윗글의 문단을 논리적 순서대로 바르게 나열한 것은?

① (가) – (다) – (나) – (라)
② (나) – (가) – (라) – (다)
③ (다) – (나) – (가) – (라)
④ (다) – (나) – (라) – (가)
⑤ (라) – (가) – (나) – (다)

**20** 다음 중 빈칸에 들어갈 내용으로 가장 적절한 것은?

① 샌드위치와 관련된 다양한 일화가 전해지고 있기 때문이다.
② 음식 이름의 주인공 직업과 관계가 있다.
③ 많은 대중들이 즐겨 먹었던 음식이기 때문이다.
④ 음식 이름의 주인공이 유명한 사람이기 때문이다.
⑤ 음식 이름의 주인공에 대한 상반된 평가와 관계가 있다.

**21** K라면회사에 근무하는 S대리는 최근 라면시장이 3년 만에 마이너스 성장한 것으로 나타남에 따라 신제품 개발을 착수하기 전에 라면시장에 대한 환경 분석과 관련된 보고서를 제출하라는 업무지시를 받았다. 다음 중 S대리가 조사한 SWOT 분석 결과에서 기회요인으로 적절하지 않은 것은?

<SWOT 분석 결과>

| 강점(Strength) | 약점(Weakness) |
|---|---|
| • 식품그룹으로서의 시너지 효과<br>• 그룹 내 위상 · 역할 강화<br>• A제품의 성공적인 개발 경험 | • 유통업체의 영향력 확대<br>• 과도한 신제품 개발<br>• 신상품의 단명<br>• 유사상품의 영역침범<br>• 경쟁사의 공격적인 마케팅 대응 부족 |
| 기회(Opportunity) | 위협(Threat) |
| | • 저출산, 고령화로 취식인구 감소<br>• 소득증가<br>• 언론, 소비단체의 부정적인 이미지 이슈화<br>• 정보의 관리 · 감독 강화 |

① 1인 가구의 증대(간편식, 편의식)
② 라면을 이용한 조리법 확산
③ 조미료의 무해성 관련 연구결과 발표
④ 난공불락의 N사
⑤ 세계화로 인한 식품 시장의 확대

**22** K씨가 다음 컴퓨터 정보와 〈조건〉을 참고하여 컴퓨터를 구입하려고 할 때, 구입할 컴퓨터는 무엇인가?

〈컴퓨터 정보〉

| 컴퓨터 \ 항목 | 램 메모리 용량<br>(Giga Bytes) | 하드 디스크 용량<br>(Tera Bytes) | 가격<br>(천 원) |
|---|---|---|---|
| A | 4 | 2 | 500 |
| B | 16 | 1 | 1,500 |
| C | 4 | 3 | 2,500 |
| D | 16 | 2 | 2,500 |
| E | 8 | 1 | 1,500 |

**조건**
- 컴퓨터를 구입할 때, 램 메모리 용량, 하드 디스크 용량, 가격을 모두 고려한다.
- 램 메모리와 하드 디스크 용량이 크면 클수록, 가격은 저렴하면 저렴할수록 선호한다.
- 항목별로 가장 선호하는 경우 100점, 가장 선호하지 않는 경우 0점, 그 외의 경우 50점을 각각 부여한다. 단, 가격은 다른 항목보다 중요하다고 생각하여 2배의 점수를 부여한다.
- 항목별 점수의 합이 가장 큰 컴퓨터를 구입한다.

① A            ② B
③ C            ④ D
⑤ E

**23** K공단의 복지정보부에 직원 A ~ F가 있다. 이들 중 4명의 직원으로만 팀을 구성하여 본부회의에 참석해 달라는 요청이 있었다. E가 불가피한 사정으로 그 회의에 참석할 수 없을 때, 다음 〈조건〉에 따라 모두 몇 개의 팀이 구성될 수 있는가?

**조건**
- A 또는 B는 반드시 참석해야 한다. 하지만 A, B가 함께 참석할 수 없다.
- D 또는 E는 반드시 참석해야 한다. 하지만 D, E가 함께 참석할 수 없다.
- 만약 C가 참석하지 않게 된다면 D도 참석할 수 없다.
- 만약 B가 참석하지 않게 된다면 F도 참석할 수 없다.

① 없음            ② 1개
③ 2개            ④ 3개
⑤ 4개

**24** 다음 글을 참고할 때, 국제행사의 개최도시로 선정될 곳은?

K사무관은 대한민국에서 열리는 국제행사의 개최도시를 선정하기 위해 다음과 같은 후보도시 평가표를 만들었다. 후보도시 평가표에 따른 점수와 국제해양기구의 의견을 모두 반영하여, 합산점수가 가장 높은 도시를 개최도시로 선정하고자 한다.

〈후보도시 평가표〉

| 구분 | 서울 | 대전 | 부산 | 제주 | 인천 |
|---|---|---|---|---|---|
| 1) 회의 시설<br>1,500명 이상 수용 가능한 대회의장 보유 등 | A | C | B | C | A |
| 2) 숙박 시설<br>도보거리에 특급 호텔 보유 등 | A | A | A | C | B |
| 3) 교통<br>공항접근성 등 | B | C | B | B | A |
| 4) 개최 역량<br>대규모 국제행사 개최 경험 등 | A | C | A | B | C |

※ A : 10점, B : 7점, C : 3점

〈국제해양기구의 의견〉

• 외국인 참석자의 편의를 위해 '교통'에서 A를 받은 도시의 경우 추가로 5점을 부여해 줄 것
• 바다를 끼고 있는 도시의 경우 추가로 5점을 부여해 줄 것
• 예상 참석자가 2,000명 이상이므로 '회의 시설'에서 C를 받은 도시는 제외할 것

① 서울
② 대전
③ 부산
④ 제주
⑤ 인천

**25** 다음은 K공단 체육대회 종목별 대진표 및 중간경기결과와 종목별 승점 배점표이다. 이를 참고할 때, 남은 경기결과에 따른 최종 대회성적에 대한 설명으로 옳지 않은 것은?

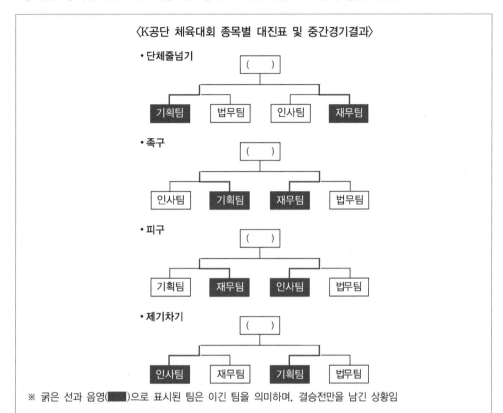

〈K공단 체육대회 종목별 대진표 및 중간경기결과〉

• 단체줄넘기

• 족구

• 피구

• 제기차기

※ 굵은 선과 음영(■)으로 표시된 팀은 이긴 팀을 의미하며, 결승전만을 남긴 상황임

〈종목별 승점 배점표〉

(단위 : 점)

| 순위＼종목 | 단체줄넘기 | 족구 | 피구 | 제기차기 |
|---|---|---|---|---|
| 1위 | 120 | 90 | 90 | 60 |
| 2위 | 80 | 60 | 60 | 40 |
| 3 · 4위 | 40 | 30 | 30 | 20 |

※ 최종 대회성적은 종목별 승점합계가 가장 높은 팀이 종합 우승, 두 번째로 높은 팀이 종합 준우승임
※ 승점합계가 동일한 팀이 나올 경우, 단체줄넘기 종목의 순위가 높은 팀이 최종 순위가 높음
※ 모든 경기에 무승부는 없음

① 법무팀은 남은 경기결과와 상관없이 종합 우승을 할 수 없다.
② 재무팀이 남은 경기 중 2종목에서 이기더라도 기획팀이 종합 우승을 할 수 있다.
③ 기획팀이 남은 경기에서 모두 지면 재무팀이 종합 우승을 한다.
④ 재무팀이 남은 경기에서 모두 지더라도 재무팀은 종합 준우승을 한다.
⑤ 인사팀이 남은 경기에서 모두 이기더라도 인사팀은 종합 우승을 할 수 없다.

**26** 다음 〈조건〉과 대화 내용을 토대로 판단할 때, 6월생은 누구인가?

조건

- 같은 해에 태어난 5명(지나, 정선, 혜명, 민경, 효인)은 각자 자신의 생일을 알고 있다.
- 5명은 자신을 제외한 나머지 4명의 생일이 언제인지는 모르지만, 3월생이 2명, 6월생이 1명, 9월생이 2명이라는 사실은 알고 있다.
- 다음은 5명이 한 자리에 모여 나눈 대화를 순서대로 기록한 것이다.
- 5명은 대화의 진행에 따라 상황을 논리적으로 판단하고 솔직하게 대답한다.

민경 : 지나야, 네 생일이 5명 중에서 제일 빠르니?
지나 : 그럴 수도 있지만 확실히는 모르겠어.
정선 : 혜명아, 네가 지나보다 생일이 빠르니?
혜명 : 그럴 수도 있지만 확실히는 모르겠어.
지나 : 민경아, 넌 정선이가 몇 월생인지 알겠니?
민경 : 아니, 모르겠어.
혜명 : 효인아, 넌 민경이보다 생일이 빠르니?
효인 : 그럴 수도 있지만 확실히는 모르겠어.

① 지나                    ② 민경
③ 혜명                    ④ 정선
⑤ 효인

**27** 다음 명제가 참일 때, 항상 옳은 것은?

> • 진달래를 좋아하는 사람은 감성적이다.
> • 백합을 좋아하는 사람은 보라색을 좋아하지 않는다.
> • 감성적인 사람은 보라색을 좋아한다.

① 감성적인 사람은 백합을 좋아한다.
② 백합을 좋아하는 사람은 감성적이다.
③ 진달래를 좋아하는 사람은 보라색을 좋아한다.
④ 보라색을 좋아하는 사람은 감성적이다.
⑤ 백합을 좋아하는 사람은 진달래를 좋아한다.

**28** 대학생 L은 총 7과목(ㄱ ~ ㅅ)을 한 과목씩 순서대로 중간고사를 보려고 한다. L이 세 번째로 시험 보는 과목이 ㄱ일 때, 〈조건〉에 따라 네 번째로 시험 보는 과목은 무엇인가?

> **조건**
> • 7개의 과목 중에서 ㄷ은 시험을 보지 않는다.
> • ㅅ은 ㄴ보다 나중에 시험 본다.
> • ㄴ은 ㅂ보다 먼저 시험 본다.
> • ㄹ은 ㅁ보다 나중에 시험 본다.
> • ㄴ은 ㄱ과 ㄹ보다 나중에 시험 본다.

① ㄴ                          ② ㄹ
③ ㅁ                          ④ ㅂ
⑤ ㅅ

**29** 어느 잡화점에서는 3층짜리 매대에 6개의 물품을 배치하여 팔고 있다. 다음 〈조건〉에 따라 바르게 추론한 것은?

---

조건

- 물품은 수정테이프, 색종이, 수첩, 볼펜, 지우개, 샤프이다.
- 샤프는 가장 아래층에 진열되어 있다.
- 볼펜은 매대의 중앙에 위치하고 있다.
- 색종이보다 아래에 있는 물품은 4종류이다.
- 지우개보다 아래에 있는 물품은 없다.
- 수첩은 지우개와 색종이 사이에 있다.
- 각 매대에는 두 종류의 문구류가 있다.

---

① 매대 1층에는 샤프와 지우개가 있을 것이다.
② 볼펜보다 위에 있는 것은 색종이가 아니다.
③ 색종이는 샤프와 같은 층이다.
④ 수정테이프는 색종이보다는 아래층에 있다.
⑤ 색종이와 지우개 사이에 있는 것은 샤프이다.

**30** K공단에서는 옥상 정원을 조성하기 위해, 나무를 4줄로 심으려고 한다. 각 줄에 두 종류의 나무를 심을 때, 다음 〈조건〉을 토대로 바르게 추론한 것은?

---

조건

- 은행나무는 가장 앞줄에 있다.
- 소나무와 감나무는 같은 줄에 있고, 느티나무의 바로 앞줄이다.
- 밤나무는 가장 뒷줄에 있다.
- 플라타너스는 감나무와 벚나무의 사이에 있다.
- 단풍나무는 소나무보다는 앞줄에 있지만, 벚나무보다는 뒤에 있다.

---

① 은행나무는 느티나무와 같은 줄에 있다.
② 벚나무는 첫 번째 줄에 있다.
③ 단풍나무는 플라타너스 옆에 있으며 세 번째 줄이다.
④ 플라타너스보다 뒤에 심은 나무는 없다.
⑤ 벚나무보다 뒤에 심어진 나무는 4종류이다.

**31** 다음 〈조건〉을 바탕으로 추론한 〈보기〉에 대한 판단으로 옳은 것은?

> **조건**
> • 1교시부터 4교시까지 국어, 수학, 영어, 사회 4과목의 수업이 한 시간씩 있다.
> • 국어는 1교시가 아니다.
> • 영어는 2교시가 아니다.
> • 영어는 국어와 수학 시간 사이에 있다.

> **보기**
> A : 2교시가 수학일 때 1교시는 사회이다.
> B : 3교시는 영어이다.

① A만 옳다.
② B만 옳다.
③ A, B 모두 옳다.
④ A, B 모두 틀리다.
⑤ A, B 모두 옳은지 틀린지 판단할 수 없다.

**32** K공단의 지사장 5명(가 ~ 마)은 이번 연도에 각기 다른 5개의 지사(A ~ E)로 배정받는다고 한다. 다음 〈조건〉을 참고할 때, 반드시 참인 것은?

> **조건**
> • 하나의 지사로 한 명의 지사장이 배정받는다.
> • 이전에 배정받았던 지사로는 다시 배정되지 않는다.
> • 가와 나는 C지사와 D지사에 배정된 적이 있다.
> • 다와 라는 A지사와 E지사에 배정된 적이 있다.
> • 마가 배정받은 지사는 B지사이다.
> • 다가 배정받은 지사는 C지사이다.

① 가는 A지사에 배정된 적이 있다.
② 나는 E지사에 배정된 적이 있다.
③ 다는 D지사에 배정된 적이 있다.
④ 가는 확실히 A지사에 배정될 것이다.
⑤ 라가 배정받은 지사는 D지사일 것이다.

**33** K공단은 필리핀의 신재생에너지 시장에 진출하려고 한다. 전략기획팀의 M대리는 3C 분석 방법을 통해 다음과 같은 결과를 도출하였다. 다음 중 K공단의 필리핀 시장 진출에 대한 판단으로 가장 적절한 것은?

| 3C | 상황분석 |
|---|---|
| 고객(Customer) | • 아시아국가 중 전기요금이 높은 편에 속함<br>• 태양광, 지열 등 훌륭한 자연환경 조건 기반<br>• 신재생에너지 사업에 대한 정부의 적극적 추진 의지 |
| 경쟁사(Competitor) | • 필리핀 민간 기업의 투자 증가<br>• 중국 등 후발국의 급속한 성장<br>• 체계화된 기술 개발 부족 |
| 자사(Company) | • 필리핀 화력발전사업에 진출한 이력<br>• 필리핀의 태양광 발전소 지분 인수<br>• 현재 미국, 중국 등 4개국에서 풍력과 태양광 발전소 운영 중 |

① 필리핀은 전기요금이 높아 국민들의 전력 사용량이 많지 않을 것으로 예상되며, 열악한 전력 인프라로 신재생에너지 시장의 발전 가능성 또한 낮을 것으로 예상되므로 자사의 필리핀 시장 진출은 바람직하지 않다.

② 필리핀은 정부의 적극적 추진 의지로 신재생에너지 시장이 급성장하고 있으나, 민간 기업의 투자와 다른 아시아국가의 급속한 성장으로 경쟁이 치열하므로 자사는 비교적 경쟁이 덜한 중국 시장으로 진출하는 것이 바람직하다.

③ 풍부한 자연환경 조건을 가진 필리핀 신재생에너지 시장의 성장 가능성은 높지만, 경쟁사에 비해 체계적이지 못한 자사의 기술 개발 역량이 필리핀 시장 진출에 걸림돌이 될 것이다.

④ 훌륭한 자연환경 조건과 사업에 대한 정부의 추진 의지를 바탕으로 한 필리핀의 신재생에너지 시장에서는 필리핀 민간 기업이나 후발국과의 치열한 경쟁이 예상되나, 자사의 진출 이력을 바탕으로 경쟁력을 확보할 수 있을 것이다.

⑤ 필리핀 시장에 대한 정보가 부족한 자사가 성장 가능성이 높은 신재생에너지 시장에 진출하기 위해서는 현재 급속한 성장을 보이고 있는 중국 등과 협력하여 함께 진출하는 것이 바람직하다.

※ K공단 직원들은 조합원 초청행사 안내 현수막을 설치하려고 한다. 다음 자료를 보고 이어지는 질문에 답하시오. [34~35]

- 현수막 설치 후보 장소 : 동사무소, K공단 본부, 우체국, 주유소, 마트
- 현수막 설치일자 : 3월 29일 ~ 3월 31일

| 구분 | 동사무소 | K공단 본부 | 우체국 | 주유소 | 마트 |
|------|---------|-----------|--------|--------|------|
| 설치가능 일자 | 3월 31일 | 3월 29일 | 3월 30일 | 3월 31일 | 4월 2일 |
| 게시 기간 | 3월 31일 ~ 4월 15일 | 3월 29일 ~ 4월 18일 | 3월 30일 ~ 4월 8일 | 3월 31일 ~ 4월 8일 | 4월 2일 ~ 4월 25일 |
| 하루평균 유동인구 | 230명 | 300명 | 260명 | 270명 | 310명 |
| 설치 비용 | 200만 원 | 300만 원 | 250만 원 | 200만 원 | 300만 원 |
| 게시 비용 | 10만 원/일 | 8만 원/일 | 12만 원/일 | 12만 원/일 | 7만 원/일 |

※ 현수막은 유동인구가 가장 많은 2곳에 설치할 예정임
※ 유동인구가 하루 20명 이상 차이나지 않는 경우 게시 기간이 긴 장소에 설치함
※ 설치 비용은 한 번만 지불함

**34** 다음 중 안내 현수막을 설치할 장소들을 모두 고르면?(단, 설치장소 선정에 설치 및 게시 비용은 고려하지 않는다)

① 동사무소, K공단 본부      ② K공단 본부, 우체국
③ 우체국, 주유소      ④ 주유소, 마트
⑤ 동사무소, 마트

**35** 상부 지시로 다른 조건은 모두 배제하고 설치 및 게시 비용만 고려하여 가장 저렴한 한 곳에만 현수막을 설치하기로 하였다. 다음 중 현수막을 설치할 장소는?(단, 현수막은 장소마다 제시되어 있는 게시 기간 모두 사용한다)

① 동사무소      ② K공단 본부
③ 우체국      ④ 주유소
⑤ 마트

**36** S사원은 점심식사 중 식당에 있는 TV에서 정부의 정책에 대한 뉴스가 나오는 것을 보았다. 함께 점심을 먹는 동료들과 뉴스를 보고 나눈 대화의 내용으로 적절하지 않은 것은?

---

〈뉴스〉

앵커 : 저소득층에게 법률서비스를 제공하는 정책을 구상 중입니다. 정부는 무료로 법률자문을 하겠다고 자원하는 변호사를 활용하는 자원봉사제도, 정부에서 법률 구조공단 등의 기관을 신설하고 변호사를 유급으로 고용하여 법률서비스를 제공하는 유급법률구조제도, 정부가 법률서비스의 비용을 대신 지불하는 법률보호제도 등의 세 가지 정책대안 중 하나를 선택할 계획입니다.
이 정책대안을 비교하는 데 고려해야 할 정책목표는 비용저렴성, 접근용이성, 정치적 실현가능성, 법률서비스의 전문성입니다. 정책대안과 정책목표의 관계는 화면으로 보여드립니다. 각 대안이 정책목표를 달성하는 데 유리한 경우는 (+)로, 불리한 경우는 (−)로 표시하였으며, 유・불리 정도는 같습니다. 정책목표에 대한 가중치의 경우, '0'은 해당 정책목표를 무시하는 것을, '1'은 해당 정책목표를 고려하는 것을 의미합니다.

〈정책대안과 정책목표의 상관관계〉

| 정책목표 | 가중치 | | 정책대안 | | |
|---|---|---|---|---|---|
| | A안 | B안 | 자원봉사제도 | 유급법률구조제도 | 법률보호제도 |
| 비용저렴성 | 0 | 0 | + | − | − |
| 접근용이성 | 1 | 0 | − | + | − |
| 정치적 실현가능성 | 0 | 0 | + | − | + |
| 전문성 | 1 | 1 | − | + | − |

① 아마도 전문성 면에서는 유급법률구조제도가 자원봉사제도보다 더 좋은 정책 대안으로 평가받게 되겠군.
② A안에 가중치를 적용할 경우 유급법률구조제도가 가장 적절한 정책대안으로 평가받게 되지 않을까?
③ 반대로 B안에 가중치를 적용할 경우 자원봉사제도가 가장 적절한 정책대안으로 평가받게 될 것 같아.
④ A안과 B안 중 어떤 것을 적용하더라도 정책대안 비교의 결과는 달라지지 않을 것으로 보여.
⑤ 비용저렴성을 달성하기에 가장 유리한 정책대안은 자원봉사제도로군.

**37** 산업통상자원부에서 다음과 같은 전력수급계획을 발표하였다. 〈조건〉을 고려했을 때, 산업통상자원부가 채택하기에 적절하지 않은 정책 대안은?

---

〈전력수급계획〉

올해의 전력수급현황은 다음과 같다.
- 총공급전력량 : 8,600만 kW
- 최대전력수요 : 7,300만 kW

이에 따라 산업통상자원부는 내년도 전력수급기본계획을 마련하고, 정책목표를 다음과 같이 설정하였다.
- 정책목표 : 내년도 전력예비율을 30% 이상으로 유지한다.

$$\text{(전력예비율)} = \frac{\text{(총공급전력량)} - \text{(최대전력수요)}}{\text{(최대전력수요)}} \times 100 \text{(단, 계산값은 소수점 셋째 자리에서 반올림함)}$$

---

> **조건**
> - 발전소를 하나 더 건설하면 총공급전력량이 150만 kW만큼 증가한다.
> - 전기요금을 $a\%$ 인상하면 최대전력수요는 $a\%$ 감소한다.
> ※ 발전소는 즉시 건설·운영되는 것으로 가정하고 이외의 다른 변수는 고려하지 않음

① 발전소를 1개 더 건설하고, 전기요금을 10% 인상한다.
② 발전소를 3개 더 건설하고, 전기요금을 3% 인상한다.
③ 발전소를 6개 더 건설하고, 전기요금을 1% 인상한다.
④ 발전소를 8개 더 건설하고, 전기요금을 동결한다.
⑤ 발전소를 더는 건설하지 않고, 전기요금을 12% 인상한다.

※ 다음은 K은행 고객 기록에 대한 자료이다. 이어지는 질문에 답하시오. [38~40]

### 〈기록 체계〉

| 고객구분 | 업무 | 업무내용 | 접수창구 |
|---|---|---|---|
| ㄱ | X | a | 01 |

| 고객구분 | | 업무 | | 업무내용 | | 접수창구 | |
|---|---|---|---|---|---|---|---|
| ㄱ | 개인고객 | X | 수신계 | a | 예금 | 01 | 1번창구 |
| | | | | b | 적금 | 02 | 2번창구 |
| ㄴ | 기업고객 | | | A | 대출상담 | 03 | 3번창구 |
| | | Y | 대부계 | B | 대출신청 | 04 | 4번창구 |
| ㄷ | VIP고객 | | | C | 대출완료 | 05 | 5번창구 |
| | | | | | | 00 | VIP실 |

※ 업무내용은 대문자·소문자끼리만 복수선택이 가능함
※ 개인·기업 고객은 일반창구에서, VIP고객은 VIP실에서 업무를 봄
※ 수신계는 a, b의 업무만, 대부계는 A, B, C의 업무만 볼 수 있음

### 〈기록 현황〉

| | | | | |
|---|---|---|---|---|
| ㄱXa10 | ㄴYA05 | ㄴYB03 | ㄱXa01 | ㄱYB03 |
| ㄱXab02 | ㄷYC00 | ㄴYA01 | ㄴYA05 | ㄴYAB03 |
| ㄱYAB00 | ㄱYaA04 | ㄱXb02 | ㄷYB0 | ㄱXa04 |

**38** K은행을 방문한 S기업 대표인 VIP고객이 대출신청을 하였다면, 기록 현황에 기재할 내용으로 옳은 것은?

① ㄴXB00
② ㄴYB00
③ ㄷXB00
④ ㄷYA00
⑤ ㄷYB00

**39** 기록 현황을 처리하는 도중 잘못 기록된 내용들이 발견되었다. 잘못된 기록 현황은 모두 몇 개인가?

① 1개                      ② 2개
③ 4개                      ④ 6개
⑤ 7개

**40** 39번에서 잘못된 접수를 제외하고 정리했을 때 가장 많이 기록된 업무내용은 무엇인가?

① 예금                      ② 적금
③ 대출상담                ④ 대출신청
⑤ 대출완료

**41** A씨의 업무시간은 오전 9시부터 오후 6시까지이다. 점심시간 1시간을 제외한 하루 일과 중 8분의 1은 주간업무계획을 수립하였고, 5분의 2는 프로젝트 회의를 진행하였다. 그리고 3분의 1은 거래처에 방문하였다. 이 모든 업무를 마무리하고 남은 시간 동안 시장 조사를 하려고 한다. A씨가 시장조사를 하는 데 쓸 수 있는 시간은?

① 1시간                    ② 1시간 8분
③ 1시간 15분            ④ 1시간 26분
⑤ 1시간 32분

**42** K사는 역량평가를 통해 등급을 구분하여 성과급을 지급한다. K사의 성과급 등급 기준이 다음과 같을 때, 〈보기〉 중 S등급에 해당하는 사람은?

〈성과급 점수별 등급〉

| S등급 | A등급 | B등급 | C등급 |
| --- | --- | --- | --- |
| 90점 이상 | 80점 이상 | 70점 이상 | 70점 미만 |

〈역량평가 반영 비율〉

| 구분 | 기본역량 | 리더역량 | 직무역량 |
| --- | --- | --- | --- |
| 차장 | 20% | 30% | 50% |
| 과장 | 30% | 10% | 60% |
| 대리 | 50% | – | 50% |
| 사원 | 60% | – | 40% |

※ 성과급 점수는 역량 점수(기본역량, 리더역량, 직무역량)를 직급별 해당 역량평가 반영 비율에 적용한 합산 점수임

보기

| 구분 | 직급 | 기본역량 점수 | 리더역량 점수 | 직무역량 점수 |
| --- | --- | --- | --- | --- |
| A | 대리 | 85점 | – | 90점 |
| B | 과장 | 100점 | 85점 | 80점 |
| C | 사원 | 95점 | – | 85점 |
| D | 차장 | 80점 | 90점 | 85점 |
| E | 과장 | 100점 | 85점 | 80점 |

① A대리
② B과장
③ C사원
④ D차장
⑤ E과장

**43** K공단은 추석을 맞이하여 6차 산업 우수제품 특판 행사에서 직원 선물을 구매하려고 한다. 총무부인 B사원은 상품 명단을 공지하여 부서별로 상품을 하나씩 선택하게 하였다. 상품 선택 결과가 아래와 같을 때, ㉮~㉰의 가격을 포함한 주문총액을 구하면?

### 〈6차 산업 우수제품 추석맞이 특판〉

K공단에서는 우수 6차 산업 제품 판매 촉진을 위해 전국 6차 산업 인증 사업자 협회와 함께 2025년 을사년 추석맞이 '6차 산업 우수제품 특판 행사'를 진행합니다.
대한민국 정부가 인증한 6차 산업 경영체가 지역의 농산물을 이용해 생산하여, 신선하고 믿을 수 있는 제품입니다.
이번 행사에는 선물용 세트 12종(흑삼, 한과 등)을 시중 판매 가격 대비 최대 40% 이상 할인된 가격으로 판매하니 많은 주문 바랍니다.

- 주문기간 : 2025년 9월 15일(월) ~ 2025년 9월 22일(월)
- 주문방법 : 상품 주문서 작성 후 이메일 또는 팩스 발송

| 구분 | 상품명 | 구성 | 단가 정상가(원) | 단가 할인율 |
|---|---|---|---|---|
| 1 | 흑삼 에브리진생 | 흑삼농축액 스틱형(10ml×10포×3입) | 75,000 | 34% |
| 2 | 하루절편 | 흑삼절편 200g(20g×10입) | 45,000 | 12% |
| 3 | 천지수인고 | 배·도라지·생강 농축액(240g×3입) | 120,000 | 40% |
| 4 | 도자기꿀 | 500g | 80,000 | 40% |
| 5 | 한과 선물세트 | 찹쌀유과 700g(콩, 백년초, 쑥) | 28,000 | 26% |
| 6 | 슬로푸드 선물세트 | 매실액기스 500ml+감식초 500ml | 28,000 | 29% |

※ 할인율 적용 시 10원 단위 이하는 절사함

### 〈부서별 상품주문 현황〉

| 구분 | 상품명 | 개수 | 가격 |
|---|---|---|---|
| 총무부 | 하루절편 | 10개 | 396,000원 |
| 마케팅부 | 슬로푸드 선물세트 | 13개 | ㉮ |
| 정보보안부 | 도자기꿀 | 8개 | 384,000원 |
| 인사부 | 흑삼 에브리진생 | 16개 | ㉯ |
| 경영지원부 | 한과 선물세트 | 9개 | ㉰ |

① 1,230,000원
② 1,235,700원
③ 1,236,900원
④ 2,015,000원
⑤ 2,015,700원

**44** K공단은 사내 화재예방 강화를 위하여 2025년 1월 1일에 대대적인 화재안전점검을 실시하였다. 점검한 결과 일부 노후화되거나 불량인 소화기가 발견되어 신형 축압식 소화기로 교체하려고 한다. 다음 중 처분 및 교체비용으로 옳은 것은?

〈소화기 처분조건〉

| 적용순서 | 조건 | 조건 미충족 시 처리 방안 |
|---|---|---|
| 1 | 내구연한 8년 미만 | 폐기처분 |
| 2 | 지시압력계가 초록색으로 유지 | 신형 소화기로 교체 |
| 3 | 화재안전기준에 의해 최소 60개 이상 보유 | 신형 소화기를 구매 |

※ 소화기 폐기처분비용은 1만 원이며, 신형 축압식 소화기 교체(구매) 시 5만 원이 소요됨

〈소화기 전수조사 결과〉

| 제조연도 / 지시압력계 | 2015년 | 2016년 | 2017년 | 2018년 | 2019년 |
|---|---|---|---|---|---|
| 노란색(부족) | 8 | 5 | 3 | 1 | 1 |
| 초록색(정상) | 10 | 13 | 18 | 15 | 10 |
| 빨간색(과다) | 3 | – | 2 | 1 | – |
| 총계 | 21 | 18 | 23 | 17 | 11 |

※ 2025년 1월 1일 기준으로 전수조사를 통해 작성함
※ 내구연한은 제조연도로만 계산함

① 100만 원  
② 112만 원  
③ 124만 원  
④ 135만 원  
⑤ 140만 원

**45** 다음의 교통수단별 특징을 고려할 때, 오전 9시에 회사에서 출발해 전주역까지 가장 먼저 도착하는 방법은 무엇인가?(단, 도보는 고려하지 않는다)

〈회사 · 서울역 간 교통 현황〉

| 구분 | 소요시간 | 출발 시간 |
| --- | --- | --- |
| A버스 | 24분 | 매시 20분, 40분 |
| B버스 | 40분 | 매시 정각, 20분, 40분 |
| 지하철 | 20분 | 매시 30분 |

〈서울역 · 전주역 간 교통 현황〉

| 구분 | 소요시간 | 출발 시간 |
| --- | --- | --- |
| 새마을호 | 3시간 | 매시 정각부터 5분 간격 |
| KTX | 1시간 32분 | 9시 정각부터 45분 간격 |

① A버스 – 새마을호
② B버스 – KTX
③ 지하철 – KTX
④ B버스 – 새마을호
⑤ 지하철 – 새마을호

**46** 해외로 출장을 가는 김대리는 다음 〈조건〉과 같이 이동하려고 계획하고 있다. 연착 없이 계획대로 출장지에 도착했다면, 도착했을 때의 현지 시각은?

> **조건**
> • 서울 시각으로 5일 오후 1시 35분에 출발하는 비행기를 타고, 경유지 한 곳을 거쳐 출장지에 도착한다.
> • 경유지는 서울보다 1시간 빠르고, 출장지는 경유지보다 2시간 느리다.
> • 첫 번째 비행은 3시간 45분이 소요된다.
> • 경유지에서 3시간 50분을 대기하고 출발한다.
> • 두 번째 비행은 9시간 25분이 소요된다.

① 오전 5시 35분
② 오전 6시
③ 오후 5시 35분
④ 오후 6시
⑤ 오전 7시

**47** K원자력 본사에서 근무하는 A대리는 발전소별로 안전관리 실무자를 만나기 위해 국내발전소 4곳을 방문하고자 한다. A대리의 국내발전소 출장계획과 본사 및 각 발전소 간 이동소요시간이 다음과 같다고 할 때, 이동 소요시간이 가장 작은 경로는?

---

**〈A대리의 국내발전소 출장계획〉**

- A대리는 본사에서 출발하여 국내발전소 4곳을 방문한 후 본사로 복귀한다.
- A대리가 방문할 국내발전소는 청평발전소, 무주발전소, 산청발전소, 예천발전소이다.
- 9월 4일에 본사에서 출발하여 9월 8일에 본사로 복귀한다.
- A대리는 각 발전소를 한 번씩만 방문하며, 본사 및 각 발전소 간 이동은 하루에 한 번만 한다.
- 안전관리 실무자의 사정으로 인해 산청발전소는 반드시 9월 7일에 방문한다.

---

**〈본사 및 각 발전소 간 이동 소요시간〉**

| 구분 | 본사 | 청평발전소 | 무주발전소 | 산청발전소 | 예천발전소 |
|---|---|---|---|---|---|
| 본사 | | 55분 | 2시간 5분 | 1시간 40분 | 40분 |
| 청평발전소 | 55분 | | 45분 | 1시간 5분 | 50분 |
| 무주발전소 | 2시간 5분 | 45분 | | 1시간 20분 | 1시간 50분 |
| 산청발전소 | 1시간 40분 | 1시간 5분 | 1시간 20분 | | 35분 |
| 예천발전소 | 40분 | 50분 | 1시간 50분 | 35분 | |

① 본사 – 청평발전소 – 무주발전소 – 예천발전소 – 산청발전소 – 본사
② 본사 – 청평발전소 – 예천발전소 – 무주발전소 – 산청발전소 – 본사
③ 본사 – 무주발전소 – 예천발전소 – 청평발전소 – 산청발전소 – 본사
④ 본사 – 무주발전소 – 청평발전소 – 예천발전소 – 산청발전소 – 본사
⑤ 본사 – 예천발전소 – 청평발전소 – 무주발전소 – 산청발전소 – 본사

**48** 다음은 K공장의 제품 생산과 관련된 공정 A ~ C에 대한 내용이다. 7월 24일(월)을 기준으로 제품 500개를 생산할 경우 가장 빨리 끝나는 날은?

---

〈A ~ C공정 제품 생산〉

- A공정 제품 100개 만드는 데 2일, 7월 25일(화)부터 생산 가능
- B공정 제품 150개 만드는 데 3일, 7월 27일(목)부터 생산 가능
- C공정 제품 200개 만드는 데 2일, 7월 28일(금)부터 생산 가능
- 주말은 쉰다. 공정은 주말을 제외하고 이어서 진행한다.
- 공정은 A → B → C 순서대로 작업되며, 공정별 동일한 제품이 생산된다.
- 같은 날 다른 공정을 동시에 진행할 수 있다.

---

① 7월 28일      ② 7월 29일
③ 7월 30일      ④ 7월 31일
⑤ 8월 1일

**49** K공단에 근무하는 A씨는 사정이 생겨 다니던 회사를 그만두게 되었다. A씨의 근무기간 및 기본급 등의 기본정보가 다음과 같다면, A씨가 퇴직 시 받게 되는 퇴직금의 세전금액은 얼마인가?(단, A씨의 퇴직일 이전 3개월간 기타수당은 720,000원이며, 퇴직일 이전 3개월간 총일수는 80일이다)

---

- 입사일자 : 2022년 9월 1일
- 퇴사일자 : 2024년 9월 4일
- 재직일수 : 730일
- 월기본급 : 2,000,000원
- 월기타수당 : 월별 상이
- 퇴직 전 3개월 임금 총액 계산(세전금액)

| 퇴직 이전 3개월간 총일수 | 기본급(3개월분) | 기타수당(3개월분) |
| --- | --- | --- |
| 80일 | 6,000,000원 | 720,000원 |

- (1일 평균임금)=[퇴직일 이전 3개월간에 지급 받은 임금총액(기본급)+(기타수당)]÷(퇴직일 이전 3개월간 총일수)
- (퇴직금)=(1일 평균임금)×(30일)×[(재직일수)÷365]

---

① 5,020,000원      ② 5,030,000원
③ 5,040,000원      ④ 5,050,000원
⑤ 5,060,000원

**50** 다음은 국민연금보험료의 부과와 징수에 대한 내용이다. 가장 많은 금액을 납부해야 하는 경우는? (단, 기준소득월액의 하한액과 상한액은 고려하지 않는다)

---

**연금보험료의 부과·징수 등(국민연금법 제88조)**

① 보건복지부장관은 국민연금사업 중 연금보험료의 징수에 관하여 이 법에서 정하는 사항을 건강보험공단에 위탁한다.

② 공단은 국민연금사업에 드는 비용에 충당하기 위하여 가입자와 사용자에게 가입기간 동안 매월 연금보험료를 부과하고, 국민건강보험공단이 이를 징수한다.

③ 사업장가입자의 연금보험료 중 기여금은 사업장가입자 본인이, 부담금은 사용자가 각각 부담하되, 그 금액은 각각 기준소득월액의 1천분의 45에 해당하는 금액으로 한다.

④ 지역가입자, 임의가입자 및 임의계속가입자의 연금보험료는 지역가입자, 임의가입자 또는 임의계속가입자 본인이 부담하되, 그 금액은 기준소득월액의 1천분의 90으로 한다.

⑤ 공단은 기준소득월액 정정 등의 사유로 당초 징수 결정한 금액을 다시 산정함으로써 연금보험료를 추가로 징수하여야 하는 경우 가입자 또는 사용자에게 그 추가되는 연금보험료를 나누어 내도록 할 수 있다. 이 경우 분할 납부 신청 대상, 분할 납부 방법 및 납부 기한 등 연금보험료의 분할 납부에 필요한 사항은 대통령령으로 정한다.

---

① 기준소득월액이 400만 원인 사업장가입자의 연금보험료 중 기여금

② 기준소득월액이 300만 원인 지역가입자의 연금보험료

③ 기준소득월액이 520만 원인 사업장가입자의 연금보험료 중 기여금

④ 기준소득월액이 160만 원인 임의가입자의 연금보험료

⑤ 기준소득월액이 250만 원인 임의계속가입자의 연금보험료

**51** K회사 장과장은 2박 3일로 경주 출장을 가기 위해 여러 경로를 알아보고 있다. 다음은 장과장이 회사 차를 타고 집에서 출발하여 경주 출장지까지 갈 수 있는 방법을 나타낸 자료이다. 이를 참고할 때, 출장 장소까지 가는 최단거리 경로는 어디인가?

〈경로별 고속도로 및 국도 거리〉

(단위 : km)

| 구분 | 고속도로 및 국도 | | | 기타 도로 |
|---|---|---|---|---|
| 경로 1 | 영동 46.5 | 중부내륙 127.0 | 상주영천 92.2 | 72.77 |
| 경로 2 | 제2중부 31.5 | | | 93.7 |
| 경로 3 | 중부내륙 145.2 | 상주영천 92.2 | 경부 22.3 | 87.69 |
| 경로 4 | 성남이천로 30.6 | 중부내륙 120.3 | 상주영천 72.7 | 104.56 |
| 경로 5 | 중부내륙 37.4 | 상주영천 57.2 | 대경로 31.3 | 202.53 |

① 경로 1
② 경로 2
③ 경로 3
④ 경로 4
⑤ 경로 5

**52** 김주임은 주말 중에 다리를 다쳐 종합병원의 1인실에 8일간 입원하게 되었다. 김주임이 가입한 실비 보험 약관의 일부가 다음과 같을 때, 김주임이 입원으로 인한 입원제비용, 수술비를 제외한 입원비용 중 실손보험 병실의료비를 제외하고 실제로 부담하게 되는 금액으로 옳은 것은?

〈실비 보험 약관〉

• 질병입원의료비 : 국민건강보험법에 의해 피보험자가 부담하는 입원실료, 입원제비용, 수술비 전액 및 실제사용병실과 기준병실(6인실)과의 병실료차액의 50% 지급(1일 10만 원 한도)
(기준병실료)+[(실제사용병실료)−(기준병실료)×50%]=(1일 병실의료비 보험금)

〈건강보험법상 입원실별 본인부담률〉

| 병원 구분 | 1인실 | 2인실 | 3인실 |
|---|---|---|---|
| 상급종합병원 | 비급여 | 50% | 40% |
| 종합병원 | 비급여 | 40% | 30% |
| 병원, 한방병원 | 비급여 | 40% | 30% |
| 치과병원 및 의원 | 비급여 | 비급여 | 비급여 |

〈김주임이 입원한 병원의 병실료〉

| 병실 구분 | 병실료(원) |
|---|---|
| 기준병실료(6인실) | 70,000 |
| 3인실 | 90,000 |
| 2인실 | 110,000 |
| 1인실 | 160,000 |

① 455,000원
② 480,000원
③ 500,000원
④ 560,000원
⑤ 585,000원

**53** 다음 빈칸에 들어갈 원칙으로 옳은 것은?

> 효과적인 물적자원관리 과정을 거쳐 물품을 보관할 장소까지 선정하게 되면 차례로 정리를 하게 된다. 이때 중요한 것은 _____을 지켜야 한다는 것이다. 이는 입·출하의 빈도가 높은 품목을 출입구 가까운 곳에 보관하는 것을 말한다. 즉, 물품의 활용 빈도가 상대적으로 높은 것은 가져다 쓰기 쉬운 위치에 먼저 보관해야 한다. 이렇게 하면 물품을 활용하는 것도 편리할 뿐만 아니라 활용한 후 다시 보관하는 것 역시 편리하게 할 수 있다.

① 통로 대면의 원칙
② 중량 특성의 원칙
③ 선입 선출의 원칙
④ 회전 대응 보관의 원칙
⑤ 네트워크 보관의 원칙

**54** 다음과 같이 지점별 수요량과 공급량 및 지점 간 수송비용이 주어졌을 때, 최소 수송비의 합은 얼마인가?(단, 제시된 금액은 톤당 수송비용을 나타낸다)

| 공급지 \ 수요지 | A | B | C | D | 공급 합계 |
|---|---|---|---|---|---|
| X | 7만 원 | 9만 원 | 6만 원 | 5만 원 | 70톤 |
| Y | 5만 원 | 8만 원 | 7만 원 | 6만 원 | 100톤 |
| Z | 6만 원 | 7만 원 | 9만 원 | 8만 원 | 80톤 |
| 수요 합계 | 100톤 | 80톤 | 50톤 | 20톤 | 250톤 |

① 1,360만 원
② 1,460만 원
③ 1,530만 원
④ 1,640만 원
⑤ 1,720만 원

**55** K공단 임직원은 신입사원 입사를 맞아 워크숍을 가려고 한다. 총 13명의 임직원이 워크숍에 참여한다고 할 때, 다음 중 가장 저렴한 비용으로 이용할 수 있는 교통편의 조합은 무엇인가?

<이용 가능한 교통편 현황>

| 구분 | 탑승 인원 | 비용 | 주유비 | 비고 |
|---|---|---|---|---|
| 소형버스 | 10명 | 200,000원 | 0원 | 1일 대여 비용 |
| 대형버스 | 40명 | 500,000원 | 0원 | - |
| 렌터카 | 5명 | 80,000원(대당) | 50,000원 | 동일 기간 3대 이상 렌트 시 렌트비용 5% 할인 |
| 택시 | 3명 | 120,000원(편도) | 0원 | - |
| 대중교통 | 제한 없음 | 13,400원<br>(1인당, 편도) | 0원 | 10명 이상 왕복티켓 구매 시<br>총금액에서 10% 할인 |

① 대형버스 1대
② 소형버스 1대, 렌터카 1대
③ 소형버스 1대, 택시 1대
④ 렌터카 3대
⑤ 대중교통 13명

**56** 업무상 중국 베이징에서 열린 회의에 참석한 김대리는 회사에서 급한 연락을 받았다. 자사 공장이 있는 다롄에도 시찰을 다녀오라는 것이었다. 김대리가 선택할 수 있는 교통수단이 다음과 같을 때, 어떤 교통편을 선택하겠는가?(단, 김대리의 기준이 낮을수록 김대리는 그 대안을 선호한다)

| 교통편명 | 교통수단 | 시간(h) | 요금(원) |
|---|---|---|---|
| CZ3650 | 비행기 | 2 | 500,000 |
| MU2744 | 비행기 | 3 | 200,000 |
| G820 | 고속열차 | 5 | 120,000 |
| Z391 | 고속열차 | 7 | 100,000 |
| D42 | 고속열차 | 8 | 70,000 |

※ (김대리의 기준)=[시간(h)]×1,000,000×0.6+[요금(원)]×0.8

① CZ3650
② MU2744
③ G820
④ Z391
⑤ D42

**57** K회사는 사내 축구대회를 진행하고 있다. 조별 리그전으로 진행하며 각 조에서 가장 승점이 높은 한 팀만 결승에 진출한다고 한다. 팀별 승패 현황이 다음과 같다면 결승에 진출하는 팀은?

〈팀별 승패 현황〉

| 1조 | | 2조 | |
|---|---|---|---|
| 팀 | 결과 | 팀 | 결과 |
| A팀 | 1승 4무 | G팀 | 3승 2패 |
| B팀 | ( ) | H팀 | 2승 2무 1패 |
| C팀 | 1무 4패 | I팀 | 2승 1무 2패 |
| D팀 | 2무 3패 | J팀 | 3승 1무 1패 |
| E팀 | 3승 1무 1패 | K팀 | ( ) |
| F팀 | 2승 1무 2패 | L팀 | 1승 3무 1패 |

※ 승리 시 2점, 무승부 시 1점, 패배 시 0점의 승점을 부여함

① A팀, K팀
② B팀, K팀
③ B팀, J팀
④ E팀, G팀
⑤ E팀, F팀

**58** 모스크바 지사에서 일하고 있는 A대리는 밴쿠버 지사와의 업무협조를 위해 4월 22일 오전 10시 15분에 밴쿠버 지사로 업무협조 메일을 보냈다. 〈조건〉에 따라 밴쿠버 지사에서 가장 빨리 메일을 읽었을 때, 모스크바의 시각은?

조건
• 밴쿠버는 모스크바보다 10시간이 늦다.
• 밴쿠버 지사의 업무시간은 오전 10시부터 오후 6시까지다.
• 밴쿠버 지사에서는 4월 22일 오전 10시부터 15분간 전력 점검이 있었다.

① 4월 22일 오전 10시 15분
② 4월 23일 오전 10시 15분
③ 4월 22일 오후 8시 15분
④ 4월 23일 오후 8시 15분
⑤ 4월 23일 오후 10시 15분

**59** K공단은 현재 신입사원을 채용하고 있다. 서류전형과 면접전형을 마치고 다음의 평가지표 결과를 얻었다. K공단 내 평가지표별 가중치를 이용하여 각 지원자의 최종 점수를 계산하고, 점수가 가장 높은 두 지원자를 채용하려고 한다. 이때, K공단이 채용할 두 지원자는?

〈지원자별 평가지표 결과〉

(단위 : 점)

| 구분 | 면접 점수 | 영어 실력 | 팀내 친화력 | 직무 적합도 | 발전 가능성 | 비고 |
|------|-----------|-----------|-------------|-------------|-------------|------|
| A지원자 | 3 | 3 | 5 | 4 | 4 | 군필자 |
| B지원자 | 5 | 5 | 2 | 3 | 4 | 군필자 |
| C지원자 | 5 | 3 | 3 | 3 | 5 | – |
| D지원자 | 4 | 3 | 3 | 5 | 4 | 군필자 |
| E지원자 | 4 | 4 | 2 | 5 | 5 | 군 면제자 |

※ 군필자(만기제대)에게는 5점의 가산점을 부여함

〈평가지표별 가중치〉

| 구분 | 면접 점수 | 영어 실력 | 팀내 친화력 | 직무 적합도 | 발전 가능성 |
|------|-----------|-----------|-------------|-------------|-------------|
| 가중치 | 3 | 3 | 5 | 4 | 5 |

※ 가중치는 해당 평가지표 결과 점수에 곱함

① A, D지원자

② B, C지원자

③ B, E지원자

④ C, D지원자

⑤ D, E지원자

**60** K공단에서 체육대회를 개최하여 부서별로 출전선수를 선발하는데, 총무부 직원들(A ~ J)은 각자 2종목씩 필수로 출전해야 한다. 다음 중 계주에 꼭 출전해야 하는 사람을 모두 고르면?

〈부서별 참가 인원〉

(단위 : 명)

| 훌라후프 | 계주 | 줄넘기 | 줄다리기 | 2인 3각 |
|---|---|---|---|---|
| 1 | 4 | 5 | 8 | 2 |

〈직원별 참가가능 종목〉

| 구분 | 훌라후프 | 계주 | 줄넘기 | 줄다리기 | 2인 3각 |
|---|---|---|---|---|---|
| A | × | × | ○ | ○ | ○ |
| B | × | ○ | ○ | ○ | × |
| C | ○ | ○ | ○ | × | × |
| D | ○ | × | × | ○ | × |
| E | × | ○ | × | ○ | × |
| F | × | × | ○ | ○ | × |
| G | × | × | × | ○ | ○ |
| H | ○ | ○ | ○ | ○ | × |
| I | × | ○ | ○ | ○ | × |
| J | × | ○ | ○ | × | × |

① B, C, J
② C, E, J
③ C, G, I
④ D, E, H
⑤ E, I, J

**61** 다음과 같이 일정한 규칙으로 수를 나열할 때 A+B의 값으로 옳은 것은?

| | | | | | | | |
|---|---|---|---|---|---|---|---|
| 77 | A | 70 | 56 | B | 68 | 56 | 80 |

① 105                             ② 106

③ 107                             ④ 108

⑤ 110

**62** 다음은 청소년의 경제의식에 대한 설문조사 결과이다. 이에 대한 설명으로 옳은 것은?

〈경제의식에 대한 설문조사 결과〉

(단위 : %)

| 설문 내용 | 구분 | 전체 | 성별 | | 학교별 | |
|---|---|---|---|---|---|---|
| | | | 남 | 여 | 중학교 | 고등학교 |
| 용돈을 받는지 여부 | 예 | 84.2 | 82.9 | 85.4 | 87.6 | 80.8 |
| | 아니오 | 15.8 | 17.1 | 14.6 | 12.4 | 19.2 |
| 월간 용돈 금액 | 5만 원 미만 | 75.2 | 73.9 | 76.5 | 89.4 | 60 |
| | 5만 원 이상 | 24.8 | 26.1 | 23.5 | 10.6 | 40 |
| 금전출납부 기록 여부 | 기록 | 30 | 22.8 | 35.8 | 31 | 27.5 |
| | 미기록 | 70 | 77.2 | 64.2 | 69.0 | 72.5 |

① 용돈을 받는 남학생의 비율이 용돈을 받는 여학생의 비율보다 높다.

② 월간 용돈을 5만 원 미만으로 받는 비율은 중학생이 고등학생보다 높다.

③ 고등학생 전체 인원을 100명이라 한다면, 월간 용돈을 5만 원 이상 받는 학생은 40명이다.

④ 금전출납부는 기록하는 비율이 기록 안 하는 비율보다 높다.

⑤ 용돈을 받지 않는 중학생 비율이 용돈을 받지 않는 고등학생 비율보다 높다.

**63** 서울에 사는 K씨는 휴가를 맞아 가족들과 자동차를 타고 휴가를 떠났다. 휴가지에 갈 때는 시속 80km로 운전하고, 휴가지에서 집으로 돌아올 때는 시속 120km로 운전했다. 갈 때와 돌아올 때의 시간 차이가 1시간 20분이라고 할 때, K씨의 집과 휴가지 사이의 거리는?

① 300km                                    ② 320km
③ 340km                                    ④ 360km
⑤ 380km

**64** 미주는 집에서 백화점에 가기 위해 시속 8km의 속력으로 집에서 출발했다. 미주가 집에서 출발한 지 12분 후에 지갑을 두고 간 것을 발견한 동생이 시속 20km의 속력으로 미주를 만나러 출발했다. 미주와 동생은 몇 분 후에 만나게 되는가?(단, 미주와 동생은 쉬지 않고 일정한 속력으로 움직인다)

① 11분                                      ② 14분
③ 17분                                      ④ 20분
⑤ 23분

**65** 다음은 지역별 이혼건수에 대한 자료이다. 이에 대한 설명으로 옳은 것은?

### 〈지역별 이혼건수〉

(단위 : 천 건)

| 구분 | 2020년 | 2021년 | 2022년 | 2023년 | 2024년 |
|---|---|---|---|---|---|
| 서울 | 28 | 29 | 34 | 33 | 38 |
| 인천 | 22 | 24 | 35 | 32 | 39 |
| 경기 | 19 | 21 | 22 | 28 | 33 |
| 대전 | 11 | 13 | 12 | 11 | 10 |
| 광주 | 8 | 9 | 9 | 12 | 7 |
| 대구 | 15 | 13 | 14 | 17 | 18 |
| 부산 | 18 | 19 | 20 | 19 | 21 |
| 울산 | 7 | 8 | 8 | 5 | 7 |
| 제주 | 4 | 5 | 7 | 6 | 5 |
| 전체 | 132 | 141 | 161 | 163 | 178 |

※ 수도권은 서울, 인천, 경기임

① 2022년 이후 인천의 이혼건수는 서울의 이혼건수보다 높다.

② 2020 ~ 2024년까지 전체 이혼건수가 가장 적은 해는 2024년이다.

③ 2020 ~ 2024년까지 수도권의 이혼건수가 가장 많은 해는 2023년이다.

④ 2020 ~ 2024년까지 전체 이혼건수와 증감 추이가 같은 지역은 한 곳뿐이다.

⑤ 전체 이혼건수 대비 수도권의 이혼건수 비중은 2020년에 50% 이하, 2024년에 60% 이상을 차지한다.

**66** 매일의 날씨 자료를 수집 및 분석한 결과, 전날의 날씨를 기준으로 그 다음 날의 날씨가 변할 확률은 다음과 같았다. 만약 내일 날씨가 화창하다면, 사흘 뒤에 비가 올 확률은 얼마인가?

| 전날 날씨 | 다음 날 날씨 | 확률 |
|---|---|---|
| 화창 | 화창 | 25% |
| 화창 | 비 | 30% |
| 비 | 화창 | 40% |
| 비 | 비 | 15% |

※ 날씨는 '화창'과 '비'로만 구분하여 분석함

① 12%  　　　　　　② 13%

③ 14%  　　　　　　④ 15%

⑤ 16%

※ 다음은 연도별 해양사고 발생 현황에 대한 그래프이다. 이어지는 질문에 답하시오. [67~68]

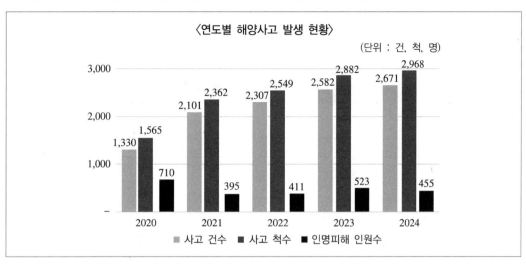

〈연도별 해양사고 발생 현황〉

(단위 : 건, 척, 명)

■ 사고 건수　■ 사고 척수　■ 인명피해 인원수

**67** 다음 중 2020년 대비 2021년 사고 척수의 증가율과 사고 건수의 증가율이 순서대로 나열된 것은?
(단, 증가율은 소수점 둘째 자리에서 반올림한다)

① 48.7%, 58.0%
② 48.7%, 61.1%
③ 50.9%, 58.0%
④ 50.9%, 61.1%
⑤ 50.9%, 64.4%

**68** 다음 중 사고 건수당 인명피해의 인원수가 가장 많은 연도는?

① 2020년
② 2021년
③ 2022년
④ 2023년
⑤ 2024년

**69** 다음은 K국가의 2020 ~ 2024년 부양인구비를 나타낸 자료이다. 2024년 15세 미만 인구 대비 65세 이상 인구의 비율은 얼마인가?(단, 비율은 소수점 둘째 자리에서 반올림한다)

〈부양인구비〉

(단위 : %)

| 구분 | 2020년 | 2021년 | 2021년 | 2023년 | 2024년 |
|---|---|---|---|---|---|
| 부양비 | 37.3 | 36.9 | 36.8 | 36.8 | 36.9 |
| 유소년부양비 | 22.2 | 21.4 | 20.7 | 20.1 | 19.5 |
| 노년부양비 | 15.2 | 15.6 | 16.1 | 16.7 | 17.3 |

※ (유소년부양비) $= \dfrac{(15세\ 미만\ 인구)}{(15 \sim 64세\ 인구)} \times 100$

※ (노년부양비) $= \dfrac{(65세\ 이상\ 인구)}{(15 \sim 64세\ 인구)} \times 100$

① 72.4%  ② 77.6%
③ 81.5%  ④ 88.7%
⑤ 90.1%

**70** 다음은 K사 피자 1판 주문 시 구매 방식별 할인 혜택과 비용을 나타낸 것이다. 이를 토대로 정가가 12,500원인 K사 피자 1판을 가장 싸게 살 수 있는 구매 방식은?

〈구매 방식별 할인 혜택과 비용〉

| 구매 방식 | 할인 혜택과 비용 |
|---|---|
| 스마트폰앱 | 정가의 25% 할인 |
| 전화 | 정가에서 1,000원 할인 후, 할인된 가격의 10% 추가 할인 |
| 회원카드와 쿠폰 | 회원카드로 정가의 10% 할인 후, 할인된 가격의 15%를 쿠폰으로 추가 할인 |
| 직접 방문 | 정가의 30% 할인, 교통비용 1,000원 발생 |
| 교환권 | K사 피자 1판 교환권 구매비용 10,000원 발생 |

※ 구매 방식은 한 가지만 선택함

① 스마트폰앱  ② 전화
③ 회원카드와 쿠폰  ④ 직접 방문
⑤ 교환권

**71** 다음 중 행정작용에 대한 설명으로 옳지 않은 것을 〈보기〉에서 모두 고르면?

> **보기**
> ㄱ. 하명은 명령적 행정행위이다.
> ㄴ. 인가는 형성적 행정행위이다.
> ㄷ. 공증은 법률행위적 행정행위이다.
> ㄹ. 공법상 계약은 권력적 사실행위이다.

① ㄱ, ㄴ        ② ㄱ, ㄷ

③ ㄱ, ㄹ        ④ ㄴ, ㄹ

⑤ ㄷ, ㄹ

**72** 권력관계에 있어서 국가와 기타 행정주체의 의사는 비록 설립에 흠이 있을지라도 당연무효의 경우를 제외하고는 일단 적법·유효하다는 추정을 받으며, 권한이 있는 기관이 직권 또는 쟁송절차를 거쳐 취소하기 전에는 누구라도 이에 구속되고 그 효력을 부정하지 못하는 우월한 힘이 있다. 이를 행정행위의 무엇이라고 하는가?

① 확정력        ② 불가쟁력

③ 공정력        ④ 강제력

⑤ 불가변력

**73** 다음 중 민법 제104조의 불공정한 법률행위에 대한 설명으로 옳은 것은?(단, 다툼이 있는 경우 판례에 따른다)

① '무경험'이란 일반적인 생활체험의 부족이 아니라 어느 특정영역에서의 경험부족을 의미한다.

② '궁박'에는 정신적 또는 심리적 원인에 기인한 것은 포함되지 않는다.

③ 법률행위가 현저하게 공정을 잃은 경우, 그 행위는 궁박, 경솔, 무경험으로 이루어진 것으로 추정된다.

④ 불공정한 법률행위가 성립하기 위해서는 피해자에게 궁박, 경솔, 무경험 요건이 모두 구비되어야 한다.

⑤ 급부와 반대급부 사이의 '현저한 불균형'은 당사자의 주관적 가치가 아닌 거래상의 객관적 가치에 의하여 판단한다.

PART 3

**74** 다음 중 국가형벌권의 발동과 관련하여 범죄인의 인권보장과 관계되는 것은?

① 보장적 기능　　　　　　　② 보호적 기능

③ 규제적 기능　　　　　　　④ 사회보전적 기능

⑤ 강제적 기능

**75** 다음 중 헌법이 명시하고 있는 법규명령이 아닌 것은?

① 부령　　　　　　　　　　② 총리령

③ 대통령령　　　　　　　　④ 감사원규칙

⑤ 중앙선거관리위원회규칙

**76** 다음 중 법정대리인의 동의 없이 소송을 제기할 수 있는 능력은?

① 행위능력　　　　　　　　② 권리능력

③ 소송능력　　　　　　　　④ 당사자능력

⑤ 등기능력

**77** 다음 중 점증주의의 이점으로 보기 어려운 것은?

① 타협의 과정을 통해 이해관계의 갈등을 조정하는 데 유리하다.

② 대안의 탐색과 분석에 소요되는 비용을 줄일 수 있다.

③ 예산결정을 간결하게 한다.

④ 합리적·총체적 관점에서 의사결정이 가능하다.

⑤ 중요한 정치적 가치들을 예산결정에서 고려할 수 있다.

**78** 다음 중 갈등의 조성전략에 대한 설명으로 옳지 않은 것은?

① 표면화된 공식적 및 비공식적 정보전달통로를 의식적으로 변경시킨다.

② 갈등을 일으킨 당사자들에게 공동으로 추구해야 할 상위목표를 제시한다.

③ 상황에 따라 정보전달을 억제하거나 지나치게 과장한 정보를 전달한다.

④ 조직의 수직적·수평적 분화를 통해 조직구조를 변경한다.

⑤ 단위부서들 간에 경쟁상황을 조성한다.

**79** 다음 중 행정통제의 유형과 사례를 연결한 내용으로 옳지 않은 것은?

① 외부·공식적 통제 – 국회의 국정감사

② 내부·비공식적 통제 – 국무조정실의 직무 감찰

③ 외부·비공식적 통제 – 시민단체의 정보공개 요구 및 비판

④ 내부·공식적 통제 – 감사원의 정기 감사

⑤ 외부·공식적 통제 – 선거관리위원회의 선거에 관한 사무

**80** 다음 중 갈등관리에 대한 설명으로 옳지 않은 것은?

① 갈등해소 방법으로는 문제 해결, 상위 목표의 제시, 자원 증대, 태도 변화 훈련, 완화 등을 들수 있다.

② 적절한 갈등을 조성하는 방법으로 의사전달 통로의 변경, 정보 전달 억제, 구조적 요인의 개편, 리더십 스타일 변경 등을 들 수 있다.

③ 1940년대 말을 기점으로 하여 1970년대 중반까지 널리 받아들여졌던 행태주의적 견해에 의하면 갈등이란 조직 내에서 필연적으로 발생하는 현상으로 보았다.

④ 마치(March)와 사이먼(Simon)은 개인적 갈등의 원인 및 형태를 비수락성, 비비교성, 불확실성으로 구분했다.

⑤ 유해한 갈등을 해소하기 위해 갈등상황이나 출처를 근본적으로 변동시키지 않고 거기에 적응하도록 하는 전략을 사용하기도 한다.

**81** 다음 중 지방공기업에 대한 설명으로 옳지 않은 것은?

① 자동차운송사업은 지방직영기업 대상에 해당된다.

② 지방공사의 자본금은 지방자치단체가 전액 출자한다.

③ 지방공사는 법인으로 한다.

④ 행정안전부장관은 지방공기업에 대한 평가를 실시하고 그 결과에 따라 필요한 조치를 하여야 한다.

⑤ 지방공사는 지방자치단체 외의 자(법인 등)가 출자를 할 수 있지만 지방공사 자본금의 3분의 1을 넘지 못한다.

**82** 다음 중 지방분권과 지방자치 등의 추진을 위해 설치된 대통령 소속 위원회로 현재 운영 중인 것은?

① 정부혁신지방분권위원회

② 자치분권위원회

③ 지방분권촉진위원회

④ 지방자치발전위원회

⑤ 지방이양추진위원회

**83** 다음 중 채찍효과의 발생 원인으로 옳지 않은 것은?

① 공급망의 단계별로 이루어지는 수요예측

② 일정기간 예상되는 물량에 대한 일괄주문방식

③ 전자 자료 교환(EDI)의 시행

④ 공급을 초과하는 수요에 따른 구매자 간 힘겨루기

⑤ 판매 촉진 행사 등으로 인한 가격 변동

**84** 다음 중 마케팅 전략에 영향을 미치는 거시적 환경에 해당하지 않는 것은?

① 인구통계적 환경　　　　② 기업내부 환경

③ 경제적 환경　　　　　　④ 기술적 환경

⑤ 문화적 환경

**85** 다음 중 보너스 산정방식에서 스캔런 플랜(Scanlon Plan)에 대한 설명으로 옳은 것은?

① 보너스 산정 비율은 생산액에 있어서 재료 및 에너지 등을 포함하여 계산한다.

② 노동비용을 판매액에서 재료 및 에너지, 간접비용을 제외한 부가가치로 나누어 계산한다.

③ 종업원의 참여는 거의 고려되지 않고 산업공학기법을 이용한 공식을 활용하여 계산한다.

④ 성과측정의 기준으로서 노동비용이나 생산비용, 생산 이외에도 품질 향상, 소비자 만족 등 각 기업이 중요성을 부여하는 부분에 초점을 둔 새로운 지표를 사용하여 계산한다.

⑤ 생산단위당 표준노동시간을 기준으로 노동생산성 및 비용 등 산정 조직의 효율성을 보다 직접적으로 측정하여 계산한다.

**86** 다음의 특징을 모두 가지고 있는 자산은?

> • 개별적으로 식별하여 별도로 인식할 수 없다.
> • 손상징후와 관계없이 매년 손상검사를 실시한다.
> • 손상차손환입을 인식할 수 없다.
> • 사업결합 시 이전대가가 피취득자 순자산의 공정가치를 초과한 금액이다.

① 특허권                    ② 회원권
③ 영업권                    ④ 라이선스
⑤ 가상화폐

**87** 다음 중 대규모 데이터베이스에서 숨겨진 패턴이나 관계를 발견하여 의사결정 및 미래예측에 활용할 수 있도록 데이터를 모아서 분석하는 것은?

① 데이터 웨어하우스(Data Warehouse)
② 데이터 마이닝(Data Mining)
③ 데이터 마트(Data Mart)
④ 데이터 정제(Data Cleansing)
⑤ 데이터 스크러빙(Data Scrubbing)

**88** 다음 중 유형자산에 대한 설명으로 옳은 것은?

① 유형자산의 공정가치가 장부금액을 초과하면 감가상각액을 인식하지 아니한다.

② 기계장치는 감가상각의 대상이지만, 토지는 감가상각의 대상이 아니다.

③ 자산의 장부금액이 재평가로 인하여 증가된 경우에 그 증가액은 당기손익으로 인식하고, 재평가잉여금의 과목으로 자산에 가산한다.

④ 유형자산별로 선택적 재평가를 하거나 서로 다른 기준일의 평가금액이 혼재된 재무보고를 하는 것을 방지하기 위하여 동일한 유형 내의 유형자산은 분기별로 재평가한다.

⑤ 유형자산이 손상된 경우 장부금액과 회수가능액의 차액은 기타포괄손익으로 처리하고, 유형자산에서 직접 차감한다.

**89** 다음 〈보기〉 중 변동환율제도하에서 국내 원화의 가치가 상승하는 요인을 모두 고르면?

> **보기**
> ㉠ 외국인의 국내 부동산 구입 증가
> ㉡ 국내 기준금리 인상
> ㉢ 미국의 확대적 재정정책 시행
> ㉣ 미국의 국채이자율의 상승

① ㉠, ㉡                     ② ㉠, ㉢

③ ㉡, ㉢                     ④ ㉡, ㉣

⑤ ㉢, ㉣

**90** 다음 중 통화량 증가 시 이자율을 상승시키는 요인이 아닌 것은?

① 소비자들이 미래의 소비보다 현재의 소비에 대한 욕구가 큰 경우

② 단위당 기대수익률이 큰 경우

③ 향후 인플레이션 발생을 예상한 구매력 변동

④ 경제성장률과 물가상승률이 하락

⑤ 채권회수율의 하락

**91** 노동($L$)과 자본($K$)만 이용하여 재화를 생산하는 기업의 생산함수가 $Q = \min\left(\dfrac{L}{2}, K\right)$이다. 노동가격은 2원이고 자본가격은 3원일 때, 기업이 재화 200개를 생산하고자 할 경우 평균비용은? (단, 고정비용은 없다)

① 6원
② 7원
③ 8원
④ 9원
⑤ 10원

**92** 다음 국제거래 중 우리나라의 경상수지 흑자를 증가시키는 것은?

① 외국인이 우리나라 기업의 주식을 매입하였다.
② 우리나라 학생의 해외유학이 증가하였다.
③ 미국 기업은 우리나라에 자동차 공장을 건설하였다.
④ 우리나라 기업이 중국기업으로부터 특허료를 지급받았다.
⑤ 우리나라 기업이 외국인에게 주식투자에 대한 배당금을 지급하였다.

**93** 다음 중 내생적 성장이론에 대한 설명으로 옳지 않은 것은?

① 지속적인 경제성장이 일어나게 만드는 요인을 모형 안에서 찾으려는 이론이다.
② 연구개발 투자 및 인적자본의 중요성을 강조하는 이론이다.
③ 선진국과 개도국간의 생활수준 격차가 더 벌어질 가능성이 있다는 것을 설명한다.
④ 저축률이 상승하면 경제성장률은 지속적으로 높아진다.
⑤ 내생적 성장에 관한 학습효과모형은 의도적인 교육투자의 중요성을 강조한다.

**94** 다음 중 사회복지조사에서 측정의 신뢰도를 높이는 방법으로 옳지 않은 것은?

① 표준화된 측정도구를 사용한다.

② 응답자가 무관심하거나 잘 모르는 내용은 측정하지 않는 것이 좋다.

③ 측정항목(하위변수) 수를 줄이고 항목의 선택범위(값)는 좁히는 것이 좋다.

④ 측정항목의 모호성을 줄이고 되도록 구체화하여 일관된 측정이 가능하게 한다.

⑤ 여러 관찰자를 활용하여 자료 수집의 오류나 비일관성을 줄기이 위해 다각화한다.

**95** 조세특례제한법상의 '총급여액 등'을 기준으로 근로장려금 산정방식을 다음과 같이 설계하였다고 가정할 때, 총급여액 등에 따른 근로장려금 계산 결과로 옳지 않은 것은?

- 총급여액 등 1,000만 원 미만 : (근로장려금)=(총급여액 등)×100분의 20
- 총급여액 등 1,000만 원 이상 1,200만 원 미만 : 근로장려금 200만 원
- 총급여액 등 1,200만 원 이상 3,200만 원 미만 : 근로장려금
  =200만 원-[(총급여액 등)-1,200만 원]×100분의 10
- ※ 재산, 가구원 수, 부양아동 수, 소득의 종류 등 다른 조건은 일체 고려하지 않음

① 총급여액 등이 500만 원일 때, 근로장려금 100만 원

② 총급여액 등이 1,100만 원일 때, 근로장려금 200만 원

③ 총급여액 등이 1,800만 원일 때, 근로장려금 150만 원

④ 총급여액 등이 2,200만 원일 때, 근로장려금 100만 원

⑤ 총급여액 등이 2,700만 원일 때, 근로장려금 50만 원

**96** 어느 한 경제에서 생산 활동에 참가하는 당사자는 A와 B이고, 각각의 효용을 U와 V로 나타낸다고 가정하자. 이 경우 롤스(J. Rawls)의 사회후생함수를 바르게 표현한 것은?(단, $W$는 사회 전체의 후생을 나타낸다)

① $W=\min(U,\ V)$　　　　　　② $W=\max(U,\ V)$

③ $W=U\times V$　　　　　　　④ $W=\dfrac{(U+V)}{2}$

⑤ $W=U+V$

**97** 사회복지정책의 발달이론 중 의회민주주의의 정착과 노동자 계급의 조직화된 힘을 강조하는 이론은?

① 산업화이론  
② 권력자원이론  
③ 확산이론  
④ 사회양심이론  
⑤ 국가중심이론  

**98** 다음 중 생태체계이론의 유용성에 대한 설명으로 옳지 않은 것은?

① 문제에 대한 총체적 이해와 조망을 제공한다.  
② 각 체계로부터 다양하고 객관적인 정보 획득이 용이하다.  
③ 환경 수준별 개입의 근거를 제시한다.  
④ 구체적인 방법과 기술 제시에는 한계가 있다.  
⑤ 개인보다 가족, 집단, 공동체 등의 문제에 적용하는 데 유용하다.  

**99** 다음 중 에릭슨(H. Erikson)의 심리사회적 자아발달의 8단계에 해당하지 않는 것은?

① 희망 대 절망  
② 자율성 대 수치심  
③ 신뢰감 대 불신감  
④ 근면성 대 열등감  
⑤ 정체성 대 혼미감  

**100** 다음 중 사회복지 실천현장과 분류의 연결이 옳지 않은 것은?

① 사회복지관 – 1차 현장  
② 종합병원 – 2차 현장  
③ 발달장애인지원센터 – 이용시설  
④ 노인보호전문기관 – 생활시설  
⑤ 사회복지공동모금회 – 비영리기관

아이들이 답이 있는 질문을 하기 시작하면 그들이 성장하고 있음을 알 수 있다.

– 존 J. 플롬프 –

# PART 4

# 채용 가이드

**CHAPTER 01**   블라인드 채용 소개

**CHAPTER 02**   서류전형 가이드

**CHAPTER 03**   인성검사 소개 및 모의테스트

**CHAPTER 04**   면접전형 가이드

**CHAPTER 05**   근로복지공단 면접 기출질문

# CHAPTER
# 01 블라인드 채용 소개

## 1. 블라인드 채용이란?

채용 과정에서 편견이 개입되어 불합리한 차별을 야기할 수 있는 출신지, 가족관계, 학력, 외모 등의 편견요인은 제외하고, 직무능력만을 평가하여 인재를 채용하는 방식입니다.

## 2. 블라인드 채용의 필요성

• 채용의 공정성에 대한 사회적 요구
  - 누구에게나 직무능력만으로 경쟁할 수 있는 균등한 고용기회를 제공해야 하나, 아직도 채용의 공정성에 대한 불신이 존재
  - 채용상 차별금지에 대한 법적 요건이 권고적 성격에서 처벌을 동반한 의무적 성격으로 강화되는 추세
  - 시민의식과 지원자의 권리의식 성숙으로 차별에 대한 법적 대응 가능성 증가
• 우수인재 채용을 통한 기업의 경쟁력 강화 필요
  - 직무능력과 무관한 학벌, 외모 위주의 선발로 우수인재 선발기회 상실 및 기업경쟁력 약화
  - 채용 과정에서 차별 없이 직무능력중심으로 선발한 우수인재 확보 필요
• 공정한 채용을 통한 사회적 비용 감소 필요
  - 편견에 의한 차별적 채용은 우수인재 선발을 저해하고 외모·학벌 지상주의 등의 심화로 불필요한 사회적 비용 증가
  - 채용에서의 공정성을 높여 사회의 신뢰수준 제고

## 3. 블라인드 채용의 특징

편견요인을 요구하지 않는 대신 직무능력을 평가합니다.

※ 직무능력중심 채용이란?
  기업의 역량기반 채용, NCS기반 능력중심 채용과 같이 직무수행에 필요한 능력과 역량을 평가하여 선발하는 채용방식을 통칭합니다.

## 4. 블라인드 채용의 평가요소

직무수행에 필요한 지식, 기술, 태도 등을 과학적인 선발기법을 통해 평가합니다.

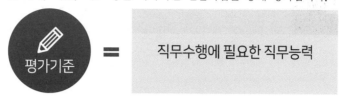

※ 과학적 선발기법이란?
직무분석을 통해 도출된 평가요소를 서류, 필기, 면접 등을 통해 체계적으로 평가하는 방법으로 입사지원서, 자기소개서, 직무수행능력평가, 구조화 면접 등이 해당됩니다.

## 5. 블라인드 채용 주요 도입 내용

• 입사지원서에 인적사항 요구 금지
  - 인적사항에는 출신지역, 가족관계, 결혼여부, 재산, 취미 및 특기, 종교, 생년월일(연령), 성별, 신장 및 체중, 사진, 전공, 학교명, 학점, 외국어 점수, 추천인 등이 해당
  - 채용 직무를 수행하는 데 있어 반드시 필요하다고 인정될 경우는 제외
    예 특수경비직 채용 시 : 시력, 건강한 신체 요구
        연구직 채용 시 : 논문, 학위 요구 등
• 블라인드 면접 실시
  - 면접관에게 응시자의 출신지역, 가족관계, 학교명 등 인적사항 정보 제공 금지
  - 면접관은 응시자의 인적사항에 대한 질문 금지

## 6. 블라인드 채용 도입의 효과성

• 구성원의 다양성과 창의성이 높아져 기업 경쟁력 강화
  - 편견을 없애고 직무능력 중심으로 선발하므로 다양한 직원 구성 가능
  - 다양한 생각과 의견을 통하여 기업의 창의성이 높아져 기업경쟁력 강화
• 직무에 적합한 인재선발을 통한 이직률 감소 및 만족도 제고
  - 사전에 지원자들에게 구체적이고 상세한 직무요건을 제시함으로써 허수 지원이 낮아지고, 직무에 적합한 지원자 모집 가능
  - 직무에 적합한 인재가 선발되어 직무이해도가 높아져 업무효율 증대 및 만족도 제고
• 채용의 공정성과 기업이미지 제고
  - 블라인드 채용은 사회적 편견을 줄인 선발 방법으로 기업에 대한 사회적 인식 제고
  - 채용과정에서 불합리한 차별을 받지 않고 실력에 의해 공정하게 평가를 받을 것이라는 믿음을 제공하고, 지원자들은 평등한 기회와 공정한 선발과정 경험

# CHAPTER

# 02 서류전형 가이드

## 01 채용공고문

### 1. 채용공고문의 변화

| 기존 채용공고문 | 변화된 채용공고문 |
|---|---|
| • 취업준비생에게 불충분하고 불친절한 측면 존재<br>• 모집분야에 대한 명확한 직무관련 정보 및 평가기준 부재<br>• 해당분야에 지원하기 위한 취업준비생의 무분별한 스펙 쌓기 현상 발생 | • NCS 직무분석에 기반한 채용공고를 토대로 채용전형 진행<br>• 지원자가 입사 후 수행하게 될 업무에 대한 자세한 정보 공지<br>• 직무수행내용, 직무수행 시 필요한 능력, 관련된 자격, 직업기초능력 제시<br>• 지원자가 해당 직무에 필요한 스펙만을 준비할 수 있도록 안내 |
| • 모집부문 및 응시자격<br>• 지원서 접수<br>• 전형절차<br>• 채용조건 및 처우<br>• 기타사항 | • 채용절차<br>• 채용유형별 선발분야 및 예정인원<br>• 전형방법<br>• 선발분야별 직무기술서<br>• 우대사항 |

### 2. 지원 유의사항 및 지원요건 확인

채용 직무에 따른 세부사항을 공고문에 명시하여 지원자에게 적격한 지원 기회를 부여함과 동시에 채용과정에서의 공정성과 신뢰성을 확보합니다.

| 구성 | 내용 | 확인사항 |
|---|---|---|
| 모집분야 및 규모 | 고용형태(인턴 계약직 등), 모집분야, 인원, 근무지역 등 | 채용직무가 여러 개일 경우 본인이 해당되는 직무의 채용규모 확인 |
| 응시자격 | 기본 자격사항, 지원조건 | 지원을 위한 최소자격요건을 확인하여 불필요한 지원을 예방 |
| 우대조건 | 법정·특별·자격증 가점 | 본인의 가점 여부를 검토하여 가점 획득을 위한 사항을 사실대로 기재 |
| 근무조건 및 보수 | 고용형태 및 고용기간, 보수, 근무지 | 본인이 생각하는 기대수준에 부합하는지 확인하여 불필요한 지원을 예방 |
| 시험방법 | 서류·필기·면접전형 등의 활용방안 | 전형방법 및 세부 평가기법 등을 확인하여 지원전략 준비 |
| 전형일정 | 접수기간, 각 전형 단계별 심사 및 합격자 발표일 등 | 본인의 지원 스케줄을 검토하여 차질이 없도록 준비 |
| 제출서류 | 입사지원서(경력·경험기술서 등), 각종 증명서 및 자격증 사본 등 | 지원요건 부합 여부 및 자격 증빙서류 사전에 준비 |
| 유의사항 | 임용취소 등의 규정 | 임용취소 관련 법적 또는 기관 내부 규정을 검토하여 해당여부 확인 |

직무기술서란 직무수행의 내용과 필요한 능력, 관련 자격, 직업기초능력 등을 상세히 기재한 것으로 입사 후 수행하게 될 업무에 대한 정보가 수록되어 있는 자료입니다.

## 1. 채용분야

설명

NCS 직무분류 체계에 따라 직무에 대한 「대분류 – 중분류 – 소분류 – 세분류」 체계를 확인할 수 있습니다. 채용 직무에 대한 모든 직무기술서를 첨부하게 되며 실제 수행 업무를 기준으로 세부적인 분류정보를 제공합니다.

| 채용분야 | 분류체계 | | | |
|---|---|---|---|---|
| 사무행정 | 대분류 | 중분류 | 소분류 | 세분류 |
| 분류코드 | 02. 경영・회계・사무 | 03. 재무・회계 | 01. 재무 | 01. 예산 |
| | | | | 02. 자금 |
| | | | 02. 회계 | 01. 회계감사 |
| | | | | 02. 세무 |

## 2. 능력단위

설명

직무분류 체계의 세분류 하위능력단위 중 실질적으로 수행할 업무의 능력만 구체적으로 파악할 수 있습니다.

| | | | |
|---|---|---|---|
| 능력단위 | (예산) | 03. 연간종합예산수립<br>05. 확정예산 운영 | 04. 추정재무제표 작성<br>06. 예산실적 관리 |
| | (자금) | 04. 자금운용 | |
| | (회계감사) | 02. 자금관리<br>05. 회계정보시스템 운용<br>07. 회계감사 | 04. 결산관리<br>06. 재무분석 |
| | (세무) | 02. 결산관리<br>07. 법인세 신고 | 05. 부가가치세 신고 |

## 3. 직무수행내용

설명

세분류 영역의 기본정의를 통해 직무수행내용을 확인할 수 있습니다. 입사 후 수행할 직무내용을 구체적으로 확인할 수 있으며, 이를 통해 입사서류 작성부터 면접까지 직무에 대한 명확한 이해를 바탕으로 자신의 희망직무 인지 아닌지, 해당 직무가 자신이 알고 있던 직무가 맞는지 확인할 수 있습니다.

| | |
|---|---|
| 직무수행내용 | (예산) 일정기간 예상되는 수익과 비용을 편성, 집행하며 통제하는 일 |
| | (자금) 자금의 계획 수립, 조달, 운용을 하고 발생 가능한 위험 관리 및 성과평가 |
| | (회계감사) 기업 및 조직 내・외부에 있는 의사결정자들이 효율적인 의사결정을 할 수 있도록 유용한 정보를 제공, 제공된 회계정보의 적정성을 파악하는 일 |
| | (세무) 세무는 기업의 활동을 위하여 주어진 세법범위 내에서 조세부담을 최소화시키는 조세전략을 포함하고 정확한 과세소득과 과세표준 및 세액을 산출하여 과세당국에 신고・납부하는 일 |

PART 4

## 4. 직무기술서 예시

| 태도 | (예산) 정확성, 분석적 태도, 논리적 태도, 타 부서와의 협조적 태도, 설득력 |
|---|---|
| | (자금) 분석적 사고력 |
| | (회계 감사) 합리적 태도, 전략적 사고, 정확성, 적극적 협업 태도, 법률준수 태도, 분석적 태도, 신속성, 책임감, 정확한 판단력 |
| | (세무) 규정 준수 의지, 수리적 정확성, 주의 깊은 태도 |
| 우대 자격증 | 공인회계사, 세무사, 컴퓨터활용능력, 변호사, 워드프로세서, 전산회계운용사, 사회조사분석사, 재경관리사, 회계관리 등 |
| 직업기초능력 | 의사소통능력, 문제해결능력, 자원관리능력, 대인관계능력, 정보능력, 조직이해능력 |

## 5. 직무기술서 내용별 확인사항

| 항목 | 확인사항 |
|---|---|
| 모집부문 | 해당 채용에서 선발하는 부문(분야)명 확인 예 사무행정, 전산, 전기 |
| 분류체계 | 지원하려는 분야의 세부직무군 확인 |
| 주요기능 및 역할 | 지원하려는 기업의 전사적인 기능과 역할, 산업군 확인 |
| 능력단위 | 지원분야의 직무수행에 관련되는 세부업무사항 확인 |
| 직무수행내용 | 지원분야의 직무군에 대한 상세사항 확인 |
| 전형방법 | 지원하려는 기업의 신입사원 선발전형 절차 확인 |
| 일반요건 | 교육사항을 제외한 지원 요건 확인(자격요건, 특수한 경우 연령) |
| 교육요건 | 교육사항에 대한 지원요건 확인(대졸 / 초대졸 / 고졸 / 전공 요건) |
| 필요지식 | 지원분야의 업무수행을 위해 요구되는 지식 관련 세부항목 확인 |
| 필요기술 | 지원분야의 업무수행을 위해 요구되는 기술 관련 세부항목 확인 |
| 직무수행태도 | 지원분야의 업무수행을 위해 요구되는 태도 관련 세부항목 확인 |
| 직업기초능력 | 지원분야 또는 지원기업의 조직원으로서 근무하기 위해 필요한 일반적인 능력사항 확인 |

## 1. 입사지원서의 변화

| 기존지원서 | | 능력중심 채용 입사지원서 | |
|---|---|---|---|
| 직무와 관련 없는 학점, 개인신상, 어학점수, 자격, 수상경력 등을 나열하도록 구성 | VS | 해당 직무수행에 꼭 필요한 정보들을 제시할 수 있도록 구성 | |

| 직무기술서 |
|---|

| 인적사항 | 성명, 연락처, 지원분야 등 작성 (평가 미반영) |
|---|---|

| 직무수행내용 |
|---|

| 교육사항 | 직무지식과 관련된 학교교육 및 직업교육 작성 |
|---|---|

| 요구지식 / 기술 |
|---|

| 자격사항 | 직무관련 국가공인 또는 민간자격 작성 |
|---|---|

| 관련 자격증 |
|---|

| 사전직무경험 |
|---|

| 경력 및 경험사항 | 조직에 소속되어 일정한 임금을 받거나(경력) 임금 없이(경험) 직무와 관련된 활동 내용 작성 |
|---|---|

## 2. 교육사항

- 지원분야 직무와 관련된 학교 교육이나 직업교육 혹은 기타교육 등 직무에 대한 지원자의 학습 여부를 평가하기 위한 항목입니다.
- 지원하고자 하는 직무의 학교 전공교육 이외에 직업교육, 기타교육 등을 기입할 수 있기 때문에 전공 제한 없이 직업교육과 기타교육을 이수하여 지원이 가능하도록 기회를 제공합니다.

  (기타교육 : 학교 이외의 기관에서 개인이 이수한 교육과정 중 지원직무와 관련이 있다고 생각되는 교육내용)

| 구분 | 교육과정(과목)명 | 교육내용 | 과업(능력단위) |
|---|---|---|---|
| | | | |
| | | | |

PART 4

## 3. 자격사항

- 채용공고 및 직무기술서에 제시되어 있는 자격 현황을 토대로 지원자가 해당 직무를 수행하는 데 필요한 능력을 가지고 있는지를 평가하기 위한 항목입니다.
- 채용공고 및 직무기술서에 기재된 직무관련 필수 또는 우대자격 항목을 확인하여 본인이 보유하고 있는 자격사항을 기재합니다.

| 자격유형 | 자격증명 | 발급기관 | 취득일자 | 자격증번호 |
|---|---|---|---|---|
|  |  |  |  |  |
|  |  |  |  |  |

## 4. 경력 및 경험사항

- 직무와 관련된 경력이나 경험 여부를 표현하도록 하여 직무와 관련한 능력을 갖추었는지를 평가하기 위한 항목입니다.
- 해당 기업에서 직무를 수행함에 있어 필요한 사항만을 기록하게 되어 있기 때문에 직무와 무관한 스펙을 갖추지 않아도 됩니다.
- 경력 : 금전적 보수를 받고 일정기간 동안 일했던 경우
- 경험 : 금전적 보수를 받지 않고 수행한 활동

※ 기업에 따라 경력 / 경험 관련 증빙자료 요구 가능

| 구분 | 조직명 | 직위 / 역할 | 활동기간(년 / 월) | 주요과업 / 활동내용 |
|---|---|---|---|---|
|  |  |  |  |  |
|  |  |  |  |  |

---

**Tip**

입사지원서 작성 방법

○ 경력 및 경험사항 작성
- 직무기술서에 제시된 지식, 기술, 태도와 지원자의 교육사항, 경력(경험)사항, 자격사항과 연계하여 개인의 직무역량에 대해 스스로 판단 가능

○ 인적사항 최소화
- 개인의 인적사항, 학교명, 가족관계 등을 노출하지 않도록 유의

> 부적절한 입사지원서 작성 사례
> - 학교 이메일을 기입하여 학교명 노출
> - 거주지 주소에 학교 기숙사 주소를 기입하여 학교명 노출
> - 자기소개서에 부모님이 재직 중인 기업명, 직위, 직업을 기입하여 가족관계 노출
> - 자기소개서에 석·박사 과정에 대한 이야기를 언급하여 학력 노출
> - 동아리 활동에 대한 내용을 학교명과 더불어 언급하여 학교명 노출

## 1. 자기소개서의 변화

- 기존의 자기소개서는 지원자의 일대기나 관심 분야, 성격의 장·단점 등 개괄적인 사항을 묻는 질문으로 구성되어 지원자가 자신의 직무능력을 제대로 표출하지 못합니다.
- 능력중심 채용의 자기소개서는 직무기술서에 제시된 직업기초능력(또는 직무수행능력)에 대한 지원자의 과거 경험을 기술하게 함으로써 평가 타당도의 확보가 가능합니다.

---

1. 우리 회사와 해당 지원 직무분야에 지원한 동기에 대해 기술해 주세요.



---

2. 자신이 경험한 다양한 사회활동에 대해 기술해 주세요.



---

3. 지원 직무에 대한 전문성을 키우기 위해 받은 교육과 경험 및 경력사항에 대해 기술해 주세요.



---

4. 인사업무 또는 팀 과제 수행 중 발생한 갈등을 원만하게 해결해 본 경험이 있습니까? 당시 상황에 대한 설명과 갈등의 대상이 되었던 상대방을 설득한 과정 및 방법을 기술해 주세요.



---

5. 과거에 있었던 일 중 가장 어려웠었던(힘들었었던) 상황을 고르고, 어떤 방법으로 그 상황을 해결했는지를 기술해 주세요.



---

PART 4

자기소개서 작성 방법

① 자기소개서 문항이 묻고 있는 평가 역량 추측하기

예시

- 팀 활동을 하면서 갈등 상황 시 상대방의 니즈나 의도를 명확히 파악하고 해결하여 목표 달성에 기여했던 경험에 대해서 작성해 주시기 바랍니다.
- 다른 사람이 생각해내지 못했던 문제점을 찾고 이를 해결한 경험에 대해 작성해 주시기 바랍니다.

② 해당 역량을 보여줄 수 있는 소재 찾기(시간×역량 매트릭스)

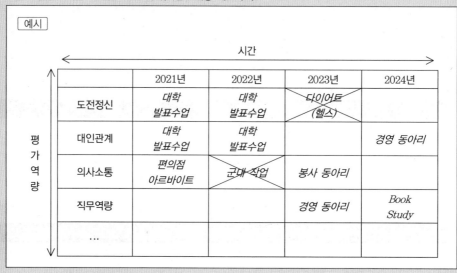

③ 자기소개서 작성 Skill 익히기
- 두괄식으로 작성하기
- 구체적 사례를 사용하기
- '나'를 중심으로 작성하기
- 직무역량 강조하기
- 경험 사례의 차별성 강조하기

# 인성검사 소개 및 모의테스트

## 01    인성검사 유형

인성검사는 지원자의 성격특성을 객관적으로 파악하고 그것이 각 기업에서 필요로 하는 인재상과 가치에 부합하는가를 평가하기 위한 검사입니다. 인성검사는 KPDI(한국인재개발진흥원), K−SAD(한국사회적성개발원), KIRBS(한국행동과학연구소), SHR(에스에이치알) 등의 전문기관을 통해 각 기업의 특성에 맞는 검사를 선택하여 실시합니다. 대표적인 인성검사의 유형에는 크게 다음과 같은 세 가지가 있으며, 채용 대행업체에 따라 달라집니다.

## 1. KPDI 검사

조직적응성과 직무적합성을 알아보기 위한 검사로 인성검사, 인성역량검사, 인적성검사, 직종별 인적성검사 등의 다양한 검사 도구를 구현합니다. KPDI는 성격을 파악하고 정신건강 상태 등을 측정하고, 직무검사는 해당 직무를 수행하기 위해 기본적으로 갖추어야 할 인지적 능력을 측정합니다. 역량검사는 특정 직무 역할을 효과적으로 수행하는 데 직접적으로 관련 있는 개인의 행동, 지식, 스킬, 가치관 등을 측정합니다.

## 2. KAD(Korea Aptitude Development) 검사

K−SAD(한국사회적성개발원)에서 실시하는 적성검사 프로그램입니다. 개인의 성향, 지적 능력, 기호, 관심, 흥미도를 종합적으로 분석하여 적성에 맞는 업무가 무엇인가 파악하고, 직무수행에 있어서 요구되는 기초능력과 실무능력을 분석합니다.

## 3. SHR 직무적성검사

직무수행에 필요한 종합적인 사고 능력을 다양한 적성검사(Paper and Pencil Test)로 평가합니다. SHR의 모든 직무능력검사는 표준화 검사입니다. 표준화 검사는 표본집단의 점수를 기초로 규준이 만들어진 검사이므로 개인의 점수를 규준에 맞추어 해석・비교하는 것이 가능합니다. S(Standardized Tests), H(Hundreds of Version), R(Reliable Norm Data)을 특징으로 하며, 직군・직급별 특성과 선발 수준에 맞추어 검사를 적용할 수 있습니다.

인성검사는 특히 면접질문과 관련성이 높습니다. 면접관은 지원자의 인성검사 결과를 토대로 질문을 하기 때문입니다. 일관적이고 이상적인 답변을 하는 것이 가장 좋지만, 실제 시험은 매우 복잡하여 전문가라 해도 일정 성격을 유지하면서 답변을 하는 것이 힘듭니다. 또한, 인성검사에는 라이 스케일(Lie Scale) 설문이 전체 설문 속에 교묘하게 섞여 들어가 있으므로 겉치레적인 답을 하게 되면 회답태도의 허위성이 그대로 드러나게 됩니다. 예를 들어 '거짓말을 한 적이 한 번도 없다.'에 '예'로 답하고, '때로는 거짓말을 하기도 한다.'에 '예'라고 답하여 라이 스케일의 득점이 올라가게 되면 모든 회답의 신빙성이 사라지고 '자신을 돋보이게 하려는 사람'이라는 평가를 받을 수 있으므로 주의해야 합니다. 따라서 모의테스트를 통해 인성검사의 유형과 실제 시험 시 어떻게 문제를 풀어야 하는지 연습해 보고 체크한 부분 중 자신의 단점과 연결되는 부분은 면접에서 질문이 들어왔을 때 어떻게 대처해야 하는지 생각해 보는 것이 좋습니다.

### 1. 기업의 인재상을 파악하라!

인성검사를 통해 개인의 성격 특성을 파악하고 그것이 기업의 인재상과 가치에 부합하는지를 평가하는 시험이기 때문에 해당 기업의 인재상을 먼저 파악하고 시험에 임하는 것이 좋습니다. 모의테스트에서 인재상에 맞는 가상의 인물을 설정하고 문제에 답해 보는 것도 많은 도움이 됩니다.

### 2. 일관성 있는 대답을 하라!

짧은 시간 안에 다양한 질문에 답을 해야 하는데, 그 안에는 중복되는 질문이 여러 번 나옵니다. 이때 앞서 자신이 체크했던 대답을 잘 기억해뒀다가 일관성 있는 답을 하는 것이 중요합니다.

### 3. 모든 문항에 대답하라!

많은 문제를 짧은 시간 안에 풀려다 보니 다 못 푸는 경우도 종종 생깁니다. 하지만 대답을 누락하거나 끝까지 다 못했을 경우 좋지 않은 결과를 가져올 수도 있으니 최대한 주어진 시간 안에 모든 문항에 답할 수 있도록 해야 합니다.

※ 모의테스트는 질문 및 답변 유형 연습을 위한 것으로 실제 시험과 다를 수 있습니다.
※ 인성검사는 정답이 따로 없는 유형의 검사이므로 결과지를 제공하지 않습니다.

| 번호 | 내용 | 예 | 아니요 |
|---|---|---|---|
| 001 | 나는 솔직한 편이다. | ☐ | ☐ |
| 002 | 나는 리드하는 것을 좋아한다. | ☐ | ☐ |
| 003 | 법을 어겨서 말썽이 된 적이 한 번도 없다. | ☐ | ☐ |
| 004 | 거짓말을 한 번도 한 적이 없다. | ☐ | ☐ |
| 005 | 나는 눈치가 빠르다. | ☐ | ☐ |
| 006 | 나는 일을 주도하기보다는 뒤에서 지원하는 것을 선호한다. | ☐ | ☐ |
| 007 | 앞일은 알 수 없기 때문에 계획은 필요하지 않다. | ☐ | ☐ |
| 008 | 거짓말도 때로는 방편이라고 생각한다. | ☐ | ☐ |
| 009 | 사람이 많은 술자리를 좋아한다. | ☐ | ☐ |
| 010 | 걱정이 지나치게 많다. | ☐ | ☐ |
| 011 | 일을 시작하기 전 재고하는 경향이 있다. | ☐ | ☐ |
| 012 | 불의를 참지 못한다. | ☐ | ☐ |
| 013 | 처음 만나는 사람과도 이야기를 잘 한다. | ☐ | ☐ |
| 014 | 때로는 변화가 두렵다. | ☐ | ☐ |
| 015 | 나는 모든 사람에게 친절하다. | ☐ | ☐ |
| 016 | 힘든 일이 있을 때 술은 위로가 되지 않는다. | ☐ | ☐ |
| 017 | 결정을 빨리 내리지 못해 손해를 본 경험이 있다. | ☐ | ☐ |
| 018 | 기회를 잡을 준비가 되어 있다. | ☐ | ☐ |
| 019 | 때로는 내가 정말 쓸모없는 사람이라고 느낀다. | ☐ | ☐ |
| 020 | 누군가 나를 챙겨주는 것이 좋다. | ☐ | ☐ |
| 021 | 자주 가슴이 답답하다. | ☐ | ☐ |
| 022 | 나는 내가 자랑스럽다. | ☐ | ☐ |
| 023 | 경험이 중요하다고 생각한다. | ☐ | ☐ |
| 024 | 전자기기를 분해하고 다시 조립하는 것을 좋아한다. | ☐ | ☐ |

| 025 | 감시받고 있다는 느낌이 든다. | ☐ | ☐ |
|---|---|---|---|
| 026 | 난처한 상황에 놓이면 그 순간을 피하고 싶다. | ☐ | ☐ |
| 027 | 세상엔 믿을 사람이 없다. | ☐ | ☐ |
| 028 | 잘못을 빨리 인정하는 편이다. | ☐ | ☐ |
| 029 | 지도를 보고 길을 잘 찾아간다. | ☐ | ☐ |
| 030 | 귓속말을 하는 사람을 보면 날 비난하고 있는 것 같다. | ☐ | ☐ |
| 031 | 막무가내라는 말을 들을 때가 있다. | ☐ | ☐ |
| 032 | 장래의 일을 생각하면 불안하다. | ☐ | ☐ |
| 033 | 결과보다 과정이 중요하다고 생각한다. | ☐ | ☐ |
| 034 | 운동은 그다지 할 필요가 없다고 생각한다. | ☐ | ☐ |
| 035 | 새로운 일을 시작할 때 좀처럼 한 발을 떼지 못한다. | ☐ | ☐ |
| 036 | 기분 상하는 일이 있더라도 참는 편이다. | ☐ | ☐ |
| 037 | 업무능력은 성과로 평가받아야 한다고 생각한다. | ☐ | ☐ |
| 038 | 머리가 맑지 못하고 무거운 느낌이 든다. | ☐ | ☐ |
| 039 | 가끔 이상한 소리가 들린다. | ☐ | ☐ |
| 040 | 타인이 내게 자주 고민상담을 하는 편이다. | ☐ | ☐ |

※ 모의테스트는 질문 및 답변 유형 연습을 위한 것으로 실제 시험과 다를 수 있습니다.
※ 인성검사는 정답이 따로 없는 유형의 검사이므로 결과지를 제공하지 않습니다.

※ 이 성격검사의 각 문항에는 서로 다른 행동을 나타내는 네 개의 문장이 제시되어 있습니다. 이 문장들을 비교하여, 자신의 평소 행동과 가장 가까운 문장을 'ㄱ' 열에 표기하고, 가장 먼 문장을 'ㅁ' 열에 표기하십시오.

**01**  나는 _____

| | ㄱ | ㅁ |
|---|---|---|
| A.  실용적인 해결책을 찾는다. | ☐ | ☐ |
| B.  다른 사람을 돕는 것을 좋아한다. | ☐ | ☐ |
| C.  세부 사항을 잘 챙긴다. | ☐ | ☐ |
| D.  상대의 주장에서 허점을 잘 찾는다. | ☐ | ☐ |

**02**  나는 _____

| | ㄱ | ㅁ |
|---|---|---|
| A.  매사에 적극적으로 임한다. | ☐ | ☐ |
| B.  즉흥적인 편이다. | ☐ | ☐ |
| C.  관찰력이 있다. | ☐ | ☐ |
| D.  임기응변에 강하다. | ☐ | ☐ |

**03**  나는 _____

| | ㄱ | ㅁ |
|---|---|---|
| A.  무서운 영화를 잘 본다. | ☐ | ☐ |
| B.  조용한 곳이 좋다. | ☐ | ☐ |
| C.  가끔 울고 싶다. | ☐ | ☐ |
| D.  집중력이 좋다. | ☐ | ☐ |

**04**  나는 _____

| | ㄱ | ㅁ |
|---|---|---|
| A.  기계를 조립하는 것을 좋아한다. | ☐ | ☐ |
| B.  집단에서 리드하는 역할을 맡는다. | ☐ | ☐ |
| C.  호기심이 많다. | ☐ | ☐ |
| D.  음악을 듣는 것을 좋아한다. | ☐ | ☐ |

PART 4

**05** 나는 _____

| | ㄱ | ㅁ |
|---|---|---|
| A. 타인을 늘 배려한다. | ☐ | ☐ |
| B. 감수성이 예민하다. | ☐ | ☐ |
| C. 즐겨하는 운동이 있다. | ☐ | ☐ |
| D. 일을 시작하기 전에 계획을 세운다. | ☐ | ☐ |

**06** 나는 _____

| | ㄱ | ㅁ |
|---|---|---|
| A. 타인에게 설명하는 것을 좋아한다. | ☐ | ☐ |
| B. 여행을 좋아한다. | ☐ | ☐ |
| C. 정적인 것이 좋다. | ☐ | ☐ |
| D. 남을 돕는 것에 보람을 느낀다. | ☐ | ☐ |

**07** 나는 _____

| | ㄱ | ㅁ |
|---|---|---|
| A. 기계를 능숙하게 다룬다. | ☐ | ☐ |
| B. 밤에 잠이 잘 오지 않는다. | ☐ | ☐ |
| C. 한 번 간 길을 잘 기억한다. | ☐ | ☐ |
| D. 불의를 보면 참을 수 없다. | ☐ | ☐ |

**08** 나는 _____

| | ㄱ | ㅁ |
|---|---|---|
| A. 종일 말을 하지 않을 때가 있다. | ☐ | ☐ |
| B. 사람이 많은 곳을 좋아한다. | ☐ | ☐ |
| C. 술을 좋아한다. | ☐ | ☐ |
| D. 휴양지에서 편하게 쉬고 싶다. | ☐ | ☐ |

**09** 나는 _____

| | ㄱ | ㅁ |
|---|---|---|
| A. 뉴스보다는 드라마를 좋아한다. | ☐ | ☐ |
| B. 길을 잘 찾는다. | ☐ | ☐ |
| C. 주말엔 집에서 쉬는 것이 좋다. | ☐ | ☐ |
| D. 아침에 일어나는 것이 힘들다. | ☐ | ☐ |

**10** 나는 _____

| | ㄱ | ㅁ |
|---|---|---|
| A. 이성적이다. | ☐ | ☐ |
| B. 할 일을 종종 미룬다. | ☐ | ☐ |
| C. 어른을 대하는 게 힘들다. | ☐ | ☐ |
| D. 불을 보면 매혹을 느낀다. | ☐ | ☐ |

**11** 나는 _____

| | ㄱ | ㅁ |
|---|---|---|
| A. 상상력이 풍부하다. | ☐ | ☐ |
| B. 예의 바르다는 소리를 자주 듣는다. | ☐ | ☐ |
| C. 사람들 앞에 서면 긴장한다. | ☐ | ☐ |
| D. 친구를 자주 만난다. | ☐ | ☐ |

**12** 나는 _____

| | ㄱ | ㅁ |
|---|---|---|
| A. 나만의 스트레스 해소 방법이 있다. | ☐ | ☐ |
| B. 친구가 많다. | ☐ | ☐ |
| C. 책을 자주 읽는다. | ☐ | ☐ |
| D. 활동적이다. | ☐ | ☐ |

# CHAPTER 04 면접전형 가이드

## 01 면접유형 파악

### 1. 면접전형의 변화

기존 면접전형에서는 일상적이고 단편적인 대화나 지원자의 첫인상 및 면접관의 주관적인 판단 등에 의해서 입사 결정 여부를 판단하는 경우가 많았습니다. 이러한 면접전형은 면접 내용의 일관성이 결여되거나 직무 관련 타당성이 부족하였고, 면접에 대한 신뢰도에 영향을 주었습니다.

| 기존 면접(전통적 면접) | | 능력중심 채용 면접(구조화 면접) |
|---|---|---|
| • 일상적이고 단편적인 대화<br>• 인상, 외모 등 외부 요소의 영향<br>• 주관적인 판단에 의존한 총점 부여<br><br>⇩<br><br>• 면접 내용의 일관성 결여<br>• 직무관련 타당성 부족<br>• 주관적인 채점으로 신뢰도 저하 | VS | • 일관성<br>  – 직무관련 역량에 초점을 둔 구체적 질문 목록<br>  – 지원자별 동일 질문 적용<br>• 구조화<br>  – 면접 진행 및 평가 절차를 일정한 체계에 의해 구성<br>• 표준화<br>  – 평가 타당도 제고를 위한 평가 Matrix 구성<br>  – 척도에 따라 항목별 채점, 개인 간 비교<br>• 신뢰성<br>  – 면접진행 매뉴얼에 따라 면접위원 교육 및 실습 |

### 2. 능력중심 채용의 면접 유형

① 경험 면접
- 목적 : 선발하고자 하는 직무 능력이 필요한 과거 경험을 질문합니다.
- 평가요소 : 직업기초능력과 인성 및 태도적 요소를 평가합니다.

② 상황 면접
- 목적 : 특정 상황을 제시하고 지원자의 행동을 관찰함으로써 실제 상황의 행동을 예상합니다.
- 평가요소 : 직업기초능력과 인성 및 태도적 요소를 평가합니다.

③ 발표 면접
- 목적 : 특정 주제와 관련된 지원자의 발표와 질의응답을 통해 지원자 역량을 평가합니다.
- 평가요소 : 직무수행능력과 인지적 역량(문제해결능력)을 평가합니다.

④ 토론 면접
- 목적 : 토의과제에 대한 의견수렴 과정에서 지원자의 역량과 상호작용능력을 평가합니다.
- 평가요소 : 직무수행능력과 팀워크를 평가합니다.

# 1. 경험 면접

① 경험 면접의 특징
- 주로 직업기초능력에 관련된 지원자의 과거 경험을 심층 질문하여 검증하는 면접입니다.
- 직무능력과 관련된 과거 경험을 평가하기 위해 심층 질문을 하며, 이 질문은 지원자의 답변에 대하여 '꼬리에 꼬리를 무는 형식'으로 진행됩니다.

---

- 능력요소, 정의, 심사 기준
  - 평가하고자 하는 능력요소, 정의, 심사기준을 확인하여 면접위원이 해당 능력요소 관련 질문을 제시합니다.
- Opening Question
  - 능력요소에 관련된 과거 경험을 유도하기 위한 시작 질문을 합니다.
- Follow-up Question
  - 지원자의 경험 수준을 구체적으로 검증하기 위한 질문입니다.
  - 경험 수준 검증을 위한 상황(Situation), 임무(Task), 역할 및 노력(Action), 결과(Result) 등으로 질문을 구분합니다.

---

경험 면접의 형태

[면접관 1] [면접관 2] [면접관 3]      [면접관 1] [면접관 2] [면접관 3]

[지원자]      [지원자 1] [지원자 2] [지원자 3]

〈일대다 면접〉      〈다대다 면접〉

PART 4

② 경험 면접의 구조

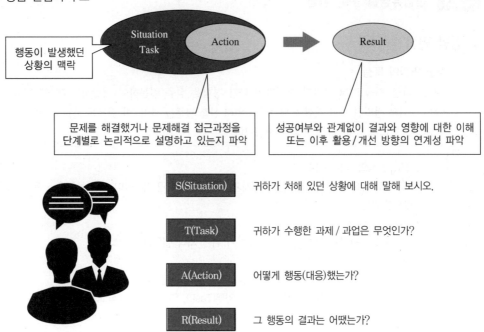

행동이 발생했던 상황의 맥락

문제를 해결했거나 문제해결 접근과정을 단계별로 논리적으로 설명하고 있는지 파악

성공여부와 관계없이 결과와 영향에 대한 이해 또는 이후 활용 / 개선 방향의 연계성 파악

S(Situation)  귀하가 처해 있던 상황에 대해 말해 보시오.

T(Task)  귀하가 수행한 과제 / 과업은 무엇인가?

A(Action)  어떻게 행동(대응)했는가?

R(Result)  그 행동의 결과는 어땠는가?

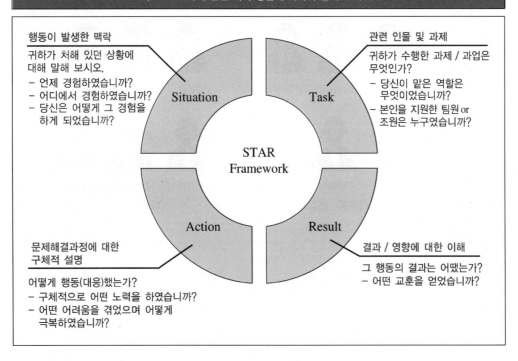

(        )에 관한 과거 경험에 대하여 말해 보시오.

행동이 발생한 맥락
귀하가 처해 있던 상황에 대해 말해 보시오.
– 언제 경험하였습니까?
– 어디에서 경험하였습니까?
– 당신은 어떻게 그 경험을 하게 되었습니까?

Situation

관련 인물 및 과제
귀하가 수행한 과제 / 과업은 무엇인가?
– 당신이 맡은 역할은 무엇이었습니까?
– 본인을 지원한 팀원 or 조원은 누구였습니까?

Task

STAR Framework

Action

문제해결과정에 대한 구체적 설명
어떻게 행동(대응)했는가?
– 구체적으로 어떤 노력을 하였습니까?
– 어떤 어려움을 겪었으며 어떻게 극복하였습니까?

Result

결과 / 영향에 대한 이해
그 행동의 결과는 어땠는가?
– 어떤 교훈을 얻었습니까?

③ 경험 면접 질문 예시(직업윤리)

| 시작 질문 | |
|---|---|
| 1 | 남들이 신경 쓰지 않는 부분까지 고려하여 절차대로 업무(연구)를 수행하여 성과를 낸 경험을 구체적으로 말해 보시오. |
| 2 | 조직의 원칙과 절차를 철저히 준수하며 업무(연구)를 수행한 것 중 성과를 향상시킨 경험에 대해 구체적으로 말해 보시오. |
| 3 | 세부적인 절차와 규칙에 주의를 기울여 실수 없이 업무(연구)를 마무리한 경험을 구체적으로 말해 보시오. |
| 4 | 조직의 규칙이나 원칙을 고려하여 성실하게 일했던 경험을 구체적으로 말해 보시오. |
| 5 | 타인의 실수를 바로잡고 원칙과 절차대로 수행하여 성공적으로 업무를 마무리하였던 경험에 대해 말해 보시오. |

| 후속 질문 | | |
|---|---|---|
| 상황<br>(Situation) | 상황 | 구체적으로 언제, 어디에서 경험한 일인가? |
| | | 어떤 상황이었는가? |
| | 조직 | 어떤 조직에 속해 있었는가? |
| | | 그 조직의 특성은 무엇이었는가? |
| | | 몇 명으로 구성된 조직이었는가? |
| | 기간 | 해당 조직에서 얼마나 일했는가? |
| | | 해당 업무는 몇 개월 동안 지속되었는가? |
| | 조직규칙 | 조직의 원칙이나 규칙은 무엇이었는가? |
| 임무<br>(Task) | 과제 | 과제의 목표는 무엇이었는가? |
| | | 과제에 적용되는 조직의 원칙은 무엇이었는가? |
| | | 그 규칙을 지켜야 하는 이유는 무엇이었는가? |
| | 역할 | 당신이 조직에서 맡은 역할은 무엇이었는가? |
| | | 과제에서 맡은 역할은 무엇이었는가? |
| | 문제의식 | 규칙을 지키지 않을 경우 생기는 문제점 / 불편함은 무엇인가? |
| | | 해당 규칙이 왜 중요하다고 생각하였는가? |
| 역할 및 노력<br>(Action) | 행동 | 업무 과정의 어떤 장면에서 규칙을 철저히 준수하였는가? |
| | | 어떻게 규정을 적용시켜 업무를 수행하였는가? |
| | | 규정은 준수하는 데 어려움은 없었는가? |
| | 노력 | 그 규칙을 지키기 위해 스스로 어떤 노력을 기울였는가? |
| | | 본인의 생각이나 태도에 어떤 변화가 있었는가? |
| | | 다른 사람들은 어떤 노력을 기울였는가? |
| | 동료관계 | 동료들은 규칙을 철저히 준수하고 있었는가? |
| | | 팀원들은 해당 규칙에 대해 어떻게 반응하였는가? |
| | | 규칙에 대한 태도를 개선하기 위해 어떤 노력을 하였는가? |
| | | 팀원들의 태도는 당신에게 어떤 자극을 주었는가? |
| | 업무추진 | 주어진 업무를 추진하는 데 규칙이 방해되진 않았는가? |
| | | 업무수행 과정에서 규정을 어떻게 적용하였는가? |
| | | 업무 시 규정을 준수해야 한다고 생각한 이유는 무엇인가? |

| 결과<br>(Result) | 평가 | 규칙을 어느 정도나 준수하였는가? |
| | | 그렇게 준수할 수 있었던 이유는 무엇이었는가? |
| | | 업무의 성과는 어느 정도였는가? |
| | | 성과에 만족하였는가? |
| | | 비슷한 상황이 온다면 어떻게 할 것인가? |
| | 피드백 | 주변 사람들로부터 어떤 평가를 받았는가? |
| | | 그러한 평가에 만족하는가? |
| | | 다른 사람에게 본인의 행동이 영향을 주었다고 생각하는가? |
| | 교훈 | 업무수행 과정에서 중요한 점은 무엇이라고 생각하는가? |
| | | 이 경험을 통해 느낀 바는 무엇인가? |

## 2. 상황 면접

① 상황 면접의 특징

직무 관련 상황을 가정하여 제시하고 이에 대한 대응능력을 직무관련성 측면에서 평가하는 면접입니다.

- 상황 면접 과제의 구성은 크게 2가지로 구분
  - 상황 제시(Description) / 문제 제시(Question or Problem)
- 현장의 실제 업무 상황을 반영하여 과제를 제시하므로 직무분석이나 직무전문가 워크숍 등을 거쳐 현장성을 높임
- 문제는 상황에 대한 기본적인 이해능력(이론적 지식)과 함께 실질적 대응이나 변수 고려능력(실천적 능력) 등을 고르게 질문해야 함

상황 면접의 형태

[면접관 1] [면접관 2]

[연기자 1] [연기자 2]

[면접관 1] [면접관 2]

[지원자]

〈시뮬레이션〉

[지원자 1] [지원자 2] [지원자 3]

〈문답형〉

② 상황 면접 예시

| | | |
|---|---|---|
| 상황<br>제시 | 인천공항 여객터미널 내에는 다양한 용도의 시설(사무실, 통신실, 식당, 전산실, 창고<br>면세점 등)이 설치되어 있습니다. | 실제 업무<br>상황에 기반함 |
| | 금년에 소방배관의 누수가 잦아 메인 배관을 교체하는 공사를 추진하고 있으며, 당신<br>은 이번 공사의 담당자입니다. | 배경 정보 |
| | 주간에는 공항 운영이 이루어져 주로 야간에만 배관 교체 공사를 수행하던 중, 시공하<br>는 기능공의 실수로 배관 연결 부위를 잘못 건드려 고압배관의 소화수가 누출되는<br>사고가 발생하였으며, 이로 인해 인근 시설물에 누수에 의한 피해가 발생하였습니다. | 구체적인 문제 상황 |
| 문제<br>제시 | 일반적인 소방배관의 배관연결(이음)방식과 배관의 이탈(누수)이 발생하는 원인<br>에 대해 설명해 보시오. | 문제 상황 해결을 위한<br>기본 지식 문항 |
| | 담당자로서 본 사고를 현장에서 긴급히 처리하는 프로세스를 제시하고, 보수완료<br>후 사후적 조치가 필요한 부분 및 재발방지 방안에 대해 설명해 보시오. | 문제 상황 해결을 위한<br>추가 대응 문항 |

# 3. 발표 면접

① 발표 면접의 특징
- 직무관련 주제에 대한 지원자의 생각을 정리하여 의견을 제시하고, 발표 및 질의응답을 통해 지원자의 직무능력을 평가하는 면접입니다.
- 발표 주제는 직무와 관련된 자료로 제공되며, 일정 시간 후 지원자가 보유한 지식 및 방안에 대한 발표 및 후속 질문을 통해 직무적합성을 평가합니다.

> - 주요 평가요소
>   - 설득적 말하기 / 발표능력 / 문제해결능력 / 직무관련 전문성
> - 이미 언론을 통해 공론화된 시사 이슈보다는 해당 직무분야에 관련된 주제가 발표면접의 과제로 선정되는 경우가 최근 들어 늘어나고 있음
> - 짧은 시간 동안 주어진 과제를 빠른 속도로 분석하여 발표문을 작성하고 제한된 시간 안에 면접관에게 효과적인 발표를 진행하는 것이 핵심

> **발표 면접의 형태**
>
>
> [면접관 1]   [면접관 2]            [면접관 1]   [면접관 2]
>
>
> [지원자]            [지원자 1]   [지원자 2]   [지원자 3]
> 〈개별 과제 발표〉            〈팀 과제 발표〉
>
> ※ 면접관에게 시각적 효과를 사용하여 메시지를 전달하는 쌍방향 커뮤니케이션 방식
> ※ 심층면접을 보완하기 위한 방안으로 최근 많은 기업에서 적극 도입하는 추세

② 발표 면접 예시

---

1. 지시문

> 당신은 현재 A사에서 직원들의 성과평가를 담당하고 있는 팀원이다. 인사팀은 지난주부터 사내 조직문화관련 인터뷰를 하던 도중 성과평가제도에 관련된 개선 니즈가 제일 많다는 것을 알게 되었다. 이에 팀장님은 인터뷰 결과를 종합하려 성과평가제도 개선 아이디어를 A4용지에 정리하여 신속 보고할 것을 지시하셨다. 당신에게 남은 시간은 1시간이다. 자료를 준비하는 대로 당신은 팀원들이 모인 회의실에서 5분 간 발표할 것이며, 이후 질의응답을 진행할 것이다.

2. 배경자료

> 〈성과평가제도 개선에 대한 인터뷰〉
>
> 최근 A사는 회사 사세의 급성장으로 인해 작년보다 매출이 두 배 성장하였고, 직원 수 또한 두 배로 증가하였다. 회사의 성장은 임금, 복지에 대한 상승 등 긍정적인 영향을 주었으나 업무의 불균형 및 성과보상의 불평등 문제가 발생하였다. 또한 수시로 입사하는 신입직원과 경력직원, 퇴사하는 직원들까지 인원들의 잦은 변동으로 인해 평가해야 할 대상이 변경되어 현재의 성과평가제도로는 공정한 평가가 어려운 상황이다.
>
> [생산부서 김상호]
> 우리 팀은 지난 1년 동안 생산량이 급증했기 때문에 수십 명의 신규인력이 급하게 채용되었습니다. 이 때문에 저희 팀장님은 신규 입사자들의 이름조차 기억 못할 때가 많이 있습니다. 성과평가를 제대로 하고 있는지 의문이 듭니다.
>
> [마케팅 부서 김흥민]
> 개인의 성과평가의 취지는 충분히 이해합니다. 그러나 현재 평가는 실적기반이나 정성적인 평가가 많이 포함되어 있어 객관성과 공정성에는 의문이 드는 것이 사실입니다. 이러한 상황에서 평가제도를 재수립하지 않고, 인센티브에 계속 반영한다면, 평가제도에 대한 반감이 커질 것이 분명합니다.
>
> [교육부서 홍경민]
> 현재 교육부서는 인사팀과 밀접하게 일하고 있습니다. 그럼에도 인사팀에서 실시하는 성과평가제도에 대한 이해가 부족한 것 같습니다.
>
> [기획부서 김경호 차장]
> 저는 저의 평가자 중 하나가 연구부서의 팀장님인데, 일 년에 몇 번 같이 일하지 않는데 어떻게 저를 평가할 수 있을까요? 특히 연구팀은 저희가 예산을 배정하는데, 저에게는 좋지만….

## 4. 토론 면접

① 토론 면접의 특징

- 다수의 지원자가 조를 편성해 과제에 대한 토론(토의)을 통해 결론을 도출해가는 면접입니다.
- 의사소통능력, 팀워크, 종합인성 등의 평가에 용이합니다.

> - 주요 평가요소
>   - 설득적 말하기, 경청능력, 팀워크, 종합인성
> - 의견 대립이 명확한 주제 또는 채용분야의 직무 관련 주요 현안을 주제로 과제 구성
> - 제한된 시간 내 토론을 진행해야 하므로 적극적으로 자신 있게 토론에 임하고 본인의 의견을 개진할 수 있어야 함

**토론 면접의 형태**

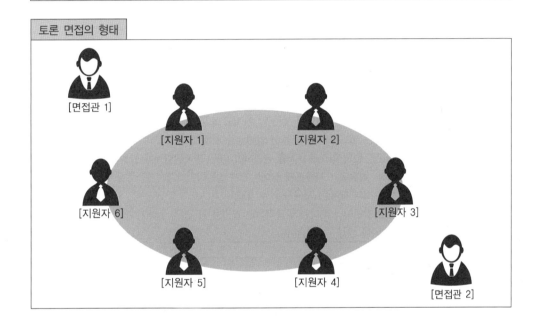

② 토론 면접 예시

| 고객 불만 고충처리 |
|---|

**1. 들어가며**

최근 우리 상품에 대한 고객 불만의 증가로 고객고충처리 TF가 만들어졌고 당신은 여기에 지원해 배치받았다. 당신의 업무는 불만을 가진 고객을 만나서 애로사항을 듣고 처리해 주는 일이다. 주된 업무로는 고객의 니즈를 파악해 방향성을 제시해 주고 그 해결책을 마련하는 일이다. 하지만 경우에 따라서 고객의 주관적인 의견으로 인해 제대로 된 방향으로 의사결정을 하지 못할 때가 있다. 이럴 경우 설득이나 논쟁을 해서라도 의견을 관철시키는 것이 좋을지 아니면 고객의 의견대로 진행하는 것이 좋을지 결정해야 할 때가 있다. 만약 당신이라면 이러한 상황에서 어떤 결정을 내릴 것인지 여부를 자유롭게 토론해 보시오.

**2. 1분 자유 발언 시 준비사항**

• 당신은 의견을 자유롭게 개진할 수 있으며 이에 따른 불이익은 없습니다.

• 토론의 방향성을 이해하고, 내용의 장점과 단점이 무엇인지 문제를 명확히 말해야 합니다.

• 합리적인 근거에 기초하여 개선방안을 명확히 제시해야 합니다.

• 제시한 방안을 실행 시 예상되는 긍정적·부정적 영향요인도 동시에 고려할 필요가 있습니다.

**3. 토론 시 유의사항**

• 토론 주제문과 제공해드린 메모지, 볼펜만 가지고 토론장에 입장할 수 있습니다.

• 사회자의 지정 또는 발표자가 손을 들어 발언권을 획득할 수 있으며, 사회자의 통제에 따릅니다.

• 토론회가 시작되면, 팀의 의견과 논거를 정리하여 1분간의 자유발언을 할 수 있습니다. 순서는 사회자가 지정합니다. 이후에는 자유롭게 상대방에게 질문하거나 답변을 하실 수 있습니다.

• 핸드폰, 서적 등 외부 매체는 사용하실 수 없습니다.

• 논제에 벗어나는 발언이나 지나치게 공격적인 발언을 할 경우, 위에서 제시한 유의사항을 지키지 않을 경우 불이익을 받을 수 있습니다.

## 1. 면접 Role Play 편성

- 교육생끼리 조를 편성하여 면접관과 지원자 역할을 교대로 진행합니다.
- 지원자 입장과 면접관 입장을 모두 경험해 보면서 면접에 대한 적응력을 높일 수 있습니다.

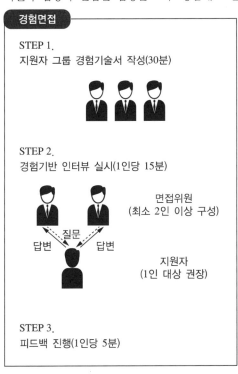

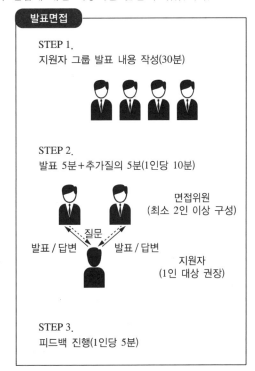

---

**Tip**

면접 준비하기
1. 면접 유형 확인 필수
   - 기업마다 면접 유형이 상이하기 때문에 해당 기업의 면접 유형을 확인하는 것이 좋음
   - 일반적으로 실무진 면접, 임원면접 2차례에 거쳐 면접을 실시하는 기업이 많고 실무진 면접과 임원 면접에서 평가 요소가 다르기 때문에 유형에 맞는 준비방법이 필요
2. 후속 질문에 대한 사전 점검
   - 블라인드 채용 면접에서는 주요 질문과 함께 후속 질문을 통해 지원자의 직무능력을 판단
     → STAR 기법을 통한 후속 질문에 미리 대비하는 것이 필요

근로복지공단의 면접전형은 1인 집중면접으로, 필기전형 합격자 중 온라인 직업성격검사를 실시한 자에 한하여 진행된다. 직무수행에 필요한 직업기초능력 및 직무기초지식을 평가하며, 의사소통능력과 문제해결능력, 직업윤리 및 공단이해도, 자기계발계획 등을 중점으로 평가한다.

## 1. 2024년 기출질문

- 근로복지공단의 사업에 대해 아는 것이 있다면 말해 보시오.
- 관심 있는 일이 있는지, 그것에 관심을 가진 이유를 말해 보시오.
- 근로복지공단의 사업을 대분류, 중분류, 소분류로 나누어 설명해 보시오.
- 민원을 직접 받은 경험이 있으면 말해 보시오.
- 민원을 해결하는 본인만의 노하우가 있으면 말해 보시오.
- 근로복지공단이 잘 하고 있는 부분이 있다면 어느 부분인지 말해 보시오.
- 근로복지공단이 어느 부처 산하인지 설명해 보시오.
- 편법을 사용하면 일처리가 빠를 수가 있는데, 이런 상황에서는 어떻게 대처할지 말해 보시오.
- 어떤 문제를 해결해서 정상적으로 운영한 적이 있다면 말해 보시오.
- 전화 업무를 하는데, 민원인이 10분 넘게 욕하고 억울함을 호소한다면 어떻게 대처할지 말해 보시오.

## 2. 2023년 기출질문

- 다른 공사공단도 많은데 왜 하필 근로복지공단에 지원했는지 말해 보시오.
- 문서를 잘 정리하는 편인지, 관련한 경험과 함께 말해 보시오.
- 봉사활동을 해 본 적이 있다면 말해 보시오.
- 근로복지공단의 사업 중 가장 마음에 드는 것을 설명해 보시오.
- 심사직이 어떤 업무를 수행하는지 설명해 보시오.
- 근로복지공단에 입사하기 위해 준비한 것이 있다면 말해 보시오.
- 자신의 잘못으로 인해 고객에게 납무일 마감 통지를 하지 않아 마감까지 1시간 남은 상황이라면 어떻게 대처할 것인지 말해 보시오.
- 주위에서 자신을 뭐라고 평가하는지 말해 보시오.
- 민원인이 실업급여 신청을 했는데 동료의 실수로 사실과 다르게 대상자라고 안내된 상황에서 어떻게 대처할 것인지 말해 보시오.
- 동료의 잘못인데도 불구하고 자신이 민원인에게 질타를 받는다면 어떻게 할 것인지 말해 보시오.

## 3. 2022년 기출질문

- 산재보험에 대해 아는 대로 설명해 보시오.
- 친구들에게 근로복지공단을 소개한다면 어떻게 소개할 것인지 말해 보시오.
- 본인이 지원한 직무에 대해 가진 장점은 무엇인지 말해 보시오.
- 갈등을 해결한 경험이 있다면 말해 보시오.
- 본인만의 스트레스를 푸는 방법이 있다면 말해 보시오.
- 근로복지공단에서 하는 일에 대해 아는 대로 설명해 보시오.
- 리더십으로 일을 진행한 경험이 있다면 말해 보시오.
- 학창시절 가장 잘했던 과목이 무엇인지 말해 보시오.
- 본인의 정직함을 나타낼 수 있는 경험이 있다면 말해 보시오.
- 본인이 면접관이라면 어떤 질문을 하고 이에 어떻게 대답할 것인지 말해 보시오.
- 융자 사업은 근로복지공단의 사업 중 어디에 해당하는지 말해 보시오.
- 다른 사람들과는 다른 본인만의 차별성에 대해 말해 보시오.
- 근로복지공단에 관심을 갖게 된 계기를 말해 보시오.
- 조직 내 대인관계에서 가장 중요한 것은 무엇이라고 생각하는지 말해 보시오.
- 민원 고객을 처리함에 있어 가장 중요한 것은 무엇이라고 생각하는지 말해 보시오.
- 한정된 자원을 가지고 일을 처리한 경험이 있다면 말해 보시오.
- 근로복지공단에 입사하기 위해 노력한 점이 있다면 말해 보시오.
- 열정적으로 도전을 해 본 경험이 있다면 말해 보시오.
- 제한된 시간 내에 목표를 달성해 본 경험이 있다면 말해 보시오.
- 일자리 안정자금 사업이 생겨난 계기와 그 효용성에 대해 말해 보시오.
- 근로복지공단의 긍정적인 측면과 부정적인 측면에 대해 말해 보시오.

## 4. 2021년 기출질문

- 1분 동안 자기소개를 해 보시오.
- 일자리 안정자금 사업에는 어떤 것이 있는지 설명해 보시오.
- 일자리 안정자금 대상자가 아닌 민원인이 지원을 요청할 경우 어떻게 대처할 것인지 말해 보시오.
- 관행을 중시하는 그룹에서 사람들을 설득했던 경험이 있다면 말해 보시오.
- 대민 업무 중 가장 중요한 것은 무엇이라고 생각하는지 말해 보시오.
- 본인이 지원한 직무에서 어떤 일을 하는지 말해 보시오.
- 까다로운 고객을 응대해 본 경험이 있다면 말해 보시오.
- 해당 직무에 지원한 이유를 말해 보시오.
- 악성 민원에 대해 어떻게 대처할 것인지 말해 보시오.
- 불공정한 업무 배분에 대해 어떻게 대처할 것인지 말해 보시오.
- 동료 사이에 불화가 생겨 반드시 한 명은 떠나야 하는 상황이 온다면 어떻게 할 것인지 말해 보시오.

- 본인이 해결할 수 없는 민원이 들어온다면 어떻게 대처할 것인지 말해 보시오.
- 본인이 지원한 직무에서 반드시 가져야 할 덕목이 무엇이라고 생각하는지 말해 보시오.
- 진상 고객을 맞닥뜨린 경험이 있다면 말해 보시오.
- 기존의 업무를 효율적으로 개선한 경험이 있다면 말해 보시오.
- 업무 중 문제점이 발생한다면 어떻게 대처할 것인지 말해 보시오.
- 상사가 부당한 지시를 내린다면 어떻게 대처할 것인지 말해 보시오.
- 다른 공기업 대신 근로복지공단에 지원한 이유에 대해 말해 보시오.
- 마지막으로 하고 싶은 말이 있는가?

## 5. 2020년 기출질문

- 근로복지공단에 대해 아는 대로 설명해 보시오.
- 근로복지공단에 대한 본인의 생각을 말해 보시오.
- 근로복지공단을 한 단어로 표현해 보시오.
- 근로복지공단의 최근 이슈를 아는 대로 말해 보시오.
- 근로복지공단 홈페이지를 보고 개선할 점을 말해 보시오.
- 근로복지공단 직원으로서 필요한 가치관을 하나만 선택하고 이를 설명해 보시오.
- 현재 근로복지공단이 어떤 사업에 초점을 맞추고 있다고 생각하는가?
- 일자리 안정자금 사업이란 무엇이며, 해당 사업은 어떤 효과가 있는지 말해 보시오.
- 올해 최저임금이 얼마인가?
- 본인이 지원한 직무에 적합한 인재라고 생각하는 이유를 말해 보시오.
- 업무를 수행할 때 규칙을 지키는 것과 융통성을 발휘하는 것 중 어떤 것이 중요하다고 생각하는지 말해 보시오.
- 회사생활을 하면서 가장 중요하게 생각하는 요소를 말해 보시오.
- 업무를 수행할 때 필요한 역량에는 어떤 것이 있는지 말해 보시오.
- 결과와 과정 중 어떤 것이 더 중요하다고 생각하는지 말해 보시오.
- 관행처럼 여겨지던 불법적인 행위를 바로잡은 경험이 있다면 말해 보시오.
- 책임을 다하지 못했던 경험이 있다면 말해 보시오.
- 예상치 못한 문제를 해결한 경험이 있다면 말해 보시오.
- 살면서 가장 힘들었던 경험을 어떻게 극복했는지 말해 보시오.
- 공공기관 내 민원 응대에서 가장 중요한 덕목이 무엇이라고 생각하는지 말해 보시오.
- 근로복지공단보다 더 좋은 곳에 합격을 하게 되었을 때 어떻게 할 것인지 말해 보시오.

## 6. 2019년 기출질문

- 근로복지공단에서 시행하는 사업을 아는 대로 설명해 보시오.
- 근로복지공단과 관련한 이슈 중 관심 있는 것 하나와 그 이유를 말해 보시오.
- 의료 사업의 중요성이 높아지고 있는데, 그 이유가 무엇이라고 생각하는지 말해 보시오.
- 근로복지공단의 미션과 비전을 설명해 보시오.
- 상사에게 부당한 지시를 받았을 때 어떻게 대처할 것인지 말해 보시오.
- 출퇴근재해에 대해 아는 대로 설명해 보시오.
- 출퇴근재해 업무시행 시 어려운 점에는 어떠한 것이 있을지 말해 보시오.
- 조직에서 가장 중요하게 생각하는 것이 무엇인지 말해 보시오.
- 본인의 책임감을 나타낼 수 있는 경험이 있다면 말해 보시오.
- 신뢰를 받았던 경험이 있다면 말해 보시오.
- 돈과 명예 중 더 중요하게 생각하는 것이 무엇인지 말해 보시오.
- 민원 처리 과정에서 폭언을 들을 경우, 어떻게 대처할 것인지 말해 보시오.

## 7. 2018년 기출질문

- 본인의 강점이 무엇이라고 생각하는지 말해 보시오.
- 본인의 단점이 무엇이라고 생각하는지 말해 보시오.
- 갈등을 극복한 경험이 있다면 말해 보시오.
- 특정 자격증을 왜 취득했는지 말해 보시오.
- 어려운 일에 도전해서 성과를 낸 경험이 있다면 말해 보시오.
- 교육사항(자기소개서 기재 사항)과 관련하여 근로복지공단 업무와 관련 지어 설명해 보시오.
- (이전 직장 경험과 관련 지어) 규제와 허용에 대한 본인의 생각을 말해 보시오.
- 근로복지공단과 관련된 직접적 혹은 간접적 경험이 있다면 말해 보시오.
- 어떤 부서에서 근무하고 싶은지 말해 보시오.
- 본인이 근로복지공단에서 데이터를 수집하는 업무를 맡았을 때, 어떠한 기준과 성격의 데이터를 선택할 것인지 말해 보시오.
- 근로복지공단을 한 줄로 표현해 보시오.
- 공공성과 수익성 중 어떤 것을 선택할 것인지 말해 보시오.
- 민원인이 무리한 요구를 한다면 어떻게 할 것인지 말해 보시오.
- 한정된 예산의 효용성을 높일 수 있는 방안을 제시해 보시오.
- 적은 예산으로 근로복지공단을 홍보할 수 있는 방안을 제시해 보시오.
- 최근 기억에 남는 근로복지공단 뉴스를 말해 보시오.
- '청렴'이라고 하면 누가 가장 먼저 떠오르는가?

## 8. 2017년 기출질문

- 인턴을 경험했던 회사와 근로복지공단과의 공통점과 차이점을 말해 보시오.
- 근로복지공단의 슬로건과 미션에 대해 말해 보시오.
- 어떤 난관에 부딪혔을 때 남들과 다른 방법으로 해결한 경험이 있다면 말해 보시오.
- 본인이 근로복지공단을 홍보하는 사람이라고 생각하고, 1분 동안 근로복지공단에서 하는 일을 홍보해 보시오.
- 일자리 안정자금 사업을 특수관계인(본인의 가족, 친척 등)이 신청했을 때 어떻게 대응할 것인지 말해 보시오.
- 민원인이 음료수 등을 주면 어떻게 대처할 것인지 말해 보시오.
- 운전면허는 있는가?
- 건강보험과 산재보험의 차이점에 대해 설명해 보시오.
- 원가와 관리회계의 차이는 무엇인가?
- 새로운 조직에서 융화되는 본인만의 방법을 말해 보시오.
- 지금 이 공간에서 본인을 나타낼 수 있는 사물을 하나 골라 보시오.
- 조별과제 중 팀원들과 협업한 경험이 있다면 말해 보시오.
- 팀 프로젝트에서 무임 승차자를 어떻게 해결하였는지 말해 보시오.
- 본인의 전공을 선택한 이유를 말해 보시오.
- 입사 후 자기개발 방법을 말해 보시오.
- 친구의 부탁을 거절해 본 경험이 있다면 말해 보시오.
- 일자리 안정자금 사업의 타당성에 대해 말해 보시오.
- 김영란법에 대해 아는 대로 설명해 보시오.
- 입사 후 하루 일과를 요약해 보시오.
- 본인이 대학교 때 배운 교과목을 근로복지공단 업무에 어떻게 적용할 것인지 말해 보시오.

무언가를 위해 목숨을 버릴 각오가 되어 있지 않는 한
그것이 삶의 목표라는 어떤 확신도 가질 수 없다.

− 체 게바라 −

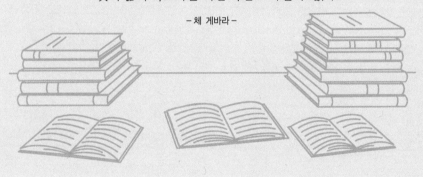

미래는 자신이 가진 꿈의 아름다움을 믿는 사람들의 것이다.

– 엘리노어 루즈벨트 –

답안채점 ● 성적분석 서비스

# 모바일
# OMR

| 도서 내 모의고사 우측 상단에 위치한 QR코드 찍기 | 로그인 하기 | '시작하기' 클릭 | '응시하기' 클릭 | 나의 답안을 모바일 OMR 카드에 입력 | '성적분석 & 채점결과' 클릭 | 현재 내 실력 확인하기 |

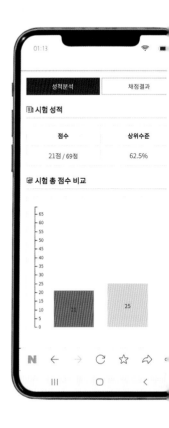

도서에 수록된 모의고사에 대한
객관적인 결과(정답률, 순위)를
종합적으로 분석하여 제공합니다.

※OMR 답안채점 / 성적분석 서비스는 등록 후 30일간 사용 가능합니다.

시대에듀

# 공기업 취업을 위한 NCS
# 직업기초능력평가 시리즈

## NCS부터 전공까지 완벽 학습 "통합서" 시리즈

공기업 취업의 기초부터 차근차근! 취업의 문을 여는 **Master Key!**

## NCS 영역 및 유형별 체계적 학습 "집중학습" 시리즈

영역별 이론부터 유형별 모의고사까지! 단계별 학습을 통한 **Only Way!**

2025
최신판

판매량
1위
근로복지공단
YES24

기출복원문제부터
대표기출유형 및
모의고사까지

한 권으로
마무리!

근로
복지공단

정답 및 해설

NCS+전공+모의고사 5회

편저 | SDC(Sidae Data Center)

모바일 OMR
답안채점/성적분석
서비스
—
NCS
핵심이론 및
대표유형 PDF
—
[합격시대]
온라인 모의고사
무료쿠폰
—
무료
NCS
특강

SDC
SDC는 시대에듀 데이터 센터의 약자로
약 30만 개의 NCS·적성 문제 데이터를
바탕으로 최신 출제경향을 반영하여
문제를 출제합니다.

시대에듀

# Add+

# 특별부록

**CHAPTER 01**    2024년 하반기 주요 공기업 NCS 기출복원문제

**CHAPTER 02**    2024 ~ 2023년 주요 공기업 전공 기출복원문제

**끝까지 책임진다! 시대에듀!**

QR코드를 통해 도서 출간 이후 발견된 오류나 개정법령, 변경된 시험 정보, 최신기출문제, 도서 업데이트 자료 등이 있는지 확인해 보세요! **시대에듀 합격 스마트 앱**을 통해서도 알려 드리고 있으니 구글 플레이나 앱 스토어에서 다운받아 사용하세요. 또한, 파본 도서인 경우에는 구입하신 곳에서 교환해 드립니다.

| 01 | 02 | 03 | 04 | 05 | 06 | 07 | 08 | 09 | 10 | 11 | 12 | 13 | 14 | 15 | 16 | 17 | 18 | 19 | 20 |
|---|---|---|---|---|---|---|---|---|---|---|---|---|---|---|---|---|---|---|---|
| ④ | ③ | ⑤ | ③ | ③ | ③ | ④ | ④ | ③ | ⑤ | ③ | ④ | ② | ① | ③ | ④ | ⑤ | ④ | ③ | ④ |
| 21 | 22 | 23 | 24 | 25 | 26 | 27 | 28 | 29 | 30 | 31 | 32 | 33 | 34 | 35 | 36 | 37 | 38 | 39 | 40 |
| ⑤ | ③ | ② | ⑤ | ⑤ | ③ | ③ | ③ | ① | ① | ③ | ① | ② | ① | ④ | ③ | ④ | ④ | ④ | ③ |
| 41 | 42 | 43 | 44 | 45 | 46 | 47 | 48 | 49 | 50 | | | | | | | | | | |
| ② | ③ | ⑤ | ③ | ① | ④ | ④ | ⑤ | ② | ② | | | | | | | | | | |

## 01

정답 ④

쉼이란 대화 도중에 잠시 침묵하는 것을 말한다. 쉼을 사용하는 대표적인 경우는 다음과 같다.
• 이야기의 전이 시(흐름을 바꾸거나 다른 주제로 넘어갈 때)
• 양해, 동조, 반문의 경우
• 생략, 암시, 반성의 경우
• 여운을 남길 때
위와 같은 목적으로 쉼을 활용함으로써 논리성, 감정 제고, 동질감 등을 확보할 수 있다.
반면, 연단공포증은 면접이나 발표 등 청중 앞에서 이야기할 때 가슴이 두근거리고, 입술이 타고, 식은땀이 나고, 얼굴이 달아오르는 생리적인 현상으로, 쉼과는 관련이 없다. 연단공포증은 90% 이상의 사람들이 호소하는 불안이므로 극복하기 위해서는 연단공포증에 대한 걱정을 떨쳐내고 이러한 심리현상을 잘 통제하여 의사 표현하는 것을 연습해야 한다.

## 02

정답 ③

미국의 심리학자인 도널드 키슬러는 대인관계 의사소통 방식을 체크리스트로 평가하여 8가지 유형으로 구분하였다. 이 중 친화형은 따뜻하고 배려심이 깊으며, 타인과의 관계를 중시하는 유형이다. 또한 협동적이고 조화로운 성격으로, 자기희생적인 경향이 강하다.

> **키슬러의 대인관계 의사소통 유형**
> • 지배형 : 자신감이 있고 지도력이 있으나 논쟁적이고 독단이 강하여 대인 갈등을 겪을 수 있으므로 타인의 의견을 경청하고 수용하는 자세가 필요하다.
> • 실리형 : 이해관계에 예민하고 성취 지향적으로 경쟁적인 데다 자기중심적이어서 타인의 입장을 배려하고 관심을 갖는 자세가 필요하다.
> • 냉담형 : 이성적인 의지력이 강하고 타인의 감정에 무관심하며 피상적인 대인관계를 유지하므로 타인의 감정 상태에 관심을 가지고 긍정적인 감정을 표현하는 것이 필요하다.
> • 고립형 : 혼자 있는 것을 선호하고 사회적 상황을 회피하며 지나치게 자신의 감정을 억제하므로 대인관계의 중요성을 인식하고 타인에 대한 비현실적인 두려움의 근원을 성찰하는 것이 필요하다.
> • 복종형 : 수동적이고 의존적이며 자신감이 없으므로 적극적인 자기표현과 주장이 필요하다.
> • 순박형 : 단순하고 솔직하며 자기주관이 부족하므로 자기주장을 하는 노력이 필요하다.
> • 친화형 : 따뜻하고 인정이 많고 자기희생적이나 타인의 요구를 거절하지 못하므로 타인과의 정서적인 거리를 유지하는 노력이 필요하다.
> • 사교형 : 외향적이고 인정하는 욕구가 강하며, 타인에 대한 관심이 많아서 간섭하는 경향이 있고 흥분을 잘 하므로 심리적 안정과 지나친 인정욕구에 대한 성찰이 필요하다.

## 03

정답 ⑤

철도사고는 달리는 도중에도 발생할 수 있으므로 먼저 인터폰을 통해 승무원에게 사고를 알리고, 열차가 멈춘 후에 안내방송에 따라 비상핸들이나 비상콕크를 돌려 문을 열고 탈출해야 한다. 만일 화재가 발생했을 경우에는 승무원에게 사고를 알리고 곧바로 119에도 신고를 해야 한다.

오답분석

① 침착함을 잃고 패닉에 빠지게 되면, 적절한 행동요령에 따라 대피하기 어렵다. 따라서 사고현장에서 대피할 때는 승무원의 안내에 따라 질서 있게 대피해야 한다.

② 화재사고 발생 시 승객들은 여유가 있을 경우 전동차 양 끝에 비치된 소화기를 통해 초기 진화를 시도해야 한다.

③ 역이 아닌 곳에서 열차가 멈췄을 경우 감전의 위험이 있으므로 반드시 승무원의 안내에 따라 반대편 선로의 열차 진입에 유의하며 대피 유도등을 따라 침착하게 비상구로 대피해야 한다.

④ 전동차에서 대피할 때는 부상자, 노약자, 임산부 등 탈출이 어려운 사람부터 먼저 대피할 수 있도록 배려하고 도와주어야 한다.

## 04

정답 ③

하향식 읽기 모형은 독자의 배경지식을 바탕으로 글의 맥락을 먼저 파악하는 읽기 전략이다. ③의 경우 제품 설명서를 통해 세부 기능과 버튼별 용도를 파악하고 기계를 작동시켰으므로 상향식 읽기를 수행한 사례이다. 제품 설명서를 하향식으로 읽는다면 제품 설명서를 읽기 전 제품을 보고 배경지식을 바탕으로 어떤 기능이 있는지 예측하고, 해당 기능을 수행하는 세부 방법을 제품 설명서를 통해 찾아봐야 한다.

오답분석

① 회의의 주제에 대한 배경지식을 가지고 회의 안건을 예상한 후 회의 자료를 파악하였으므로 하향식 읽기 모형에 해당한다.

② 헤드라인을 먼저 읽어 배경지식을 바탕으로 전체적인 내용을 파악하고 상세 내용을 읽었으므로 하향식 읽기 모형에 해당한다.

④ 요리에 대한 경험과 지식을 바탕으로 요리 과정을 파악하였으므로 하향식 읽기 모형에 해당한다.

⑤ 해당 분야에 대한 기본적인 지식을 바탕으로 서문이나 목차를 통해 책의 전체적인 흐름을 파악하였으므로 하향식 읽기 모형에 해당한다.

## 05

정답 ③

농도가 15%인 소금물 200g의 소금의 양은 $200 \times \dfrac{15}{100} = 30$g이고, 농도가 20%인 소금물 300g의 소금의 양은 $300 \times \dfrac{20}{100} = 60$g이다. 따라서 두 소금물을 섞었을 때의 농도는 $\dfrac{30+60}{200+300} \times 100 = \dfrac{90}{500} \times 100 = 18\%$이다.

## 06

정답 ③

여직원끼리 인접하지 않는 경우는 남직원과 여직원이 번갈아 앉는 경우뿐이다. 이때 여직원 D의 자리를 기준으로 남직원 B가 옆에 앉는 경우를 다음과 같이 나눌 수 있다.

• 첫 번째, 여섯 번째 자리에 여직원 D가 앉는 경우
  남직원 B가 여직원 D 옆에 앉는 경우는 1가지뿐으로, 남은 자리에 남직원, 여직원이 번갈아 앉아 경우의 수는 $2 \times 1 \times 2! \times 2! = 8$가지이다.

• 두 번째, 세 번째, 네 번째, 다섯 번째 자리에 여직원 D가 앉는 경우
  각 경우에 대하여 남직원 B가 여직원 D 옆에 앉는 경우는 2가지이다. 남은 자리에 남직원, 여직원이 번갈아 앉으므로 경우의 수는 $4 \times 2 \times 2! \times 2! = 32$가지이다.

따라서 구하고자 하는 경우의 수는 $8+32=40$가지이다.

## 07

제시된 수열은 홀수 항일 때 +12, +24, +48, …이고, 짝수 항일 때 +20인 수열이다.
따라서 빈칸에 들어갈 수는 13+48=61이다.


## 08

2022년에 중학교에서 고등학교로 진학한 학생의 비율은 99.7%이고, 2023년에 중학교에서 고등학교로 진학한 학생의 비율은 99.6%이다. 따라서 진학한 비율이 감소하였으므로 중학교에서 고등학교로 진학하지 않은 학생의 비율은 증가하였음을 알 수 있다.

오답분석

① 중학교의 취학률이 가장 낮은 해는 97.1%인 2020년이다. 이는 97% 이상이므로 중학교의 취학률은 매년 97% 이상이다.
② 매년 초등학교의 취학률이 가장 높다.
③ 고등교육기관의 취학률은 2020년 이후로 계속해서 70% 이상을 기록하였다.
⑤ 고등교육기관의 취학률이 가장 낮은 해는 2016년이고, 고등학교의 상급학교 진학률이 가장 낮은 해 또한 2016년이다.


## 09

오답분석

① B기업의 매출액이 가장 많은 때는 2024년 3월이지만, 그래프에서는 2024년 4월의 매출액이 가장 많은 것으로 나타났다.
② 2024년 2월에는 A기업의 매출이 더 많지만, 그래프에서는 B기업이 더 많은 것으로 나타났다.
④ A기업의 매출액이 가장 적은 때는 2024년 4월이지만, 그래프에서는 2024년 3월의 매출액이 가장 적은 것으로 나타났다.
⑤ A기업과 B기업의 매출액의 차이가 가장 큰 때는 2024년 1월이지만, 그래프에서는 2024년 5월과 6월의 매출액 차이가 더 큰 것으로 나타났다.


## 10

스마트 팜 관련 정부 사업 참여 경험은 K사의 강점 요인이다. 또한 정부의 적극적인 지원은 스마트 팜 시장 성장에 따른 기회 요인이다. 따라서 스마트 팜 관련 정부 사업 참여 경험을 바탕으로 정부의 적극적인 지원을 확보하는 것은 내부의 강점을 통해 외부의 기회 요인을 극대화하는 SO전략에 해당한다.

오답분석

①·②·③·④ 외부의 기회를 이용하여 내부의 약점을 보완하는 WO전략에 해당한다.


## 11

A~F 모두 문맥을 무시하고 일부 문구에만 집착하여 뜻을 해석하고 있으므로 '과대해석의 오류'를 범하고 있다. 과대해석의 오류는 전체적인 상황이나 맥락을 고려하지 않고 특정 단어나 문장에만 집착하여 의미를 해석하는 오류로, 글의 의미를 지나치게 확대하거나 축소하여 생각하고, 문자 그대로의 의미에만 너무 집착하여 다른 가능성이나 해석을 배제하게 되는 논리적 오류이다.

오답분석

① 무지의 오류 : '신은 존재하지 않는다가 증명되지 않았으므로 신은 존재한다.'처럼 증명되지 않았다고 해서 그 반대의 주장이 참이라고 생각하는 오류이다.
② 연역법의 오류 : '조류는 날 수 있다. 펭귄은 조류이다. 따라서 펭귄은 날 수 있다.'처럼 잘못된 삼단논법에 의해 발생하는 논리적 오류이다.
④ 허수아비 공격의 오류 : '저 사람은 과거에 거짓말을 한 적이 있으니 이번에 일어난 사기 사건의 범인이다.'처럼 개별적 인과관계를 입증하지 않고 전혀 상관없는 별개의 논리를 만들어 공격하는 논리적 오류이다.
⑤ 권위나 인신공격에 의존한 논증 : '제정신을 가진 사람이면 그런 주장을 할 수가 없다.'처럼 상대방의 주장 대신 인격을 공격하거나, '최고 권위자인 A교수도 이런 말을 했습니다.'처럼 자신의 논리적인 약점을 권위자를 통해 덮으려는 논리적 오류이다.

## 12

A~E열차의 운행시간 단위를 시간 단위로, 평균 속력의 단위를 시간당 운행거리로 통일하여 정리하면 다음과 같다.

| 구분 | 운행시간 | 평균 속력 | 운행거리 |
|---|---|---|---|
| A열차 | 900분=15시간 | 50m/s=(50×60×60)m/h=180km/h | 15×180=2,700km |
| B열차 | 10시간 30분=10.5시간 | 150km/h | 10.5×150=1,575km |
| C열차 | 8시간 | 55m/s=(55×60×60)m/h=198km/h | 8×198=1,584km |
| D열차 | 720분=12시간 | 2.5km/min=(2.5×60)km/h=150km/h | 12×150=1,800km |
| E열차 | 10시간 | 2.7km/min=(2.7×60)m/h=162km/h | 10×162=1,620km |

따라서 C열차의 운행거리는 네 번째로 길다.

## 13

K대학교 기숙사 운영위원회는 단순히 '기숙사에 문제가 있다.'라는 큰 문제에서 벗어나 식사, 시설, 통신환경이라는 세 가지 주요 문제를 파악하고 문제별로 다시 세분화하여 더욱 구체적으로 인과관계 및 구조를 파악하여 분석하고 있다. 따라서 제시문에서 나타난 문제해결 절차는 '문제 도출'이다.

> **문제해결 절차 5단계**
> 1. 문제 인식 : 해결해야 할 전체 문제를 파악하여 우선순위를 정하고 선정 문제에 대한 목표를 명확히 하는 단계
> 2. 문제 도출 : 선정된 문제를 분석하여 해결해야 할 것이 무엇인지를 명확히 하는 단계로, 현상에 대한 문제를 분해하여 인과관계 및 구조를 파악하는 단계
> 3. 원인 분석 : 파악된 핵심 문제에 대한 분석을 통해 근본 원인을 도출해 내는 단계
> 4. 해결안 개발 : 문제로부터 도출된 근본 원인을 효과적으로 해결할 수 있는 최적의 해결 방안을 수립하는 단계
> 5. 실행 및 평가 : 해결안 개발을 통해 만들어진 실행 계획을 실제 상황에 적용하는 단계로, 해결안을 통해 문제의 원인들을 제거해 나가는 단계

## 14

공공사업을 위해 투입된 세금을 본래의 목적에 사용하지 않고 무단으로 다른 곳에 쓴 상황이므로 '예정되어 있는 곳에 쓰지 아니하고 다른 데로 돌려서 씀'을 의미하는 '전용(轉用)'이 가장 적절한 단어이다.

[오답분석]
② 남용(濫用) : 일정한 기준이나 한도를 넘어서 함부로 씀
③ 적용(適用) : 알맞게 이용하거나 맞추어 씀
④ 활용(活用) : 도구나 물건 따위를 충분히 잘 이용함
⑤ 준용(遵用) : 그대로 좇아서 씀

## 15

시조새는 비대칭형 깃털을 가진 최초의 동물로, 현대의 날 수 있는 조류처럼 바람을 맞는 곳의 깃털은 짧고, 뒤쪽은 긴 형태로 이루어졌으며, 이와 같은 비대칭형 깃털이 양력을 제공하여 짧은 거리의 활강을 가능하게 하였다. 따라서 비행을 하기 위한 시조새의 신체 조건은 날개의 깃털이 비대칭 구조로 형성되어 있는 것이다.

[오답분석]
① 제시문에서 언급하지 않은 내용이다.
②·④ 세 개의 갈고리 발톱과 척추뼈가 꼬리까지 이어지는 구조는 공룡의 특징을 보여주는 신체 조건이다.
⑤ 시조새는 현대 조류처럼 가슴뼈가 비행에 최적화된 형태로 발달되지 않았다고 언급하고 있다.

CHAPTER 01 2024년 하반기 주요 공기업 NCS 기출복원문제 • 5

## 16

제시문은 서양의학에 중요한 영향을 준 히포크라테스와 갈레노스에 대해 소개하고 있다. 히포크라테스는 자연적 관찰을 통해 의사를 과학적인 기반 위의 직업으로 만들었으며, 히포크라테스 선서와 같이 전문직업으로써의 윤리적 기준을 마련한 서양의학의 상징이라고 소개하고 있으며, 갈레노스는 실제 해부와 임상 실험을 통해 의학 이론을 증명하고 방대한 저술을 남겨 후대 의학 발전에 큰 영향을 주었음을 설명하고 있다. 따라서 '히포크라테스와 갈레노스가 서양의학에 끼친 영향과 중요성'이 제시문의 주제이다.

오답분석
① 갈레노스의 의사로서의 이력은 언급하고 있지만, 생애에 대해 구체적으로 밝히는 글은 아니다.
② 갈레노스가 해부와 실험을 통해 의학 이론을 증명하였음을 설명할 뿐이며, 해부학의 발전 과정에 대해 설명하는 글은 아니다.
③ 히포크라테스 선서는 히포크라테스가 서양의학에 남긴 중요한 윤리적 기준이지만, 이를 중심으로 설명하는 글은 아니다.
⑤ 히포크라테스와 갈레노스 모두 4체액설과 같은 부분에서는 현대 의학과는 거리가 있었음을 밝히고 있다.

## 17

'비상구'는 '화재나 지진 따위의 갑작스러운 사고가 일어날 때에 급히 대피할 수 있도록 특별히 마련한 출입구'이다. 따라서 이와 가장 비슷한 단어는 '갇힌 곳에서 빠져나가거나 도망하여 나갈 수 있는 출구'를 의미하는 '탈출구'이다.

오답분석
① 진입로 : 들어가는 길
② 출입구 : 나갔다가 들어왔다가 하는 어귀나 문
③ 돌파구 : 가로막은 것을 쳐서 깨뜨려 통과할 수 있도록 뚫은 통로나 목
④ 여울목 : 여울물(강이나 바다 따위의 바닥이 얕거나 폭이 좁아 물살이 세게 흐르는 곳의 물)이 턱진 곳

## 18

A열차의 속력을 $V_a$, B열차의 속력을 $V_b$라 하고, 터널의 길이를 $l$, 열차의 전체 길이를 $x$라 하자.

A열차가 터널을 진입하고 빠져나오는 데 걸린 시간은 $\dfrac{l+x}{V_a}=14$초이다. B열차가 A열차보다 5초 늦게 진입하고 5초 빠르게 빠져나

왔으므로 터널을 진입하고 빠져나오는 데 걸린 시간은 $14-5-5=4$초이다. 그러므로 $\dfrac{l+x}{V_b}=4$초이다.

따라서 $V_a=14(l+x)$, $V_b=4(l+x)$이므로 $\dfrac{V_a}{V_b}=\dfrac{14(l+x)}{4(l+x)}=3.5$배이다.

## 19

A팀은 5일마다, B팀은 4일마다 회의실을 사용하므로 두 팀이 회의실을 사용하고자 하는 날은 20일마다 겹친다. 첫 번째 겹친 날에 A팀이 먼저 사용했으므로 20일 동안 A팀이 회의실을 사용한 횟수는 4회이다. 두 번째 겹친 날에는 B팀이 사용하므로 40일 동안 A팀이 회의실을 사용한 횟수는 7회이고, 세 번째로 겹친 날에는 A팀이 회의실을 사용하므로 60일 동안 A팀은 회의실을 11회 사용하였다. 이를 표로 정리하면 다음과 같다.

| 겹친 횟수 | 첫 번째 | 두 번째 | 세 번째 | 네 번째 | 다섯 번째 | ⋯ | $(n-1)$번째 | $n$번째 |
|---|---|---|---|---|---|---|---|---|
| 회의실 사용 팀 | A팀 | B팀 | A팀 | B팀 | A팀 | ⋯ | A팀 | B팀 |
| A팀의 회의실 사용 횟수 | 4회 | 7회 | 11회 | 14회 | 18회 | ⋯ | | |

겹친 날을 기준으로 A팀은 9회, B팀은 8회를 사용하였으므로 다음으로는 B팀이 회의실을 사용할 순서이다. 이때, B팀이 $m$번째로 회의실을 사용할 순서라면 A팀이 이때까지 회의실을 사용한 횟수는 $7m$이다. 따라서 B팀이 겹친 날을 기준으로 회의실을 8회까지 사용하였고, 9번째로 사용할 순서이므로 이때까지 A팀이 회의실을 사용한 횟수는 최대 $7\times9=63$회이다.

## 20

정답 ④

마지막 조건에 따라 광물 B는 인회석이고, 광물 B로 광물 C를 긁었을 때 긁힘 자국이 생기므로 광물 C는 인회석보다 무른 광물이다. 한편, 광물 A로 광물 C를 긁었을 때 긁힘 자국이 생기므로 광물 A는 광물 C보다 단단하고, 광물 A로 광물 B를 긁었을 때 긁힘 자국이 생기지 않으므로 광물 A는 광물 B보다는 무른 광물이다. 따라서 가장 단단한 광물은 B이며, 그다음으로 A, C 순으로 단단하다.

**오답분석**

① 광물 C는 인회석보다 무른 광물이므로 석영이 아니다.
② 광물 A는 인회석보다 무른 광물이지만, 방해석인지는 확인할 수 없다.
③ 가장 무른 광물은 C이다.
⑤ 광물 B는 인회석이므로 모스 굳기 단계는 5단계이다.

## 21

정답 ⑤

J공사의 지점 근무 인원이 71명이므로 가용 인원수가 부족한 B오피스는 제외된다. 또한, 시설 조건에서 스튜디오와 회의실이 필요하다고 했으므로 스튜디오가 없는 D오피스도 제외된다. 나머지 A, C, E오피스는 모두 교통 조건을 충족하므로 임대비용만 비교하면 된다. A, C, E오피스의 5년 임대비용은 다음과 같다.

- A오피스 : 600만×71×5=213,000만 원 → 21억 3천만 원
- C오피스 : 3,600만×12×5=216,000만 원 → 21억 6천만 원
- E오피스 : (3,800만×12×0.9)×5=205,200만 원 → 20억 5천 2백만 원

따라서 사무실 이전 조건을 바탕으로 가장 저렴한 공유 오피스인 E오피스로 이전한다.

## 22

정답 ③

에너지바우처를 신청하기 위해서는 소득기준과 세대원 특성기준을 모두 충족해야 한다. C는 생계급여 수급자이므로 소득기준을 충족하고, 65세 이상이므로 세대원 특성기준도 충족한다. 그러나 C의 경우 보장시설인 양로시설에 거주하는 보장시설 수급자이므로 지원 제외 대상이다. 따라서 C는 에너지바우처를 신청할 수 없다.

**오답분석**

① A의 경우 의료급여 수급자이므로 소득기준을 충족하고, 7세 이하의 영유아가 있으므로 세대원 특성기준도 충족한다. 따라서 에너지바우처를 신청할 수 있다.
② B의 경우 교육급여 수급자이므로 소득기준을 충족하고, 한부모가족이므로 세대원 특성기준도 충족한다. 또한 4인 이상 세대에 해당하므로 바우처 지원금액은 716,300원으로 70만 원 이상이다.
④ 동절기 에너지바우처 지원방법은 요금차감과 실물카드 2가지 방법이 있다. 이 중 D의 경우 연탄보일러를 이용하고 있으므로 실물카드를 받아 연탄을 직접 결제하는 방식으로 지원받아야 한다.
⑤ E의 경우 생계급여 수급자이므로 소득기준을 충족하고, 희귀질환을 앓고 있는 어머니가 세대원으로 있으므로 세대원 특성기준도 충족한다. 또한 2인 세대에 해당하므로 하절기 바우처 지원금액인 73,800원이 지원된다. 이때, 하절기는 전기요금 고지서에서 요금을 자동으로 차감해 주므로 전기비에서 73,800원이 차감될 것이다.

## 23

정답 ②

A가족과 B가족 모두 소득기준과 세대원 특성기준이 에너지바우처 신청기준을 충족한다. A가족의 경우 5명이므로 총 716,300원을 지원받을 수 있다. 그러나 이미 연탄쿠폰을 발급받았으므로 동절기 에너지바우처는 지원받을 수 없다. 따라서 하절기 지원금액인 117,000원을 지원받는다. B가족의 경우 2명이므로 총 422,500원을 지원받을 수 있으며, 지역난방을 이용 중이므로 하절기와 동절기 모두 요금차감의 방식으로 지원받는다. 따라서 두 가족의 에너지바우처 지원 금액은 117,000+422,500=539,500원이다.

## 24

제시된 프로그램은 'result'의 초기 값을 0으로 정의한 후 'result' 값이 2를 초과할 때까지 하위 명령을 실행하는 프로그램이다. 이때 'result' 값을 1 증가시킨 후 그 값을 출력하고, 다시 1을 빼므로 $0 \rightarrow 1 \rightarrow 1$ 출력 $\rightarrow 0 \rightarrow 1 \rightarrow 1$ 출력 $\rightarrow 0 \rightarrow 1 \rightarrow 1$ 출력 $\rightarrow \cdots$ 과정을 무한히 반복하게 된다. 따라서 1이 무한히 출력된다.

## 25

ROUND 함수는 인수를 지정한 자릿수로 반올림한 값을 구하는 함수로, 「=ROUND(인수,자릿수)」로 표현한다. 이때 자릿수는 다음과 같이 나타낸다.

| 만의 자리 | 천의 자리 | 백의 자리 | 십의 자리 | 일의 자리 | 소수점 첫째 자리 | 소수점 둘째 자리 | 소수점 셋째 자리 |
|---|---|---|---|---|---|---|---|
| $-4$ | $-3$ | $-2$ | $-1$ | 0 | 1 | 2 | 3 |

따라서 「=ROUND(D2,$-1$)」는 [D2] 셀에 입력된 117.3365의 값을 십의 자리로 반올림하여 나타내므로, 출력되는 값은 120이다.

## 26

제시문은 ADHD의 원인과 치료 방법에 대한 글이다. 첫 번째 문단에서는 ADHD가 유전적 원인에 의해 발생한다고 설명하고, 두 번째 문단에서는 환경적 원인에 의해 발생한다고 설명하고 있다. 이를 종합하면 ADHD가 다양한 원인이 복합적으로 작용하는 질환임을 알 수 있다. 또한 빈칸 뒤에서도 다양한 원인에 부합하는 맞춤형 치료와 환경 조성이 필요하다고 하였으므로 빈칸에 들어갈 내용으로 가장 적절한 것은 ③이다.

## 27

~율/률의 앞 글자가 'ㄱ' 받침을 가지고 있으므로 '출석률'이 옳은 표기이다.

> **~율과 ~률의 구별**
> • ~율 : 앞 글자의 받침이 없거나 받침이 'ㄴ'인 경우 → 비율, 환율, 백분율
> • ~률 : 앞 글자의 받침이 있는 경우(단, 'ㄴ' 받침 제외) → 능률, 출석률, 이직률, 합격률

## 28

남성 합격자 수와 여성 합격자 수의 비율이 $2:3$이므로 여성 합격자는 48명이다.
남성 불합격자 수와 여성 불합격자 수가 모두 $a$명이라 하면 다음과 같이 정리할 수 있다.

(단위 : 명)

| 구분 | 합격자 | 불합격자 | 전체 지원자 |
|---|---|---|---|
| 남성 | $2b=32$ | $a$ | $a+2b$ |
| 여성 | $3b=48$ | $a$ | $a+3b$ |

남성 전체 지원자 수는 $(a+32)$명이고, 여성 전체 지원자 수는 $(a+48)$명이다.
$(a+32):(a+48)=6:7$
$\rightarrow 6 \times (a+48) = 7 \times (a+32)$
$\rightarrow a = (48 \times 6) - (32 \times 7)$
$\therefore a = 64$
따라서 전체 지원자 수는 $2a+5b=(64 \times 2)+(16 \times 5)=128+80=208$명이다.

## 29

A씨는 2023년에는 9개월 동안 K공사에 근무하였다. (건강보험료)=(보수월액)×(건강보험료율)이고, 2023년 1월 1일 이후 (장기요양

보험료)=(건강보험료)×$\dfrac{(장기요양보험료율)}{(건강보험료율)}$이므로 (장기요양보험료)=(보수월액)×(건강보험료율)×$\dfrac{(장기요양보험료율)}{(건강보험료율)}$이다.

그러므로 (보수월액)=$\dfrac{(장기요양보험료)}{(장기요양보험료율)}$이다.

따라서 A씨의 2023년 장기요양보험료는 35,120원이므로 보수월액은 $\dfrac{35,120}{0.9082\%}=\dfrac{35,120}{0.9082}×100≒3,866,990$원이다.

## 30

'가명처리'란 개인정보의 일부를 삭제하거나 일부 또는 전부를 대체하는 등의 방법으로 추가 정보가 없이는 특정 개인을 알아볼 수 없도록 처리하는 것을 말한다(개인정보보호법 제2조 제1의2호).

[오답분석]
② 개인정보보호법 제2조 제3호
③ 개인정보보호법 제2조 제1호 가목
④ 개인정보보호법 제2조 제2호

## 31

「=COUNTIF(범위,조건)」 함수는 조건을 만족하는 범위 내 인수의 개수를 셈하는 함수이다. 이때, 열 전체에 적용하려면 해당 범위에서 숫자를 제외하면 된다. 따라서 B열에서 값이 100 이하인 셀의 개수를 구하는 함수는 「=COUNTIF(B:B,"<=100")」 이다.

## 32

• 초등학생의 한 달 용돈의 합계는 B열부터 E행까지 같은 열에 있는 금액의 합이다. 따라서 (A)에 들어갈 함수는 「=SUM(B2:E2)」이다.
• 한 달 용돈이 150,000원 이상인 학생 수는 [F2] 셀부터 [F7] 셀까지 금액이 150,000원 이상인 셀의 개수로 구할 수 있다. 따라서 (B)에 들어갈 함수는 「=COUNTIF(F2:F7,">=150,000")」이다.

## 33

빅데이터 분석을 기획하고자 할 때는 먼저 범위를 설정한 다음 프로젝트를 정의해야 한다. 그 후에 수행 계획을 수립하고 위험 계획을 수립해야 한다.

## 34

㉠ 짜깁기 : 기존의 글이나 영화 따위를 편집하여 하나의 완성품으로 만드는 일
㉡ 뒤처지다 : 어떤 수준이나 대열에 들지 못하고 뒤로 처지거나 남게 되다.

[오답분석]
• 짜집기 : 짜깁기의 비표준어형
• 뒤쳐지다 : 물건이 뒤집혀서 젖혀지다.

## 35

공문서에서 날짜를 작성할 때 날짜 다음에 괄호를 사용할 경우에는 마침표를 찍지 않아야 한다.

> **공문서 작성 시 유의사항**
> • 한 장에 담아내는 것이 원칙이다.
> • 마지막엔 반드시 '끝'자로 마무리한다.
> • 날짜 다음에 괄호를 사용할 경우에는 마침표를 찍지 않는다.
> • 복잡한 내용은 항목별로 구분한다('-다음-', 또는 '-아래-').
> • 대외문서이며 장기간 보관되는 문서이므로 정확하게 기술한다.

## 36

영서가 1시간 동안 빚을 수 있는 만두의 수를 $x$개, 어머니가 1시간 동안 만두를 빚을 수 있는 만두의 수를 $y$개라 할 때 다음 식이 성립한다.

$$\frac{2}{3}(x+y)=60 \cdots ㉠$$

$$y=x+10 \cdots ㉡$$

㉠$\times\frac{3}{2}$에 ㉡을 대입하면 다음과 같다.

$$x+(x+10)=90$$

$$\rightarrow 2x=80$$

$$\therefore x=40$$

따라서 영서는 혼자서 1시간 동안 40개의 만두를 빚을 수 있다.

## 37

• 1,000 이상 10,000 미만
  맨 앞과 맨 뒤의 수가 같은 경우는 1~9의 수가 올 수 있으므로 9가지이고, 각각의 경우에 따라 두 번째 수와 네 번째 수로 0~9의 수가 올 수 있으므로 경우의 수는 10가지이다. 그러므로 모든 네 자리 대칭수의 개수는 9×10=90개이다.
• 10,000 이상 50,000 미만
  맨 앞과 맨 뒤의 수가 같은 경우는 1, 2, 3, 4의 수가 올 수 있으므로 4가지이고, 각각의 경우에 따라 두 번째 수와 네 번째 수로 0~9의 수가 올 수 있으므로 경우의 수는 10가지, 그 각각의 경우에 따라 세 번째에 올 수 있는 수 또한 0~9의 수가 올 수 있으므로 경우의 수는 10가지이다. 그러므로 10,000~50,000 사이의 대칭수의 개수는 4×10×10=400개이다.
따라서 1,000 이상 50,000 미만의 모든 대칭수의 개수는 90+400=490개이다.

## 38

어떤 자연수의 모든 자릿수의 합이 3의 배수일 때, 그 자연수는 3의 배수이다. 그러므로 2+5+□의 값이 3의 배수일 때, 25□는 3의 배수이다. 2+5=7이므로, 7+□의 값이 3의 배수가 되도록 하는 □의 값은 2, 5, 8이다. 따라서 가능한 모든 수의 합은 2+5+8=15이다.

## 39

정답 ④

바이올린(V), 호른(H), 오보에(O), 플루트(F) 중 첫 번째 조건에 따라 호른과 바이올린을 묶었을 때 가능한 경우는 3!=6가지로 다음과 같다.

- (HV) － O － F
- (HV) － F － O
- F － (HV) － O
- O － (HV) － F
- F － O － (HV)
- O － F － (HV)

이때 두 번째 조건에 따라 오보에는 플루트 왼쪽에 위치하지 않으므로 (HV) － O － F, O － F － (HV) 2가지는 제외된다.
따라서 왼쪽에서 두 번째 칸에는 바이올린, 호른, 오보에만 위치할 수 있으므로 플루트는 배치할 수 없다.

## 40

정답 ③

사회적 기업은 수익 창출을 통해 자립적인 운영을 추구하고, 사회적 문제 해결과 경제적 성장을 동시에 달성하려는 특징을 가진 기업 모델로, 영리 조직에 해당한다.

**영리 조직과 비영리 조직**
- 영리 조직 : 이윤 추구를 주된 목적으로 하는 집단으로, 일반적인 사기업이 해당된다.
- 비영리 조직 : 사회적 가치 실현을 위해 공익을 추구하는 집단으로 자선단체, 의료기관, 교육기관, 비정부기구(NGO) 등이 해당된다.

## 41

정답 ②

(영업이익률)$=\dfrac{(영업이익)}{(매출액)}\times100$이고, 영업이익을 구하기 위해서는 매출총이익을 먼저 계산해야 한다. 따라서 2022년 4분기의

매출총이익은 $60-80=-20$십억 원이고, 영업이익은 $-20-7=-27$십 억 원이므로 영업이익률은 $-\dfrac{27}{60}\times100=-45\%$이다.

## 42

정답 ③

1시간은 3,600초이므로 36초는 $36초\times\dfrac{1시간}{3,600초}=0.01$시간이다. 그러므로 무빙워크의 전체 길이는 $5\times0.01=0.05$km이다.

따라서 무빙워크와 같은 방향으로 4km/h의 속력으로 걸을 때의 속력은 $5+4=9$km/h이므로 걸리는 시간은 $\dfrac{0.05}{9}=\dfrac{5}{900}=\dfrac{5}{900}$

$\times\dfrac{3,600초}{1시간}=20초$이다.

## 43

정답 ⑤

제시된 순서도는 result 값이 6을 초과할 때까지 2씩 증가하고, result 값이 6을 초과하면 그 값을 출력하는 순서도이다.
따라서 result 값이 5일 때 2를 더하여 5+2=7이 되어 6을 초과하므로 출력되는 값은 7이다.

## 44

방문 사유 → 파손 관련(NO) → 침수 관련(NO) → 데이터 복구 관련(YES) → ◎ 출력 → STOP
따라서 출력되는 도형은 ◎이다.

## 45

정답 ①

상품코드의 맨 앞 자릿수가 '9'이므로 2 ~ 7번째 자릿수의 이진코드 변환 규칙은 'ABBABA'를 따른다. 이를 변환하면 다음과 같다.

| 3 | 8 | 7 | 6 | 5 | 5 |
|---|---|---|---|---|---|
| A | B | B | A | B | A |
| 0111101 | 0001001 | 0010001 | 0101111 | 0111001 | 0110001 |

따라서 주어진 수를 이진코드로 바르게 변환한 것은 ①이다.

## 46

정답 ④

안전 스위치를 누르는 동안에만 스팀이 나온다고 하였으므로 안전 스위치를 누르는 등의 외부 입력이 없다면 스팀은 발생하지 않는다.

오답분석
① 기본형 청소구로 카펫를 청소하면 청소 효율이 떨어질 뿐이며, 카펫 청소는 가능하다고 언급되어 있다.
② 스팀 청소 완료 후 충분히 식지 않은 상태에서 통을 분리하면 뜨거운 물이 새어 나와 화상의 위험이 있다고 언급되어 있다.
③ 기본형 청소구의 돌출부를 누른 상태에서 잡아당기면 좁은 흡입구를 꺼낼 수 있다고 언급되어 있다.
⑤ 스팀 청소구의 물통에 물을 채우는 작업, 걸레판에 걸레를 부착하는 작업 모두 반드시 전원을 분리한 상태에서 진행해야 한다고 언급되어 있다.

## 47

정답 ④

바닥에 물이 남는다면 스팀 청소구를 좌우로 자주 기울이지 않도록 주의하거나 젖은 걸레를 교체해야 한다.

## 48

정답 ⑤

팀 목표를 달성하도록 팀원을 격려하는 환경을 조성하기 위해서는 동료의 피드백이 필요하다. 긍정이든 부정이든 피드백이 없다면 팀원들은 개선을 이루거나 탁월한 성과를 내고자 하는 노력을 게을리하게 된다.

**동료의 피드백을 장려하는 4단계**
1. 간단하고 분명한 목표와 우선순위를 설정하라.
2. 행동과 수행을 관찰하라.
3. 즉각적인 피드백을 제공하라.
4. 뛰어난 수행성과에 대해 인정하라.

## 49

업무적으로 내적 동기를 유발하기 위해서는 업무 관련 교육을 꾸준히 하여야 한다.

> **내적 동기를 유발하는 방법**
> • 긍정적 강화법 활용하기
> • 새로운 도전의 기회 부여하기
> • 창의적인 문제해결법 찾기
> • 자신의 역할과 행동에 책임감 갖기
> • 팀원들을 지도 및 격려하기
> • 변화를 두려워하지 않기
> • 지속적인 교육 실시하기

## 50

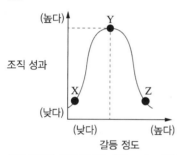

갈등 정도와 조직 성과에 대한 그래프에서 갈등이 X점 수준일 때에는 조직 내부의 의욕이 상실되고 환경의 변화에 대한 적응력도 떨어져 조직 성과가 낮아진다. 갈등이 Y점 수준일 때에는 갈등의 순기능이 작용하여 조직 내부에 생동감이 넘치고 변화 지향적이며 문제해결능력이 발휘되어 조직 성과가 높아진다. 반면, 갈등이 Z점 수준일 때에는 오히려 갈등의 역기능이 작용하여 조직 내부에 혼란과 분열이 발생하고 조직 구성원들이 비협조적이 되어 조직 성과는 낮아지게 된다.

## 01 법학

| 01 | 02 | 03 | 04 | 05 | | | | | | | | | | | | | | | | |
|---|---|---|---|---|---|---|---|---|---|---|---|---|---|---|---|---|---|---|---|---|
| ④ | ① | ③ | ⑤ | ② | | | | | | | | | | | | | | | | |

## 01
정답 ④

근로자참여 및 협력증진에 관한 법은 집단적 노사관계법으로, 노동조합과 사용자단체 간의 노사관계를 규율한 법이다. 노동조합 및 노동관계조정법, 근로자참여 및 협력증진에 관한 법, 노동위원회법, 교원의 노동조합설립 및 운영 등에 관한 법률, 공무원직장협의회법 등이 이에 해당한다.

나머지는 근로자와 사용자의 근로계약을 체결하는 관계에 대해 규율한 법으로, 개별적 근로관계법이라고 한다. 근로기준법, 최저임금법, 산업안전보건법, 직업안정법, 남녀고용평등법, 선원법, 산업재해보상보험법, 고용보험법 등이 이에 해당한다.

## 02
정답 ①

용익물권은 타인의 토지나 건물 등 부동산의 사용가치를 지배하는 제한물권으로, 민법상 지상권, 지역권, 전세권이 이에 속한다.

**용익물권의 종류**
• 지상권 : 타인의 토지에 건물이나 수목 등을 설치하여 사용하는 물권
• 지역권 : 타인의 토지를 자기 토지의 편익을 위하여 이용하는 물권
• 전세권 : 전세금을 지급하고 타인의 토지 또는 건물을 사용·수익하는 물권

## 03
정답 ③

• 선고유예 : 형의 선고유예를 받은 날로부터 2년이 경과한 때에는 면소된 것으로 간주한다(형법 제60조).
• 집행유예 : 양형의 조건을 참작하여 그 정상에 참작할 만한 사유가 있는 때에는 1년 이상 5년 이하의 기간 형의 집행을 유예할 수 있다(형법 제62조 제1항).

## 04
정답 ⑤

**몰수의 대상(형법 제48조 제1항)**
1. 범죄행위에 제공하였거나 제공하려고 한 물건
2. 범죄행위로 인하여 생겼거나 취득한 물건
3. 제1호 또는 제2호의 대가로 취득한 물건

## 05

정답 ②

상법상 법원에는 상사제정법(상법전, 상사특별법령, 상사조약), 상관습법, 판례, 상사자치법(회사의 정관, 이사회 규칙), 보통거래약관, 조리 등이 있다. 조례는 해당되지 않는다.

## 02 행정학

| 01 | 02 | 03 | 04 | 05 | 06 | 07 | 08 | 09 | 10 | 11 | 12 | 13 | 14 | 15 | 16 | 17 | | | |
|----|----|----|----|----|----|----|----|----|----|----|----|----|----|----|----|----|---|---|---|
| ④ | ④ | ③ | ④ | ③ | ② | ④ | ② | ② | ④ | ① | ② | ② | ② | ② | ① | ② | | | |

## 01

정답 ④

목적세는 통일성의 원칙에 대한 예외이다. 통일성의 원칙에 대한 예외로는 특별회계, 기금, 목적세, 수입대체경비, 수입금마련지출이 있다.

[오답분석]

① 단일성의 원칙에 대한 예외로는 추가경정예산, 특별회계, 기금이 있다.
② 사전의결의 원칙에 대한 예외로는 준예산, 사고이월, 예비비 지출, 전용, 긴급재정경제처분이 있다.
③ 한계성의 원칙에 대한 예외로는 예산의 이용, 전용, 국고채무부담행위, 계속비, 이월(명시이월, 사고이월), 지난 연도 수입, 지난 연도 지출, 조상충용, 추가경정예산, 예비비가 해당된다.

## 02

정답 ④

정책의 대략적인 방향을 정책결정자가 정하고 정책집행자들은 이 목표의 구체적인 집행에 필요한 폭넓은 재량권을 위임받아 정책을 집행하는 유형은 재량적 실험가형에 해당한다.

## 03

정답 ③

현대에는 민주주의의 심화 및 분야별 전문 민간기관의 성장에 따라 정부 등 공식적 참여자보다 비공식적 참여자의 중요도가 높아지고 있다.

[오답분석]

① 의회와 지방자치단체는 정부, 사법부 등과 함께 대표적인 공식적 참여자에 해당된다.
② 정당과 NGO, 언론 등은 비공식적 참여자에 해당된다.
④ 사회적 의사결정에서 정부의 역할이 줄어들면 비공식적 참여자가 해당 역할을 대체하므로 중요도가 높아진다.

## 04

정답 ④

효율 증대에 따른 이윤 추구라는 경제적 결정이 중심인 기업경영의 의사결정에 비해, 정책문제는 사회효율 등 수단적 가치뿐만 아니라 형평성, 공정성 등 목적적 가치들도 고려가 필요하므로 고려사항이 더 많고 복잡하다는 특성을 갖는다.

## 05

회사모형은 사이어트와 마치가 주장한 의사결정 모형으로, 준독립적이고 느슨하게 연결되어 있는 조직들의 상호 타협을 통해 의사결정이 이루어진다고 설명한다.

오답분석

① 드로어는 최적모형에 따른 의사결정 모형을 제시했다.
② 합리적 결정과 점증적 결정이 누적 및 혼합되어 의사결정이 이루어진다고 본 것은 혼합탐사모형이다.
④ 정책결정 단계를 초정책결정 단계, 정책결정 단계, 후정책결정 단계로 구분하여 설명한 것은 최적모형이다.

## 06

ㄱ. 호혜조직의 1차적 수혜자는 조직 구성원이 맞으나, 은행, 유통업체는 사업조직에 해당되며, 노동조합, 전문가단체, 정당, 사교클럽, 종교단체 등이 호혜조직에 해당된다.
ㄷ. 봉사조직의 1차적 수혜자는 이들과 접촉하는 일반적인 대중이다.

## 07

특수한 경우를 제외하고 일반적으로 해당 구성원 간 동일한 인사 및 보수 체계를 적용받는 구분은 직급이다.

## 08

실적주의에서는 개인의 역량, 자격에 따라 인사행정이 이루어지기 때문에 정치적 중립성 확보가 강조되지만, 엽관주의에서는 정치적 충성심 및 기여도에 따라 인사행정이 이루어지기 때문에 조직 수반에 대한 정치적 정합성이 더 강조된다.

오답분석

③ 공공조직에서 엽관주의적 인사가 이루어지는 경우 정치적 충성심에 따라 구성원이 변경되므로, 정치적 사건마다 조직 구성원들의 신분유지 여부에 변동성이 생겨 불안정해진다.

## 09

발생주의 회계는 거래가 발생한 기간에 기록하는 원칙으로, 영업활동 관련 기록과 현금 유출입이 일치하지 않지만, 수익 및 비용을 합리적으로 일치시킬 수 있다는 장점이 있다.

오답분석

①·③·④·⑤ 현금흐름 회계에 대한 설명이다.

## 10

ㄴ. X이론에서는 부정적인 인간관을 토대로 보상과 처벌, 권위적이고 강압적인 지도성을 경영전략으로 강조한다.
ㄹ. Y이론의 적용을 위한 대안으로 권한의 위임 및 분권화, 직무 확대, 업무수행능력의 자율적 평가, 목표 관리전략 활용, 참여적 관리 등을 제시하였다.

오답분석

ㄷ. Y이론에 따르면 인간은 긍정적이고 적극적인 존재이므로, 직접적 통제보다는 자율적 통제가 더 바람직한 경영전략이라고 보았다.

## 11

정답 ①

독립합의형 중앙인사기관의 위원들은 임기를 보장받으며, 각 정당의 추천인사나 초당적 인사로 구성되는 등 중립성을 유지하기 유리하다는 장점을 지닌다. 이로 인해 행정부 수반에 의하여 임명된 기관장 중심의 비독립단독형 인사기관에 비해 엽관주의 영향을 최소화하고, 실적 중심의 인사행정을 실현하기에 유리하다.

[오답분석]

② 비독립단독형 인사기관은 합의에 따른 의사결정 과정을 거치지 않으므로, 의견 불일치 시 조율을 하는 시간이 불필요하여 상대적으로 의사결정이 신속히 이루어진다.

③ 비독립단독형 인사기관은 기관장의 의사가 강하게 반영되는 만큼 책임소재가 분명한 데 비해, 독립합의형 인사기관은 다수의 합의에 따라 의사결정이 이루어지므로 책임소재가 불분명하다.

④ 독립합의형 인사기관의 개념에 대한 옳은 설명이다.

## 12

정답 ②

㉠ 정부가 시장에 대해 충분한 정보를 확보하는 데 실패함으로써 정보 비대칭에 따른 정부실패가 발생한다.

㉢ 정부행정은 단기적 이익을 중시하는 정치적 이해관계의 영향을 받아 사회에서 필요로 하는 바보다 단기적인 경향을 보인다. 이처럼 정치적 할인율이 사회적 할인율보다 높기 때문에 정부실패가 발생한다.

[오답분석]

㉡ 정부는 독점적인 역할을 수행하기 때문에 경쟁에 따른 개선효과가 미비하여 정부실패가 발생한다.

㉣ 정부의 공공재 공급은 사회적 무임승차를 유발하여 지속가능성을 저해하기 때문에 정부실패가 발생한다.

## 13

정답 ②

공익, 자유, 복지는 행정의 본질적 가치에 해당한다.

> **행정의 가치**
> • 본질적 가치(행정을 통해 실현하려는 궁극적인 가치) : 정의, 공익, 형평, 복지, 자유, 평등
> • 수단적 가치(본질적 가치 달성을 위한 수단적인 가치) : 합법성, 능률성, 민주성, 합리성, 효과성, 가외성, 생산성, 신뢰성, 투명성

## 14

정답 ②

영국의 대처주의와 미국의 레이거노믹스는 경쟁과 개방, 위임의 원칙을 강조하는 신공공관리론에 입각한 정치기조이다.

[오답분석]

① 뉴거버넌스는 시민 및 기업의 참여를 통한 공동생산을 지향하며, 민영화와 민간위탁을 통한 서비스의 공급은 뉴거버넌스가 제시되기 이전 거버넌스의 내용이다.

③ 뉴거버넌스는 정부가 사회의 문제해결을 주도하는 것이 아니라, 민간 주체들이 논의를 주도할 수 있도록 조력자의 역할을 하는 것을 추구한다.

④ 신공공관리론은 정부실패의 대안으로 등장하였으며, 작고 효율적인 시장지향적 정부를 추구한다.

## 15

네트워크를 통한 기기 간의 연결을 활용하지 않으므로 사물인터넷을 사용한 것이 아니다.

오답분석

① 스마트 팜을 통해 각종 센서를 기반으로 온도와 습도, 토양 등에 대한 정보를 정확하게 확인하고 필요한 영양분(물, 비료, 농약 등)을 시스템이 알아서 제공해 주는 것은 사물인터넷을 활용한 경우에 해당된다.
③ 커넥티드 카는 사물인터넷 기술을 통해 통신망에 연결된 차량으로, 가속기, 브레이크, 속도계, 주행 거리계, 바퀴 등에서 운행 데이터를 수집하여 운전자 행동과 차량 상태를 모두 모니터링할 수 있다.

## 16

ㄱ. 강임은 현재보다 낮은 직급으로 임명하는 것으로, 수직적 인사이동에 해당한다.
ㄴ. 승진은 직위가 높아지는 것으로, 수직적 인사이동에 해당한다.

오답분석

ㄷ. 전보는 동일 직급 내에서 다른 관직으로 이동하는 것으로, 수평적 인사이동에 해당한다.
ㄹ. 전직은 직렬을 변경하는 것으로, 수평적 인사이동에 해당한다.

## 17

국립공원 입장료는 2007년에 폐지되었다.

오답분석

ㄱ. 2023년 5월에 문화재보호법이 개정되면서 국가지정문화재 보유자 및 기관에 대해 정부 및 지방자치단체가 해당 비용을 지원할 수 있게 되어, 많은 문화재에 대한 관람료가 면제되었다. 그러나 이는 요금제가 폐지된 것이 아니라 법규상 유인책에 따라 감면된 것에 해당된다. 원론적으로 국가지정문화재의 소유자가 관람자로부터 관람료를 징수할 수 있음은 유효하기도 했다. 2023년 8월 새로운 개정을 통해 해당 법에서 칭하던 '국가지정문화재'가 '국가지정문화유산'으로 확대되었다.

## 03　경영학

| 01 | 02 | 03 | 04 | 05 | 06 | 07 | 08 | 09 | 10 | 11 | 12 | 13 | 14 | 15 | 16 | 17 | 18 | 19 | 20 |
|----|----|----|----|----|----|----|----|----|----|----|----|----|----|----|----|----|----|----|----|
| ③ | ⑤ | ④ | ③ | ⑤ | ④ | ③ | ③ | ① | ① | ④ | ② | ① | ③ | ④ | ① | ④ | ③ | ③ | ④ |

| 21 | 22 | 23 | 24 | 25 | | | | | | | | | | | | | | | |
|----|----|----|----|----|----|----|----|----|----|----|----|----|----|----|----|----|----|----|----|
| ④ | ③ | ③ | ④ | ④ | | | | | | | | | | | | | | | |

## 01

테일러의 과학적 관리법은 하루 작업량을 과학적으로 설정하고 과업 수행에 따른 임금을 차별적으로 설정하는 차별적 성과급제를 시행한다.

오답분석

①·② 시간연구와 동작연구를 통해 표준 노동량을 정하고 해당 노동량에 따라 임금을 지급하여 생산성을 향상시킨다.
④ 각 과업을 전문화하여 관리한다.
⑤ 근로자가 노동을 하는 데 필요한 최적의 작업조건을 유지한다.

## 02

정답 ⑤

기능목록제도는 종업원별로 기능보유색인을 작성하여 데이터베이스에 저장하여 인적자원관리 및 경력개발에 활용하는 제도이며, 근로자의 직무능력 평가에 있어 필요한 정보를 파악하기 위해 개인능력평가표를 활용한다.

오답분석

① 자기신고제도 : 근로자에게 본인의 직무내용, 능력수준, 취득자격 등에 대한 정보를 직접 자기신고서에 작성하여 신고하게 하는 제도이다.
② 직능자격제도 : 직무능력을 자격에 따라 등급화하고 해당 자격을 취득하는 경우 직위를 부여하는 제도이다.
③ 평가센터제도 : 근로자의 직무능력을 객관적으로 발굴 및 육성하기 위한 제도이다.
④ 직무순환제도 : 담당직무를 주기적으로 교체함으로써 직무 전반에 대한 이해도를 높이는 제도이다.

## 03

정답 ④

데이터베이스 마케팅(DB 마케팅)은 고객별로 맞춤화된 서비스를 제공하기 위해 정보 기술을 이용하여 고객의 정보를 데이터베이스로 구축하여 관리하는 마케팅 전략이다. 이를 위해 고객의 성향, 이력 등 관련 정보가 필요하므로 기업과 고객 간 양방향 의사소통을 통해 1 : 1 관계를 구축하게 된다.

## 04

정답 ③

공정성 이론에 따르면 공정성 유형은 크게 절차적 공정성, 상호작용적 공정성, 분배적 공정성으로 나누어진다.
• 절차적 공정성 : 과정통제, 접근성, 반응속도, 유연성, 적정성
• 상호작용적 공정성 : 정직성, 노력, 감정이입
• 분배적 공정성 : 형평성, 공평성

## 05

정답 ⑤

e-비즈니스 기업은 비용절감 등을 통해 더 낮은 가격으로 우수한 품질의 상품 및 서비스를 제공할 수 있다는 장점이 있다.

## 06

정답 ④

조직시민행동은 조직 구성원의 내재적 만족으로 인해 촉발되므로 구성원에 대한 처우가 합리적일수록 자발적으로 일어난다.

## 07

정답 ③

협상을 통해 공동의 이익을 확대(Win-Win)하는 것은 통합적 협상의 특징이다.

분배적 협상과 통합적 협상의 비교
• 분배적 협상
 - 고정된 자원을 대상으로 합리적인 분배를 위해 진행하는 협상이다.
 - 한정된 자원량으로 인해 제로섬 원칙이 적용되어 갈등이 발생할 가능성이 많다.
 - 당사자 간 이익 확보를 목적으로 하며, 협상 참여자 간 관계는 단기적인 성격을 나타낸다.
• 통합적 협상
 - 당사자 간 이해관계를 조율하여 더 큰 이익을 추구하기 위해 진행하는 협상이다.
 - 협상을 통해 확보할 수 있는 자원량이 변동될 수 있어 갈등보다는 문제해결을 위해 노력한다.
 - 협상 참여자의 이해관계, 우선순위 등이 달라 장기적인 관계를 가지고 통합적인 문제해결을 추구한다.

## 08

정답 ③

워크 샘플링법은 전체 작업과정에서 무작위로 많은 관찰을 실시하여 직무활동에 대한 정보를 얻는 방법으로, 여러 직무활동을 동시에 기록하기 때문에 전체 직무의 모습을 파악할 수 있다.

오답분석

① 관찰법 : 조사자가 직접 조사대상과 생활하면서 관찰을 통해 자료를 수집하는 방법이다.
② 면접법 : 조사자가 조사대상과 직접 대화를 통해 자료를 수집하는 방법이다.
④ 질문지법 : 설문지로 조사내용을 작성하고 자료를 수집하는 방법이다.
⑤ 연구법 : 기록물, 통계자료 등을 토대로 자료를 수집하는 방법이다.

## 09

정답 ①

가구, 가전제품 등은 선매품에 해당한다. 전문품에는 명품제품, 자동차, 아파트 등이 해당한다.

## 10

정답 ①

연속생산은 동일제품을 대량생산하기 때문에 규모의 경제가 적용되어 여러 가지 제품을 소량생산하는 단속생산에 비해 단위당 생산원가가 낮다.

오답분석

② 연속생산의 경우, 표준화된 상품을 대량으로 생산함에 따라 운반에 따른 자동화 비율이 매우 높고, 속도가 빨라 운반비용이 적게 소요된다.
③·④ 제품의 수요가 다양하거나 제품의 수명이 짧은 경우 단속생산 방식이 적합하다.
⑤ 연속생산은 작업자의 숙련도와 관계없이 작업에 참여가 가능하다.

## 11

정답 ④

ELS는 주가연계증권으로, 사전에 정해진 조건에 따라 수익률이 결정되며 만기가 있다.

오답분석

① 주가연계펀드(ELF)에 대한 설명이다.
② 주가연계파생결합사채(ELB)에 대한 설명이다.
③ 주가지수연동예금(ELD)에 대한 설명이다.
⑤ 주가연계신탁(ELT)에 대한 설명이다.

## 12

정답 ②

브룸은 동기 부여에 대해 기대이론을 적용하여 기대감, 수단성, 유의성을 통해 구성원의 직무에 대한 동기 부여를 결정한다고 주장하였다.

오답분석

① 로크의 목표설정이론에 대한 설명이다.
③ 매슬로의 욕구 5단계이론에 대한 설명이다.
④ 맥그리거의 XY이론에 대한 설명이다.
⑤ 허즈버그의 2요인이론에 대한 설명이다.

## 13

시장세분화 단계에서는 시장을 기준에 따라 세분화하고, 각 세분시장의 고객 프로필을 개발하여 차별화된 마케팅을 실행한다.

**오답분석**

②・③ 표적시장 선정 단계에서는 각 세분시장의 매력도를 평가하여 표적시장을 선정한다.
④ 포지셔닝 단계에서는 각각의 시장에 대응하는 포지셔닝을 개발하고 전달한다.
⑤ 재포지셔닝 단계에서는 자사와 경쟁사의 경쟁위치를 분석하여 포지셔닝을 조정한다.

## 14

수익이 많고 안정적이어서 현상을 유지하는 것이 필요한 사업은 현금젖소(Cash Cow)이다. 스타(Star)는 성장률과 시장 점유율이 모두 높아 추가적인 자금흐름을 통해 성장시킬 필요가 있는 사업을 의미한다.

> **BCG 매트릭스의 영역**
> - 물음표(Question Mark) : 성장률은 높으나 점유율이 낮아 수익이 적고 현금흐름이 마이너스인 사업이다.
> - 스타(Star) : 성장률과 시장 점유율이 모두 높아 수익이 많고, 더 많은 투자를 통해 수익을 증대하는 사업이다.
> - 현금젖소(Cash Cow) : 성장률은 낮으나 점유율이 높아 안정적인 수익이 확보되는 사업으로, 투자 금액이 유지・보수 차원에서 머물게 되어 자금 투입보다 자금 산출이 많다.
> - 개(Dog) : 성장률과 시장 점유율이 모두 낮아 수익이 적거나 마이너스인 사업이다.

## 15

변혁적 리더십에서 구성원의 성과 측정뿐만 아니라 구성원들을 리더로 얼마나 육성했는지도 중요한 평가 요소라 할 수 있다.

## 16

감정적 치유는 서번트 리더십의 구성요소에 해당한다.

> **변혁적 리더십의 구성요소**
> - 카리스마 : 변혁적 리더십의 가장 핵심적인 구성요소로, 명확한 비전을 제시하고 집합적인 행동을 위해 동기를 부여하며, 환경 변화에 민감하게 반응하는 일련의 과정을 의미한다.
> - 영감적 동기화 : 구성원에게 영감을 주고 격려를 통해 동기를 부여하는 것을 의미한다.
> - 지적 자극 : 구성원들이 기존 조직의 가치관, 신념, 기대 등에 대해 끊임없이 의문을 가지도록 지원하는 것을 의미한다.
> - 개별 배려 : 구성원을 개별적으로 관리하며, 개인적인 욕구, 관심 등을 파악하여 만족시키고자 하는 것을 의미한다.

## 17

매트릭스 조직은 기존의 기능별 조직구조 상태를 유지하면서 특정한 프로젝트를 수행할 때는 다른 부서의 인력과도 함께 일하는 조직설계 방식으로, 서로 다른 부서 구성원이 함께 일하면서 효율적인 자원 사용과 브레인스토밍을 통한 창의적인 대안 도출도 가능하다.

**오답분석**

① 매트릭스 조직은 조직 목표와 외부 환경 간 발생하는 갈등이 내재하여 갈등과 혼란을 초래할 수 있다.
② 복수의 상급자를 상대해야 하므로 역할에 대한 갈등 등으로 구성원이 심한 스트레스에 노출될 수 있다.
③ 힘의 균형이 치우치게 되면 조직의 구성이 깨지기 때문에 경영자의 개입 등으로 힘의 균형을 유지하기 위한 노력이 필요하다.

## 18

가치사슬(Value Chain)은 기업의 경쟁적 지위를 파악하고 이를 향상할 수 있는 지점을 찾기 위해 사용하는 모형으로, 고객에게 가치를 제공함에 있어서 부가가치 창출에 직·간접적으로 관련된 일련의 활동·기능·프로세스의 연계를 뜻한다. 가치사슬의 각 단계에서 가치를 높이는 활동을 어떻게 수행할 것인지, 비즈니스 과정이 어떻게 개선될 수 있는지를 조사·분석하여야 한다.

**가치사슬 분석의 효과**
- 프로세스 혁신 : 생산, 물류, 서비스 등 기업의 전반적 경영활동을 혁신할 수 있다.
- 원가 절감 : 낭비요소를 사전에 파악하여 제거함으로써 원가를 절감할 수 있다.
- 품질 향상 : 기술개발 등을 통해 더욱 양질의 제품을 생산할 수 있다.
- 기간 단축 : 조달, 물류, CS 등을 분석하여 고객에게 제품을 더욱 빠르게 납품할 수 있다.

## 19

- (당기순이익)=(총수익)−(총비용)=35억−20억=15억 원
- (기초자본)=(기말자본)−(당기순이익)=65억−15억=50억 원
- (기초부채)=(기초자산)−(기초자본)=100억−50억=50억 원

## 20

상위에 있는 욕구를 충족시키지 못하면 하위에 있는 욕구는 더욱 크게 증가하여, 하위욕구를 충족시키기 위해 훨씬 더 많은 노력이 필요하게 된다.

오답분석
① 심리학자 앨더퍼가 인간의 욕구에 대해 매슬로의 욕구 5단계설을 발전시켜 주장한 이론이다.
②·③ 존재욕구를 기본적 욕구로 정의하며, 관계욕구, 성장욕구로 계층화하였다.

## 21

사업 다각화는 무리하게 추진할 경우 수익성에 악영향을 줄 수 있다는 단점이 있다.

오답분석
① 지속적인 성장을 추구하여 미래 유망산업에 참여하고, 구성원에게 더 많은 기회를 줄 수 있다.
② 기업이 한 가지 사업만 영위하는 데 따르는 위험에 대비할 수 있다.
③ 보유자원 중 남는 자원을 활용하여 범위의 경제를 실현할 수 있다.

## 22

종단분석은 시간과 비용의 제약으로 인해 표본 규모가 작을수록 좋으며, 횡단분석은 집단의 특성 또는 차이를 분석해야 하므로 표본이 일정 규모 이상일수록 정확하다.

## 23

채권이자율이 시장이자율보다 높아지면 채권가격은 액면가보다 높은 가격에 거래된다. 단, 만기에 가까워질수록 채권가격이 하락하여 가격위험에 노출된다.

오답분석
①·②·④ 채권이자율이 시장이자율보다 낮은 할인채에 대한 설명이다.

## 24

물음표(Question Mark) 사업은 신규 사업 또는 현재 시장점유율은 낮으나, 향후 성장 가능성이 높은 사업이다. 기업 경영 결과에 따라 개(Dog) 사업 또는 스타(Star) 사업으로 바뀔 수 있다.

[오답분석]

① 스타(Star) 사업 : 성장 가능성과 시장점유율이 모두 높아서 계속 투자가 필요한 유망 사업이다.
② 현금젖소(Cash Cow) 사업 : 높은 시장점유율로 현금창출은 양호하나, 성장 가능성은 낮은 사업이다.
③ 개(Dog) 사업 : 성장 가능성과 시장점유율이 모두 낮아 철수가 필요한 사업이다.

## 25

정답 ④

테일러의 과학적 관리법에서는 작업에 사용하는 도구 등을 표준화하여 관리 비용을 낮추고 효율성을 높이는 것을 추구한다.

[오답분석]

① 과학적 관리법의 특징 중 동기부여에 대한 설명이다.
② 과학적 관리법의 특징 중 표준화에 대한 설명이다.
③ 과학적 관리법의 특징 중 통제에 대한 설명이다.

## 04 경제학

| 01 | 02 | 03 | 04 | 05 | 06 | 07 | 08 | 09 | 10 | 11 | 12 | 13 | 14 | 15 | | | | | |
|---|---|---|---|---|---|---|---|---|---|---|---|---|---|---|---|---|---|---|---|
| ⑤ | ② | ① | ④ | ⑤ | ① | ④ | ③ | ③ | ③ | ④ | ③ | ① | ③ | ② | | | | | |

## 01

정답 ⑤

가격탄력성이 1보다 크면 탄력적이라고 할 수 있다.

[오답분석]

①·② 수요의 가격탄력성은 가격의 변화에 따른 수요의 변화를 의미하는 것으로, 분모는 상품 가격의 변화량을 상품 가격으로 나눈 값이고, 분자는 수요량의 변화량을 수요량으로 나눈 값이다.
③ 대체재가 많을수록 해당 상품 가격 변동에 따른 수요의 변화는 더 크게 반응하게 된다.

## 02

정답 ②

GDP 디플레이터는 명목 GDP를 실질 GDP로 나누어 물가상승 수준을 예측할 수 있는 물가지수로, 국내에서 생산된 모든 재화와 서비스 가격을 반영한다. 따라서 GDP 디플레이터를 구하는 계산식은 (명목 GDP)÷(실질 GDP)×100이다.

## 03

정답 ①

한계소비성향은 소비의 증가분을 소득의 증가분으로 나눈 값으로, 소득이 1,000만 원 늘었을 때 현재 소비자들의 한계소비성향이 0.7이므로 소비는 700만 원 늘었다고 할 수 있다. 따라서 소비의 변화폭은 700이다.

## 04
정답 ④

㉠ 환율이 상승하면 제품을 수입하기 위해 더 많은 원화를 필요로 하고, 이에 따라 수입이 감소하게 되므로 순수출이 증가한다.
㉡ 국내이자율이 높아지면 국내자산 투자수익률이 좋아져 해외로부터 자본유입이 확대되고, 이에 따라 환율은 하락한다.
㉢ 국내물가가 상승하면 상대적으로 가격이 저렴한 수입품에 대한 수요가 늘어나 환율은 상승한다.

## 05
정답 ⑤

독점적 경쟁시장은 광고, 서비스 등 비가격경쟁이 가격경쟁보다 더 활발히 진행된다.

## 06
정답 ①

케인스학파는 경기침체 시 정부가 적극적으로 개입하여 총수요의 증대를 이끌어야 한다고 주장하였다.

오답분석
② 고전학파의 거시경제론에 대한 설명이다.
③ 케인스학파의 거시경제론에 대한 설명이다.
④ 고전학파의 이분법에 대한 설명이다.
⑤ 케인스학파의 화폐중립성에 대한 설명이다.

## 07
정답 ④

오답분석
① 매몰비용의 오류 : 이미 투입한 비용과 노력 때문에 경제성이 없는 사업을 지속하여 손실을 키우는 것을 의미한다.
② 감각적 소비 : 제품을 구입할 때, 품질, 가격, 기능보다 디자인, 색상, 패션 등을 중시하는 소비 패턴을 의미힌다.
③ 보이지 않는 손 : 개인의 사적 영리활동이 사회 전체의 공적 이익을 증진시키는 것을 의미한다.
⑤ 희소성 : 사람들의 욕망에 비해 그 욕망을 충족시켜 주는 재화나 서비스가 부족한 현상을 의미한다.

## 08
정답 ③

• (실업률)=(실업자)÷(경제활동인구)×100
• (경제활동인구)=(취업자)+(실업자)
∴ 5,000÷(20,000+5,000)×100=20%

## 09
정답 ③

(한계비용)=(총비용 변화분)÷(생산량 변화분)
• 생산량이 50일 때 총비용 : 16(평균비용)×50(생산량)=800
• 생산량이 100일 때 총비용 : 15(평균비용)×100(생산량)=1,500
따라서 한계비용은 700÷50=14이다.

## 10
정답 ③

노트북 1대를 생산할 때 A국이 B국보다 기회비용이 더 적으므로 A국은 노트북 생산에 비교우위가 있고, TV 1대를 생산할 때, B국이 A국보다 기회비용이 더 적으므로 B국은 TV 생산에 비교우위가 있다.

| 구분 | 노트북 1대 | TV 1대 |
|---|---|---|
| A국 | TV 0.75 | 노트북 1.33 |
| B국 | TV 1.25 | 노트북 0.8 |

## 11

다이내믹 프라이싱의 단점은 소비자 후생이 감소해 소비자의 만족도가 낮아진다는 것이다. 이로 인해 기업이 소비자의 불만에 직면할 수 있다는 리스크가 발생한다.

## 12

정답 ③

ⓛ 빅맥 지수는 동질적으로 판매되는 상품의 가치는 동일하다는 가정에서 나라별 화폐로 해당 제품의 가격을 평가하여 구매력을 비교하는 것이다.

ⓒ 맥도날드의 대표적 햄버거인 빅맥 가격을 기준으로 한 이유는 전 세계에서 가장 동질적으로 판매되고 있기 때문이며, 이처럼 품질, 크기, 재료가 같은 물건이 세계 여러 나라에서 팔릴 때 나라별 물가를 비교하기 수월하다.

[오답분석]

ⓐ 빅맥 지수는 영국 경제지인 이코노미스트에서 최초로 고안하였다.

ⓔ 빅맥 지수에 사용하는 빅맥 가격은 제품 가격만 반영하고 서비스 가격은 포함하지 않기 때문에 나라별 환율에 대한 상대적 구매력 평가 외에 다른 목적으로 사용하기에는 측정값이 정확하지 않다.

## 13

정답 ①

확장적 통화정책은 국민소득을 증가시켜 이에 따른 보험료 인상 등 세수확대 요인으로 작용한다.

[오답분석]

② 이자율이 하락하고, 소비 및 투자가 증가한다.

③·④ 긴축적 통화정책이 미치는 영향이다.

## 14

정답 ③

토지, 설비 등이 부족하면 한계 생산가치가 떨어지기 때문에 노동자를 많이 고용하는 게 오히려 손해이다. 따라서 노동 수요곡선은 왼쪽으로 이동한다.

[오답분석]

① 노동 수요는 재화에 대한 수요가 아닌 재화를 생산하기 위해 파생되는 수요이다.

② 상품 가격이 상승하면 기업은 더 많은 제품을 생산하기 위해 노동자를 더 많이 고용한다.

④ 노동에 대한 인식이 긍정적으로 변화하면 노동시장에 더 많은 노동력이 공급된다.

## 15

정답 ②

A가 최선의 선택을 하려면 순편익이 가장 높은 운동을 골라야 한다.

• 헬스 : 5-3=2만 원
• 수영 : 7-2=5만 원
• 자전거 : 8-5=3만 원
• 달리기 : 4-3=1만 원

따라서 A가 할 수 있는 최선의 선택은 수영이다.

모든 전사 중 가장 강한 전사는 이 두 가지, 시간과 인내다.

- 레프 톨스토이 -

# PART 1

# 직업기초능력

CHAPTER 01    의사소통능력

CHAPTER 02    문제해결능력

CHAPTER 03    자원관리능력

CHAPTER 04    수리능력

## 대표기출유형 01 ｜ 기출응용문제

### 01
정답 ④

'꼭 필요한 부위에만 접착제와 대나무 못을 사용하여 목재가 수축·팽창하더라도 뒤틀림과 휘어짐이 최소화될 수 있도록 하였다.'라는 내용을 볼 때, 접착제와 대나무 못을 사용하면 수축과 팽창이 발생하지 않게 된다는 내용은 적절하지 않다.

### 02
정답 ⑤

인간이 지구상에서 이용할 수 있는 생활공간은 제한되어 있기 때문에, 인간이 이용할 수 있는 생활공간의 한계를 깨뜨리지 않는 범위 안에서만 인간의 생활공간을 확장시켜야 한다고 언급되어 있다.

### 03
정답 ③

놀이 공원이나 휴대전화 요금제 등을 미루어 생각해 볼 때, 이부가격제는 이윤 추구를 최대화하려는 기업의 가격 제도이다.

### 04
정답 ②

보험 사무대행기관의 지원·교육 업무는 보험재정부에서 병행하고 있는 업무이다.

### 05
정답 ⑤

제시문에 따르면 신청기간은 2월, 4월, 6월, 8월, 10월의 1 ~ 20일까지이다. 따라서 5월에 신청서를 접수했을 것이라는 내용은 적절하지 않다.

## 대표기출유형 02 | 기출응용문제

## 01

정답 ⑤

현존하는 가장 오래된 실록은 전주에 전주 사고에 보관되어 있던 것으로, 강화도 마니산에 봉안되었다가 1936년 병자호란에 의해 훼손된 것을 현종 때 보수하여 숙종 때 강화도 정족산에 다시 봉안하였고, 현재 서울대학교에서 보관하고 있다.

오답분석

① 원본을 포함해 모두 5벌의 실록을 갖추게 되었으므로 재인쇄하였던 실록은 모두 4벌이다.
② 강원도 태백산에 보관하였던 실록은 서울대학교에 있다.
③ 현재 한반도에 남아 있는 실록은 강원도 태백산, 강화도 정족산, 장서각의 것으로 모두 3벌이다.
④ 적상산에 보관하였던 실록은 구황국 장서각으로 옮겨졌으며, 이는 6·25 전쟁 때 북한으로 옮겨져 현재 김일성종합대학에서 소장하고 있다.

## 02

정답 ③

교환되는 내용이 양과 질의 측면에서 정확히 대등하지 않기 때문에 비대칭적 상호주의의 예시이다.

## 03

정답 ⑤

바우마이스터에 따르면 개인은 자신이 가지고 있는 제한된 에너지를 자기 조절 과정에 사용하는데, 이때 에너지를 많이 사용한다고 하더라도 긴박한 상황을 대비하여 에너지의 일부를 남겨 두기 때문에 에너지가 완전히 고갈되는 상황은 벌어지지 않는다. 즉, S씨는 식단 조절 과정에 에너지를 효율적으로 사용하지 못하였을 뿐, 에너지가 고갈되어 식단 조절에 실패한 것은 아니다.

오답분석

① 반두라에 따르면 선천적으로 자기 조절 능력을 가지고 있는 인간은 가치 있는 것을 획득하기 위해 행동하거나 두려워하는 것을 피하기 위해 행동한다.
② 반두라에 따르면 자기 반응은 자신이 한 행동 이후에 자신에게 부여하는 정서적 현상을 의미하는데, 자신이 지향하는 목표와 관련된 개인적 표준에 부합하지 않은 행동은 죄책감이나 수치심이라는 자기 반응을 만들어 낸다.
③ 반두라에 따르면 인간은 자기 조절 능력을 선천적으로 가지고 있으며, 자기 조절은 세 가지의 하위 기능인 자기 검열, 자기 판단, 자기 반응의 과정을 통해 작동한다.
④ 바우마이스터에 따르면 자기 조절은 개인적 표준, 모니터링, 동기, 에너지로 구성된다. S씨의 건강관리는 개인의 목표 성취와 관련된 개인적 표준에 해당하며, 이를 위해 S씨는 자신의 행동을 관찰하는 모니터링 과정을 거쳤다.

## 04

정답 ③

보기는 독립신문이 일반 민중들을 위해 순 한글을 사용해 배포됐고, 상하귀천 없이 누구나 새로운 소식을 전달해 준다는 내용이다. 따라서 ③을 추론할 수 있다.

## 05

정답 ①

㉠·㉡ 각각 두 번째 문단과 마지막 문단에서 확인할 수 있다.

오답분석

㉢·㉣ 네 번째 문단에서 악보로 정리된 시나위를 연주하는 것은 시나위 본래 취지에 어긋난다는 내용과 두 번째 문단에서 곡의 일정한 틀은 유지한다는 내용을 보면 즉흥성을 잘못 이해한 것을 알 수 있다.

## 01
정답 ④

제시문은 예술에서 적합한 크기와 형식을 벗어난 것을 사용할 수밖에 없는 이유를 설명하며, 이것을 통해 아름다움을 느끼게 되는 이유를 설명하고 있다. 따라서 (라) 아름다운 것이 성립하는 경우와 불편함이 성립하는 경우 → (가) 불편함을 느낄 수 있는 대상에서 아름다움을 느끼는 것에 대한 의문 제기 → (다) 예술 작품에서 불편함을 느낄 수 있는 요소를 사용하는 이유 → (나) 이것에서 아름다움을 느끼는 원인의 순서로 나열해야 한다.

## 02
정답 ①

제시문은 친환경 농업이 주목받는 이유에 대해 설명하면서 농약이 줄 수 있는 피해에 대해 다루고 있다. 따라서 (가) 친환경 농업은 건강과 직결되어 있기 때문에 각광받고 있음 → (나) 병충해를 막기 위해 사용된 농약은 완전히 제거하기 어려우며 신체에 각종 손상을 입힘 → (다) 생산량 증가를 위해 사용한 농약과 제초제가 오히려 인체에 해를 입힐 수 있음의 순서로 나열해야 한다.

## 03
정답 ④

제시문은 우리나라 건강보험제도의 진화과정을 나타낸 것으로 (나) 우리나라 건강보험제도의 시작 → (다) 건강보험 적용대상 확대 (직장가입자 → 지역가입자) → (가) 보험료 부과체계의 변화 시작 순으로 나열해야 한다.

## 04
정답 ②

제시문은 이글루가 따듯해질 수 있는 원리에 대해 설명하고 있다. 따라서 (나) 에스키모는 이글루를 연상시킴 → (라) 이글루는 눈으로 만든 집임에도 불구하고 따듯함 → (가) 눈 벽돌로 이글루를 만들고 안에서 불을 피움 → (마) 온도가 올라가면 눈이 녹으면서 벽의 빈틈을 메우고 눈이 녹으면 출입구를 열어 물을 얼림 → (다) 이 과정을 반복하면서 눈 벽돌집은 얼음집으로 변하여 내부가 따듯해짐 순서로 나열해야 한다.

## 05
정답 ①

제시문은 코젤렉의 '개념사'에 대한 정의와 특징에 대한 글이다. 따라서 (라) 개념에 대한 논란과 논쟁 속에서 등장한 코젤렉의 '개념사' → (가) 코젤렉의 '개념사'와 개념에 대한 분석 → (나) 개념에 대한 추가적인 분석 → (마) '개념사'에 대한 추가적인 분석 → (다) '개념사'의 목적과 코젤렉의 주장 순으로 나열해야 한다.

## 01
정답 ⑤

제시문을 통해 조선 시대 금속활자는 왕실의 위엄과 권위를 상징하는 것임을 알 수 있다. 특히 정조는 왕실의 위엄을 나타내기 위한 을묘원행을 기념하는 의궤 인쇄를 정리자로 인쇄하고, 화성 행차의 의미를 부각하기 위해 그해의 방목만을 정리자로 간행했다. 이를 통해 정리자는 정조가 가장 중시한 금속활자였다는 것을 알 수 있으며, 나머지 선택지는 제시문의 단서만으로는 추론할 수 없다.

## 02

정답 ④

빈칸의 앞 문단에서 '보존 입자는 페르미온과 달리 파울리의 배타원리를 따르지 않는다. 따라서 같은 에너지 상태를 지닌 입자라도 서로 겹쳐서 존재할 수 있다. 만져지지 않는 에너지 덩어리인 셈이다.'라고 하였고, 빈칸 다음 문장에서 '빛은 실험을 해보면 입자의 특성을 보이지만, 질량이 없고 물질을 투과하며 만져지지 않는다.'라고 하였다. 또한 마지막 문장에서 '포논은 광자와 마찬가지로 스핀이 0인 보존 입자다.'라고 하였으므로 광자는 스핀이 0인 보존 입자라는 것을 알 수 있다. 따라서 빈칸에 들어갈 내용으로는 ④가 가장 적절하다.

[오답분석]

① 광자가 파울리의 배타원리를 따른다면, 파울리의 배타원리에 따라 페르미온 입자로 이뤄진 물질은 우리가 손으로 만질 수 있어야 한다. 그러나 광자는 질량이 없고 물질을 투과하며 만져지지 않는다고 하였으므로 적절하지 않은 내용이다.
② '포논은 광자와 마찬가지로 스핀이 0인 보존 입자다.'라는 문장에서 광자는 스핀 상태에 따라 분류할 수 있는 입자임을 알 수 있다.
③ 스핀이 1/2의 홀수배인 입자들은 페르미온이라고 하였고, 광자는 스핀이 0인 보존 입자이므로 적절하지 않은 내용이다.

## 03

정답 ③

빈칸 뒤의 문장은 최근 선진국에서는 스마트팩토리로 인해 해외로 나간 자국 기업들이 다시 본국으로 돌아오는 현상인 '리쇼어링'이 가속화되고 있다는 내용이다. 즉, 스마트팩토리의 발전이 공장의 위치를 해외에서 본국으로 변화시키고 있으므로 빈칸에는 ③이 가장 적절하다.

## 04

정답 ①

빈칸 앞 내용은 왼손보다 오른손을 선호하는 이유에 대한 가설을 제시하고, 이러한 가설이 근본적인 설명을 하지 못한다고 말한다. 그러면서 빈칸 뒷부분에서 글쓴이는 왼손이 아닌 '오른손만을 선호'하는 이유에 대한 자신의 생각을 드러내고 있다. 즉, 앞의 가설대로 단순한 기능 분담이라면 먹는 일에 왼손을 사용하는 사회도 존재해야 하는데, 그렇지 않기 때문에 반박하고 있음을 추론해 볼 수 있으므로 빈칸에는 사람들이 오른손만 선호하고 왼손을 선호하지 않는다는 주장이 나타나야 한다. 따라서 빈칸에 들어갈 내용으로는 ①이 가장 적절하다.

## 05

정답 ①

갑돌의 성품이 탁월하다고 볼 수 있는 것은 그의 성품이 곧고 자신감이 충만하며, 다수의 옳지 않은 행동에 대하여 비판의 목소리를 낼 것이고 그렇게 하는 데에 별 어려움을 느끼지 않을 것이기 때문이다. 또한, 세 번째 문단에 따르면 탁월한 성품은 올바른 훈련을 통해 올바른 일을 바르고 즐겁게 그리고 어려워하지 않으며 처리할 수 있는 능력을 뜻한다. 따라서 아리스토텔레스의 입장에서는 엄청난 의지를 발휘하고 자신과의 힘든 싸움을 해야 했던 병식보다는 잘못된 일에 별 어려움 없이 비판의 목소리를 내는 갑돌의 성품을 탁월하다고 여길 것이다.

## 01

정답 ③

세 번째와 다섯 번째 조건에 의해 F의 점검 순서는 네 번째 이후임을 알 수 있고, 네 번째, 여섯 번째 조건에 의해 F가 네 번째로 점검받음을 알 수 있다. 주어진 조건을 이용하여 가능한 경우를 나타내면 다음과 같다.
• 경우 1 : G-C-E-F-B-A-D
• 경우 2 : G-C-E-F-D-A-B
따라서 두 번째와 세 번째, 다섯 번째 조건에 의해 G, E는 귀금속점이고, C는 은행이다.

## 02

정답 ⑤

'약속을 지킨다.'를 A, '다른 사람에게 신뢰감을 준다.'를 B, '메모하는 습관'을 C라고 하면, 전제1은 ~A → ~B, 전제2는 ~C → ~A이므로 ~C → ~A → ~B가 성립한다. ~C → ~B의 대우인 B → C 또한 참이므로 '다른 사람에게 신뢰감을 주려면 메모하는 습관이 있어야 한다.'가 적절하다.

## 03

정답 ③

주어진 조건을 정리해 보면 다음과 같다.

| 구분 | A | B | C | D |
| --- | --- | --- | --- | --- |
| 경우 1 | 호밀식빵 | 우유식빵 | 밤식빵 | 옥수수식빵 |
| 경우 2 | 호밀식빵 | 밤식빵 | 우유식빵 | 옥수수식빵 |

따라서 항상 참인 것은 ③이다.

오답분석

①・②・④・⑤ 주어진 조건만으로는 판단하기 힘들다.

## 04

정답 ①

한 번 배정받은 층은 다시 배정받을 수 없기 때문에 A는 3층, B는 2층에 배정받을 수 있다. C는 1층 또는 4층에 배정받을 수 있지만, D는 1층에만 배정받을 수 있기 때문에, C는 4층, D는 1층에 배정받는다. 이를 표로 정리하면 다음과 같다.

| A | B | C | D |
| --- | --- | --- | --- |
| 3층 | 2층 | 4층 | 1층 |

따라서 항상 참인 것은 ①이다.

오답분석

②・③・④ 주어진 조건만으로는 판단하기 힘들다.

⑤ 매년 새롭게 층을 배정받기 때문에 B 또한 3년 이상 기숙사에 살았을 것이다.

## 05

정답 ⑤

주어진 조건에 따라 엘리베이터 검사 순서를 추론해 보면 다음과 같다.

| 첫 번째 | 5호기 |
| --- | --- |
| 두 번째 | 3호기 |
| 세 번째 | 1호기 |
| 네 번째 | 2호기 |
| 다섯 번째 | 6호기 |
| 여섯 번째 | 4호기 |

따라서 1호기 다음은 2호기, 그 다음이 6호기이고, 6호기는 5번째로 검사한다.

## 06

정답 ③

을과 무의 진술이 모순되므로 둘 중 한 명은 참, 다른 한 명은 거짓이다. 여기서 을의 진술이 참일 경우 갑의 진술도 거짓이 되어 두 명이 거짓을 진술한 것이 되므로 문제의 조건에 위배된다. 따라서 을의 진술이 거짓, 무의 진술이 참이다. 그러므로 A강좌는 을이, B와 C강좌는 갑과 정이, D강좌는 무가 담당하고, 병은 강좌를 담당하지 않는다.

---

### 대표기출유형 02 | 기출응용문제

## 01

정답 ④

발행형태가 4로 전집이기 때문에 한 권으로만 출판된 것이 아님을 알 수 있다.

[ 오답분석 ]

① 국가번호가 05(미국)로 미국에서 출판되었다.
② 서명식별번호가 1011로 1011번째 발행되었다. 441은 발행자 번호로 발행한 출판사의 발행자번호가 441이라는 것을 의미한다.
③ 발행자번호는 441로 세 자리로 이루어져 있다.
⑤ 도서의 내용이 710(한국어)이지만, 도서가 한국어로 되어 있는지는 알 수 없다.

## 02

정답 ⑤

규칙에 따라 사용할 수 있는 숫자는 1, 5, 6을 제외한 나머지 2, 3, 4, 7, 8, 9의 총 6개이다. (한 자릿수)×(두 자릿수)=156이 되는 수를 알기 위해서는 156의 소인수를 구해보면 된다. 156의 소인수는 3, $2^2$, 13으로 여기서 156이 되는 수의 곱 중에 조건을 만족하는 것은 2×78과 4×39이다. 따라서 선택지 중에 A팀 또는 B팀에 들어갈 수 있는 암호배열은 39이다.

## 03

정답 ①

조건에 따라 소괄호 안에 있는 부분을 순서대로 풀이하면 다음과 같다.
'1 A 5'에서 A는 좌우의 두 수를 더하는 것이지만, 더한 값이 10 미만이면 좌우에 있는 두 수를 곱해야 한다. 1+5=6으로 10 미만이므로 두 수를 곱하여 5가 된다.
'3 C 4'에서 C는 좌우의 두 수를 곱하는 것이지만 곱한 값이 10 미만일 경우 좌우에 있는 두 수를 더한다. 이 경우 3×4=12로 10 이상이므로 12가 된다.
중괄호를 풀어보면 '5 B 12'이다. B는 좌우에 있는 두 수 가운데 큰 수에서 작은 수를 빼는 것이지만, 두 수가 같거나 뺀 값이 10 미만이면 두 수를 곱한다. 12−5=7로 10 미만이므로 두 수를 곱해야 한다. 따라서 60이 된다.
'60 D 6'에서 D는 좌우에 있는 두 수 가운데 큰 수를 작은 수로 나누는 것이지만, 두 수가 같거나 나눈 값이 10 미만이면 두 수를 곱해야 한다. 이 경우 나눈 값이 10이 되므로 답은 10이다.

## 04

서울 지점의 C씨에게 배송할 제품과 경기남부 지점의 B씨에게 배송할 제품에 대한 기호를 모두 기록해야 한다.

- C씨 : MS11EISS
  - 재료 : 연강(MS)
  - 판매량 : 1box(11)
  - 지역 : 서울(E)
  - 윤활유 사용 : 윤활작용(I)
  - 용도 : 스프링(SS)
- B씨 : AHSS00SSST
  - 재료 : 초고강도강(AHSS)
  - 판매량 : 1set(00)
  - 지역 : 경기남부(S)
  - 윤활유 사용 : 밀폐작용(S)
  - 용도 : 타이어코드(ST)

## 05

간선노선과 보조간선노선을 구분하여 노선번호를 부여하면 다음과 같다.

- 간선노선
  - 동서를 연결하는 경우 : (가), (나)에 해당하며, 남에서 북으로 가면서 숫자가 증가하고 끝자리에는 0을 부여하므로 (가)는 20, (나)는 10이다.
  - 남북을 연결하는 경우 : (다), (라)에 해당하며, 서에서 동으로 가면서 숫자가 증가하고 끝자리에는 5를 부여하므로 (다)는 15, (라)는 25이다.
- 보조간선노선
  - (마) : 남북을 연결하는 모양에 가까우므로, (마)의 첫자리는 남쪽 시작점의 간선노선인 (다)의 첫자리와 같은 1이 되어야 하고, 끝자리는 5를 제외한 홀수를 부여해야 하므로, 가능한 노선번호는 11, 13, 17, 19이다.
  - (바) : 동서를 연결하는 모양에 가까우므로, (바)의 첫자리는 바로 아래쪽에 있는 간선노선인 (나)의 첫자리와 같은 1이 되어야 하고, 끝자리는 0을 제외한 짝수를 부여해야 하므로, 가능한 노선번호는 12, 14, 16, 18이다.

따라서 가능한 조합은 ④이다.

## 06

보유 전세버스 현황에서 소형버스(RT)는 RT – 25 – KOR – 18 – 0803, RT – 16 – DEU – 23 – 1501, RT – 25 – DEU – 12 – 0904, RT – 23 – KOR – 07 – 0628, RT – 16 – USA – 09 – 0712로 소형버스는 총 5대이며, 이 중 독일에서 생산된 것은 2대이다. 따라서 이는 소형버스 전체의 40%를 차지하므로 ①은 옳지 않다.

## 01

정답 ②

ㄱ. 기술개발을 통해 연비를 개선하는 것은 막대한 R&D 역량이라는 강점으로 휘발유의 부족 및 가격의 급등이라는 위협을 회피하거나 최소화하는 전략에 해당하므로 적절하다.

ㄹ. 생산설비에 막대한 투자를 했기 때문에 차량모델 변경의 어려움이라는 약점이 있는데, 레저용 차량 전반에 대한 수요 침체 및 다른 회사들과의 경쟁이 심화되고 있으므로 생산량 감축을 고려할 수 있다.

ㅁ. 생산 공장을 한 곳만 가지고 있다는 약점이 있지만 새로운 해외시장이 출현하고 있는 기회를 살려서 국내 다른 지역이나 해외에 공장들을 분산 설립할 수 있을 것이다.

ㅂ. 막대한 R&D 역량이라는 강점을 이용하여 휘발유의 부족 및 가격의 급등이라는 위협을 회피하거나 최소화하기 위해 경유용 레저 차량 생산을 고려할 수 있다.

[오답분석]

ㄴ. 소형 레저용 차량에 대한 수요 증대라는 기회 상황에서 대형 레저용 차량을 생산하는 것은 적절하지 않은 전략이다.

ㄷ. 차량모델 변경의 어려움이라는 약점을 보완하는 전략도 아니고, 소형 또는 저가형 레저용 차량에 대한 선호가 증가하는 기회에 대응하는 전략도 아니다. 또한, 차량 안전 기준의 강화 같은 규제 강화는 기회 요인이 아니라 위협 요인이다.

ㅅ. 기회는 새로운 해외시장의 출현인데 내수 확대에 집중하는 것은 기회를 살리는 전략이 아니다.

## 02

정답 ④

ㄴ. 민간의 자율주행기술 R&D를 지원하여 기술적 안정성을 높이는 전략은 위협을 최소화하는 내용은 포함하지 않고 약점만 보완하는 것이므로 ST전략이라 할 수 없다.

ㄹ. 국내기업의 자율주행기술 투자가 부족한 약점을 국가기관의 주도로 극복하려는 것은 약점을 최소화하고 위협을 회피하려는 WT전략으로 적합하지 않다.

[오답분석]

ㄱ. 높은 수준의 자율주행기술을 가진 외국 기업과의 기술이전협약 기회를 통해 국내외에서 우수한 평가를 받는 국내 자동차기업의 수준을 향상시켜 국내 자율주행자동차 산업의 강점을 강화하는 전략은 SO전략에 해당한다.

ㄷ. 국가가 지속적으로 자율주행차 R&D를 지원하는 법안이 본회의를 통과한 기회를 토대로 기술개발을 지원하여 국내 자율주행자동차 산업의 약점인 기술적 안전성을 확보하려는 전략은 WO전략에 해당한다.

## 03

정답 ②

국내 금융기관에 대한 SWOT 분석 결과는 다음과 같다.

| 강점(Strength) | 약점(Weakness) |
|---|---|
| • 높은 국내 시장 지배력<br>• 우수한 자산건전성<br>• 뛰어난 위기관리 역량 | • 은행과 이자수익에 편중된 수익구조<br>• 취약한 해외 비즈니스와 글로벌 경쟁력 |
| 기회(Opportunity) | 위협(Threat) |
| • 해외 금융시장 진출 확대<br>• 기술 발달에 따른 핀테크의 등장<br>• IT 인프라를 활용한 새로운 수익 창출 | • 새로운 금융 서비스의 등장<br>• 글로벌 금융기관과의 경쟁 심화 |

㉠ SO전략은 강점을 살려 기회를 포착하는 전략이다. 강점인 국내 시장 점유율을 기반으로 핀테크 사업에 진출하려는 것이므로 SO전략으로 볼 수 있다.

㉢ ST전략은 강점을 살려 위협을 회피하는 전략이다. 강점인 우수한 자산건전성을 강조하여 글로벌 금융기관과의 경쟁에서 우위를 차지하려는 것이므로 ST전략으로 볼 수 있다.

PART 1

ⓒ WO전략은 약점을 보완하여 기회를 포착하는 전략이다. 그러나 위기관리 역량은 국내 금융기관이 지니고 있는 강점에 해당하므로 WO전략으로 적절하지 않다.

ⓔ 해외 비즈니스 역량을 강화하여 해외 금융시장에 진출하는 것은 약점을 보완하여 기회를 포착하는 WO전략에 해당한다.

## 04

**정답** ④

ㄴ. 다수의 풍부한 경제자유구역 성공 사례를 활용하는 것은 강점에 해당되지만, 외국인 근로자를 국내주민과 문화적으로 동화시키려는 시도는 위협을 극복하는 것과는 거리가 멀다. 따라서 해당 전략은 ST전략으로 적절하지 않다.

ㄹ. 경제자유구역 인근 대도시와의 연계를 활성화하면 오히려 인근 기성 대도시의 산업이 확장된 교통망을 바탕으로 경제자유구역의 사업을 흡수할 위험이 커진다. 또한 인근 대도시와의 연계 확대는 경제자유구역 내 국내 · 외 기업 간의 구조 및 운영상 이질감을 해소하는 데 직접적인 도움이 된다고 보기 어렵다.

ㄱ. 경제호황으로 인해 자국을 벗어나 타국으로 진출하려는 해외기업이 증가하는 기회상황에서, 성공적 경험에서 축적된 우리나라의 경제자유구역 조성 노하우로 이들을 유인하여 유치하는 전략은 SO전략으로 적절하다.

ㄷ. 기존에 국내에 입주한 해외기업의 동형화 사례를 활용하여 국내기업과 외국계 기업의 운영상 이질감을 해소하여 생산성을 증대시키는 전략은 WO전략에 해당한다.

## 05

**정답** ②

ㄱ. LNG 구매력이 우수하다는 강점을 이용해 북아시아 가스관 사업이라는 기회를 활용하는 것은 SO전략에 해당된다.

ㄷ. 수소 자원 개발이 고도화되고 있는 기회를 이용하여 높은 공급단가라는 약점을 보완하는 것은 WO전략에 해당된다.

ㄴ. 북아시아 가스관 사업은 강점이 아닌 기회에 해당되므로 ST전략에 해당된다고 볼 수 없다.

ㄹ. 높은 LNG 확보 능력이라는 강점을 이용해 높은 가스 공급단가라는 약점을 보완하려는 것은 WT전략에 해당된다고 볼 수 없다.

대표기출유형 01 기출응용문제

## 01

정답 ③

A씨가 쓸 수 있는 항공료는 최대 450,000원이다. 항공료 지원율을 반영해 실제 비용을 계산하면 다음과 같다.
- 중국 : 130,000×2×2×0.9=468,000원
- 일본 : 125,000×2×2×0.7=350,000원
- 싱가포르 : 180,000×2×2×0.65=468,000원

따라서 A씨는 일본여행만 가능하며, 8월 3 ~ 4일은 휴가가 불가능하다고 하였으므로 A씨가 선택할 여행기간은 16 ~ 19일이다.

## 02

정답 ④

팀원들의 모든 스케줄이 비어 있는 시간대인 16:00 ~ 17:00가 가장 적절하다.

## 03

정답 ③

자동차 부품 생산조건에 따라 반자동라인과 자동라인의 시간당 부품 생산량을 구해보면 다음과 같다.
- 반자동라인 : 4시간에 300개의 부품을 생산하므로, 8시간에 300개×2=600개의 부품을 생산한다. 하지만 8시간마다 2시간씩

  생산을 중단하므로, 8+2=10시간에 600개의 부품을 생산하는 것과 같다. 따라서 시간당 부품 생산량은 $\frac{600개}{10시간}$=60개이다.

  이때 반자동라인에서 생산된 부품의 20%는 불량이므로, 시간당 정상 부품 생산량은 60개×(1−0.2)=48개이다.
- 자동라인 : 3시간에 400개의 부품을 생산하므로, 9시간에 400개×3=1,200개의 부품을 생산한다. 하지만 9시간마다 3시간씩

  생산을 중단하므로, 9+3=12시간에 1,200개의 부품을 생산하는 것과 같다. 따라서 시간당 부품 생산량은 $\frac{1,200개}{12시간}$=100개이다.

  이때 자동라인에서 생산된 부품의 10%는 불량이므로, 시간당 정상 제품 생산량은 100개×(1−0.1)=90개이다.

따라서 반자동라인과 자동라인에서 시간당 생산하는 정상 제품의 생산량은 48+90=138개이므로, 34,500개를 생산하는 데
$\frac{34,500개}{138개/h}$=250시간이 소요되었다.

## 04

정답 ④

공정별 순서는 $\begin{matrix} A \to B \searrow \\ \qquad\qquad C \to F \\ D \to E \nearrow \end{matrix}$ 이고, C공정을 시작하기 전에 B공정과 E공정이 선행되어야 하는데 B공정까지 끝나려면 4시간

이 소요되고 E공정까지 끝나려면 3시간이 소요된다. 선행작업이 완료되어야 이후 작업을 할 수 있으므로, C공정을 진행하기 위해서는 최소 4시간이 걸린다. 따라서 완제품은 F공정이 완료된 후 생산되므로 첫 번째 완제품 생산의 소요시간은 9시간이다.

## 05

①

• 치과 진료 : 수요일 3주 연속 받는다고 하였으므로 13일, 20일은 무조건 치과 진료가 있다.
• 신혼여행 : 8박 9일간 신혼여행을 가고 휴가는 5일 사용할 수 있으므로 주말 4일을 포함해야 한다.
이 사실과 두 번째 조건을 종합하면, 2일(토요일)부터 10일(일요일)까지 주말 4일을 포함하여 9일 동안 신혼여행을 다녀오게 되고,
치과는 6일이 아닌 27일에 예약되어 있다. 신혼여행은 결혼식 다음 날 간다고 하였으므로 달력에 표시하면 다음과 같다.

| 일 | 월 | 화 | 수 | 목 | 금 | 토 |
|---|---|---|---|---|---|---|
| | | | | | 1<br>결혼식 | 2<br>신혼여행 |
| 3<br>신혼여행 | 4<br>신혼여행 / 휴가 | 5<br>신혼여행 / 휴가 | 6<br>신혼여행 / 휴가 | 7<br>신혼여행 / 휴가 | 8<br>신혼여행 / 휴가 | 9<br>신혼여행 |
| 10<br>신혼여행 | 11 | 12 | 13<br>치과 | 14 | 15 | 16 |
| 17 | 18 | 19 | 20<br>치과 | 21 | 22 | 23 |
| 24 | 25 | 26 | 27<br>치과 | 28<br>회의 | 29 | 30<br>추석연휴 |

따라서 A대리의 결혼날짜는 9월 1일이다.

---

## 대표기출유형 02   기출응용문제

## 01

④

수인이가 베트남 현금 1,670만 동을 환전하기 위해 필요한 한국 돈은 수수료를 제외하고 1,670만 동×483원/만 동=806,610원이다.
우대사항에서 50만 원 이상 환전 시 70만 원까지 수수료가 0.4%로 낮아진다. 70만 원의 수수료는 0.4%가 적용되고 나머지는
0.5%가 적용되어 총수수료를 구하면 $700,000 \times 0.004 + (806,610 - 700,000) \times 0.005 = 2,800 + 533.05 ≒ 3,330$원이다.
따라서 수인이가 원하는 금액을 환전하기 위해서 필요한 총금액은 806,610+3,330=809,940원임을 알 수 있다.

## 02

①

[(월세)×(12개월)÷{(전세 보증금−(월세 보증금)}]×100=6%가 되어야 한다.
따라서 월세를 $x$원으로 하여 주어진 금액을 대입하고 계산해 보면 다음과 같다.
$(x \times 12) ÷ (1억 원 - 1천만 원) \times 100 = 6$

$\rightarrow \dfrac{12x}{900,000} = 6$

$\rightarrow x = \dfrac{900,000 \times 6}{12}$

$\therefore x = 450,000$
따라서 월 임대료 지불액은 450,000원이다.

## 03

월요일에는 늦지 않게만 도착하면 되므로 서울역에서 8시에 출발하는 KTX를 이용한다. 수요일에는 최대한 빨리 와야 하므로 사천공항에서 19시에 출발하는 비행기를 이용한다.

따라서 소요되는 교통비는 65,200('서울 – 사천' KTX 비용)+22,200('사천역 – 사천연수원' 택시비)+21,500('사천연수원 – 사천공항' 택시비)+93,200('사천 – 서울' 비행기 비용)×0.9=192,780원이다.

## 04

- A씨 부부의 왕복 비용 : (59,800×2)×2=239,200원
- 만 6세 아들의 왕복 비용 : (59,800×0.5)×2=59,800원
- 만 3세 딸의 왕복 비용 : 59,800×0.25=14,950원

따라서 A씨 가족이 지불한 교통비는 239,200+59,800+14,950=313,950원이다.

## 05

제품군별 지급해야 할 보관료는 다음과 같다.
- A제품군 : 300억×0.01=3억 원
- B제품군 : 2,000CUBIC×20,000=4천만 원
- C제품군 : 500톤×80,000=4천만 원

따라서 K기업이 보관료로 지급해야 할 총금액은 3억+4천만+4천만=3억 8천만 원이다.

---

### 대표기출유형 03 | 기출응용문제

## 01

한 달을 기준으로 N씨가 지출하게 될 자취방 월세와 자취방에서 대학교까지 왕복 시 거리비용을 합산하면 다음과 같다.
- A자취방 : 330,000+(1.8×2,000×2×15)=438,000원
- B자취방 : 310,000+(2.3×2,000×2×15)=448,000원
- C자취방 : 350,000+(1.3×2,000×2×15)=428,000원
- D자취방 : 320,000+(1.6×2,000×2×15)=416,000원
- E자취방 : 340,000+(1.4×2,000×2×15)=424,000원

따라서 N씨가 선택할 수 있는 가장 저렴한 비용의 자취방은 D자취방이다.

## 02

각 과제의 최종 점수를 구하기 전에 항목당 최하위 점수가 부여된 과제는 제외하므로, 중요도에서 최하위 점수가 부여된 B, 긴급도에서 최하위 점수가 부여된 D, 적용도에서 최하위 점수가 부여된 E를 제외한다. 나머지 두 과제에 대하여 주어진 조건에 의해 각 과제의 최종 평가 점수를 구해보면 다음과 같다. 가중치는 별도로 부여되므로 추가 계산한다.
- A : (84+92+96)+(84×0.3)+(92×0.2)+(96×0.1)=325.2점
- C : (95+85+91)+(95×0.3)+(85×0.2)+(91×0.1)=325.6점

따라서 C를 가장 먼저 수행해야 한다.

## 03

**정답** ①

각 자동차의 경비를 구하면 다음과 같다.
- A자동차
  - (연료비) : 150,000km÷12km/L×1,400원/L=1,750만 원
  - (경비) : 1,750만+2,000만=3,750만 원
- B자동차
  - (연료비) : 150,000km÷8km/L×900원/L=1,687.5만 원
  - (경비) : 1,687.5만+2,200만=3,887.5만 원
- C자동차
  - (연료비) : 150,000km÷15km/L×1,150원/L=1,150만 원
  - (경비) : 1,150만+2,700만=3,850만 원
- D자동차
  - (연료비) : 150,000km÷20km/L×1,150원/L=862.5만 원
  - (경비) : 862.5만+3,300만=4,162.5만 원
- E자동차
  - (연료비) : 150,000km÷15km/L×1,400원/L=1,400만 원
  - (경비) : 1,400만+2,600만=4,000만 원

따라서 경비가 가장 적게 들어가는 것은 A자동차이다.

## 04

**정답** ④

어떤 컴퓨터를 구매하더라도 각각 사는 것보다 세트로 사는 것이 한 세트(모니터+본체)당 약 5만 원에서 10만 원 정도 이득이다. 하지만 세트 혜택이 아닌 다른 혜택에 해당하는 조건에서는 비용을 비교해 봐야 한다. 다음은 컴퓨터별 구매 비용을 계산한 것이다. E컴퓨터는 성능평가에서 '하'를 받았으므로 계산에서 제외한다.
- A컴퓨터 : 80만 원×15대=1,200만 원
- B컴퓨터 : (75만 원×15대)−100만 원=1,025만 원
- C컴퓨터 : (20만 원×10대)+(20만 원×0.85×5대)+(60만 원×15대)=1,185만 원 또는 70만 원×15대=1,050만 원
- D컴퓨터 : 66만 원×15대=990만 원

따라서 D컴퓨터만 예산 범위인 1,000만 원 내에서 구매할 수 있으므로 조건을 만족하는 컴퓨터는 D컴퓨터이다.

## 05

**정답** ⑤

사진별로 개수에 따른 총 용량을 구하면 다음과 같다.
- 반명함 : 150×8,000=1,200,000KB=1,200MB
- 신분증 : 180×6,000=1,080,000KB=1,080MB
- 여권 : 200×7,500=1,500,000KB=1,500MB
- 단체사진 : 250×5,000=1,250,000KB=1,250MB

모든 사진의 총용량을 더하면 1,200+1,080+1,500+1,250=5,030MB이다.
5,030MB는 5.030GB이므로, 필요한 USB 최소 용량은 5GB이다.

## 01

면접평가 결과를 점수로 변환하면 다음과 같다.

(단위 : 점)

| 구분 | A | B | C | D | E |
|------|------|------|------|------|------|
| 의사소통능력 | 100 | 100 | 100 | 80 | 50 |
| 문제해결능력 | 80 | 75 | 100 | 75 | 95 |
| 조직이해능력 | 95 | 90 | 60 | 100 | 90 |
| 대인관계능력 | 50 | 100 | 80 | 60 | 85 |

변환된 점수에 최종 합격자 선발기준에 따른 평가비중을 반영하여 최종 점수를 구하면 다음과 같다.
- A : $(100×0.4)+(80×0.3)+(95×0.2)+(50×0.1)=88$점
- B : $(100×0.4)+(75×0.3)+(90×0.2)+(100×0.1)=90.5$점
- C : $(100×0.4)+(100×0.3)+(60×0.2)+(80×0.1)=90$점
- D : $(80×0.4)+(75×0.3)+(100×0.2)+(60×0.1)=80.5$점
- E : $(50×0.4)+(95×0.3)+(90×0.2)+(85×0.1)=75$점

따라서 최종 합격자는 상위자 2명이므로 B, C가 선발된다.

## 02

오답분석

- A지원자 : 9월에 복학 예정이기 때문에 인턴 기간이 연장될 경우 근무할 수 없으므로 적합하지 않다.
- B지원자 : 경력사항이 없으므로 적합하지 않다.
- D지원자 : 근무 시간(9 ~ 18시) 이후에 업무가 불가능하므로 적합하지 않다.
- E지원자 : 포토샵을 활용할 수 없으므로 적합하지 않다.

## 03

제시된 근무지 이동 규정과 신청 내용에 따라 상황을 정리하면 다음과 같다.
- A는 1년 차 근무를 마친 직원이므로 우선 반영되어 자신이 신청한 종로로 이동하게 된다.
- B는 E와 함께 영등포를 신청하였으나, B의 전년도 평가점수가 더 높아 B가 영등포로 이동한다.
- 3년 차에 지방 지역인 제주에서 근무한 E는 A가 이동할 종로와 B가 이동할 영등포를 제외한 수도권 지역인 여의도로 이동하게 된다.
- D는 자신이 2년 연속 근무한 적 있는 수도권 지역으로 이동이 불가능하므로, 지방 지역인 광주, 제주, 대구 중 한 곳으로 이동하게 된다.
- 이때, C는 자신이 근무하였던 대구로 이동하지 못하므로, D가 광주로 이동한다면 C는 제주로, D가 대구로 이동한다면 C는 광주 혹은 제주로 이동한다.
- 1년 차 신입은 전년도 평가 점수를 100점으로 보므로 신청한 근무지에서 근무할 수 있다. 따라서 1년 차에 대구에서 근무한 A는 입사 시 대구를 1년 차 근무지로 신청하였을 것임을 알 수 있다.

이를 표로 나타내면 다음과 같다.

| 직원 | 1년 차 근무지 | 2년 차 근무지 | 3년 차 근무지 | 이동지역 | 전년도 평가 |
|------|------------|------------|------------|---------|-----------|
| A | 대구 | – | – | 종로 | – |
| B | 여의도 | 광주 | – | 영등포 | 92점 |
| C | 종로 | 대구 | 여의도 | 제주 / 광주 | 88점 |
| D | 영등포 | 종로 | – | 광주 / 제주 / 대구 | 91점 |
| E | 광주 | 영등포 | 제주 | 여의도 | 89점 |

근무지 이동 규정에 따라 2번 이상 같은 지역을 신청할 수 없고 D는 1년 차와 2년 차에 서울 지역에서 근무하였으므로 3년 차에는 지방으로 가야 한다. 따라서 D는 신청지로 배정받지 못할 것이다.


# 04

**정답** ④

기타의 자격조건에 부합하는 사람을 찾아보면, 1961년 이전 출생자로 신용부서에서 24년간 근무하였고, 채용공고일을 기준으로 퇴직일로부터 2년을 초과하지 않은 홍도경 지원자가 가장 적합하다.

[오답분석]
① 퇴직일로부터 최근 3년 이내 1개월 감봉 처분을 받았다.
②·③ 신용부문 근무경력이 없다.
⑤ 채용공고일 기준 퇴직일로부터 2년을 초과하였다.


# 05

**정답** ④

제시된 조건을 정리하면 다음과 같다.
• 최소비용으로 가능한 많은 인원 채용
• 급여는 희망임금으로 지급
• 6개월 이상 근무하되, 주말 근무시간은 협의가능
• 지원자들은 주말 이틀 중 하루만 출근하길 원함
• 하루 1회 출근만 가능
위 조건을 모두 고려하여 근무스케줄을 작성하면 다음과 같다.

| 근무시간 | 토요일 | 일요일 |
|---------|-------|-------|
| 11:00 ~ 12:00 | 최지홍(7,000원) 3시간 | 박소다(7,500원) 3시간 |
| 12:00 ~ 13:00 | | |
| 13:00 ~ 14:00 | | |
| 14:00 ~ 15:00 | | |
| 15:00 ~ 16:00 | | 우병지(7,000원) 3시간 |
| 16:00 ~ 17:00 | | |
| 17:00 ~ 18:00 | | |
| 18:00 ~ 19:00 | 한승희(7,500원) 2시간 | |
| 19:00 ~ 20:00 | | |
| 20:00 ~ 21:00 | | 김래원(8,000원) 2시간 |
| 21:00 ~ 22:00 | | |

이때 김병우 지원자의 경우에는 희망근무기간이 4개월이므로 채용하지 못한다. 따라서 총 5명의 직원을 채용할 수 있다.

## 대표기출유형 01  기출응용문제

### 01

정답 ④

농도가 15%인 소금물의 양을 $x$g이라고 가정하고, 소금의 양에 대한 식을 세우면 다음과 같다.

$0.1 \times 200 + 0.15 \times x = 0.13 \times (200 + x)$

→ $20 + 0.15x = 26 + 0.13x$

→ $0.02x = 6$

∴ $x = 300$

따라서 농도가 15%인 소금물은 300g이 필요하다.

### 02

정답 ②

샌들의 정가는 $20,000 + 20,000 \times 0.4 = 28,000$원이다.

정가를 $x\%$ 할인하였다고 하면 다음과 같은 식이 성립한다.

(판매가)=(정가)-(할인 금액)=$(28,000) - \left(28,000 \times \dfrac{1}{100} x\right)$원

이때 (판매가)-(원가)=(이익)이고, 원가의 10%인 이익이 $20,000 \times 0.1 = 2,000$원이므로 할인율은 다음과 같다.

$\left\{(28,000) - \left(28,000 \times \dfrac{1}{100} x\right)\right\} - 20,000 = 2,000$

→ $28,000 - 280x = 22,000$

→ $280x = 6,000$

∴ $x ≒ 21.4$

따라서 판매가에서 약 21.4%를 할인해야 원가의 10% 이익을 얻을 수 있다.

### 03

정답 ④

제시된 시간의 단위는 '분'이고, 속력의 단위는 'km/h'이므로 주의해야 한다.

(거리)=(속력)×(시간)

→ $\left(6 \times \dfrac{50}{60}\right) + \left(40 \times \dfrac{15}{60}\right)$

$= 5 + 10 = 15$

따라서 총 이동거리는 15km이다.

## 01

2023년 관광 수입이 가장 많은 국가는 중국(44,400백만 달러)이며, 가장 적은 국가는 한국(17,300백만 달러)이다. 두 국가의 2024년 관광 지출 대비 관광 수입 비율을 계산하면 다음과 같다.

• 한국 : $\dfrac{13,400}{30,600} \times 100 ≒ 43.8\%$

• 중국 : $\dfrac{32,600}{257,700} \times 100 ≒ 12.7\%$

따라서 두 국가의 비율 차이는 $43.8-12.7=31.1\%$p이다.

## 02

가중평균은 원값에 해당하는 가중치를 곱한 총합을 가중치의 합으로 나눈 것을 말한다. A의 가격을 $a$만 원이라고 가정하여 가중평균에 대한 식을 구하면 다음과 같다.

$\dfrac{(a \times 30)+(70 \times 20)+(60 \times 30)+(65 \times 20)}{30+20+30+20}=66$

$\rightarrow \dfrac{30a+4,500}{100}=66$

$\rightarrow 30a=6,600-4,500$

$\rightarrow a=\dfrac{2,100}{30}$

$\therefore a=70$

따라서 A의 가격은 70만 원이다.

## 03

• 술에 부과되는 세금
  − 종가세 부과 시 : 2,000원×20병×0.2=8,000원
  − 정액세 부과 시 : 300원×20병=6,000원
• 담배에 부과되는 세금
  − 종가세 부과 시 : 4,500원×100갑×0.2=90,000원
  − 정액세 부과 시 : 800원×100갑=80,000원

따라서 조세 수입을 극대화시키기 위해서 술과 담배 모두 종가세를 부여해야 하며, 종가세 부과 시 조세 총수입은 8,000+90,000=98,000원이다.

## 04

정답 ③

산업 및 가계별로 대기배출량을 구하면 다음과 같다.

• 농업, 임업 및 어업

$$\left(10,400\times\frac{30}{100}\right)+\left(810\times\frac{20}{100}\right)+\left(12,000\times\frac{40}{100}\right)+\left(0\times\frac{10}{100}\right)=8,082천 톤 CO_2eq$$

• 석유, 화학 및 관련제품

$$\left(6,350\times\frac{30}{100}\right)+\left(600\times\frac{20}{100}\right)+\left(4,800\times\frac{40}{100}\right)+\left(0.03\times\frac{10}{100}\right)=3,945.003천 톤 CO_2eq$$

• 전기, 가스, 증기 및 수도사업

$$\left(25,700\times\frac{30}{100}\right)+\left(2,300\times\frac{20}{100}\right)+\left(340\times\frac{40}{100}\right)+\left(0\times\frac{10}{100}\right)=8,306천 톤 CO_2eq$$

• 건설업

$$\left(3,500\times\frac{30}{100}\right)+\left(13\times\frac{20}{100}\right)+\left(24\times\frac{40}{100}\right)+\left(0\times\frac{10}{100}\right)=1,062.2천 톤 CO_2eq$$

• 가계부문

$$\left(5,400\times\frac{30}{100}\right)+\left(100\times\frac{20}{100}\right)+\left(390\times\frac{40}{100}\right)+\left(0\times\frac{10}{100}\right)=1,796천 톤 CO_2eq$$

따라서 대기배출량이 가장 많은 부문의 대기배출량을 줄여야 지구온난화 예방에 효과적이므로 '전기, 가스, 증기 및 수도사업' 부문의 대기배출량을 줄여야 한다.

## 05

정답 ①

C사의 이익률이 2%, 3%, 4%, …, 즉 1%p씩 증가하고 있다. 따라서 빈칸에 들어갈 수는 $350\times0.06=21$이다.

## 06

정답 ④

B씨는 15t 화물트럭을 이용하므로 B씨의 차종은 4종에 해당하며, 4종의 km당 주행요금은 62.9원이다. 이를 바탕으로 B씨의 고속도로 통행요금을 구하면 다음과 같다.

• 서울 → 영천
  – 개방식 6차로 비용 : $720+180\times(62.9\times1.2)=14,306.4≒14,306원$
  – 폐쇄식 4차로 비용 : $900+150.4\times62.9=10,360.16원≒10,360원$
• 영천 → 부산 : $(900\times0.5)+44.4\times(62.9\times0.5)=1,846.38≒1,846원$

따라서 B씨가 지불해야 할 고속도로 통행요금은 $14,306+10,360+1,846=26,512원$이다.

## 01

남자가 소설을 대여한 횟수는 690회이고, 여자가 소설을 대여한 횟수는 1,060회이므로 $\dfrac{690}{1,060} \times 100 ≒ 65.1\%$으로 70% 미만이다.

오답분석

① 소설 전체 대여 횟수는 1,750회, 비소설 전체 대여 횟수는 1,620회이므로 옳다.

② 40세 미만의 전체 대여 횟수는 1,950회, 40세 이상 전체 대여 횟수는 1,420회이므로 옳다.

④ 40세 미만의 전체 대여 횟수는 1,950회이고, 그중 비소설 대여는 900회이므로 $\dfrac{900}{1,950} \times 100 ≒ 46.2\%$이다.

⑤ 40세 이상의 전체 대여 횟수는 1,420회이고, 그중 소설 대여는 700회이므로 $\dfrac{700}{1,420} \times 100 ≒ 49.3\%$이다.

## 02

남성의 골다공증 진료율이 높은 연령대는 70대$\left(\dfrac{20,780}{53,741} \times 100 ≒ 38.7\%\right)$, 60대$\left(\dfrac{12,504}{53,741} \times 100 ≒ 23.3\%\right)$, 80대 이상$\left(\dfrac{8,611}{53,741} \times 100 ≒ 16.0\%\right)$ 순서이다. 여성의 골다공증 진료율이 높은 연령대는 60대$\left(\dfrac{282,049}{802,234} \times 100 ≒ 35.2\%\right)$, 70대$\left(\dfrac{254,939}{802,234} \times 100 ≒ 31.8\%\right)$, 50대$\left(\dfrac{147,352}{802,234} \times 100 ≒ 18.4\%\right)$ 순서이다. 따라서 연령별 골다공증 진료율이 높은 순서는 남성과 여성이 다르다.

오답분석

① 골다공증 발병이 반드시 진료로 이어진다면 여성의 진료인원이 남성보다 많으므로 여성의 발병률이 남성보다 높음을 추론할 수 있다.

② 전체 진료인원 중 40대 이하가 차지하는 비율은 $\dfrac{44+181+1,666+6,548+21,654}{855,975} \times 100 ≒ 3.5\%$이다.

③ 전체 진료인원 중 골다공증 진료인원이 가장 높은 연령대는 60대이며, 그 비율은 $\dfrac{294,553}{855,975} \times 100 ≒ 34.4\%$이다.

⑤ 자료를 통해 확인할 수 있다.

## 03

30대의 2021년과 2023년의 전년 대비 데이트폭력 경험횟수 증가율을 구하면 다음과 같다.

- 2021년 : $\dfrac{11.88-8.8}{8.8}\times100=35\%$

- 2023년 : $\dfrac{17.75-14.2}{14.2}\times100=25\%$

따라서 30대의 2023년의 전년 대비 데이트폭력 경험횟수 증가율은 2021년보다 작다.

오답분석

① 2022년 이후 연도별 20대와 30대의 평균 데이트폭력 경험횟수와 전 연령대 평균 데이트폭력 경험횟수를 구하면 다음과 같다.

| 구분 | 2022년 | 2023년 | 2024년 |
|---|---|---|---|
| 전체 | 5.7+15.1+14.2+9.2+3.5 =47.7회 | 7.9+19.2+17.75+12.8+3.3 =60.95회 | 10.4+21.2+18.4+18+2.9 =70.9회 |
| 전체의 절반 | 23.85회 | 30.475회 | 35.45회 |
| 20·30대 | 15.1+14.2=29.3회 | 19.2+17.75=36.95회 | 21.2+18.4=39.6회 |

따라서 2022년 이후 20대와 30대의 평균 데이트폭력 경험횟수의 합은 전 연령대 평균 데이트폭력 경험횟수의 절반 이상임을 알 수 있다.

② 10대의 평균 데이트폭력 경험횟수는 3.2회, 3.9회, 5.7회, 7.9회, 10.4회로 매년 증가하고 있고, 50대의 평균 데이트폭력 경험횟수는 4.1회, 3.8회, 3.5회, 3.3회, 2.9회로 매년 감소하고 있다.

③ 2024년의 40대의 평균 데이트폭력 경험횟수는 18회로, 2020년의 데이트폭력 경험횟수인 2.5회의 $\dfrac{18}{2.5}=7.2$배에 해당한다.

⑤ 2020년부터 2024년까지 연도별 평균 데이트폭력 경험횟수가 가장 높은 연령대는 20대로 동일하다.

## 04

2021년의 인구성장률은 0.63%, 2024년의 인구성장률은 0.39%이다. 2024년의 인구성장률은 2021년의 인구성장률에서 40% 감소한 값인 $0.63\times(1-0.4)=0.378\%$보다 값이 크므로 40% 미만으로 감소하였다.

오답분석

① 표를 보면 2021년 이후 인구성장률이 매년 감소하고 있으므로 옳은 설명이다.

② 2019년부터 2024년까지의 인구성장률이 가장 낮았던 해는 2024년이며, 합계출산율도 2024년에 가장 낮았다.

③ 인구성장률과 합계출산율은 모두 2020년에는 전년 대비 감소하고, 2021년에는 전년 대비 증가하였으므로 옳은 설명이다.

④ 인구성장률이 높은 순서로 나열하면 2021년 - 2019년, 2022년 - 2020년 - 2023년 - 2024년이다. 합계출산율이 높은 순서로 나열하면 2019년 - 2022년 - 2021년 - 2020년 - 2023년 - 2024년이다. 따라서 인구성장률과 합계출산율이 두 번째로 높은 해는 2022년이다.

## 05

화재피해액은 매년 증가하지만, 화재발생건수는 감소와 증가를 반복한다.

오답분석

② 화재피해액은 매년 증가한다.

③ 화재발생건수는 2023년이 4.9만 건으로 가장 높다.

④ 화재피해액은 2022년까지는 2.8천억 원이었지만, 2023년에 4.3천억 원으로 4천억 원을 넘어섰다.

⑤ 화재발생건수는 2023년이 가장 높지만, 화재피해액은 2024년이 가장 높다.

## 06

9월 말 이후의 지표가 모두 하향곡선을 그리고 있다.

오답분석

② 환율이 하락하면 반대로 원화가치가 높아진다.
③·⑤ 지표를 통해 쉽게 확인할 수 있다.
④ 유가 범위는 125 ~ 85 사이의 변동 폭을 보이고 있다.

## 07

2018년 대비 2019년에 생산가능인구는 12명 증가했다.

오답분석

① 전년과 비교했을 때, 2018, 2019, 2022, 2024년에는 비례관계를, 2021, 2023년에는 반비례관계를 보인다.
② 전년과 비교했을 때, 2018년에 경제활동인구가 202명으로 가장 많이 감소했다.
④ 분모가 작고 분자가 크면 비율이 높으므로, 고용률이 낮고 실업률이 높은 2021년과 2022년의 비율만 비교하면 된다.

- 2021년 : $\dfrac{8.1}{40.5}=0.2\%$

- 2022년 : $\dfrac{8}{40.3}≒0.1985\%$

  따라서 2021년의 비율이 더 크므로 옳은 설명이다.
⑤ 2022년과 2023년의 경제활동참가율은 같지만, 전체적으로는 경제활동참가율이 감소하고 있다.

---

**대표기출유형 04** | **기출응용문제**

## 01

주어진 수열은 −2, ×2, −3, ×3, −4, ×4 …인 규칙으로 이루어진 수열이다.
따라서 (    )=35×4=140이다.

## 02

주어진 수열은 앞의 항에 (×3+1)을 적용하는 수열이다.
따라서 (    )=121×3+1=364이다.

## 03

주어진 수열은 홀수 항에는 2를 곱하고 짝수 항에는 3을 곱하는 수열이다.
따라서 (    )=4×2=8이다.

# PART 2

# 직무기초지식

CHAPTER 01    법학

CHAPTER 02    행정학

CHAPTER 03    경영학

CHAPTER 04    경제학

CHAPTER 05    사회복지학

# CHAPTER 01

## 법학
## 적중예상문제

| 01 | 02 | 03 | 04 | 05 | 06 | 07 | 08 | 09 | 10 | 11 | 12 | 13 | 14 | 15 | 16 | 17 | 18 | 19 | 20 |
|----|----|----|----|----|----|----|----|----|----|----|----|----|----|----|----|----|----|----|----|
| ② | ③ | ③ | ① | ④ | ① | ④ | ④ | ③ | ⑤ | ③ | ① | ② | ③ | ④ | ② | ② | ② | ③ | ⑤ |

## 01
정답 ②

근대민법은 형식적 평등을 추구하며 사적 자치의 원칙에 소유권 절대의 원칙(㉠), 계약 자유의 원칙(㉡), 과실 책임의 원칙(㉣)에 충실했다. 그러나 현대민법은 공공의 복리를 강조하며 이를 실천하기 위한 수단으로 신의성실의 원칙, 계약 공정의 원칙, 권리 남용 금지의 원칙, 무과실 책임의 원칙 등을 강조한다.

## 02
정답 ③

행정기관이 그 소관 사무의 범위에서 일정한 행정목적을 실현하기 위하여 특정인에게 일정한 행위를 하거나 하지 아니하도록 지도, 권고, 조언 등을 하는 비권력적 사실행위를 행정지도라고 한다(행정절차법 제2조 제3호).

## 03
정답 ③

마그나 카르타(1215년) → 영국의 권리장전(1689년) → 미국의 독립선언(1776년) → 프랑스의 인권선언(1789년) 순서이다.

## 04
정답 ①

간주는 법의 의제를 말한다. 사실 여하를 불문하고 일정한 상태를 법에 의하여 사실관계로 확정하는 것으로 법문상 '~(으)로 본다.'라고 규정한 경우가 이에 해당한다. 또한 반증을 허용하지 않는다는 점이 특징이다.

## 05
정답 ④

하명은 명령적 행정행위이다.

[오답분석]

③ 의사표시 이외에 정신작용을 동시요소로 하는 것에는 의사의 통지, 관념의 통지, 감정의 통지가 있다.

**법률행위적 행정행위와 준법률행위적 행정행위**

| 법률행위적 행정행위 | | 준법률행위적 행정행위 |
|---|---|---|
| 명령적 행위 | 형성적 행위 | |
| 하명, 면제, 허가 | 특허, 인가, 대리 | 공증, 통지, 수리, 확인 |

## 06

사회법은 근대 시민법의 수정을 의미하며, 초기의 독점자본주의가 가져온 여러 가지 사회·경제적 폐해를 합리적으로 해결하기 위해서 제정된 법이다. 국가에 의한 통제, 경제적 약자의 보호, 공법과 사법의 교착 영역으로 사권의 의무화, 사법(私法)의 공법화 등 법의 사회화 현상을 특징으로 한다. 계약자유의 원칙은 그 범위가 축소되고 계약공정의 원칙으로 수정되었다.

## 07

법에 규정된 것 외에 달리 예외를 두지 않는다.

**주소, 거소, 가주소**

| 주소 | 생활의 근거가 되는 곳을 주소로 한다. 주소는 동시에 두 곳 이상을 둘 수 있다(민법 제18조). |
|---|---|
| 거소 | 주소를 알 수 없으면 거소를 주소로 본다. 국내에 주소가 없는 자에 대하여는 국내에 있는 거소를 주소로 본다(민법 제19 ~ 20조). |
| 가주소 | 어느 행위에 있어서 가주소를 정한 때에 있어서 그 행위에 관하여는 이를 주소로 본다(민법 제21조). 따라서 주소지로서 효력을 갖는 경우는 주소(주민등록지), 거소와 가주소가 있으며, 복수도 가능하다. |

## 08

절대적 부정기형은 형기를 전혀 정하지 않고 선고하는 형이며, 이는 죄형법정주의에 명백히 위배되므로 금지된다. 반면 상대적 부정기형은 형기의 상한을 정하여 선고하는 것으로, 우리나라의 경우 소년법 제60조(부정기형)에서 확인할 수 있다.

## 09

사법은 개인 상호간의 권리·의무관계를 규율하는 법으로 민법, 상법, 회사법, 어음법, 수표법 등이 있으며, 실체법은 권리·의무의 실체, 즉 권리나 의무의 발생·변경·소멸 등을 규율하는 법으로 헌법, 민법, 형법, 상법 등이 이에 해당한다. 부동산등기법은 절차법으로 공법에 해당한다고 보는 것이 다수의 견해이나 사법에 해당한다는 소수 견해도 있다. 따라서 부동산등기법은 사법에 해당하는지 여부와 관련하여 견해 대립이 있으나 절차법이므로 옳지 않은 내용이다.

## 10

[오답분석]
① 강행법과 임의법은 당사자 의사의 상관성 여부에 따른 구분이다.
② 고유법과 계수법은 연혁에 따른 구분이다.
③ 실체법과 절차법은 법의 규정 내용에 따라 구분한다.
④ 공법과 사법은 법이 규율하는 생활관계에 따라 분류하는 것으로 대륙법계의 특징에 해당한다.

## 11

과태료는 행정법상 의무위반에 대한 제재로서 부과·징수되는 금전을 말하는 것으로, 형벌과는 별개의 개념이다.

> **형벌의 종류(형법 제41조)**
> 사형, 징역, 금고, 자격상실, 자격정지, 벌금, 구류, 과료, 몰수

## 12

조건이 법률행위의 당시 이미 성취한 것인 경우에는 그 조건이 정지조건이면 조건 없는 법률행위로 하고 해제조건이면 그 법률행위는 무효로 한다(민법 제151조 제2항).

## 13

긴급재정경제처분·명령권(헌법 제76조 제1항)은 중대한 재정·경제상의 위기에 있어서 국가안전보장 또는 공공의 안녕질서를 유지하기 위해 대통령이 행하는 재정·경제상의 처분이다.

[오답분석]
① 헌법 제77조 제1항
③ 헌법 제1조 제1항
④ 헌법 전문·헌법 제5조·제6조 등에서 국제평화주의를 선언하고 있다.
⑤ 실질적 의미의 헌법은 규범의 형식과 관계 없이 국가의 통치조직·작용의 기본원칙에 관한 규범을 총칭한다.

## 14

아리스토텔레스는 정의를 동등한 대가적 교환을 내용으로 하여 개인 대 개인 간 관계의 조화를 이룩하는 이념으로서의 평균적 정의와 국가 대 국민 또는 단체 대 그 구성원 간 관계를 비례적으로 조화시키는 이념으로서의 배분적 정의로 나누었다. 이는 정의를 협의의 개념에서 파악한 것이다.

## 15

자유민주적 기본질서는 모든 폭력적 지배와 자의적 지배 즉, 반국가단체의 일인독재 내지 일당독재를 배제하고 다수의 의사에 의한 국민의 자치 자유·평등의 기본원칙에 의한 법치주의적 통치질서이고 구체적으로는 기본적 인권의 존중, 권력분립, 의회제도, 복수정당제도, 선거제도, 사유재산과 시장경제를 골간으로 한 경제질서 및 사법권의 독립 등이다. 따라서 법치주의에 위배되는 포괄위임입법주의는 민주적 기본질서의 원리와 거리가 멀다.

## 16

인격권은 권리의 내용에 따른 분류에 속한다. 권리의 작용(효력) 따라 분류하면 지배권, 청구권, 형성권, 항변권으로 나눌 수 있다.

## 17

영미법계 국가에서는 선례구속의 원칙에 따라 판례의 법원성이 인정된다.

## 18

임의대리권의 범위가 수권행위에 의해 정해지지 않거나 명백하지 않은 경우 이용행위 또는 개량행위는 공통적으로 그 성질을 변화시키지 않은 범위 내에서만 허용되는 것이므로, 농지를 택지로 변경하는 행위, 토지에 건물축조를 허용하거나 분묘설치를 허용하는 행위, 예금을 주식투자 등 투자 상품으로 변경하는 행위, 은행예금을 찾아서 개인에게 빌려주는 행위 등은 허용되지 않는다.

## 19

법 해석은 대체로 3단계를 거쳐 해석할 때 완전을 기할 수 있다. 1단계로는 성문법조문의 문장의 의미·내용을 파악하고(문리해석), 2단계로 논리법칙에 따라 해석하고(논리해석), 3단계로 타 법규와 대조 또는 관련하여서 통일적 체계성을 보지(保持)하도록 한다(체계해석).

# 20

**법의 적용 제외(고용보험법 제10조)**

① 다음 각 호의 어느 하나에 해당하는 자에게는 이 법을 적용하지 아니한다.

    1. 삭제

    2. 소정(所定)근로시간이 대통령령으로 정하는 시간 미만인 자

       – 1개월간 소정근로시간이 60시간 미만이거나 1주간의 소정근로시간이 15시간 미만인 자를 말한다.

       – 다만, 3개월 이상 계속하여 근로를 제공하는 자와 법 제2조 제6호에 따른 일용근로자(이하 "일용근로자"라 한다)는 제외한다.

    3. 국가공무원법과 지방공무원법에 따른 공무원. 다만, 대통령령으로 정하는 바에 따라 별정직공무원, 국가공무원법 제26조의5 및 지방공무원법 제25조의5에 따른 임기제공무원의 경우는 본인의 의사에 따라 고용보험(제4장에 한한다)에 가입할 수 있다.

    4. 사립학교교직원 연금법의 적용을 받는 자

    5. 그 밖에 대통령령으로 정하는 자

       – 별정우체국법에 따른 별정우체국 직원을 말한다.

② 65세 이후에 고용(65세 전부터 피보험 자격을 유지하던 사람이 65세 이후에 계속하여 고용된 경우는 제외한다)되거나 자영업을 개시한 사람에게는 제4장 및 제5장을 적용하지 아니한다.

| 01 | 02 | 03 | 04 | 05 | 06 | 07 | 08 | 09 | 10 | 11 | 12 | 13 | 14 | 15 | 16 | 17 | 18 | 19 | 20 |
|----|----|----|----|----|----|----|----|----|----|----|----|----|----|----|----|----|----|----|----|
| ⑤ | ② | ② | ③ | ③ | ① | ④ | ② | ③ | ⑤ | ④ | ② | ① | ② | ⑤ | ③ | ④ | ① | ⑤ | ① |

## 01

**정답 ⑤**

윌슨의 정치행정이원론에 따르면 행정의 비정치성이란 행정은 정치적 이념 혹은 집안이나 특정 개인의 선호도를 고려하지 않고 중립적으로 이루어져야 한다는 것을 의미한다.

## 02

**정답 ②**

고객 관점은 행동지향적 관점이 아니라 외부지향적 관점에 해당한다. 기업에서는 BSC의 성과지표 중 재무 관점을 인과적 배열의 최상위에 둔다. 그러나 공공영역에서는 재무적 가치가 궁극적 목적이 될 수 없기 때문에 기업과는 다른 BSC의 인과구성이 필요하다. 구체적으로 기관의 특성이 사기업에 가까운 경우 재무 관점이 포함되는 것이 당연하겠지만, 기관 외적인 메커니즘에 의해 예산이 할당되는 경우 재무측면은 하나의 제약조건으로 보고 사명달성의 성과 또는 고객 관점을 가장 상위에 두는 것이 바람직하다. 하지만 공공부문의 고객 확정이 어렵다는 단점이 있다.

> **균형성과표(BSC; Balanced Score Card)**
> • 재무 관점 : 우리 조직은 주주들에게 어떻게 보일까?
>    [예] 매출신장률, 시장점유율, 원가절감률, 자산보유 수준, 재고 수준, 비용 절감액 등
> • 고객 관점 : 재무적으로 성공하기 위해서는 고객들에게 어떻게 보여야 하나?
>    [예] 외부시각 / 고객확보율, 고객만족도, 고객유지율, 고객불만건수, 시스템 회복시간 등
> • 내부프로세스 관점 : 프로세스와 서비스의 질을 높이기 위해서는 어떻게 해야 하나?
>    [예] 전자결재율, 화상회의율, 고객대응시간, 업무처리시간, 불량률, 반품률 등
> • 학습 및 성장관점 : 우리 조직은 지속적으로 가치를 개선하고 창출할 수 있는가?
>    [예] 미래시각 / 성장과 학습지표, 업무숙련도, 사기, 독서율, 정보시스템 활용력, 교육훈련 투자 등

## 03

**정답 ②**

구속력과 집행력을 갖는 조직은 행정위원회이다. 의결위원회는 의결만 담당하는 위원회이므로 의사결정의 구속력은 지니지만 집행력은 가지지 않는다.

## 04

**정답 ③**

[오답분석]
① 신제도주의에 대한 내용이다.
② 신공공서비스론(New Public Service)에 대한 설명이다. 신공공관리론은 행정의 효율성을 더 중시한다.
④ 정부 주도의 공공서비스 전달 또는 공공문제 해결을 넘어 협력적 네트워크 구축 및 관리라는 대안을 제시하는 것은 뉴거버넌스론 (New Governance)에 대한 설명이다.
⑤ 신공공관리론은 조직 간 관계보다 조직 내 관계를 주로 다루고 있다.

## 05

정답 ③

품목별 분류는 지출대상별 분류이기 때문에 사업의 성과와 결과에 대한 측정이 곤란하다.

오답분석

① 기능별 분류는 시민을 위한 분류라고도 하며, 행정수반의 재정정책을 수립하는 데 도움을 준다.
② 조직별 분류는 부처 예산의 전모를 파악할 수 있지만 사업의 우선순위나 예산의 성과를 파악하는 것은 어렵다.
④ 경제 성질별 분류는 국민소득, 자본형성 등에 관한 정부활동의 효과를 파악하는 데 유리하다.
⑤ 품목별 분류는 예산집행기관의 신축성을 저해한다.

## 06

정답 ①

형평성이론(Equity Theory)에서 공정성의 개념은 아리스토텔레스의 정의론, 페스팅거의 인지 부조화이론, 호만즈(G. Homans) 등의 교환이론에 그 근거를 둔 것으로 애덤스(J. S. Adams)가 개발하였다. 이 이론은 모든 사람이 공정하게 대접받기를 원한다는 전제에 기초를 두고 있으며 동기 부여, 업적의 평가, 만족의 수준 등에서 공정성이 중요한 영향을 미친다고 본다.

오답분석

②·③·④·⑤ 내용이론으로, 욕구와 동기유발 사이의 관계를 설명하고 있다.

## 07

정답 ④

루터 귤릭은 행정이란 결정적으로 최고관리자의 능력에 달려 있다고 주장하며, 3가지 원칙으로 명령과 통일의 원칙, 계층제의 원리, 통솔범위의 원칙을 제시하였다. 또한 행정을 전문화하고 능률적으로 실행하는 데 있어 기존의 행정관리 요소를 '7가지 요소 (POSDCORB)'로 확대하고 발전시켰다. 'POSDCORB'는 계획(Planning), 조직(Organizing), 인사(Staffing), 지휘(Direction), 조정(Coordinating), 보고(Reporting), 예산 편성(Budgeting)의 첫머리 글자를 조립한 합성 단어이다.

## 08

정답 ②

ㄱ. 베버의 관료제론은 규칙과 규제가 조직에 계속성을 제공하여 조직을 예측 가능성이 있는 조직, 안정적인 조직으로 유지시킨다
　고 보았다.
ㄴ. 행정관리론은 모든 조직에 적용시킬 수 있는 효율적 조직관리의 원리들을 연구하였다.
ㄷ. 호손실험으로 인간관계에서의 비공식적 요인이 업무의 생산성에 큰 영향을 끼친다는 것이 확인되었다.

오답분석

ㄹ. 조직군 생태이론은 조직과 환경의 관계에서 조직군이 환경에 의해 수동적으로 결정된다는 환경결정론적 입장을 취한다.

**거시조직이론의 유형**

| 구분 | 결정론 | 임의론 |
| --- | --- | --- |
| 조직군 | • 조직군 생태론<br>• 조직경제학(주인 – 대리인이론, 거래비용 경제학)<br>• 제도화이론 | • 공동체 생태론 |
| 개별조직 | • 구조적 상황론 | • 전략적 선택론<br>• 자원의존이론 |

## 09

정답 ③

NPM(신공공관리)과 뉴거버넌스 모두 방향잡기(Steering) 역할을 중시하며, NPM에서는 정부를 방향잡기 중심에 둔다.

**신공공관리와 뉴거버넌스**

| 구분 | 신공공관리(NPM) | 뉴거버넌스 |
|---|---|---|
| 기초 | 신공공관리·신자유주의 | 공동체주의·참여주의 |
| 공급주체 | 시장 | 공동체에 의한 공동생산 |
| 가치 | 결과(효율성·생산성) | 과정(민주성·정치성) |
| 관료의 역할 | 공공기업가 | 조정자 |
| 작동원리 | 시장메커니즘 | 참여메커니즘 |
| 관리방식 | 고객 지향 | 임무 중심 |

## 10

정답 ⑤

3종 오류(메타오류)는 정책문제 자체를 잘못 인지한 상태에서 계속 해결책을 모색하여 정책문제가 해결되지 못하고 남아있는 상태를 말한다. 1종 오류는 옳은 가설을 틀리다고 판단하고 기각하는 오류이고, 2종 오류는 틀린 가설을 옳다고 판단하여 채택하는 오류를 말한다.

## 11

정답 ④

사회적 자본은 동조성(Conformity)을 요구하면서 개인의 행동이나 사적 선택을 제약하는 경우도 있다.

**오답분석**

⑤ 특정 집단의 내부적인 결속과 신뢰는 다른 집단에 대한 부정적인 인식을 초래하여 갈등과 분열, 그리고 사회적 불평등을 야기할 수 있다.

## 12

정답 ②

(A)는 자율적 규제에 대한 내용이다. 정부에 의한 규제를 직접규제라 한다면 민간기관에 의한 규제(자율적 규제)는 간접규제에 해당한다.

• 직접규제(명령지시적 규제) : 법령이나 행정처분, 기준설정(위생기준, 안전기준) 등을 통해 직접적으로 규제하는 것으로 가격승인, 품질규제, 진입규제 등이 해당한다.

• 간접규제(시장유인적 규제) : 인센티브나 불이익을 통해 규제의 목적을 달성하는 것으로, 조세의 중과 또는 감면, 벌과금 또는 부담금의 부과 등이 해당한다.

예 정부지원, 행정지도, 유인책, 품질 및 성분표시규제 등 정보공개규제

| 규제의 종류 | 외부효과성 | 직접규제 | 간접규제 |
|---|---|---|---|
| | | 명령지시 규제<br>(행정처분, 행정명령, 행정기준의 설정) | 시장유인적 규제<br>(부담금, 부과금, 예치금), 행정지도,<br>조세지출, 보조금, 공해배출권 |
| 외부 경제 | 과소공급 | 공급을 강제화 | 공급을 유인 |
| 외부 불경제 | 과다공급 | 공급을 금지 | 공급억제를 유인 |

## 13

정답 ①

조세법률주의는 국세와 지방세 구분 없이 적용된다. 지방세의 종목과 세율은 국세와 마찬가지로 법률로 정한다.

## 14

(가) 1910년대 과학적 관리론 → (다) 1930년대 인간관계론 → (나) 1940년대 행정행태론 → (라) 1990년대 후반 신공공서비스론의 순서이다.

## 15

정책결정이란 다양한 대안이나 가치들 간의 우선순위를 고려하거나 그중 하나를 선택하는 행동이다. 그런데 대안이나 가치들이 서로 충돌하여 우선순위를 정할 수 없는 경우 행위자는 선택상의 어려움에 직면하게 된다. 특히 두 개의 대안이나 가치가 팽팽히 맞서고 있다면 선택의 어려움은 증폭된다. 이처럼 두 가지 대안 가운데 무엇을 선택할지 몰라 망설이는 상황을 일반적으로 딜레마라고 한다. 딜레마 모형의 구성개념으로는 문제(딜레마 상황), 행위자, 행위 등이 있다. 딜레마 이론은 이와 같은 것을 규명함으로써 행정이론 발전에 기여하였다.

오답분석

① 신공공관리론에 대한 설명이다.
② 신공공서비스론에 대한 설명이다.
③ 사회적 자본이론에 대한 설명이다.
④ 시차이론에 대한 설명이다.

## 16

크리밍(Creaming) 효과, 호손(Hawthorne) 효과는 외적 타당도를 저해하는 요인이다.

**내적 · 외적 타당도 저해 요인**

| 내적 타당도 저해 요인 | 외적 타당도 저해 요인 |
|---|---|
| • 선발요소<br>• 성숙효과<br>• 회귀인공요소(통계적 회귀)<br>• 측정요소(검사요소)<br>• 역사적요소(사건효과)<br>• 상실요소<br>• 측정도구의 변화<br>• 모방효과(오염효과) | • 호손(Hawthrone) 효과<br>• 크리밍(Creaming) 효과<br>• 실험조작과 측정의 상호작용<br>• 표본의 비대표성<br>• 다수적 처리에 의한 간섭 |

## 17

책임경영 방식은 정부가 시장화된 방식을 이용하여 직접 공급하는 것을 말한다.

**민간위탁 방식**

| 계약(Contracting Out) | 정부의 책임하에 민간이 서비스를 생산하는 방식 |
|---|---|
| 면허(Franchise) | 민간조직에게 일정한 구역 내에서 공공서비스를 제공하는 권리를 인정하는 협정을 체결하는 방식으로, 시민·이용자는 서비스 제공자에게 비용을 지불하며, 정부는 서비스 수준과 질을 규제 |
| 보조금(Grants) | 민간의 서비스 제공 활동 촉진을 위해 정부가 재정 및 현물을 지원하는 방식 |
| 바우처(Vouchers) | 금전적 가치가 있는 쿠폰 또는 카드를 제공하는 방식 |
| 자원봉사(Volunteer) | 직접적인 보수를 받지 않으면서 정부를 위해 봉사하는 사람들을 활용하는 방식 |
| 자조활동(Self-help) | 공공서비스의 수혜자와 제공자가 같은 집단에 소속되어 서로 돕는 형식으로 활동하는 방식 |

## 18

예산개혁의 경향은 '통제 지향 → 관리 지향 → 기획 지향 → 감축 지향 → 참여 지향'의 순서로 발달하였다.

## 19

국가채무관리계획은 예산안에 첨부하여야 하는 서류가 아니다.

예산안의 첨부서류(국가재정법 제34조)
1. 세입세출예산 총계표 및 순계표
2. 세입세출예산사업별 설명서
2의2. 세입예산 추계분석보고서(세입추계 방법 및 근거, 전년도 세입예산과 세입결산 간 총액 및 세목별 차이에 대한 평가 및 원인 분석, 세입추계 개선사항을 포함한다)
3. 계속비에 관한 전년도말까지의 지출액 또는 지출추정액, 해당 연도 이후의 지출예정액과 사업전체의 계획 및 그 진행상황에 관한 명세서
3의2. 제50조에 따른 총사업비 관리대상 사업의 사업별 개요, 전년도 대비 총사업비 증감 내역과 증감 사유, 해당 연도까지의 연부액 및 해당 연도 이후의 지출예정액
4. 국고채무부담행위 설명서
5. 국고채무부담행위로서 다음 연도 이후에 걸치는 것인 경우 전년도말까지의 지출액 또는 지출추정액과 해당 연도 이후의 지출예정액에 관한 명세서
5의2. 완성에 2년 이상이 소요되는 사업으로서 대통령령으로 정하는 대규모 사업의 국고채무부담행위 총규모
6. 예산정원표와 예산안편성기준단가
7. 국유재산의 전전년도 말 기준 현재액과 전년도말과 해당 연도 말 기준 현재액 추정에 관한 명세서
8. 제85조의7에 따른 성과계획서
9. 성인지 예산서
9의2. 온실가스감축인지 예산서
10. 조세특례제한법 제142조의2에 따른 조세지출예산서
11. 제40조 제2항 및 제41조의 규정에 따라 독립기관의 세출예산요구액을 감액하거나 감사원의 세출예산요구액을 감액한 때에는 그 규모 및 이유와 감액에 대한 해당 기관의 장의 의견
12. 삭제
13. 회계와 기금 간 또는 회계 상호 간 여유재원의 전입ㆍ전출 명세서 그 밖에 재정의 상황과 예산안의 내용을 명백히 할 수 있는 서류
14. 국유재산특례제한법 제10조 제1항에 따른 국유재산특례지출예산서
15. 제38조 제2항에 따라 예비타당성조사를 실시하지 아니한 사업의 내역 및 사유
16. 지방자치단체 국고보조사업 예산안에 따른 분야별 총 대응지방비 소요 추계서

## 20

합리모형에 대한 설명이다. 회사모형은 환경의 불확실성으로 인해 단기적인 대응을 통해 불확실성을 회피ㆍ통제한다.

회사모형의 특징
• 갈등의 준해결 : 받아들일 만한 수준의 의사결정
• 표준운영절차(SOP) 중시
• 불확실성 회피 : 단기적 대응, 단기적 환류를 통한 불확실성 회피
• 휴리스틱적 학습(도구적 학습)

| 01 | 02 | 03 | 04 | 05 | 06 | 07 | 08 | 09 | 10 | 11 | 12 | 13 | 14 | 15 | 16 | 17 | 18 | 19 | 20 |
|----|----|----|----|----|----|----|----|----|----|----|----|----|----|----|----|----|----|----|----|
| ⑤ | ① | ④ | ① | ③ | ③ | ① | ③ | ③ | ⑤ | ② | ② | ③ | ① | ③ | ③ | ① | ④ | ④ | ① |

## 01

정답 ⑤

[오답분석]

① 횡축은 상대적 시장점유율, 종축은 시장성장률이다.

② 개 영역은 시장성장률과 상대적 시장점유율이 낮은 쇠퇴기에 접어든 경우이다.

③ 별 영역은 시장성장률이 높고, 상대적 시장점유율도 높다.

④ 자금젖소 영역은 시장점유율이 높아 자금투자보다 자금산출이 많다.

## 02

정답 ①

포터의 본원적 전략은 사업부 수준의 경쟁우위 획득을 위한 전략인데, 월마트는 일부 시장이 아닌 전체시장에서 경쟁우위로 'Everyday Low Price'를 표방하므로 원가우위전략이라고 할 수 있다.

## 03

정답 ④

[오답분석]

① 침투가격전략 : 신제품을 출시할 때 처음에는 경쟁제품보다 낮은 가격을 제시한 후 점차적으로 가격을 올리는 전략이다.

② 적응가격전략 : 다양한 소비자들의 구매를 유도하기 위하여 동일하거나 유사한 제품의 가격을 다르게 적용하는 전략이다.

③ 시가전략 : 기업이 경쟁업자의 가격과 동일한 가격으로 설정하는 전략이다.

⑤ 명성가격전략 : 가격 결정 시 해당 제품군의 주 소비자층이 지불할 수 있는 가장 높은 가격이나 시장에서 제시된 가격 중 가장 높은 가격을 설정하는 전략이다.

## 04

정답 ①

[오답분석]

② 논리적 오류에 대한 설명이다.

③ 초기효과에 대한 설명이다.

④ 후광효과(현혹효과)에 대한 설명이다.

⑤ 중심화 경향에 대한 설명이다.

## 05

정답 ③

ㄴ. 연구개발, 영업, 품질, 생산 등 전 부서가 함께 논의하기 때문에 긴밀한 협조가 이루어진다.

ㄷ. 품질의 집(HOQ)이란 고객 니즈와 기술 경쟁력을 매트릭스를 이용하여 평가한 것으로 설계단계, 부품단계, 공정단계, 생산단계로 나누어 기능전개를 한다.

ㄱ. 품질기능전개는 일본에서 처음으로 개발하여 사용되었다.
ㄹ. 품질기능전개를 통해 설계부터 생산까지 시간을 절약하여 제품개발 기간을 단축할 수 있다.

## 06
정답 ③

① 거래적 리더십 : 리더가 구성원들과 맺은 교환(또는 협상)관계에 기초해서 영향력을 발휘하는 리더십이다.
② 성취지향적 리더십 : 도전적인 작업 목표를 설정하고 그 성과를 강조하며, 조직구성원(부하)들이 그 목표를 충분히 달성할 수 있을 것이라고 믿는 리더십이다.
④ 서번트 리더십 : 다른 사람을 섬기는 사람이 리더가 될 수 있다고 생각하는 리더십이다.
⑤ 참여적 리더십 : 부하직원들을 의사결정과정에 참여시키고 그들의 의견을 적극적으로 반영하고자 하는 리더십이다.

## 07
정답 ①

기능 조직(Functional Structure)은 기능별 전문화의 원칙에 따라 공통의 전문지식과 기능을 지닌 부서단위로 묶는 조직구조를 의미한다.

## 08
정답 ③

① 전시 효과 : 개인의 소비행동이 사회의 영향을 받아 타인의 소비행동을 모방하려는 소비성향을 의미한다.
② 플라시보 효과 : 약효가 전혀 없는 가짜 약을 진짜 약으로 속여, 환자에게 복용토록 했을 때 환자의 병세가 호전되는 효과를 의미한다.
④ 베블런 효과 : 과시욕구 때문에 재화의 가격이 비쌀수록 수요가 늘어나는 수요증대 효과를 의미한다.
⑤ 데킬라 효과 : 한 국가의 금융·통화 위기가 주변의 다른 국가로 급속히 확산되는 현상을 의미한다.

## 09
정답 ③

테일러(Tailor)의 과학적 관리법은 노동자의 심리상태와 인격은 무시하고, 노동자를 단순한 숫자 및 부품으로 바라본다는 한계점이 있다. 이러한 한계점으로 인해 직무특성이론과 목표설정이론이 등장하는 배경이 되었다.

## 10
정답 ⑤

경험곡선효과는 학습효과라고도 하며, 동일한 제품이나 서비스를 생산하는 두 기업을 비교할 때 일정기간 내에 상대적으로 많은 제품이나 서비스를 생산한 기업의 비용이 낮아지는 것을 의미한다. 이는 경험이 축적되어 감에 따라 노동자들의 숙달로 인한 능률의 향상, 규모의 경제 확대, 기술혁신으로 인한 비용의 감축, 지속적인 업무 개선과 작업의 표준화 등으로 인해 원가를 최소화할 수 있는 것이다.

## 11
정답 ②

침투가격정책은 수요가 가격에 대하여 민감한 제품(수요의 가격탄력성이 높은 제품)에 많이 사용하는 방법이다.

## 12
정답 ②

해외자회사의 경우 해외시장에서 많은 자금과 기술을 운영하기보다는 해외시장에 많은 자금과 인력을 투자해야 하므로 위험이 높은 편이다.

## 13

균형성과표(BSC)는 재무관점, 고객관점, 내부 프로세스관점, 학습 및 성장관점 등의 4가지로 성과를 측정한다.

## 14

델파이(Delphi) 기법은 예측하려는 현상에 대하여 관련 있는 전문가나 담당자들로 구성된 위원회를 구성하고 개별적 질의를 통해 의견을 수집하여 종합·분석·정리하고 의견이 일치될 때까지 개별적 질의 과정을 되풀이하는 예측기법이다.

## 15

OJT(On the Job Training)

직장 내 교육훈련으로 회사 내에서 업무를 진행하면서 직속 상사로부터 교육, 훈련을 받는 것으로, 실무상의 교육이다.
- 장점 : 종업원이 실제로 수행하게 될 직무와 직접 관련성이 높은 교육을 받게 되며, 작업현장에서 교육이 실시되므로 결과에 대한 피드백이 즉각 주어지고, 동기 부여 효과가 크다. 상대적으로 비용이 적게 들어 효율적이며 능력과 수준에 따른 맞춤형 교육이 가능하다.
- 단점 : 전문교육자가 아니므로 교육훈련의 성과가 떨어질 수 있으며, 일과 교육의 병행으로 집중도가 낮아질 수 있다.

## 16

맥그리거(Mcgregor)는 두 가지의 상반된 인간관 모형을 제시하고, 인간모형에 따라 조직관리 전략이 달라져야 한다고 주장하였다.
- X이론 : 소극적·부정적 인간관을 바탕으로 한 전략 - 천성적 나태, 어리석은 존재, 타율적 관리, 변화에 저항적
- Y이론 : 적극적·긍정적 인간관을 특징으로 한 전략 - 변화지향적, 자율적 활동, 민주적 관리, 높은 책임감

## 17

직무분석의 결과물 가운데 직무수행요건, 즉 기능, 능력, 자격 등에 초점을 맞추고 있는 것은 직무명세서이다.

## 18

민츠버그의 조직형상 구성요소
- 업무핵심층(Operation Core)
- 전략상층부(Strategic Apex)
- 중간라인(Middle Line)
- 테크노스트럭쳐(Techno Structure, 기술구조)
- 지원스태프(Support Staff)

## 19

인적자원관리는 조직의 목표를 이루기 위해 사람의 확보, 개발, 활용, 보상 및 유지를 하며, 이와 더불어 계획, 조직, 지휘, 통제 등의 관리체제를 이룬다.

## 20

선수금은 대차대조표상 유동부채에 해당한다. 현금, 유가증권, 현금성자산, 미수금 등은 대차대조표상 유동자산에 해당한다.

| 01 | 02 | 03 | 04 | 05 | 06 | 07 | 08 | 09 | 10 | 11 | 12 | 13 | 14 | 15 | 16 | 17 | 18 | 19 | 20 |
|----|----|----|----|----|----|----|----|----|----|----|----|----|----|----|----|----|----|----|----|
| ① | ① | ④ | ① | ③ | ② | ⑤ | ② | ③ | ② | ④ | ② | ② | ⑤ | ③ | ⑤ | ④ | ④ | ⑤ | ③ |

## 01
정답 ①

100만 원$\times(1+0.05)^2=1,102,500$원이므로 명목이자율은 10.25%이다. 실질이자율은 명목이자율에서 물가상승률을 뺀 값이므로 $10.25\%-\left(\dfrac{53-50}{50}\times100\right)=10.25\%-6\%=4.25\%$이다.

## 02
정답 ①

가치의 역설은 사용가치가 높은 재화가 더 낮은 교환가치를 가지는 역설적인 현상으로, 희소가치가 높은 다이아몬드의 한계효용이 물의 한계효용보다 크기 때문에 다이아몬드의 가격이 물의 가격보다 비싸다고 설명한다.

오답분석

② 물은 필수재이고, 다이아몬드는 사치재이다.
③ 같은 물이라 해도 장소나 상황 등에 따라 가격이 달라질 수 있으므로 항상 다이아몬드보다 가격이 낮다고 할 수 없다.
④·⑤ 상품의 가격은 총효용이 아닌 한계효용에 의해 결정되며, 한계효용이 높아지면 상품의 가격도 비싸진다.

## 03
정답 ④

케인스에 따르면 현재소비는 현재의 가처분소득에 의해서만 결정되므로 이자율은 소비에 아무런 영향을 미치지 않는다.

## 04
정답 ①

오답분석

ㄷ·ㄹ. 최고가격은 시장의 균형가격보다 낮은 수준에서 설정되어야 하며, 최고가격제가 실시되면 사회적 후생 손실이 발생한다.

## 05
정답 ③

독점적 경쟁시장의 장기균형에서 $P>SMC$가 성립한다.

오답분석

①·② 독점적 경쟁시장의 장기균형은 수요곡선과 단기평균비용곡선, 장기평균비용곡선이 접하는 점에서 달성된다.
④ 균형생산량은 단기평균비용의 최소점보다 왼쪽에서 달성된다.
⑤ 가격과 평균비용이 같은 지점에서 균형이 결정되므로, 장기 초과이윤은 0이다.

## 06

정답 ②

제시문은 양적완화에 대한 설명이다. 양적완화란 금리중시 통화정책을 시행하는 중앙은행이 정책금리가 0%에 근접하거나, 다른 이유로 시장경제의 흐름을 정책금리로 제어할 수 없는 이른바 유동성 저하 상황하에서 유동성을 충분히 공급함으로써 중앙은행의 거래량을 확대하는 정책이다. 이는 수출 증대의 효과가 있는 반면 인플레이션을 초래할 수도 있다. 자국의 경제에는 소기의 목적을 달성하더라도 타국의 경제에 영향을 미쳐 자산 가격을 급등시킬 수도 있다.

## 07

정답 ⑤

수요의 가격탄력성이 1보다 작은 경우에는 가격이 대폭 상승하더라도 판매량이 별로 감소하지 않으므로 소비자의 총지출은 증가하고 판매자의 총수입도 증가한다.

오답분석

① 수요의 가격탄력성은 수요량의 변화율을 가격의 변화율로 나누어 구하므로 가격이 1% 상승할 때 수요량이 2% 감소하였다면 수요의 가격탄력성은 2이다.
② 기펜재는 대체보다 소득효과가 더 큰 열등재인데, 소득이 증가할 때 구입량이 증가하는 재화는 정상재이므로 기펜재가 될 수 없다.
③ 교차탄력성이란 한 재화의 가격이 변화할 때 다른 재화의 수요량이 변화하는 정도를 나타내는 지표이다. 잉크젯프린터의 가격이 오르면(+) 잉크젯프린터의 수요가 줄고, 프린터에 사용할 잉크카트리지의 수요도 줄어들 것(−)이므로 교차탄력성은 음(−)의 값을 가진다는 것을 알 수 있다. 잉크젯프린터와 잉크젯카트리지 같은 관계에 있는 재화들을 보완재라고 하는데, 보완재의 교차탄력성은 음(−)의 값을, 대체재의 교차탄력성은 양(+)의 값을 가지게 된다.
④ 수요의 소득탄력성은 0보다 작을 수 있는데 이러한 재화를 열등재라고 한다.

## 08

정답 ②

중국은 의복과 자동차 생산에 있어 모두 절대우위를 갖는다. 그러나 리카도는 비교우위론에서 양국 중 어느 한 국가가 절대우위에 있는 경우라도 상대적으로 생산비가 낮은 재화생산에 특화하여 무역을 한다면 양국 모두 무역으로부터 이익을 얻을 수 있다고 보았다.
이때 생산하는 재화를 결정하는 것은 재화의 국내생산비로 재화생산의 기회비용을 말한다. 문제에서 주어진 표를 바탕으로 각 재화생산의 기회비용을 알아보면 다음과 같다.

| 구분 | 의복(벌) | 자동차(대) |
| --- | --- | --- |
| 중국 | 0.5 | 0.33 |
| 인도 | 2 | 3 |

기회비용 표에서 보면 중국은 자동차의 기회비용이 의복의 기회비용보다 낮고, 인도는 의복의 기회비용이 자동차의 기회비용보다 낮다. 따라서 중국은 자동차, 인도는 의복에 비교우위가 있다.

## 09

정답 ③

노동시장에서 기업은 한계수입생산($MRP$)과 한계요소비용($MFC$)이 일치하는 수준까지 노동력을 수요하려 한다.
- 한계수입생산 : $MRP_L = MR \times MP_N$이다. 생산물시장이 완전경쟁시장이라면 한계수입과 가격이 일치하므로 $P \times MP_N$이다. 주어진 생산함수에서 노동의 한계생산을 도출하면 $Y = 200N - N^2$이다. 이를 $N$으로 미분하면 $MP_N = 200 - 2N$이다.
- 한계요소비용 : $MFC_N = \dfrac{\Delta TFC_N}{\Delta N} = \dfrac{W \cdot \Delta N}{\Delta N} = W$이다. 여가의 가치는 임금과 동일하므로 $W = 40$이 된다.
- 균형노동시간의 도출 : $P \times MP_N = W$이므로 $1 \times (200 - 2N) = 40$이다. 따라서 $N = 80$이 도출된다.

## 10

역선택이란 감추어진 특성의 상황에서 정보 수준이 낮은 측이 사전적으로 바람직하지 않은 상대방을 만날 가능성이 높아지는 현상을 의미한다. 반면, 도덕적 해이는 감추어진 행동의 상황에서 어떤 거래 이후에 정보를 가진 측이 바람직하지 않은 행동을 하는 현상을 의미한다.

## 11

A국에서 해외 유학생과 외국인 관광객이 증가하면 달러 공급이 늘어나 A국 화폐의 가치가 상승하므로 환율은 하락한다. 환율이 하락하면 수출은 줄고, 수입은 늘어나서 경상수지가 악화될 것이다. 반면 B국에서는 해외 투자의 증가와 외국인 투자자들이 자금을 회수하므로 달러 수요가 늘어나 B국 화폐의 가치는 하락한다.

## 12

구축 효과에 대한 설명이다.

> **채권가격 변화에 의한 구축 효과의 경로**
> 정부의 국공채 발행 → 채권의 공급 증가 → 채권가격 하락 → 이자율 상승(채권가격과 이자율과는 음의 관계) → 투자 감소

## 13

유동성 함정은 금리가 한계금리 수준까지 낮아져 통화량을 늘려도 소비·투자 심리가 살아나지 않는 현상을 말한다.

[오답분석]
① 화폐 환상 : 화폐의 실질적 가치에 변화가 없는데도 명목단위가 오르면 임금이나 소득도 올랐다고 받아들이는 현상이다.
③ 구축 효과 : 정부의 재정적자 또는 확대 재정정책으로 이자율이 상승하여 민간의 소비와 투자활동이 위축되는 효과이다.
④ J커브 효과 : 환율의 변동과 무역수지와의 관계를 나타낸 것으로, 무역수지 개선을 위해 환율상승을 유도하면 초기에는 무역수지가 오히려 악화되다가 상당기간이 지난 후에야 개선되는 현상이다.
⑤ 피셔 방정식 : 명목이자율은 실질이자율과 인플레이션율의 합으로 나타나는 공식이다.

## 14

보상적 임금격차는 선호하지 않는 조건을 가진 직장은 불리한 조건을 임금으로 보상해 줘야 한다는 것이다. 대부분의 사람들은 3D 작업환경에서 일하기 싫어하기 때문에 이런 직종에서 필요한 인력을 충원하기 위해서는 작업환경이 좋은 직종에 비해 더 높은 임금을 제시해야 한다. 이러한 직업의 비금전적인 특성을 보상하기 위한 임금의 차이를 보상적 격차 또는 평등화 격차라고 한다. 보상적 임금격차의 발생 원인에는 노동의 난이도, 작업환경, 명예, 주관적 만족도, 불안전한 급료 지급, 교육훈련의 차이, 고용의 안정성 여부, 작업의 쾌적도, 책임의 정도, 성공·실패의 가능성 등이 있다.

## 15

• X재 수요의 가격탄력성 : '(X재 소비지출액)=(X재 가격)×(X재 수요량)'인데 X재 가격이 5% 상승할 때 소비지출액이 변화가 없는 것은 X재 수요량이 5% 감소함을 의미한다. 따라서 X재 수요의 가격탄력성은 단위탄력적이다.
• Y재 수요의 가격탄력성 : '(Y재 소비지출액)=(Y재 가격)×(Y재 수요량)'인데 Y재 가격이 10% 상승할 때 소비지출액이 10% 증가하였다. 이는 가격이 상승함에도 불구하고 Y재 수요량이 전혀 변하지 않았음을 의미한다. 따라서 Y재 수요의 가격탄력성은 완전비탄력적이다.

## 16

정답 ⑤

유량이란 일정기간 동안 측정된 변수를 말한다. 유량 변수로는 (국민)소득, 가계소득, 수출, 수입, 소비, 투자, 국민총생산량, 당기순이익 등을 들 수 있다. 반도체에 대한 수요량, 쌀의 공급량, 국내총생산, 핸드폰 수출량 등은 유량 변수이나, 통화량은 저량 변수(일정시점에 측정된 변수)에 해당한다.

## 17

정답 ④

희생비율이란 인플레이션율을 1% 낮추기 위해 감수해야 하는 GDP 감소율을 말한다. 필립스곡선의 기울기가 매우 가파르다면 인플레이션율을 낮추더라도 실업률은 별로 상승하지 않으므로 GDP 감소율이 작아진다. 극단적으로 필립스곡선이 수직선이라면 인플레이션율을 낮추더라도 실업률은 전혀 상승하지 않으므로 GDP 감소율은 0이 되어 희생비율도 0이 된다. 그러므로 필립스곡선의 기울기가 가파를수록 희생비율은 작아진다.

> **오쿤의 법칙(Okun's Law)**
> • 오쿤의 법칙이란 미국의 경제학자 오쿤이 발견한 현상으로 실업률과 GDP의 관계를 나타낸다.
> • 경기회복기에는 고용의 증가 속도보다 국민총생산의 증가 속도가 더 크고, 불황기에는 고용의 감소 속도보다 국민총생산의 감소 속도가 더 큰 법칙을 말한다.

## 18

정답 ④

일물일가의 법칙을 가정하는 구매력평가설에 따르면 두 나라에서 생산된 재화의 가격이 동일하므로 명목환율은 두 나라의 물가수준의 비율로 나타낼 수 있다. 한편, 구매력평가설이 성립하면 실질환율은 불변한다.

## 19

정답 ⑤

산업 내 무역이론의 발생 원인으로는 규모의 경제, 독점적 경쟁 등이 있다. 리카도의 비교우위론과 헥셔 – 올린 정리, 요소가격균등화 정리는 모두 산업 간 무역을 설명하는 이론이며, 레온티에프의 역설은 헥셔 – 올린 정리와 정반대되는 레온티에프의 실증분석을 의미한다.

## 20

정답 ③

실제투자액과 필요투자액이 일치하므로 1인당 자본량이 더 이상 변하지 않는 상태를 균제상태라고 한다. 균제상태에서는 1인당 자본량이 더 이상 변하지 않으므로 자본증가율과 인구증가율이 일치하고, 경제성장률과 인구증가율도 일치한다.

| 01 | 02 | 03 | 04 | 05 | 06 | 07 | 08 | 09 | 10 | 11 | 12 | 13 | 14 | 15 | 16 | 17 | 18 | 19 | 20 |
|----|----|----|----|----|----|----|----|----|----|----|----|----|----|----|----|----|----|----|----|
| ③ | ④ | ⑤ | ④ | ④ | ④ | ② | ② | ④ | ④ | ② | ② | ② | ⑤ | ② | ④ | ③ | ④ | ③ | ④ |

## 01

정답 ③

급여의 기준은 수급자의 연령, 가구 규모, 거주지역, 그 밖의 생활여건 등을 고려하여 급여의 종류별로 보건복지부장관이 정하거나 급여를 지급하는 중앙행정기관의 장이 보건복지부장관과 협의하여 정한다(국민기초생활 보장법 제4조 제2항).

오답분석

① 기준 중위소득이란 보건복지부장관이 급여의 기준 등에 활용하기 위하여 제20조 제2항에 따른 중앙생활보장위원회의 심의·의결을 거쳐 고시하는 국민 가구소득의 중위값을 말한다(국민기초생활 보장법 제2조 제11호).

② 소득인정액이란 보장기관이 급여의 결정 및 실시 등에 사용하기 위하여 산출한 개별가구의 소득평가액과 재산의 소득환산액을 합산한 금액을 말한다(국민기초생활 보장법 제2조 제9호).

④ 생계급여는 금전을 지급하는 것으로 한다. 다만, 금전으로 지급할 수 없거나 금전으로 지급하는 것이 적당하지 아니하다고 인정하는 경우에는 물품을 지급할 수 있다(국민기초생활 보장법 제9조 제1호).

⑤ 생계급여는 수급자의 주거에서 실시한다. 다만, 수급자가 주거가 없거나 주거가 있어도 그곳에서는 급여의 목적을 달성할 수 없는 경우 또는 수급자가 희망하는 경우에는 수급자를 제32조에 따른 보장시설이나 타인의 가정에 위탁하여 급여를 실시할 수 있다(국민기초생활 보장법 제10조 제1항).

## 02

정답 ④

사회복지실천에서 통합적 접근방법

'환경 속의 인간(Person in Environment)'을 기본적인 관점으로 하여 인간과 환경을 단선적인 관계가 아닌 순환적인 관계로 이해하는 일반체계이론의 관점, 개인·집단·조직·지역사회 등 보다 구체적이고 역동적인 체계들 간의 관계를 가정하는 사회체계이론의 관점, 유기체와 환경 간의 상호교류 및 역학적 관계를 중시하는 생태체계이론의 관점 등을 포괄한다.

## 03

정답 ⑤

최근 사회복지행정환경의 변화로는 사회복지 공급주체의 다양화, 시설복지에서 지역복지로의 전환, 소비자 주권에 대한 인식 강화, 욕구(Need) 충족에서 수요(Demand) 충족을 위한 복지제공으로의 관점 전환, 원조 중심에서 자립(자활) 중심으로의 전환, 조직의 개방화와 투명화, 책임성에 대한 요구 증가, 민영화와 경쟁성 강화 노력의 증가, 기업의 경영관리기법 도입의 활성화, 그밖에 성과에 대한 강조, 마케팅 활성화, 품질관리의 강화, 빅데이터 활용의 증가 등이 있다.

## 04

**학습조직의 발달 배경**

• 급속한 환경 변화와 불확실성의 증가 : 산업사회에서 지식정보사회로 변화하면서 급속한 환경 변화에 따른 불확실성에 대비해야 한다는 인식이 확산되었다.
• 경영혁신의 초점 변화 : 벤치마킹, 고객만족경영, 성과중시경영 등 기존의 경영기법만으로 조직 전체의 장기적인 변화를 가져올 수 없다는 인식이 확산되었다.
• 효율적인 조직형태의 등장 : 창의성을 발휘하려는 조직구성원의 욕구와 함께 그러한 창의성을 필요로 하는 조직의 욕구가 높아졌다.

## 05

사회복지급여 수급권은 행정기관의 재량행위에 의해 인정되는 것이 아니라 법률에 의해 부여되는 기속행위이다.

[오답분석]

① 모든 국민은 사회보장 관계 법령에서 정하는 바에 따라 사회보장 수급권을 가진다.
② 사회보장수급권은 관계 법령에서 정하는 바에 따라 다른 사람에게 양도하거나 담보로 제공할 수 없으며, 또한 압류할 수 없다.
③ 사회복지급여 수급권은 목적있는 자해행위나 고의의 범죄행위 등에 의해 제한된다.

## 06

페이비언 사회주의(Fabian Socialism)는 복지국가를 사회주의의 한 과정으로 인식하면서, 시장경제의 문제점을 제거하기 위해 정부가 적극적으로 개입해야 한다고 주장한다. 또한 사회통합과 평등 추구를 위한 사회복지정책 확대를 지지하면서, 민주주의에 기반을 둔 대중의 참여를 강조한다.

[오답분석]

①·② 신우파(The New Right)는 반집합주의(Anti-collectivism)의 수정이데올로기 모형으로, 국가 개입이 경제적 비효율을 초래하므로 민영화를 통해 정부의 역할을 축소해야 한다고 주장한다. 또한 복지국가는 개인의 자유를 침해할 수밖에 없다고 주장하면서, 자유를 개인중심의 단순히 강제가 없는 상태를 의미하는 소극적인 개념으로 파악한다.
③ 마르크스주의(Marxism)는 복지국가를 자본과 노동계급 간 갈등의 결과로 본다. 즉, 복지국가를 자본주의의 산물이자 자본주의 체제를 강화하는 수단으로 간주하므로, 그러한 개념 자체를 부정한다.
⑤ 녹색주의(Greenism)는 복지국가가 경제성장을 통해 환경문제를 유발한다고 주장하면서 그에 대해 반대의 입장을 보인다.

## 07

파레토 효율은 어떤 사회적 배분이 다른 사람들의 효용을 줄이지 않으면서도 특정 사람들의 효용을 높일 수 있는 상태이다. 사회복지 정책은 사회적 자원의 재분배를 통해 평등의 가치를 구현하는 것을 목표로 하지만, 그와 같은 과정은 특정한 사람들(예 빈자)의 효용을 높이기 위해 다른 사람들(예 부자)의 효용을 줄여야 하므로 파레토 효율의 정의상 소득재분배는 비효율적이다.

## 08

1980년대의 내용에 해당한다. 1983년 사회복지사업법 개정으로 사회복지관 운영 국고보조가 이루어졌으며, 1986년 '사회복지관 운영·국고보조사업지침'이 마련되었다.

## 09

장애급여는 산업재해보상급여에 기인한 급여의 일종으로, 업무상의 부상을 치료한 후에도 신체에 장애가 남아있는 경우에 정도에 따라 지급되는 금전 급여로 피재해노동자의 소득능력 손실의 보완을 목적으로 한다.

## 10

옹호(Advocacy)는 클라이언트의 이익 혹은 권리를 위해 싸우거나 대변하는 등의 적극적인 활동을 말한다. 사회정의 준수 및 유지를 궁극적인 목적으로 하며, 지역주민이 정당한 처우나 서비스를 받지 못하는 경우에 활용하는 기술이다.

오답분석

① 프로그램 개발(Program Development) : 목표를 실천하기 위한 사업들을 구체화하는 기술이다.
② 프로그램 기획(Program Planning) : 프로그램의 목표 설정에서부터 실행, 평가에 이르기까지 제반 과정들을 합리적으로 결정함으로써 미래의 행동 계획을 구체화하는 기술이다.
③ 자원개발 · 동원(Resources Development and Mobilization) : 지역주민의 욕구 충족 및 문제 해결을 위해 자원이 필요한 경우 자원을 발굴하고 동원하는 기술이다.
⑤ 지역사회 사정(Community Assessment) : 지역사회의 욕구와 자원을 파악하는 기술이다.

## 11

'사회적 경제'는 자본주의 시장경제가 발전하면서 나타난 불평등과 빈부격차, 환경파괴 등 다양한 사회문제에 대한 대안으로 등장한 개념으로써, 이윤의 극대화가 최고의 가치인 시장경제와 달리 사람의 가치를 우위에 두는 경제활동을 말한다.

오답분석

ㄱ. '사회적 기업'은 영리조직과 비영리조직의 중간 형태로, 사회적 목적을 우선적으로 추구하면서 영업활동을 통해 영리를 추구한다.
ㄷ. '사회적 협동조합'은 협동조합기본법에 따른 협동조합 중 지역주민들의 권익 · 복리 증진과 관련된 사업을 수행하거나 취약계층에게 사회서비스 또는 일자리를 제공하는 등 영리를 목적으로 하지 아니하는 협동조합을 말한다.

## 12

질적 조사(질적 연구방법)는 과정에 관심을 가지며, 선(先)조사 후(後)이론의 귀납적 방법을 주로 활용한다. 반면, 양적 조사(양적 연구방법)는 결과에 관심을 가지며, 선(先)이론 후(後)조사의 연역적 방법을 주로 활용한다.

## 13

사회복지서비스를 필요로 하는 사람(보호대상자)에 대한 사회복지서비스 제공은 현물(現物)로 제공하는 것을 원칙으로 한다(사회복지사업법 제5조의2 제1항).

오답분석

① '사회복지서비스'란 국가 · 지방자치단체 및 민간 부문의 도움을 필요로 하는 모든 국민에게 사회보장기본법에 따른 사회서비스 중 사회복지사업을 통한 서비스를 제공하여 삶의 질이 향상되도록 제도적으로 지원하는 것을 말한다(사회복지사업법 제2조 제6호).
③ 보건복지부장관은 사회복지사가 법령에 따른 사회복지사의 자격취소 등의 사유에 해당하는 경우 그 자격을 취소하거나 1년의 범위에서 정지시킬 수 있다(사회복지사업법 제11조의3 제1항 참조).
④ 사회복지법인을 설립하려는 자는 대통령령으로 정하는 바에 따라 시 · 도지사의 허가를 받아야 한다(사회복지사업법 제16조 제1항).
⑤ 보건복지부장관은 시설에서 제공하는 서비스의 최저기준을 마련하여야 한다(사회복지사업법 제43조 제1항).

## 14

지역사회의 기능을 생산 · 분배 · 소비(경제제도), 상부상조(사회복지제도), 사회화(가족제도), 사회통제(정치제도), 사회통합(종교제도) 등 다섯 가지로 구분한 학자는 길버트와 스펙트(Gilbert & Specht)이다.

## 15

ㄷ. 1987년 7월 사회복지전문요원제도가 시행되어 공공영역에 사회복지전문요원이 배치되었다.

ㄹ. 1995년 7월부터 1999년 12월까지 4년 6개월간 보건복지사무소 시범사업이 실시되었다.

ㄱ. 2004년 7월부터 2006년 6월까지 2년간 사회복지사무소 시범사업이 실시되었다.

ㄴ. 2012년 5월 시·군·구에 희망복지지원단을 설치하여 통합사례관리사업을 실시하였다.

ㅁ. 2015년 7월 사회보장급여의 이용·제공 및 수급권자 발굴에 관한 법률이 시행됨에 따라 기존의 '지역사회복지협의체'가 '지역사회보장협의체'로 개편되었다.

## 16

정답 ④

제3의 길은 복지다원주의를 제시하면서, 기존의 중앙정부 중심의 복지공급을 지양하고 비영리부문(제3부문), 기업, 지방정부 등도 복지공급의 주체로 삼아야 한다고 주장하였다.

[오답분석]

① 적극적·생산적 복지의 입장에서 국민들에게 경제적 혜택을 직접 제공하기보다는 인적 자원에 투자하는 복지국가(사회투자국가)를 주장하였다.

② 제3의 길은 복지다원주의를 제시한다.

③ 의식전환을 주장하면서, 위험의 최소화나 위험으로부터의 보호를 국가만의 책임으로 해서는 안 되고 기업과 노동자와 공동부담으로 해야 한다고 주장하였다.

⑤ 제3의 길은 시장의 효율성과 사회연대의 조화를 통해 국민들의 사회경제생활 보장과 시장경제의 활력을 높일 수 있다고 주장하였다.

## 17

정답 ③

'사회적 기업'이란 취약계층에게 사회서비스 또는 일자리를 제공하거나 지역사회에 공헌함으로써 지역주민의 삶의 질을 높이는 등의 사회적 목적을 추구하면서 재화 및 서비스의 생산·판매 등 영업 활동을 하는 기업으로서 고용노동부장관의 인증을 받은 자를 말한다(사회적기업 육성법 제2조 제1호).

## 18

정답 ④

헌신과 의무는 원조과정에서의 책임감을 의미하는 것으로, 일관성을 포함하는 개념이다. 사회복지사가 클라이언트를 위한 일에 자신을 내어줌으로써 클라이언트는 사회복지사와 관계형성을 통해 자신을 보다 정직하고 개방적으로 표출하게 된다. 사회복지사의 헌신적 태도는 일시적·순간적인 필요에 의해서가 아닌 일관되고 항구적인 의무에서 비롯된다.

## 19

정답 ③

**근로복지공단의 사업(산업재해보상보험법 제11조 제1항)**

1. 보험가입자와 수급권자에 관한 기록의 관리·유지
2. 보험료징수법에 따른 보험료와 그 밖의 징수금의 징수
3. 보험급여의 결정과 지급
4. 보험급여 결정 등에 관한 심사 청구의 심리·결정
5. 산업재해보상보험 시설의 설치·운영
5의2. 업무상 재해를 입은 근로자 등의 진료·요양 및 재활
5의3. 재활보조기구의 연구개발·검정 및 보급
5의4. 보험급여 결정 및 지급을 위한 업무상 질병 관련 연구
5의5. 근로자 등의 건강을 유지·증진하기 위하여 필요한 건강진단 등 예방 사업
6. 근로자의 복지 증진을 위한 사업
7. 그밖에 정부로부터 위탁받은 사업
8. 그밖에 법령에 따른 사업에 딸린 사업

ㄷ. 통제된 정서적 관여의 원리 : 클라이언트가 표현하는 감정에 대한 워커의 의식적이고도 적절한 정서상의 반응을 의미하는 것으로, 클라이언트가 표현하는 감정에 대해 민감하게 반응하여야 하며(민감성), 클라이언트의 의도에 동정이 아니라 공감해야 한다는 원리이다.

ㄹ. 개별화의 원리 : 각 클라이언트는 고유한 특성을 가지고 있으며, 원칙 및 방법을 구별하여 활용하여야 한다는 인식과 이해에 기초한 원리로, 편견이나 고정관념 없이 클라이언트 개인의 경험을 존중해야 한다는 원리이다.

오답분석

ㄱ. 수용의 원리 : 사회복지사가 클라이언트의 장단점, 바람직한 성격과 바람직하지 못한 성격, 긍정적 감정과 부정적 감정, 건설적 태도와 비건설적인 태도나 행동 등을 있는 그대로의 그를 이해하고 가치 있는 존재로 받아들여야 한다는 원리이다. 수용은 클라이언트가 표현한 감정이나 의사를 받아들이는 것이지 사회적으로 용납되지 않는 태도나 행동을 인정하는 것은 아니다.

ㄴ. 비밀보장의 원리 : 비밀보장은 원조관계에서 알게 된 클라이언트에 대한 정보는 반드시 비밀을 보호해야 한다는 절대적 의무는 아니고, 윤리적 의무일 뿐이다.

# PART 3

# 최종점검 모의고사

제1회    최종점검  모의고사

제2회    최종점검  모의고사

| 01 | 02 | 03 | 04 | 05 | 06 | 07 | 08 | 09 | 10 | 11 | 12 | 13 | 14 | 15 | 16 | 17 | 18 | 19 | 20 |
|----|----|----|----|----|----|----|----|----|----|----|----|----|----|----|----|----|----|----|----|
| ④ | ① | ⑤ | ① | ④ | ④ | ② | ④ | ② | ③ | ③ | ② | ② | ⑤ | ④ | ⑤ | ⑤ | ⑤ | ③ | ① |
| 21 | 22 | 23 | 24 | 25 | 26 | 27 | 28 | 29 | 30 | 31 | 32 | 33 | 34 | 35 | 36 | 37 | 38 | 39 | 40 |
| ⑤ | ① | ② | ③ | ② | ④ | ⑤ | ④ | ① | ② | ② | ④ | ③ | ④ | ② | ③ | ① | ③ | ① | ④ |
| 41 | 42 | 43 | 44 | 45 | 46 | 47 | 48 | 49 | 50 | 51 | 52 | 53 | 54 | 55 | 56 | 57 | 58 | 59 | 60 |
| ③ | ② | ④ | ④ | ④ | ③ | ④ | ③ | ① | ④ | ⑤ | ④ | ③ | ② | ④ | ② | ② | ① | ② | ④ |
| 61 | 62 | 63 | 64 | 65 | 66 | 67 | 68 | 69 | 70 | 71 | 72 | 73 | 74 | 75 | 76 | 77 | 78 | 79 | 80 |
| ④ | ② | ④ | ② | ④ | ③ | ① | ④ | ① | ③ | ③ | ④ | ① | ② | ⑤ | ① | ③ | ⑤ | ② | ⑤ |
| 81 | 82 | 83 | 84 | 85 | 86 | 87 | 88 | 89 | 90 | 91 | 92 | 93 | 94 | 95 | 96 | 97 | 98 | 99 | 100 |
| ① | ② | ② | ③ | ④ | ③ | ③ | ④ | ⑤ | ⑤ | ② | ④ | ③ | ② | ③ | ⑤ | ⑤ | ⑤ | ① | ② |

## 01 직업기초능력

**01** 문서 내용 이해      정답 ④

마지막 문단에서 정약용은 청렴을 지키는 것의 효과로 '다른 사람에게 긍정적 효과를 미친다.', '목민관 자신에게도 좋은 결과를 가져다 준다.'라고 하였으므로 적절하다.

[오답분석]
① 두 번째 문단에서 '정약용은 청렴을 당위의 차원에서 주장하는 기존의 학자들과 달리 행위자 자신에게 실질적 이익이 된다는 점을 들어 설득하고자 한다.'라고 하였다.
② 두 번째 문단에서 '정약용은 "지자(知者)는 인(仁)을 이롭게 여긴다."라는 공자의 말을 빌려 "지혜로운 자는 청렴함을 이롭게 여긴다."라고 하였다.'라고 하였으므로 공자의 뜻을 계승한 것이 아니라 공자의 말을 빌려 청렴의 중요성을 강조한 것이다.
③ 두 번째 문단에서 '지혜롭고 욕심이 큰 사람은 청렴을 택하지만 지혜가 짧고 욕심이 작은 사람은 탐욕을 택한다고 설명한다.'라고 하였으므로 청렴한 사람은 욕심이 크기 때문에 탐욕에 빠지지 않는다는 내용이 적절하다.
⑤ 첫 번째 문단에서 '이황과 이이는 청렴을 사회 규율이자 개인 처세의 지침으로 강조하였다.'라고 하였으므로 이황과 이이는 청렴을 사회 규율로 보았다는 것을 알 수 있다.

## 02 문서 내용 이해

**정답** ①

최저임금제도로 인건비가 높아지면 기업에는 경제적 부담이 될 수 있다. 그러나 근로자의 소비 지출 증가로 기업의 생산과 판매를 촉진시키므로 기업 입장에서 최저임금제도가 아무런 이득이 없는 것은 아니다.

**오답분석**

② 인건비 인상으로 인한 기업의 비용 부담 증가는 일자리의 제약이나 물가 상승으로 이어질 수 있다.

③ 근로자들이 안정된 임금을 받게 되면 소비력이 강화되고 소비 지출이 증가한다.

④ 최저임금제도는 불공정한 임금구조를 해소하고 경제적인 격차를 완화하는 데 도움을 준다.

⑤ 일정 수준 이상으로 설정된 최저임금은 근로자들의 생계비를 보장하고 근로 환경에서의 안정성을 확보할 수 있게 한다.


## 03 문서 내용 이해

**정답** ⑤

(라) 문단에 따르면 클라우지우스는 열기관의 열효율은 열기관이 고온에서 열을 흡수하고 저온에 방출할 때의 두 작동 온도에만 관계된다는 카르노의 이론을 증명하였다. 이로써 열효율에 관한 카르노의 이론은 클라우지우스의 증명으로 유지될 수 있었다.

**오답분석**

① (나) 문단에 따르면 열기관은 높은 온도의 열원에서 열을 흡수하고 낮은 온도의 대기와 같은 열기관 외부에 열을 방출하며 일을 하는 기관이다.

② (나) 문단에 따르면 수력 기관에서 물이 높은 곳에서 낮은 곳으로 흐르면서 일을 할 때 물의 양과 한 일의 양의 비는 높이 차이에 의해서만 좌우된다.

③ (가) 문단에 따르면 칼로릭은 질량이 없는 입자들의 모임이다. 따라서 가열된 쇠구슬의 질량은 증가하지 않는다.

④ (가) 문단에 따르면 칼로릭은 온도가 높은 쪽에서 낮은 쪽으로 흐르는 성질이 있다.


## 04 내용 추론

**정답** ①

(다) 문단에 따르면 줄(Joule)은 '열과 일이 상호 전환될 때 열과 일의 에너지를 합한 양은 일정하게 보존된다.'는 사실(에너지 보존 법칙)을 알아냈다. 그런데 (라) 문단에 나타난 칼로릭 이론에 입각한 카르노의 열기관에 대한 설명에 따르면 열기관은 높은 온도에서 흡수한 열 전부를 낮은 온도로 방출하면서 일을 한다. 이는 열기관이 한 일을 설명할 수 없다는 오류가 있다.

**오답분석**

② (다) 문단에 따르면 화학 에너지, 전기 에너지 등은 등가성이 있으며 상호 전환될 수 있다.

③ (마) 문단에 따르면 클라우지우스가 증명한 내용이다.

④ (라) 문단에 따르면 카르노의 이론에 대해 문제를 제기한 내용에 관해 클라우지우스가 증명한 것이다.

⑤ (라) 문단에 따르면 카르노의 이론에 대해 클라우지우스가 증명한 내용이다.


## 05 전개 방식

**정답** ④

제시문은 한 개인이나 사회가 언어적 다양성을 보이는 경우를 '이중 언어 사용'과 '양층 언어 사용'의 두 상황으로 나누어 설명하고 있다. 언어의 다양성을 원인과 결과로 나누거나 변화 과정을 소개하고 있지는 않다.

**오답분석**

① '이중 언어 사용'과 '양층 언어 사용'의 개념을 밝히고 그에 대하여 부연 설명을 서술하고 있다.

② 양층 언어 사용 상황에 있는 구성원이 특정 상황에서 사용되는 언어를 모를 경우 불이익을 받는 경우를 예를 들어 설명하였다.

③ 제시문의 하단에서 퍼거슨과 피시먼의 연구를 대조하여 각각 연구의 특성을 부각하고 있다.

⑤ 이중 언어 사회에서 다수자 언어와 소수자 언어를 하위 요소로 나누고, 양층 언어 사회에서 상층어와 하층어를 하위 요소로 나누어 설명하고 있다.

## 06 문서 내용 이해

정답 ④

이중 언어 사회에서 통용되는 둘 이상의 언어들은 공용어로서 대등한 지위를 가질 수 있다고 하였으므로 올바르지 못한 서술이다.

오답분석

① 양층 언어 사회에서 변이어들은 언어 사용자 수와 무관하게 '상층어'와 '하층어'로 구분되며 상보적 관계에 있다고 하였다.
② 상층어는 주로 '높은 차원', 하층어는 '낮은 차원'의 언어적 기능을 수행하므로 구성원은 특정 상황에서 사용되는 언어를 모를 경우 불이익을 받을 수 있다고 하였다.
③ 상층어는 주로 종교, 법률, 교육, 행정 등과 같은 분야에 사용되며, 하층어는 주로 가족 간의 비격식적인 대화, 친교를 위한 일상 담화 등에 사용된다고 하였으므로 각 변이어에 부여하는 가치가 다름을 알 수 있다.
⑤ 이중 언어 사회에서 일반적으로 다수자 언어는 힘이나 권위의 문제에 있어 소수자 언어보다 우세한 지위를 가지는 경우가 많다고 하였다.


## 07 내용 추론

정답 ②

이중 언어 사회(B지역)에서는 둘 이상의 언어(프랑스 어와 영어)가 사회적으로 기능상의 차이 없이 통용되므로 구성원 모두가 두 언어를 유창하게 구사할 필요는 없다.

오답분석

① 양층 언어 사회(A지역)에서 상층어(현대 표준 아랍어)와 하층어(구어체 아랍어)는 사용하는 장소나 상황이 엄격하게 구분된다. 그러므로 두 언어를 습득하는 환경이 다를 수 있다.
③ 양층 언어 사회(A지역)에서 상층어(현대 표준 아랍어)와 하층어(구어체 아랍어)는 사회적으로 기능에 차이가 있다.
④ 이중 언어 사회(B지역)에서는 둘 이상의 언어(프랑스 어와 영어)가 사용되는 장소의 구분이 없다.
⑤ 이중 언어 사회(B지역)와 양층 언어 사회(A지역) 모두 둘 또는 그 이상의 언어를 사용하는 언어적 다양성을 보이고 있다.


## 08 문서 내용 이해

정답 ④

색채를 활용하여 먼 거리에서 더 잘 보이게 하거나 뚜렷하게 보이도록 해야 할 때가 있다. 그럴 경우에는 배경과 그 앞에 놓이는 그림의 속성 차를 크게 해야 한다.

오답분석

① 색채의 대비는 2개 이상의 색을 동시에 보거나, 계속해서 볼 때 일어나는 현상이다. 전자를 '동시대비', 후자를 '계속대비'라 한다.
② 어떤 색을 계속 응시하면 시간의 경과에 따라 그 색의 보이는 상태가 변화한다.
③ 색채가 어떠하며, 우리 눈에 그것이 어떻게 보이고, 어떤 느낌을 주는지는 색채심리학이 다루는 연구대상 중 가장 주요한 부분이다.
⑤ 멀리서도 잘 보여야 하는 표지류 등은 대비량이 큰 색을 사용한다.


## 09 내용 추론

정답 ②

연두색과 노란색과 같이 색상이 다른 두 색을 동시에 나란히 놓았을 때 서로의 영향으로 색상 차가 나는 것은 색상대비로 볼 수 있다.

오답분석

① 명도대비에 대한 내용이다.
③ 채도대비에 대한 내용이다.
④ 보색잔상에 대한 내용이다.
⑤ 색순응에 대한 내용이다.

## 10 의사 표현

상대방의 잘못을 지적하며 질책해야 할 때는 '칭찬 – 질책 – 격려'의 순서인 샌드위치 화법으로 표현하는 것이 좋다. 즉, 칭찬을 먼저 한 다음 질책의 말을 하고, 끝에 격려의 말로 마무리한다면 상대방은 크게 반발하지 않고 질책을 받아들이게 될 것이다.

오답분석

① 상대방의 잘못을 지적할 때는 지금 당장의 잘못에만 한정해야 하며, 추궁하듯이 묻지 않아야 한다.
② 상대방의 말이 끝나기 전에 어떤 답을 할까 궁리하는 것은 좋지 않다.
④ 상대방을 설득해야 할 때는 일방적으로 강요하거나 상대방에게만 손해를 보라는 식으로 대화해서는 안 된다. 먼저 양보해서 이익을 공유하겠다는 의지를 보여주는 것이 좋다.
⑤ 상대방에게 명령해야 할 때는 강압적으로 말하기보다는 부드럽게 표현하는 것이 효과적이다.

## 11 문단 나열

정답 ③

제시문은 나무를 가꾸기 위해 고려해야 하는 사항에 대해 서술하는 글이다. 먼저 나무를 가꾸기 위해 고려해야 할 사항들을 나열하고 그 중 제일 먼저 생육조건에 대해 설명하는 (가)가 첫 부분으로 적절하다. 그 다음으로 나무를 양육할 때 주로 저지르는 실수로 나무 간격을 촘촘하게 심는 것을 언급한 (라)와 그 이유를 설명하는 (다)가 이어지는 것이 자연스럽다. 그리고 (나)는 또 다른 식재계획 시 주의점에 대해서 이야기하고 있으므로 (다) 뒤에 나열하는 것이 적절한 순서이다.

## 12 내용 추론

정답 ②

A는 경제 성장에 많은 전력이 필요하다는 것을 전제로 경제 성장을 위해서 발전소를 증설해야 한다고 주장한다. 이러한 A의 주장을 반박하기 위해서는 근거로 제시하고 있는 전제를 부정하는 것이 효과적이므로 경제 성장에 많은 전력이 필요하지 않음을 입증하는 ②를 통해 반박하는 것이 효과적이다.

## 13 글의 주제

정답 ②

제시문은 세계 대공황의 원인으로 작용한 '보이지 않는 손'과 그에 대한 해결책으로 새롭게 등장한 케인스의 '유효수요이론'을 설명하고 있다. 따라서 제시문의 주제는 '세계 대공황의 원인과 해결책'이다.

오답분석

① 고전학파 경제학자들이 주장한 '보이지 않는 손'은 세계 대공황의 원인에 해당하는 부분이므로 글 전체의 주제가 될 수 없다.
③·④ 유효수요이론은 해결책 중 하나로 언급되었으며, 일부에 지나지 않으므로 글 전체의 주제가 될 수 없다.
⑤ 세이 법칙의 이론적 배경에 대한 내용은 없다.

## 14 내용 추론

정답 ⑤

지원자의 직무 능력을 가릴 수 있는 요소들을 배제하는 것은 기존의 채용 방식이 아닌 블라인드 채용 방식으로, 이를 통해 직무 능력만으로 인재를 평가할 수 있다. 따라서 ⑤는 블라인드 채용의 등장 배경으로 적절하지 않다.

## 15 문서 내용 이해

정답 ④

블라인드 면접의 경우 자료 없이 면접을 진행하는 무자료 면접 방식과 면접관의 인지적 편향을 유발할 수 있는 항목을 제거한 자료를 기반으로 면접을 진행하는 방식이 있다.

오답분석

① 무서류 전형은 최소한의 정보만을 포함한 입사지원서를 접수하되 이를 선발 기준으로 활용하지 않는 방식이다.
② 블라인드 처리되어야 할 정보를 수집할 경우, 온라인 지원서상 개인정보를 암호화하여 채용담당자는 이를 볼 수 없도록 기술적으로 처리한다.
③ 무자료 면접 방식은 입사지원서, 인·적성검사 결과 등의 자료 없이 면접을 진행한다.
⑤ 기존에 쌓아온 능력·지식 등은 서류 전형이 아닌 필기 및 면접 전형을 통해 검증된다.

제1회 최종점검 모의고사 • 75

## 16 내용 추론

정답 ⑤

㉠은 지원자들의 무분별한 스펙 경쟁을 유발하는 반면, ㉡은 지원자의 목표 지향적인 능력과 역량 개발을 촉진한다.

## 17 빈칸 삽입

정답 ⑤

단순히 젊은 세대의 문화만을 존중하거나 기존 세대의 문화만을 따르는 것이 아닌 두 문화가 어우러질 수 있도록 기업 차원에서 분위기를 만드는 것이 문제의 본질적인 해결법으로 가장 적절하다.

**오답분석**

① 급여 받은 만큼만 일하게 되는 악순환이 반복될 것이므로 글에서 언급된 문제를 해결하는 기업 차원의 방법으로는 적절하지 않다.

② 기업의 전반적인 생산성 향상을 이룰 수 없으므로 기업 차원의 방법으로 적절하지 않다.

③ 젊은 세대의 채용을 기피하는 분위기가 생길 수 있으므로 적절하지 않다.

④ 젊은 세대의 특성을 받아들이기만 하면, 전반적인 생산성 향상과 같은 기업의 이득은 배제하게 되는 문제점이 발생한다.

## 18 문서 내용 이해

정답 ⑤

맹사성은 여름이면 소나무 그늘 아래에 앉아 피리를 불고, 겨울이면 방 안 부들자리에 앉아 피리를 불었다.

**오답분석**

① 맹사성은 고려 시대 말 과거에 급제하여 조선이 세워진 후 조선 전기의 문화 발전에 큰 공을 세웠다.

② 맹사성의 행색을 야유한 고을 수령이 스스로 도망을 가다 관인을 인침연에 빠뜨렸다.

③ 『필원잡기』의 저자는 서거정으로, 맹사성의 평소 생활 모습이 담겨있다.

④ 사사로운 손님은 받지 않았으나, 꼭 만나야 할 손님이 오면 잠시 문을 열어 맞이하였다.

## 19 어휘

정답 ③

• 사사(私私)롭다 : 공적이 아닌 개인적인 범위나 관계의 성질이 있다.
• 사소(些少)하다 : 보잘것없이 작거나 적다.

## 20 문단 나열

정답 ①

제시문은 (가) 대상이 되는 연구 방법의 진행 과정과 그 한계 → (마) 융이 기존의 연구 방법에 추가한 과정을 소개 → (라) 기존 연구자들이 간과했던 새로운 사실을 찾아낸 융의 실험의 의의 → (나) 융의 실험을 통해 새롭게 드러난 결과 분석 → (다) 새롭게 드러난 심리적 개념을 정의한 융의 사상 체계에서의 핵심적 요소에 대한 설명 순서로 나열하는 것이 적절하다.

## 21 명제 추론

정답 ⑤

다섯 번째 결과에 의해 나타날 수 있는 경우는 다음과 같다.

| 구분 | 1순위 | 2순위 | 3순위 |
|---|---|---|---|
| 경우 1 | A | B | C |
| 경우 2 | B | A | C |
| 경우 3 | A | C | B |
| 경우 4 | B | C | A |

• 두 번째 결과 : 경우 1+경우 3=11
• 세 번째 결과 : 경우 1+경우 2+경우 4=14
• 네 번째 결과 : 경우 4=6

따라서 C에 3순위를 부여한 사람의 수는 경우 1과 경우 2를 더한 값을 구하면 되므로 14−6=8명이다.

## 22   명제 추론   정답 ①

경상도 출신인 사람은 컴퓨터 자격증이 없고, 기획팀 사람 중 컴퓨터 자격증이 없는 사람은 기혼자이다. 따라서 경상도 출신인 사람이 기획팀에 소속되어 있다면 기혼자이다.

### 오답분석

② 다섯 번째 조건의 대우는 '기획팀 사람은 통근버스를 이용하지 않는다.'이다. 경기도에 사는 사람은 지하철을 이용하지만 교통수단이 통근버스와 지하철만 있는 것은 아니다.

③ 세 번째 조건의 대우는 '컴퓨터 자격증이 있으면 경상도 출신이 아니다.'이다. 영업팀 사람은 컴퓨터 자격증이 있으므로 경상도 출신은 없다.

④ 다섯 번째 조건의 대우는 '기획팀 사람은 통근버스를 이용하지 않는다.'이다. 따라서 기획팀 사람 중 통근버스를 이용하는 사람은 한 명도 없다.

⑤ 영업팀 사람은 컴퓨터 자격증이 있고 귤을 좋아하지만, 기획팀 사람 중 미혼자, 즉 컴퓨터 자격증이 있다고 귤을 좋아하는지는 알 수 없다.

## 23   규칙 적용   정답 ②

바둑돌이 놓인 규칙은 다음과 같다.

| 구분 | 1번째 | 2번째 | 3번째 | 4번째 | … | 11번째 |
|---|---|---|---|---|---|---|
| 흰 돌 | 1 | $2^2=4$ | $3^2=9$ | $4^2=16$ | … | $11^2=121$ |
| 검은 돌 | 0 | 1 | $2^2=4$ | $3^2=9$ | … | $10^2=100$ |

따라서 11번째 바둑판에 놓인 모든 바둑돌의 개수는 $121+100=221$개이다.

## 24   명제 추론   정답 ③

ⓒ과 ⓔ이 정언 명제이므로 함축관계를 판단하면 ③이 반드시 참임을 알 수 있다.

### 오답분석

① 김과장이 공격수라면 안경을 쓰고 있지 않다.

② 김과장이 A팀의 공격수라면 검정색 상의를 입고, 축구화를 신고 있지 않다.

④ 김과장이 검정색 상의를 입고 있다는 조건으로 안경을 쓰고 있는지 여부를 판단할 수 없다.

⑤ 김과장이 A팀의 수비수라면 안경을 쓰고 있다.

## 25   명제 추론   정답 ②

'안압지 – 석굴암 – 첨성대 – 불국사'는 세 번째로 방문한 곳이 첨성대라면, 첫 번째로 방문한 곳은 불국사라는 다섯 번째 조건에 맞지 않는다.

## 26 　자료 해석

C, D, F지점의 사례만 고려하면, F지점에서 마카롱과 쿠키를 함께 먹었을 때 알레르기가 발생하지 않았으므로 마카롱은 알레르기 발생 원인이 될 수 없으며, 빵 또는 케이크가 알레르기 발생 원인이 될 수 있다. 따라서 ④는 옳지 않다.

**[오답분석]**

① A, B, D지점의 사례만 고려한 경우 : 빵과 마카롱을 함께 먹은 경우에는 알레르기가 발생하지 않았으므로, 케이크가 알레르기 발생 원인이 된다.
② A, C, E지점의 사례만 고려한 경우 : 케이크와 쿠키를 함께 먹은 경우에는 알레르기가 발생하지 않았으므로, 빵이 알레르기 발생 원인이 된다.
③ B, D, F지점의 사례만 고려한 경우 : 빵과 마카롱 또는 마카롱과 쿠키를 함께 먹은 경우에 알레르기가 발생하지 않았으므로, 케이크가 알레르기 발생 원인이 된다.
⑤ D, E, F지점의 사례만 고려한 경우 : 케이크와 마카롱을 함께 먹은 경우에 알레르기가 발생하였으므로, 쿠키는 알레르기 발생 원인이 될 수 없다.

## 27 　명제 추론

정답 ⑤

E는 교양 수업을 신청한 A보다 나중에 수강한다고 하였으므로 목요일 또는 금요일에 강의를 들을 수 있다. 이때, 목요일과 금요일에는 교양 수업이 진행되므로 'E는 반드시 교양 수업을 듣는다.'는 항상 참이 된다.

**[오답분석]**

① A가 수요일에 강의를 듣는다면 E는 교양2 또는 교양3 강의를 들을 수 있다.
② B가 수강하는 전공 수업의 정확한 요일을 알 수 없으므로 C는 전공1 또는 전공2 강의를 들을 수 있다.
③ C가 화요일에 강의를 듣는다면 D는 교양 강의를 듣는다. 이때, 교양 수업을 듣는 A는 E보다 앞선 요일에 수강하므로 E는 교양2 또는 교양3 강의를 들을 수 있다.

| 구분 | 월(전공1) | 화(전공2) | 수(교양1) | 목(교양2) | 금(교양3) |
|------|---------|---------|---------|---------|---------|
| 경우 1 | B | C | D | A | E |
| 경우 2 | B | C | A | D | E |
| 경우 3 | B | C | A | E | D |

④ D는 전공 수업을 신청한 C보다 나중에 수강하므로 전공 또는 교양 수업을 들을 수 있다.

## 28 　명제 추론

정답 ④

주어진 조건에 따라 부서별 위치를 정리하면 다음과 같다.

| 구분 | 경우 1 | 경우 2 |
|------|--------|--------|
| 6층 | 연구·개발부 | 연구·개발부 |
| 5층 | 서비스개선부 | 가입지원부 |
| 4층 | 가입지원부 | 서비스개선부 |
| 3층 | 기획부 | 기획부 |
| 2층 | 인사운영부 | 인사운영부 |
| 1층 | 복지사업부 | 복지사업부 |

따라서 3층에 위치한 기획부의 문대리는 출근 시 반드시 계단을 이용해야 하므로 ④는 항상 옳다.

**[오답분석]**

① 경우 1에서 가입지원부의 김대리는 출근 시 엘리베이터를 타고 4층에서 내린다.
② 경우 2에서 가입지원부의 김대리는 서비스개선부의 조대리보다 엘리베이터에서 나중에 내린다.
③ 카페와 같은 층에 위치한 부서는 복지사업부이다.
⑤ 엘리베이터 이용에만 제한이 있을 뿐 계단 이용에는 층별 이용 제한이 없다.

## 29 명제 추론

정답 ①

주어진 조건에 따라 학생 순서를 배치해 보면 다음 표와 같다.

| 1번째 | 2번째 | 3번째 | 4번째 | 5번째 | 6번째 | 7번째 | 8번째 |
|-------|-------|-------|-------|-------|-------|-------|-------|
| 마 | 다 | 가 | 아 | 바 | 나 | 사 | 라 |

따라서 3번째에 올 학생은 가이다.


## 30 명제 추론

정답 ②

주어진 조건에 따라 A가 해야 할 일의 순서를 배치해 보면 다음 표와 같이 두 가지 경우가 가능하다.

1)

| 월 | 화 | 수 | 목 | 금 | 토 | 일 |
|----|----|----|----|----|----|----|
| d | c | f | a | i | b | h |

2)

| 월 | 화 | 수 | 목 | 금 | 토 | 일 |
|----|----|----|----|----|----|----|
| d | c | a | f | i | b | h |

따라서 화요일에 하게 될 일은 c이다.


## 31 규칙 적용

정답 ②

2019년(S) – 10월(R) – 5일(U) – 801번째(0801) – H주(08) – 수입산(01) – 중형(10) – 2도어(02)
→ SRU–080108011002


## 32 규칙 적용

정답 ④

A씨가 차량을 구매한 날은 2014년 6월 28일이지만 차량등록일은 3일 후인 2014년 7월 1일이다. 차량번호는 차량등록일 기준으로 결정되므로, 차량번호 순으로 내용을 정리하면 다음과 같다.
2014년(N) – 7월(Q) – 1일(U) – 1024번째(1024) – F주(06) – 국산(10) – 소형(01) – 3도어(20)
→ NQU–102406100120


## 33 규칙 적용

정답 ③

차량번호 순으로 차량번호가 부합하지 않는 것을 지우면 다음과 같다.
1. 첫 번째 자리 : 2012년부터 2018년(L ~ R)에 해당하지 않는 차량

| | | |
|---|---|---|
| COU–080120101002 | RQY–202020101002 | OQV–201216100122 |
| PQV–252412011002 | LPV–100414100120 | MRY–209423100102 |
| KRV–300126011102 | SPU–873113011122 | EQU–187120100122 |
| TRY–002121101020 | NQY–278625101020 | QRV–006214010022 |

2. 두 번째 자리 : 하반기(Q, R)에 등록하지 않은 차량

| | | |
|---|---|---|
| COU–080120101002 | RQY–202020101002 | OQV–201216100122 |
| PQV–252412011002 | LPV–100414100120 | MRY–209423100102 |
| KRV–300126011102 | SPU–873113011122 | EQU–187120100122 |
| TRY–002121101020 | NQY–278625101020 | QRV–006214010022 |

PART 3

3. 10 ~ 11번째 자리 : 국산(10)이 아닌 차량

| COU-080120101002 | RQY-202020101002 | OQV-201216100122 |
|---|---|---|
| PQV-252412011002 | LPV-100414100120 | MRY-209423100102 |
| KRV-300126011102 | SPU-873113011122 | EQU-187120100122 |
| TRY-002121101020 | NQY-278625101020 | QRV-006214010022 |

4. 12 ~ 13번째 자리 : 중·소형(10 또는 01)이 아닌 차량

| COU-080120101002 | RQY-202020101002 | OQV-201216100122 |
|---|---|---|
| PQV-252412011002 | LPV-100414100120 | MRY-209423100102 |
| KRV-300126011102 | SPU-873113011122 | EQU-187120100122 |
| TRY-002121101020 | NQY-278625101020 | QRV-006214010022 |

5. 14 ~ 15번째 자리 : 2도어·4도어(02 또는 22)가 아닌 차량

| COU-080120101002 | RQY-202020101002 | OQV-201216100122 |
|---|---|---|
| PQV-252412011002 | LPV-100414100120 | MRY-209423100102 |
| KRV-300126011102 | SPU-873113011122 | EQU-187120100122 |
| TRY-002121101020 | NQY-278625101020 | QRV-006214010022 |

따라서 올해 차량검사 대상인 차량은 총 3대이다.

## 34   SWOT 분석        정답 ④

전문가용 카메라가 일반화됨에 따라 사람들은 사진관을 이용하지 않고도 고화질의 사진을 촬영할 수 있게 되었다. 따라서 전문가용 카메라의 일반화는 사진관을 위협하는 외부환경에 해당한다.

> **SWOT 분석**
> 기업의 내부환경과 외부환경을 분석하여 강점(Strength), 약점(Weakness), 기회(Opportunity), 위협(Threat) 요인을 규정하고 이를 토대로 경영전략을 수립하는 기법
> • 강점(Strength) : 내부환경(자사 경영자원)의 강점
> • 약점(Weakness) : 내부환경(자사 경영자원)의 약점
> • 기회(Opportunity) : 외부환경(경쟁, 고객, 거시적 환경)에서 비롯된 기회
> • 위협(Threat) : 외부환경(경쟁, 고객, 거시적 환경)에서 비롯된 위협

## 35   SWOT 분석        정답 ②

ㄱ. 회사가 가지고 있는 신속한 제품 개발 시스템의 강점을 활용하여 새로운 해외시장의 소비자 기호를 반영한 제품을 개발하는 것은 강점을 통해 기회를 포착하는 SO전략에 해당한다.
ㄷ. 공격적 마케팅을 펼치고 있는 해외 저가 제품과 달리 오히려 회사가 가지고 있는 차별화된 제조 기술을 활용하여 고급화 전략을 추구하는 것은 강점으로 위협을 회피하는 ST전략에 해당한다.

오답분석

ㄴ. 저임금을 활용한 개발도상국과의 경쟁 심화와 해외 저가 제품의 공격적 마케팅을 고려하면 국내에 화장품 생산 공장을 추가로 건설하는 것은 적절한 전략으로 볼 수 없다. 약점을 보완하여 위협을 회피하는 전략을 활용하기 위해서는 오히려 저임금의 개발도상국에 공장을 건설하여 가격 경쟁력을 확보하는 것이 더 적절하다.
ㄹ. 낮은 브랜드 인지도가 약점이기는 하나, 해외시장에서의 한국 제품에 대한 선호가 증가하고 있는 점을 고려하면 현지 기업의 브랜드로 제품을 출시하는 것은 적절한 전략으로 볼 수 없다. 약점을 보완하여 기회를 포착하는 전략을 활용하기 위해서는 오히려 한국 제품임을 강조하는 홍보 전략을 세우는 것이 더 적절하다.

## 36 SWOT 분석

전기의 가격은 10 ~ 30원/km인 반면, 수소의 가격은 72.8원/km로 전기보다 수소의 가격이 더 비싸다. 하지만 원료의 가격은 자사의 내부환경의 약점(Weakness) 요인이 아니라 거시적 환경에서 비롯된 위협(Treat) 요인으로 보아야 한다.

**오답분석**

① (가) : 보조금 지원을 통해 첨단 기술이 집약된 친환경 차를 중형 SUV 가격에 구매할 수 있다고 하였으므로, 자사의 내부환경의 강점(Strength) 요인으로 볼 수 있다.
② (나) : 충전소가 전국 12개소에 불과하며, 올해 안에 10개소를 더 설치한다고 계획 중이지만 완공 여부는 알 수 없으므로, 자사의 내부환경의 약점(Weakness) 요인으로 볼 수 있다.
④ (라) : 친환경차에 대한 인기가 뜨겁다고 하였으므로, 고객이라는 외부환경에서 비롯된 기회(Opportunity) 요인으로 볼 수 있다.
⑤ (마) : 생산량에 비해 정부 보조금이 부족한 것은 외부환경에서 비롯된 위협(Treat) 요인으로 볼 수 있다.

## 37 규칙 적용

AN(한국) – 21(2021년) – 34(34번째 주) – BEY(프리미엄) – WA(하양) – T(256GB)

**오답분석**

② AN2334BEYWAT : 2023년에 생산된 스마트폰이다.
③ BA2134BEYWAT : 중국에서 생산된 스마트폰이다.
④ AN2134BEYMLT : 초록색 스마트폰이다.
⑤ AN2134HQCWAT : 한정판 스마트폰이다.

## 38 규칙 적용

DK(인도) – 20(2020년) – 01(첫 번째 주) – HQC(한정판) – VS(검정) – U(512GB)

**오답분석**

① DK2010HQCVSU : 열 번째 주에 생산된 스마트폰이다.
② DL2001HQCVSU : DL은 잘못된 제조공장 번호이다.
④ DK1001HQCVSU : 2020년은 20으로 나타내야 한다.
⑤ DK2001IOHVSU : 이벤트용 스마트폰이다.

## 39 규칙 적용

입사순서는 해당 월의 누적 입사순서이므로 'W05240401'은 4월의 첫 번째 입사자임을 나타낼 뿐, 해당 사원이 2024년 자격관리부서 최초의 여직원인지는 알 수 없다.

## 40 규칙 적용

| M01240903 | W03241005 | M05240912 | W05240913 | W01241001 | W04241009 |
|---|---|---|---|---|---|
| W02240901 | M04241101 | W01240905 | W03240909 | M02241002 | W03241007 |
| M03240907 | M01240904 | W02240902 | M04241008 | M05241107 | M01241103 |
| M03240908 | M05240910 | M02241003 | M01240906 | M05241106 | M02241004 |
| M04241101 | M05240911 | W03241006 | W05241105 | W03241104 | M05241108 |

따라서 여성(W) 입사자 중 기획부(03)에 입사한 사원은 모두 5명이다.

## 41 시간 계획

정답 ③

모스크바에 4일 오전 11시에 도착하려면 비행시간이 8시간이므로 모스크바 시간으로 4일 오전 3시에는 출발해야 한다. 모스크바 시간으로 4일 오전 3시는 한국 시간으로 4일 오전 9시이다($\because$ 인천이 6시간 빠름).

## 42 비용 계산

정답 ②

각 점포의 일일매출액을 $a$, $b$, $c$, $d$, $e$만 원이라고 하면 〈보기〉에서 다음과 같은 방정식을 도출할 수 있다.

$a = b - 30 \cdots$ ㉠
$b = d \times 0.2 \cdots$ ㉡
$d + e + 2,450 = c \cdots$ ㉢
$2c - 12d = 3,500 \cdots$ ㉣
$30e = 9,000 \cdots$ ㉤

㉤에서 $e = 300$이고, $e$를 ㉢에 대입하면 $c - d = 2,750$이므로 양변에 2를 곱하여 $2c - 2d = 5,500$으로 만든다. 이 식과 ㉣를 연립하면 $10d = 2,000$이므로 $d = 200$이다. 그러므로 $c = 2,750 + 200 = 2,950$이고 ㉡에서 $b = 200 \times 0.2 = 40$, ㉠에서 $a = 40 - 30 = 10$이다.
따라서 총합은 $10 + 40 + 2,950 + 200 + 300 = 3,500$만 원이다.

## 43 품목 확정

정답 ④

제시된 조건에 따르면 매주 일요일에 일괄구매한 B, C부품은 그다음 주의 A제품 생산에 사용하며, 1개의 A제품 생산 시 B부품 2개와 C부품 4개가 사용된다.

1주 차에는 A제품의 주문량은 없고, B부품 50개와 C부품 100개의 재고가 있으므로, A제품 25개$\left(\dfrac{50}{2} = 25, \dfrac{100}{4} = 25\right)$를 만들어 재고로 남긴다.

2주 차에는 A제품 175개$\left(\dfrac{450}{2} = 225, \dfrac{700}{4} = 175$이므로 175개만 가능$\right)$를 생산하여, 1주 차의 재고 25개와 함께 총 $175 + 25 = 200$개의 제품을 주문량에 맞춰 모두 판매한다. 이때 B부품은 $450 - (175 \times 2) = 100$개가 재고로 남는다.

3주 차에는 A제품 550개$\left(\dfrac{1,100}{2} = 550, \dfrac{2,400}{4} = 600$이므로 550개만 가능$\right)$를 생산할 수 있으며, 주문량에 따라 제품을 판매하면 $550 - 500 = 50$개의 재고가 남는다. 이때 C부품은 $2,400 - (550 \times 4) = 200$개가 재고로 남는다.
따라서 3주 차 토요일 판매완료 후의 재고량은 A제품 50개, B부품 0개, C부품 200개이다.

## 44 비용 계산

정답 ④

1일 평균임금을 $x$원이라 놓고 퇴직금 산정공식을 이용하여 계산하면 다음과 같다.
$1,900$만 $= [30x \times (5 \times 365)] \div 365$
$\rightarrow 1,900$만 $= 150x$
$\therefore x \doteqdot 13$만($\because$ 천의 자리에서 올림)
1일 평균임금이 13만 원이므로 甲의 평균 연봉을 계산하면 $13$만 $\times 365 = 4,745$만 원이다.

## 45 품목 확정

정답 ②

- 역의 개수 : 47개
- 역과 역 사이 구간 : $47 - 1 = 46$구간
- 당고개에서 오이도까지 걸리는 시간 : $2 \times 46 = 92$분
- ㉮ 열차의 경우
  - ㉮ 열차와 오이도행 열차의 출발 시각 차이 : 6시 - 5시 40분 = 20분
  - 오이도행 열차의 6시까지 이동구간의 개수 : $\dfrac{20}{2} = 10$구간
  - 오이도행 열차의 위치 순번 : $47 - 10 = 37$번
  - 1번째 역과 37번째 역의 중간역 : $(1 + 37) \div 2 = 19$번째 역

- ㉯ 열차의 경우
  - ㉯ 열차와 오이도행 열차의 출발 시각 차이 : 6시 24분−5시 40분=44분
  - 오이도행 열차의 6시 24분까지 이동구간의 개수 : $\dfrac{44}{2}$=22구간
  - 오이도행 열차의 위치 순번 : 47−22=25번
  - 1번째 역과 25번째 역의 중간역 : (1+25)÷2=13번째 역
- ㉰ 열차의 경우
  - ㉰ 열차와 오이도행 열차의 출발 시각 차이 : 6시 48분−5시 40분=68분
  - 오이도행 열차의 6시 48분까지 이동구간의 개수 : $\dfrac{68}{2}$=34구간
  - 오이도행 열차의 위치 순번 : 47−34=13번
  - 1번째 역과 13번째 역의 중간역 : (1+13)÷2=7번째 역

## 46  비용 계산                                    정답 ③

다음은 R대리가 각 교통편 종류를 택할 시 왕복 교통비용이다.
- 일반버스 : 24,000원×2=48,000원
- 우등버스 : 32,000원×2×0.99=63,360원
- 무궁화호 : 28,000원×2×0.85=47,600원
- 새마을호 : 36,000원×2×0.8=57,600원
- KTX : 58,000원

따라서 무궁화호가 47,600원으로 가장 저렴하다.

## 47  품목 확정                                    정답 ④

회사 근처 모텔에서 숙박 후 버스 타고 공항 이동 : 40,000원(모텔요금)+20,000원(버스요금)+30,000원(시간요금)=90,000원

**오답분석**

① 공항 근처 모텔로 버스 타고 이동 후 숙박 : 20,000원(버스요금)+30,000원(시간요금)+80,000원(공항 근처 모텔요금)=130,000원

② 공항 픽업 호텔로 버스 타고 이동 후 숙박 : 10,000원(버스요금)+10,000원(시간요금)+100,000원(호텔요금)=120,000원

③ 공항 픽업 호텔로 택시 타고 이동 후 숙박 : 20,000원(택시요금)+5,000원(시간요금)+100,000원(호텔요금)=125,000원

⑤ 회사 근처 모텔에서 숙박 후 택시 타고 공항 이동 : 40,000원(모텔요금)+40,000원(택시요금)+15,000원(시간요금)=95,000원

## 48  인원 선발                                    정답 ③

주어진 조건에 의하면 C참가자는 재료손질 역할을 원하지 않고, A참가자는 세팅 및 정리 역할을 원하고, D참가자 역시 재료손질 역할을 원하지 않는다. A참가자가 세팅 및 정리 역할을 하면 A참가자가 받을 수 있는 가장 높은 점수는 90+9=99점이고, C·D참가자는 요리보조, 요리 두 역할을 나눠하면 된다. 마지막으로 B참가자는 어떤 역할이든지 자신 있으므로 재료손질을 담당하면 된다.

C·D참가자가 요리보조와 요리 역할을 나눠가질 때, D참가자는 기존 점수가 97점이므로, 요리를 선택할 경우 97+7=104점이 되어 100점이 넘어가므로 요리 역할을 선택할 수 없다. 따라서 A참가자는 세팅 및 정리, B참가자는 재료손질, C참가자는 요리, D참가자는 요리보조 역할을 담당하면 모든 참가자의 의견을 수렴하면서 참가자 모두 최종점수가 100점을 넘지 않는다.

**49** 품목 확정 　　　　　　　　　　　　　　　　　　　　　　　　　　　　　　　정답 ①

경제적 의사결정을 위해 상품별 만족도 총합을 계산하면 다음과 같다.

(단위 : 점)

| 상품 ＼ 가격 ＼ 만족도 | 광고의 호감도 (5) | 디자인 (12) | 카메라 기능 (8) | 단말기 크기 (9) | A/S (6) | 만족도 총합 |
|---|---|---|---|---|---|---|
| A　135만 원 | 5 | 10 | 6 | 8 | 5 | 34 |
| B　128만 원 | 4 | 9 | 6 | 7 | 5 | 31 |
| C　125만 원 | 3 | 7 | 5 | 6 | 4 | 25 |

이때, 각 상품의 가격대비 만족도를 계산하면, 단위 금액당 만족도가 가장 높은 상품 $B\left(=\dfrac{31}{28}\right)$를 구입하는 것이 가장 합리적이다.

[오답분석]
② 단말기 크기의 만족도 만점 점수는 9점으로 카메라 기능보다 높기 때문에 단말기 크기를 더 중시하고 있음을 알 수 있다.
③ 세 상품 중 상품 A의 만족도가 가장 크지만, 비용을 고려해야 하기 때문에 상품 A를 구입하는 것은 합리적인 선택으로 볼 수 없다.
④ 예산을 125만 원으로 제한할 경우 상품 C를 선택할 것이다.
⑤ 만족도 점수 항목 중 휴대전화의 성능과 관련된 항목은 카메라 기능뿐이므로 지나치게 중시하고 있다고 볼 수 없다.


**50** 시간 계획 　　　　　　　　　　　　　　　　　　　　　　　　　　　　　　　정답 ④

• 한국시각 기준 비행기 탑승 시각 : 21일 8시 30분＋13시간＝21일 21시 30분
• 비행기 도착 시각 : 21일 21시 30분＋17시간＝22일 14시 30분
∴ 김사원의 출발 시각 : 22일 14시 30분－1시간 30분－30분＝22일 12시 30분


**51** 인원 선발 　　　　　　　　　　　　　　　　　　　　　　　　　　　　　　　정답 ⑤

팀별로 총 환산점수와 환산등급을 정리하면 다음과 같다.

| 구분 | 창의력 | 전달력 | 기술력 |
|---|---|---|---|
| A팀 | 7(80점) | 4(70점) | 6(100점) |
| B팀 | 8(100점) | 2(50점) | 5(70점) |
| C팀 | 3(70점) | 8(100점) | 2(40점) |
| D팀 | 8(100점) | 3(50점) | 4(70점) |
| E팀 | 8(100점) | 8(100점) | 6(100점) |

| 총 환산점수 | 환산등급 |
|---|---|
| A팀 : $\left(80\times\dfrac{50}{100}\right)+\left(70\times\dfrac{30}{100}\right)+\left(100\times\dfrac{20}{100}\right)=81$점 | B |
| B팀 : $\left(100\times\dfrac{50}{100}\right)+\left(50\times\dfrac{30}{100}\right)+\left(70\times\dfrac{20}{100}\right)=79$점 | C |
| C팀 : $\left(70\times\dfrac{50}{100}\right)+\left(100\times\dfrac{30}{100}\right)+\left(40\times\dfrac{20}{100}\right)=73$점 | C |
| D팀 : $\left(100\times\dfrac{50}{100}\right)+\left(50\times\dfrac{30}{100}\right)+\left(70\times\dfrac{20}{100}\right)=79$점 | C |
| E팀 : $\left(100\times\dfrac{50}{100}\right)+\left(100\times\dfrac{30}{100}\right)+\left(100\times\dfrac{20}{100}\right)=100$점 | A |

따라서 가장 높은 등급을 받은 팀은 A등급인 E팀이다.

## 52 인원 선발

제시된 당직 근무 규칙과 근무 일정을 정리하면 다음과 같다.

| 구분 | 월 | 화 | 수 | 목 | 금 | 토 | 일 |
|---|---|---|---|---|---|---|---|
| 오전 | 공주원<br>지한준<br>김민정 | 이지유<br>최유리 | 강리환<br>이영유 | 공주원<br>강리환<br>이건율 | 이지유<br>지한준 | 김민정<br>최민관<br>강지공 | 이건율<br>최민관 |
| 오후 | 이지유<br>최민관 | 최민관<br>이영유<br>강지공 | 공주원<br>지한준<br>강지공<br>김민정 | 최유리 | 이영유<br>강지공 | 강리환<br>최유리<br>이영유 | 이지유<br>김민정 |

당직 근무 규칙에 따르면 오후 당직의 경우 최소 2명이 근무해야 한다. 그러나 목요일 오후에 최유리 1명만 근무하므로 최소 1명의 근무자가 더 필요하다. 이때, 한 사람이 같은 날 오전·오후 당직을 모두 할 수 없으므로 목요일 오전 당직 근무자인 공주원, 강리환, 이건율은 제외된다. 또한 당직 근무는 주당 5회 미만이므로 이번 주에 4번의 당직 근무가 예정된 근무자 역시 제외된다. 따라서 지한준의 당직 근무 일정을 추가해야 한다.


## 53 인원 선발

정답 ③

㉠ 각 팀장이 매긴 순위에 대한 가중치는 모두 동일하다고 했으므로 1, 2, 3, 4순위의 가중치를 각각 4, 3, 2, 1점으로 정해 네 사람의 면접점수를 산정하면 다음과 같다.
- 갑 : 2+4+1+2=9점
- 을 : 4+3+4+1=12점
- 병 : 1+1+3+4=9점
- 정 : 3+2+2+3=10점

면접점수가 높은 을, 정 중 한 명이 입사를 포기하면 갑, 병 중 한 명이 채용된다. 갑과 병의 면접점수는 9점으로 동점이지만 조건에 따라 인사팀장이 부여한 순위가 높은 갑을 채용하게 된다.

㉢ 경영관리팀장이 갑과 병의 순위를 바꿨을 때, 네 사람의 면접점수를 산정하면 다음과 같다.
- 갑 : 2+1+1+2=6점
- 을 : 4+3+4+1=12점
- 병 : 1+4+3+4=12점
- 정 : 3+2+2+3=10점

즉, 을과 병이 채용되므로 정은 채용되지 못한다.

[오답분석]

㉡ 인사팀장이 을과 정의 순위를 바꿨을 때, 네 사람의 면접점수를 산정하면 다음과 같다.
- 갑 : 2+4+1+2=9점
- 을 : 3+3+4+1=11점
- 병 : 1+1+3+4=9점
- 정 : 4+2+2+3=11점

즉, 을과 정이 채용되므로 갑은 채용되지 못한다.


## 54 시간 계획

정답 ②

하루에 6명 이상은 근무해야 하므로 하루에 2명까지만 휴가를 쓸 수 있다. 따라서 A사원이 4일 이상 휴가를 쓰면서 최대 휴가 인원 2명을 유지할 수 있는 기간은 6~11일만 가능하다.

[오답분석]

① A사원은 4일 이상 휴가를 사용해야 하므로 6~11일 중 토·일요일을 제외하고 3일만 사용한 7~11일은 불가능하다.

인원 선발        정답 ④

A ~ E의 조건별 점수를 구하면 다음과 같다.

| 구분 | 직위 | 직종 | 근속연수 | 부양가족 수 | 주택 유무 | 합계 |
|------|------|------|----------|-------------|-----------|------|
| A | 3점 | 5점 | 3점 | – | 10점 | 21점 |
| B | 1점 | 10점 | 1점 | 4점 | 10점 | 26점 |
| C | 4점 | 10점 | 4점 | 4점 | – | 22점 |
| D | 2점 | 3점 | 1점 | 6점 | 10점 | 22점 |
| E | 5점 | 5점 | 5점 | 6점 | – | 21점 |

C과장과 D주임의 경우 동점으로, 부양가족 수가 더 많은 D주임이 우선순위를 가진다. 따라서 가장 높은 점수인 B사원과 D주임이 사택을 제공받을 수 있다.

**56** 비용 계산        정답 ②

10월의 전기세는 기타 계절의 요금으로 구한다.
먼저 전기요금을 구하면 기본요금은 341kWh를 사용했으므로 1,600원이고, 전력량 요금은 다음과 같다.
• 1단계 : 200kWh×93.3원/kWh=18,660원
• 2단계 : 141kWh×187.9원/kWh=26,493.9원
그러므로 전기요금은 1,600+(18,660+26,493.9)=1,600+45,153.9=46,753원(∵ 1원 미만 절사)이고, 부가가치세는 46,753원×0.1≒4,675원(∵ 1원 미만 반올림), 전력산업기반기금은 46,753원×0.037≒1,720원(∵ 10원 미만 절사)이다.
따라서 10월 청구금액은 46,753+4,675+1,720=53,148원이므로 53,140원(∵ 10원 미만 절사)이다.

**57** 비용 계산        정답 ②

직접비는 제품 또는 서비스를 창출하기 위해 직접 소요되는 비용으로, 재료비, 원료와 장비, 여행(출장) 및 잡비, 인건비 등이 포함된다. 그리고 간접비는 생산에 직접 관련되지 않는 비용으로, 보험료, 건물관리비, 광고비, 통신비 등이 포함된다. 따라서 여행(출장) 및 잡비는 제품 또는 서비스 창출에 직접 관련 있는 항목이므로 직접비에 해당한다.

**58** 품목 확정        정답 ①

직원 수가 100명이므로 주문해야 할 치킨은 50마리이다. 50마리 주문에 대해 선택지별로 주문 비용을 계산해 보면 다음과 같다.
① A치킨에서 방문 포장하고 단체 주문 옵션을 선택한다.
     15,000×50×{1−(0.35+0.05)}+50,000=500,000원
② B치킨에서 방문 포장하고 단체 주문 옵션을 선택한다.
     16,000×50×{1−(0.2+0.03)}+15,000=631,000원
③ A치킨에서 배달을 시킨다.
     15,000×50=750,000원
④ A치킨과 B치킨에서 전체의 반씩 방문 포장으로 단체 주문 옵션을 선택한다.
     {15,000×25×(1−0.35)+50,000}+{16,000×20×(1−0.23)}+{16,000×5×(1−0.2)}+15,000
     → 293,750+325,400=619,150원
⑤ B치킨에서 배달을 시킨다.
     16,000×50=800,000원
따라서 A치킨에서 방문 포장하고 단체 주문 옵션을 선택하는 것이 최소 비용으로 치킨을 먹을 수 있는 방법이다.

## 59 시간 계획 정답 ②

1) P기사가 거쳐야 할 경로는 'A도시 → E도시 → C도시 → A도시'이다. A도시에서 E도시로 바로 갈 수 없으므로 다른 도시를 거쳐야 하는데, 가장 짧은 시간 내에 A도시에서 E도시로 갈 수 있는 경로는 B도시를 경유하는 것이다. 따라서 P기사의 운송경로는 'A도시 → B도시 → E도시 → C도시 → A도시'이며, 이동시간은 $1.0+0.5+2.5+0.5=4.5$시간이다.

2) Q기사는 A도시에서 출발하여 모든 도시를 한 번씩 거친 뒤 다시 A도시로 돌아와야 한다. 해당 조건이 성립하는 운송경로의 경우는 다음과 같다.
  - A도시 → B도시 → D도시 → E도시 → C도시 → A도시
    - 이동시간 : $1.0+1.0+0.5+2.5+0.5=5.5$시간
  - A도시 → C도시 → B도시 → E도시 → D도시 → A도시
    - 이동시간 : $0.5+2.0+0.5+0.5+1.5=5$시간

  따라서 Q기사가 운행할 최소 이동시간은 5시간이다.


## 60 시간 계획 정답 ④

- A씨가 인천공항에 도착한 현지 날짜 및 시각

| | |
|---|---|
| 독일시각 | 11월 2일 19시 30분 |
| 소요시간 | + 12시간 20분 |
| 시차 | + 8시간 |
| | =11월 3일 15시 50분 |

인천공항에 도착한 시각은 한국시각으로 11월 3일 15시 50분이고, A씨는 3시간 40분 뒤에 일본으로 가는 비행기를 타야 한다. 비행 출발 시각 1시간 전에는 공항에 도착해야 하므로, 참여 가능한 환승투어 코스는 소요시간이 두 시간 이내인 엔터테인먼트, 인천시티, 해안관광이며, A씨의 인천공항 도착시각과 환승투어 코스가 바르게 짝지어진 것은 ④이다.


## 61 응용 수리 정답 ④

- 만나는 시간
  (거리)=(속력)×(시간)이므로 두 사람이 이동한 시간을 $x$시간이라고 하자. 두 사람이 이동한 거리의 합은 16km이므로 다음과 같은 식이 성립한다.
  $16=3x+5x$
  $\therefore x=2$
  따라서 두 사람은 출발한 지 2시간 만에 만나게 된다.
- 거리의 차
  - 갑이 이동한 거리 : $3\times2=6$km
  - 을이 이동한 거리 : $5\times2=10$km
  따라서 두 사람이 이동한 거리의 차이는 $10-6=4$km이다.


## 62 응용 수리 정답 ②

영희가 집에서 할머니를 기다린 10분을 제외하면, 학교에서 병원까지 총 이동시간은 1시간 40분이다.

1시간 40분은 $1+\dfrac{40}{60}=1+\dfrac{2}{3}=\dfrac{5}{3}$시간이고, 집과 병원 사이의 거리를 $x$km라고 하자.

$\dfrac{2x}{4}+\dfrac{x}{3}=\dfrac{5}{3}$

$\rightarrow \dfrac{5}{6}x=\dfrac{5}{3}$

$\therefore x=2$

따라서 병원에서 집까지의 거리는 2km이다.

## 63 자료 계산

정답 ④

2023년 하반기 영업팀 입사자 수를 $a$명, 2023년 하반기 인사팀 입사자 수를 $b$명이라 하면 다음과 같이 정리할 수 있다.

(단위 : 명)

| 구분 | 2023년 하반기 입사자 수 | 2024년 상반기 입사자 수 |
|------|----------------------|----------------------|
| 마케팅 | 50 | 100 |
| 영업 | $a$ | $a+30$ |
| 홍보 | 100 | $100 \times \dfrac{80}{100} = 80$ |
| 인사 | $b$ | $50 \times 2 = 100$ |
| 합계 | 320 | $320 \times \dfrac{125}{100} = 400$ |

- 2024년 상반기 입사자 수의 합 : $400 = 100 + (a+30) + 80 + 100 \rightarrow a = 90$
- 2023년 하반기 입사자 수의 합 : $320 = 50 + 90 + 100 + b \rightarrow b = 80$

$\therefore$ 2023년 하반기 대비 2024년 상반기 인사팀 입사자 수의 증감률 : $\dfrac{100-80}{80} \times 100 = 25\%$

## 64 응용 수리

정답 ②

2명씩 짝을 지어 한 그룹으로 보고 원탁에 앉는 방법은 원순열 공식 $(n-1)!$을 이용한다. 2명씩 3그룹이므로 $(3-1)! = 2 \times 1 = 2$가지이고, 그룹 내에서 2명이 자리를 바꿔 앉을 수 있는 경우는 2가지씩이다. 따라서 6명이 원탁에 앉을 수 있는 방법은 $2 \times 2 \times 2 \times 2 = 16$가지이다.

## 65 수열 규칙

정답 ④

주어진 수열은 앞의 항에 $+2^0 \times 10$, $+2^1 \times 10$, $+2^2 \times 10$, $+2^3 \times 10$, $+2^4 \times 10$, $+2^5 \times 10$, …인 수열이다.
따라서 (  ) $= 632 + 2^6 \times 10 = 632 + 640 = 1,272$이다.

## 66 자료 계산

정답 ③

여러 통화로 표시된 판매단가를 USD 기준으로 바꾸면 다음과 같다.

| 구분 | A기업 | B기업 | C기업 | D기업 | E기업 |
|------|-------|-------|-------|-------|-------|
| 판매단가($a$) | 8USD | 50CNY | 270TWD | 30AED | 550INR |
| 교환비율($b$) | 1 | 6 | 35 | 3 | 70 |
| $(a) \div (b)$ | 8 | 8.33⋯ | 7.71⋯ | 10 | 7.85⋯ |

따라서 C기업의 판매단가가 가장 경쟁력이 높다.

## 67 자료 계산

정답 ①

92m$^2$의 6억 원 초과 9억 원 이하 주택의 표준세율은 $0.02 + 0.002 + 0.002 = 0.024$이므로 거래금액을 $x$원이라고 하면 다음 식이 성립한다.
$x \times (1 + 0.024) = 670,000,000$
$\rightarrow 1.024x = 670,000,000$
$\therefore x ≒ 654,290,000 (\because$ 만 원 단위 미만 절사$)$
따라서 아파트의 거래금액은 65,429만 원이다.

## 68 자료 계산

- (가)=723−(76+551)=96
- (나)=824−(145+579)=100
- (다)=887−(131+137)=619
- (라)=114+146+688=948
- ∴ (가)+(나)+(다)+(라)=96+100+619+948=1,763

## 69 자료 이해
정답 ①

5급 공무원과 7급 공무원 채용인원 모두 2017부터 2021년까지 전년 대비 증가했고, 2022년에는 전년 대비 감소했다.

오답분석

ㄴ. 2014 ~ 2024년 동안 채용인원이 가장 적은 해는 5급과 7급 공무원 모두 2014년이며, 가장 많은 해는 2021년이다. 따라서 2021년과 2014년의 채용인원 차이는 5급 공무원이 28−18=10백 명, 7급 공무원은 49−31=18백 명으로 7급 공무원이 더 크다.

ㄷ. 2015년부터 2024년까지 전년 대비 채용인원의 증감량이 가장 많은 해는 5급 공무원의 경우 2022년일 때 전년 대비 23−28= −5백 명이 감소했고, 7급 공무원의 경우 2015년일 때 전년 대비 38−31=7백 명이 증가했다.

ㄹ. 2022년 채용인원은 5급 공무원이 23백 명, 7급 공무원이 47백 명으로 7급 공무원 채용인원이 5급 공무원 채용인원의 2배인 23×2=46백 명보다 많다.

## 70 자료 이해
정답 ③

ㄴ. 그래프를 통해 2월 21일의 원/달러 환율이 지난주 2월 14일보다 상승하였음을 알 수 있다.

ㄷ. 달러화의 강세란 원/달러 환율이 상승하여 원화가 평가절하되면서 달러의 가치가 높아지는 것을 의미한다. 3월 12일부터 3월 19일까지는 원/달러 환율이 계속해서 상승하는 추세이므로 옳은 설명이다.

오답분석

ㄱ. 3월 원/엔 환율의 경우 최고 환율은 3월 9일의 1,172.82원으로, 3월 한 달 동안 1,100원을 상회하는 수준에서 등락을 반복하고 있다.

ㄹ. 달러/엔 환율은 $\dfrac{(\text{원/엔 환율})}{(\text{원/달러 환율})}$ 로 도출할 수 있다. 그래프에 따르면 3월 27일 원/달러 환율은 3월 12일에 비해 상승하였고, 반대로 원/엔 환율은 하락하였다. 즉, 분모는 증가하고 분자는 감소하였으므로 3월 27일의 달러/엔 환율은 3월 12일보다 하락하였음을 알 수 있다.

## 71

사회법에서 사회란 의미는 약자보호를 의미하며, 산업재해보상보험법이 사회법에 해당한다.
- 공법 : 헌법, 행정법, 형법, 형사소송법, 민사소송법, 행정소송법, 국제법 등
- 사법 : 민법, 상법, 회사법, 어음법, 수표법 등
- 사회법 : 근로기준법, 연금법, 보험법, 사회보장법, 산업재해보상보험법 등

## 72

시효제도는 그 요건으로서 진정한 권리관계 여부를 묻지 않으므로 오히려 진정한 권리자의 권리를 불이익하게 할 수 있다.

## 73

해제조건 있는 법률행위는 조건이 성취한 때로부터 그 효력을 잃는다(민법 제147조 제2항).

[오답분석]
② 민법 제151조 제1항
③ 민법 제149조
④ 민법 제147조 제1항
⑤ 민법 제151조 제2항

## 74

법정대리의 소멸사유에는 본인의 사망, 대리인의 사망, 대리인의 성년후견의 개시 또는 파산 등이 있다(민법 제127조).

## 75

권리와 의무의 관계에 있어서는 권리가 있으면 이에 대응하는 의무가 있는 것이 원칙이다. 그러나 권리와 의무는 언제나 서로 대응하여 존재하는 것은 아니다. 권리가 대응하지 않는 의무도 있고, 의무가 대응하지 않는 권리도 있다.

**법과 도덕의 비교**

| 구분 | 법(法) | 도덕(道德) |
| --- | --- | --- |
| 목적 | 정의(Justice)의 실현 | 선(Good)의 실현 |
| 규율대상 | 평균인의 현실적 행위·결과 | 평균인의 내면적 의사·동기·양심 |
| 규율주체 | 국가 | 자기 자신 |
| 준수근거 | 타율성 | 자율성 |
| 표현양식 | 법률·명령형식의 문자로 표시함 | 표현양식이 다양함 |
| 특징 | 외면성 : 인간의 외부적 행위·결과 중시 | 내면성 : 인간의 내면적 양심과 동기 중시 |
| | 강제성 : 위반 시 국가권력에 의해 처벌받음 | 비강제성 : 규범의 유지·제재에 강제가 없음 |
| | 양면성 : 의무에 대응하는 권리가 있음 | 일면성(편면성) : 의무에 대응하는 권리가 없음 |

## 76

사회보험의 보험납부비용은 당사자뿐만 아니라 사회적 위험에 동일한 확률로 처해 있는 모든 해당 국민 개개인을 공동체로 서로 결합시킨 후, 그 부담을 국가, 사업주, 당사자에게 일정비율로 분산시킨다.

## 77

정답 ③

개방형 인사관리는 인사권자에게 재량권을 주어 정치적 리더십을 강화하고 조직의 장악력을 높여준다.

**개방형 인사관리의 장단점**

| 장점 | 단점 |
|---|---|
| • 행정의 대응성 제고<br>• 조직의 신진대사 촉진<br>• 정치적 리더십 확립을 통한 개혁 추진<br>• 세력 형성 및 조직 장악력 강화<br>• 행정에 전문가주의적 요소 강화<br>• 권위주의적 행정문화 타파<br>• 우수인재의 유치<br>• 행정의 질적 수준 증대<br>• 공직침체 및 관료화의 방지<br>• 재직공무원의 자기개발 노력 촉진 | • 조직의 응집성 약화<br>• 직업공무원제와 충돌<br>• 정실임용의 가능성<br>• 구성원 간의 불신<br>• 공공성 저해 가능성<br>• 민・관 유착 가능성<br>• 승진기회 축소로 재직공무원의 사기 저하<br>• 빈번한 교체근무로 행정의 책임성 저하<br>• 복잡한 임용절차로 임용비용 증가 |

## 78

정답 ⑤

총액배분 자율편성 예산제도는 중앙예산기관이 국가재정운용계획에 따라 각 부처의 지출한도를 하향식으로 설정해 주면 각 부처가 배정받은 지출한도 내에서 자율적으로 편성하는 예산제도이다.

## 79

정답 ②

규제피라미드는 규제가 또 다른 규제를 낳아 피규제자의 규제 부담이 점점 증가하는 현상이다.

(오답분석)

①・③・④・⑤ 규제의 역설에 대한 설명이다.

## 80

정답 ⑤

각국에서 채택된 정책의 상이성과 효과를 역사적으로 형성된 제도에서 찾으려는 접근방법은 역사학적 신제도주의이다.

(오답분석)

① 행태론은 인간을 사물과 같은 존재로 인식하기 때문에 인간의 자유와 존엄을 강조하기 보다는 인간을 수단적 존재로 인식한다.
② 자연현상과 사회현상을 동일시하여 자연과학적인 논리실증주의를 강조한 것은 행태론적 연구의 특성이다.
③ 후기 행태주의의 입장이다.
④ 행태주의는 보수성이 강한 이론이며, 제도변화와 개혁을 지향하지 않는다.

**행태론과 신제도론의 비교**

| 구분 | 행태론 | 신제도론 |
|---|---|---|
| 차이점 | 방법론적 개체주의, 미시주의 | 거시와 미시의 연계 |
| | 제도의 종속변수성<br>(제도는 개인행태의 단순한 집합) | 제도의 독립변수성<br>(제도와 같은 집합적 선호가 개인의 선택에 영향을 줌) |
| | 정태적 | 동태적(제도의 사회적 맥락과 영속성 강조) |
| 공통점 | 제한된 합리성 인정, 공식적 구조(제도)에 대한 반발 | |

## 81

교통체증 완화를 위한 차량 10부제 운행은 불특정 다수의 국민이 이익을 보고 불특정 다수의 국민이 비용을 부담하는 상황에 해당하기 때문에 대중정치의 사례가 된다.

[오답분석]

② 기업가정치는 고객정치상황과 반대로 환경오염규제, 소비자보호입법 등과 같이 비용은 소수의 동질적 집단에 집중되어 있으나 편익은 불특정 다수에게 넓게 확산되어 있는 경우이다. 사회적 규제가 여기에 속한다.

③ 이익집단정치는 정부규제로 예상되는 비용, 편익이 모두 소수의 동질적 집단에 귀속되고 그것의 크기도 각 집단의 입장에서 볼 때 대단히 크기때문에 양자가 모두 조직화와 정치화의 유인을 강하게 갖고 있고 조직력을 바탕으로 각자의 이익확보를 위해 상호 날카롭게 대립하는 상황이다. 규제가 경쟁적 관계에 있는 강력한 두 이익집단 사이의 타협과 협상에 따라 좌우되는 특징을 보이며 일반적으로 소비자 또는 일반국민의 이익은 거의 무시된다.

④ 고객정치는 수혜집단은 신속히 정치조직화하며 입법화를 위해 정치적 압력을 행사하며 정책의제화가 비교적 용이하게 이루어진다. 경제적 규제가 여기에 속한다.

⑤ Wilson의 규제정치모형에 소비자정치는 포함되지 않는다.

**Wilson의 규제정치모형**

| 구분 | | 규제의 편익 | |
|---|---|---|---|
| | | 집중 | 분산 |
| 규제비용 | 집중 | 이익집단정치 | 운동가의 정치(기업가정치) |
| | 분산 | 고객정치 | 대중정치 |

## 82

ㄱ. 분배정책은 정부가 가지고 있는 권익이나 서비스 등 자원을 배분하는 정책이다. 수혜자들은 서비스와 편익을 더 많이 취하기 위해서 다투게 되므로 포크배럴(구유통), 로그롤링과 같은 정치적 현상이 발생하기도 한다.

ㄷ. 재분배정책은 누진소득세, 임대주택 건설사업 등이 대표적이다.

[오답분석]

ㄴ. 재분배정책에 대한 설명이다. 분배정책은 갈등이나 반발이 별로 없기 때문에 가장 집행이 용이한 정책이다.

ㄹ. 분배정책이 재분배정책에 비해서 안정적 정책을 위한 루틴화의 가능성이 높고 집행을 둘러싼 논란이 적어 집행이 용이하다.

**분배정책과 재분배정책의 비교**

| 구분 | 분배정책 | 재분배정책 |
|---|---|---|
| 재원 | 조세(공적 재원) | 고소득층 소득 |
| 성격과 갈등 정도 | 없음(Non-Zero Sum) | 많음(Zero Sum) |
| 정책 | 사회간접자본 건설 | 누진세, 임대주택 건설 |
| 이념 | 능률성, 효과성, 공익성 | 형평성 |
| 집행 | 용이 | 곤란 |
| 수혜자 | 모든 국민 | 저소득층 |
| 관련 논점 | 포크배럴(구유통 정책), 로그롤링 | 이념상, 계급 간 대립 |

## 83

기본적 귀인 오류는 긍정적인 결과와 부정적인 결과를 모두 초래한다. 복잡한 사회적 상황을 처리하는 데 필요한 시간과 에너지를 절약할 수 있지만, 행위자의 행동을 기질의 직접적인 결과라고 믿는다면 사회적 소외 계층에게 무관심해질 수 있다.

## 84

③

명목집단법은 여러 대안을 마련하고 그중 하나를 선택하는 데 초점을 두는 구조화된 집단의사결정 기법으로, 팀원 각자의 독창적인 사고를 제한한다는 전통적인 집단의사결정 기법의 단점을 보완한다.

오답분석
① 델파이 기법에 대한 설명이다.
② NM법에 대한 설명이다.
④ 고든법에 대한 설명이다.
⑤ 브레인스토밍기법에 대한 설명이다.

## 85

정답 ④

경쟁우위 전략에서는 원가우위 전략과 차별화 전략 중 하나만을 선택해야 하며, 두 가지 전략을 동시에 추구하면 높은 수익률을 거두지 못할 것이라고 보았다.

## 86

정답 ③

카르텔은 같은 종류의 상품을 생산하는 기업이 서로 가격이나 생산량, 출하량 등을 협정해서 경쟁을 피하고 이윤을 확보하려는 기업 연합이다. 대표적인 단체로 석유수출기구(OPEC)가 있다.

오답분석
① 트러스트(Trust)에 대한 설명이다.
② PMI(Post Merger Integration)에 대한 설명이다.
④ 콘체른(Konzern)에 대한 설명이다.
⑤ 신디케이트(Syndicate)에 대한 설명이다.

## 87

정답 ③

규범기는 역할과 규범을 받아들이고 수행하며 성과로 이어지는 단계이다.

> **터크만(Tuckman)의 집단 발달의 5단계 모형**
> 1. 형성기(Forming) : 집단의 구조와 목표, 역할 등 모든 것이 불확실한 상태로, 상호 탐색 및 방향 설정을 함
> 2. 격동기(Storming) : 소속감, 능력, 영향력은 인식한 상태로, 권력분배와 역할분담 등에서 갈등과 해결 과정을 겪음
> 3. 규범기(Norming) : 집단의 구조, 목표, 역할, 규범, 소속감, 응집력 등이 분명한 상태로, 협동과 몰입을 함
> 4. 성과달성기(Performing) : 비전 공유 및 원활한 커뮤니케이션으로 집단목표를 달성한 상태로, 자율성과 높은 생산성을 가짐
> 5. 해체기(Adjourning) : 집단의 수명이 다하여 멤버들은 해산됨

## 88

정답 ④

**시장세분화의 요건**
• 측정가능성 : 세분시장의 특성(고객 수, 구매력)의 측정이 가능해야 함
• 접근가능성 : 유통경로나 매체를 통한 접근이 가능해야 함
• 실행가능성 : 세분시장을 공략하기 위한 효과적 마케팅 프로그램을 개발할 수 있어야 함
• 충분한 세분시장 규모 : 충분한 이익을 얻을 수 있어야 함
• 차별화 가능성 : 세분시장 내는 동질적이어야 하고, 세분시장 간은 이질적이어야 함

## 89

정답 ⑤

수직의 수요곡선이란 수요가 완전비탄력적임을 의미한다. 공급곡선은 일반적인 형태라고 하였으므로, 이 경우 조세를 소비자가 모두 부담하게 되어 부과된 조세만큼 시장가격이 상승한다.

오답분석

① 생산자 가격은 조세 부과 후에도 동일하다. 따라서 생산자 잉여는 불변이다.
② 조세가 모두 소비자에게 귀착된다.
③ 조세 부과로 인해 공급곡선은 상방이동 한다.
④ 수요곡선이 수직이므로, 공급곡선이 이동해도 시장 거래량은 불변이다.

## 90

정답 ⑤

생산가능곡선 내부의 점은 비효율적인 생산점, 선상의 점은 효율적인 생산점, 외부의 점은 현재 능력으로는 생산을 달성할 수 없는 점을 뜻한다. 현재 실업이 발생하고 있다는 것은 비효율적인 생산점에 있음을 의미한다. 따라서 실업의 감소는 생산가능곡선 내부의 점에서 생산가능곡선상의 점으로의 이동에 해당한다.

오답분석

① 생산가능곡선은 일반적으로 우하향하고, 원점에 오목한 형태를 가진다.
② 생산가능곡선상의 점들은 모두 생산측면의 파레토 효율을 만족한다.
③ 생산가능곡선의 접선의 기울기는 한계변환율(MRT)을 의미한다. X재를 가로축, Y재를 세로축에 표기할 때 $\mathrm{MRT}_{XY}$는 'X재 한 단위를 생산하기 위해 포기해야 하는 Y재의 수량', 즉 X재 생산의 기회비용을 뜻한다.
④ 기술의 진보는 생산가능곡선을 바깥쪽으로 이동시킨다. X재 생산에서 기술진보가 발생하면 생산가능곡선이 X재 방향으로 확장된다. 이것은 생산가능곡선의 기울기가 감소하는 것이고, X재 생산의 기회비용이 감소함을 뜻한다.

## 91

정답 ②

실업률은 '(실업자)÷(경제활동인구)×100'으로 분자인 실업자 수가 증가하거나, 분모인 경제활동인구가 감소하는 경우 실업률은 상승한다. 전업주부는 비경제활동인구로 분류되므로, 직장인이 전업주부가 되면 비경제활동인구가 증가하고 경제활동인구가 감소하기 때문에 실업률이 상승한다.

오답분석

가. 취업준비생은 경제활동인구 중 실업자에 해당하고, 구직 포기자는 비경제활동인구에 해당한다. 따라서 취업준비생이 구직을 포기하는 경우, 실업자 수와 경제활동인구 수가 동시에 감소하여 실업률이 하락한다.
다. 취업 상태를 유지하고 있는 것이므로 실업률은 불변이다.
라. 대학생은 비경제활동인구에 해당한다. 부모님의 식당 등 가족사업장에서 주당 18시간 이상 근로하는 경우 취업자로 분류되기 때문에 분모인 경제활동인구가 증가하게 되어 실업률은 하락한다.

## 92

정답 ④

이자율 평가설에서는 $i = i^* + \dfrac{f-e}{e}$ 가 성립한다(단, $i$는 자국이자율, $i^*$는 외국이자율, $f$는 연간 선물환율, $e$는 현물환율이다).

문제에서 $i=0.05$, $i^*=0.025$, $e=1,200$이므로 식에 대입하면 $f=1,230$이 도출된다.
따라서 연간 선물환율은 1,230원/달러이다.

## 93

정답 ③

공공부조란 빈곤자·장애자·노령자 등 사회적으로 보호해야 할 자에게 최소한의 인간다운 생활을 할 수 있도록 국가가 원조해 주는 사회보장제도를 말한다. 수급권자의 근로의욕을 저하시키고 수치심을 유발할 수 있다는 단점이 있다.

## 94

노동자가 10명일 때 1인당 평균생산량이 30단위이므로 총생산량은 $10 \times 30 = 300$단위이다. 노동자가 11명일 때 1인당 평균생산량이 28단위이므로 총생산량은 $11 \times 28 = 308$이다. 따라서 11번째 노동자의 한계생산량은 8단위이다.

## 95

**사회복지실천에서 전문적 관계의 특성**
• 서로 합의된 의식적 목적이 있다.
• 클라이언트의 욕구가 중심이 된다.
• 시간적인 제한을 둔다.
• 전문가 자신의 정서를 통제하는 관계이다.
• 사회복지사는 특화된 지식 및 기술, 그리고 전문적 윤리강령에서 비롯되는 권위를 가진다.

## 96

사회민주주의 이론에서 복지국가는 사회민주세력의 전리품으로써, 노동의 정치적 세력 확대의 결과로 발전한다고 본다. 반면, 복지국가는 노동자계급을 대변하는 정치적 집단의 정치적 세력이 커질수록 발전한다는 것이며, 복지국가를 자본과 노동의 계급투쟁에서 노동이 획득한 전리품으로 본다.

## 97

사회복지의 효율성을 논할 때 파레토 효율과 수단적 효율이 있다. 전자는 더 이상 어떠한 개선이 불가능한 최적의 자원배분 상태를 의미하며, 후자는 특정한 목표를 달성하는 데 가능한 한 적은 자원을 투입하여 최대한의 산출을 얻는 것을 의미한다.

## 98

산업재해보상보험법 제37조 제1항에 따르면 업무상 재해로 인정되는 업무상 질병은 업무수행 과정에서 물리적 인자, 화학물질, 분진, 병원체, 신체에 부담을 주는 업무 등 근로자의 건강에 장해를 일으킬 수 있는 요인을 취급하거나 그에 노출되어 발생한 질병을 가리킨다. 또한 업무상 부상이 원인이 되어 발생한 질병, 직장 내 괴롭힘, 고객의 폭언 등으로 인한 업무상 정신적 스트레스가 원인이 되어 발생한 질병, 그밖에 업무와 관련하여 발생한 질병을 포함하고 있다.

## 99

'지혜'는 에릭슨(Erikson)의 심리사회적 발달단계 중 노년기(65세 이후)에서 나타나는 심리사회적 위기의 긍정적 결과(혹은 자아강점)에 해당한다.

## 100

희망키움통장과 내일키움통장은 근로빈곤층의 탈빈곤과 자활의 활성화를 목적으로 하는 자산형성 지원사업으로, 2022년부터는 희망저축계좌 Ⅰ·Ⅱ 및 청년내일저축계좌로 사업이 개편되었다.

오답분석
① 의료급여의 급여비용은 대통령령으로 정하는 바에 따라 그 전부 또는 일부를 의료급여기금에서 부담하되, 의료급여기금에서 일부를 부담하는 경우 그 나머지 비용은 본인이 부담한다(의료급여법 제10조).
③ 기준 중위소득은 통계법에 따라 통계청이 공표하는 통계자료의 가구 경상소득(근로소득, 사업소득, 재산소득, 이전소득을 합산한 소득)의 중간값에 최근 가구소득 평균 증가율, 가구규모에 따른 소득수준의 차이 등을 반영하여 가구규모별로 산정한다(국민기초생활보장법 제6조의2 제1항).
④ 일정한 거소가 없는 사람으로서 경찰관서에서 무연고자로 확인된 사람은 의료급여 1종 수급권자의 대상에 포함된다(의료급여법 시행령 제3조 제2항 제3호).
⑤ 의료급여를 제외한 국민기초생활보장제도의 급여 종류별 부양의무자 기준은 사실상 폐지되었다.

| 01 | 02 | 03 | 04 | 05 | 06 | 07 | 08 | 09 | 10 | 11 | 12 | 13 | 14 | 15 | 16 | 17 | 18 | 19 | 20 |
|----|----|----|----|----|----|----|----|----|----|----|----|----|----|----|----|----|----|----|----|
| ② | ④ | ① | ④ | ④ | ② | ④ | ④ | ④ | ⑤ | ② | ⑤ | ③ | ④ | ③ | ④ | ① | ③ | ③ | ⑤ |
| 21 | 22 | 23 | 24 | 25 | 26 | 27 | 28 | 29 | 30 | 31 | 32 | 33 | 34 | 35 | 36 | 37 | 38 | 39 | 40 |
| ④ | ① | ② | ⑤ | ② | ④ | ③ | ① | ① | ② | ③ | ⑤ | ④ | ② | ④ | ③ | ② | ⑤ | ③ | ③ |
| 41 | 42 | 43 | 44 | 45 | 46 | 47 | 48 | 49 | 50 | 51 | 52 | 53 | 54 | 55 | 56 | 57 | 58 | 59 | 60 |
| ② | ③ | ⑤ | ③ | ② | ① | ⑤ | ④ | ③ | ② | ④ | ② | ④ | ② | ⑤ | ① | ③ | ③ | ① | ② |
| 61 | 62 | 63 | 64 | 65 | 66 | 67 | 68 | 69 | 70 | 71 | 72 | 73 | 74 | 75 | 76 | 77 | 78 | 79 | 80 |
| ③ | ② | ② | ④ | ④ | ① | ③ | ① | ④ | ① | ⑤ | ③ | ⑤ | ① | ④ | ③ | ④ | ② | ② | ② |
| 81 | 82 | 83 | 84 | 85 | 86 | 87 | 88 | 89 | 90 | 91 | 92 | 93 | 94 | 95 | 96 | 97 | 98 | 99 | 100 |
| ⑤ | ② | ③ | ② | ① | ③ | ② | ② | ① | ④ | ② | ④ | ⑤ | ③ | ③ | ① | ② | ⑤ | ① | ④ |

## 01 직업기초능력

### 01 문서 수정

정답 ②

ⓒ을 포함한 문장의 주어는 '전문가들'이고 서술어는 '말한다'이다. 따라서 서술부 '들여야 한다고 말한다'를 그대로 두는 것이 적절하다.

오답분석

ⓐ '그러므로'의 사전적 정의는 '앞의 내용이 뒤의 내용의 이유나 원인, 근거가 될 때 쓰는 접속 부사'이므로 적절하지 않다. '상태, 모양, 성질 등이 앞에서 말한 것과 같다.'라는 뜻의 '그렇다면'으로 고치는 것이 적절하다.
ⓒ '-던'은 과거에 있었던 일을 표현할 때 사용하는 어미이므로 적절하지 않다. 선택의 의미를 나타내는 어미 '-든'으로 고치는 것이 적절하다.
ⓔ '-되어지다'는 피동의 뜻을 더하고 동사를 만드는 접미사 '-되다'에 남의 힘에 의하여 앞말이 뜻하는 행동을 입음을 나타내는 '-(어)지다'가 더해진 것이다. 이는 피동형이 중복되어 쓰인 잘못된 표현이다.
ⓜ '기억력 향상'이라는 글의 주제와는 상반되는 내용이므로 삭제해야 한다.

### 02 글의 주제

정답 ④

제시문의 두 번째 문단에서 전기자동차 산업이 확충되고 있음을 언급하면서 구리가 전기자동차의 배터리를 만드는 데 핵심 재료임을 설명하고 있기 때문에 '전기자동차 산업 확충에 따른 산업금속 수요의 증가'가 글의 핵심 내용으로 적절하다.

오답분석

①·⑤ 제시문에서 언급하고 있는 내용이기는 하나 핵심 내용으로 보기는 어렵다.
② 제시문에서 '그린 열풍'을 언급하고 있으나, 그 현상의 발생 원인은 제시되어 있지 않다.
③ 제시문에서 산업금속 공급난이 우려된다고 언급하고 있으나 그로 인한 문제는 제시되어 있지 않다.

## 03 전개 방식　정답 ①

제시문은 주로 '한 번 문이 열리면 다시 그 문을 닫기란 매우 어렵다.'와 '철학의 모험은 자주 거칠고 무한한 혼돈의 바다에 표류하는 작은 뗏목에 비유된다.' 등 비유적 표현으로 논의의 대상인 '철학의 특성(모험적 성격)'을 밝히고 있다.

## 04 내용 추론　정답 ④

글쓴이는 철학의 특성인 '모험성'과 '대가'를 알리기 위해 '동굴의 비유'를 인용하였다. 즉, '동굴 안'은 기존의 세계를, '동굴 밖'은 기존의 세계를 뛰어넘은 곳(진리의 세계)을, 동굴 안에서 동굴 밖을 지나는 과정은 '모험'을 뜻한다고 볼 수 있다. 또한 동굴의 밖에 도달하여 과거 세계의 허구성을 아는 것을 '지식 획득'으로, 무지의 장막에 휩싸인 자들에게 받는 불신과 박해를 혹독한 '대가'라고 할 수 있는 것이다.

## 05 문서 내용 이해　정답 ④

온건한 도덕주의는 일부 예술작품만 도덕적 판단의 대상이 된다고 보고, 극단적 도덕주의는 모든 예술작품이 도덕적 판단의 대상이 된다고 본다. 따라서 온건한 도덕주의에서 도덕적 판단의 대상이 되는 예술작품은 극단적 도덕주의에서도 도덕적 판단의 대상이다.

오답분석
① 자율성주의는 예술작품의 미적 가치와 도덕적 가치가 서로 자율성을 유지한다고 보며, 미적 가치가 도덕적 가치보다 우월한 것으로 본다고 할 수는 없다.
② 온건한 도덕주의에서는 예술작품 중 일부에 대해서 긍정적 또는 부정적 도덕적 가치판단이 가능하다고 하였으며, 미적 가치와 도덕적 가치의 독립적인 지위를 인정해야 한다는 언급은 없다.
③ 자율성주의는 모든 예술작품이 도덕적 가치판단의 대상이 될 수 없다고 본다.
⑤ 두 번째 문단 네 번째 줄에서 톨스토이는 극단적 도덕주의의 입장을 대표한다고 하였다.

## 06 글의 제목　정답 ②

제시문은 사회보장제도가 무엇인지 정의하고 있으므로 글의 제목으로 '사회보장제도의 의의'가 가장 적절하다.

오답분석
① 두 번째 문단에서만 사회보험과 민간보험의 차이점을 언급하고 있다.
③ 우리나라만의 사회보장에 대한 설명은 아니다.
④ 대상자를 언급하고 있지만 글 내용의 일부로 글의 전체적인 제목으로는 적절하지 않다.
⑤ 소득보장에 대해서는 언급하고 있지 않다.

## 07 글의 주제　정답 ④

글쓴이는 동물들이 사용하는 소리는 단지 생물학적인 조건에 대한 반응 또는 본능적인 감정 표현의 수단일 뿐, 사람의 말과 동물의 소리에 근본적인 차이가 존재한다고 말한다. 즉, 동물들이 나름대로 가지고 있는 본능적인 의사소통능력은 인간의 것과 다르다는 것이다. 따라서 글쓴이의 주장으로 소리를 내는 동물의 행위는 대화나 토론·회의 같이 서로 의미를 주고받는 인간의 언어활동으로 볼 수 없다는 ④가 가장 적절하다.

## 08 글의 제목　정답 ④

제시문은 딸기에 들어 있는 비타민 C와 항산화 물질, 식물성 섬유질, 철분 등을 언급하며 딸기의 다양한 효능을 설명하고 있다.

## 09 내용 추론　정답 ④

딸기는 건강에 좋지만 당도가 높으므로 혈당 조절이 필요한 사람은 마케팅 대상으로 적절하지 않다.

## 10 문단 나열       정답 ⑤

제시된 문단은 선택적 함묵증을 불안장애로 분류하고 있다. 그러므로 불안장애에 대한 구체적인 설명 및 행동을 설명하는 (라)
문단이 이어지는 것이 논리적으로 타당하다. 다음에는 불안장애인 선택적 함묵증을 치료하기 위한 방안인 (가) 문단이 적절하고,
(가) 문단에서의 제시한 치료방법의 구체적 방안 중 하나인 '미술 치료'를 언급한 (다) 문단이 이어지는 것이 적절하다. 마지막으로
(다) 문단에서 언급한 '미술 치료'가 선택적 함묵증의 증상을 보이는 아동에게 어떠한 영향을 미치는지 언급한 (나) 문단이 이어지는
것이 가장 적절하다.

## 11 내용 추론       정답 ②

제시문에서 필자는 3R 원칙을 강조하며 가장 필수적이고 최저한의 동물실험이 필요악임을 주장하고 있다. 특히 '보다 안전한 결과를
도출해내기 위한 동물실험은 필요악이며, 이러한 필수적인 의약실험조차 금지하려 한다는 것은 기술 발전 속도를 늦춰 약이 필요한
누군가의 고통을 감수하자는 이기적인 주장'이라는 대목을 통해 약이 필요한 이들을 위한 의약실험에 초점을 맞추고 있음을 확인할
수 있다. 따라서 ②의 주장처럼 생명과 큰 관련이 없는 동물실험을 비판의 근거로 삼는 것은 적절하지 않다.

## 12 내용 추론       정답 ⑤

마지막 문단에 따르면 '라이헨바흐는 자연이 일양적일 수도 있고 그렇지 않을 수도 있음을 전제'하며, '자연이 일양적인지 그렇지
않은지 알 수 없는 상황에서는 귀납을 사용하는 것이 옳은 선택'이라고 한다. 그러나 ⑤와 같이 귀납이 현실적으로 옳은 추론 방법임
을 밝히기 위해 자연의 일양성이 선험적 지식임을 증명하고 있는 것은 아니다.

오답분석
① 라이헨바흐는 '어떤 방법도 체계적으로 미래 예측에 계속해서 성공할 수 없다는 논리적 판단을 통해 귀납은 최소한 다른 방법보
　다 나쁘지 않은 추론'이라고 확인한다. 하지만 이것은 귀납의 논리적 허점을 현실적 차원에서 해소하려는 것이며, 논리적 허점을
　완전히 극복한 것은 아니라는 점에서 비판의 여지가 있다.
② 라이헨바흐는 '귀납의 정당화 문제로부터 과학의 방법인 귀납을 옹호하기 위해 현실적 구제책을 제시'한다. 이것은 귀납이 과학
　의 방법으로 사용될 수 있음을 지지하려는 것이다.
③ 라이헨바흐는 '자연이 일양적일 경우 우리의 경험에 따라 귀납이 점성술이나 예언 등의 다른 방법보다 성공적인 방법'이라고
　판단하며, '자연이 일양적이지 않다면 어떤 방법도 체계적으로 미래 예측에 계속해서 성공할 수 없다는 논리적 판단을 통해
　귀납은 최소한 다른 방법보다 나쁘지 않은 추론이라고 확인'한다. 따라서 라이헨바흐가 귀납과 다른 방법을 비교하기 위해 경험
　적 판단과 논리적 판단을 활용했음을 알 수 있다.
④ 라이헨바흐는 '자연이 일양적인지 그렇지 않은지 알 수 없는 상황에서는 귀납을 사용하는 것이 옳은 선택'이라고 본다. 따라서
　라이헨바흐는 귀납과 견주어 미래 예측에 더 성공적인 방법이 없다는 판단을 근거로 귀납의 가치를 보여 주고 있다.

## 13 빈칸 삽입       정답 ③

제시문은 태양의 온도를 일정하게 유지해 주는 에너지원에 대한 설명이다. 태양의 온도가 일정하게 유지되는 이유는 태양 중심부의
온도가 올라가 핵융합 에너지가 늘어나면 에너지의 압력으로 수소를 밖으로 밀어내어 중심부의 밀도와 온도를 낮춰주기 때문이다.
즉, 태양 내부에서 중력과 핵융합 반응의 평형상태가 유지되기 때문에 태양은 50억 년간 빛을 낼 수 있었고, 앞으로도 50억 년
이상 더 빛날 수 있는 것이다. 따라서 빈칸에 들어갈 내용으로 '태양이 오랫동안 안정적으로 빛을 낼 수 있게 된다.'가 가장 적절하다.

## 14 빈칸 삽입       정답 ④

빈칸의 뒤에 나오는 내용을 살펴보면, 양안시에 대해 설명하면서 양안시차를 통해 물체와의 거리를 파악한다고 하였으므로 빈칸에
거리와 관련된 내용이 나왔음을 짐작해 볼 수 있다. 따라서 빈칸에 들어갈 내용은 '사냥감과의 거리를 정확히 파악하는 데 효과적이
기 때문이다.'가 가장 적절하다.

## 15 빈칸 삽입

개별존재로서 생명의 권리를 갖기 위해서는 개별존재로서 생존을 지속시키고자 하는 욕망을 가질 수 있어야 하며, 이를 위해서 자신을 일정한 시기에 걸쳐 존재하는 개별존재로서 파악해야 한다. 따라서 '자신을 일정한 시기에 걸쳐 존재하는 개별존재로서 파악할 수 있는 존재만이 생명에 대한 권리를 가질 수 있다.'는 빈칸 앞의 결론을 도출하기 위해 개별존재로서 생존을 지속시키고자 하는 욕망이 개별존재로서의 인식을 가능하게 한다는 내용이 있어야 하므로 ③이 적절하다.

## 16 글의 주제

제시문은 통계 수치의 의미를 정확하게 이해하고 도구와 방법을 바르게 사용해야 하며, 특히 아웃라이어의 경우를 생각해야 한다고 주장하고 있다.

**오답분석**

①·② 집단을 대표하는 수치로서의 '평균' 자체가 숫자 놀음과 같이 부적당하다고는 언급하지 않았다.
③ 아웃라이어가 있는 경우에는 평균보다는 최빈값이나 중앙값이 대푯값으로 더 적당하다.
⑤ 통계의 유용성은 글의 도입부에 잠깐 인용되었을 뿐, 제시문의 중심 내용으로 볼 수 없다.

## 17 내용 추론

제시문은 우유의 긍정적인 측면을 강조하면서, 마지막에는 우유의 효과에 대한 부정적인 견해를 비판하고 있다. 따라서 글의 뒤에 이어질 내용으로는 우유 섭취를 권장하는 내용이 적절하다.

## 18 문서 수정

'적다'는 '수효나 분량, 정도가 일정한 기준에 미치지 못하다.'는 의미를 지니며, '작다'는 '길이, 넓이, 부피 따위가 비교 대상이나 보통보다 덜하다.'는 의미를 지닌다. 즉, '적다'는 양의 개념이고, '작다'는 크기의 개념이므로 공해 물질의 양과 관련된 ⓒ에는 '적게'가 적절하다.

## 19 문단 나열

샌드위치를 소개하는 (다) 문단이 가장 먼저 오는 것이 적절하며, 그 다음으로 샌드위치 이름의 유래를 소개하는 (나) 문단이 적절하다. 그 뒤를 이어 샌드위치 백작에 대한 평가가 엇갈림을 설명하는 (가) 문단이, 마지막으로는 이러한 엇갈린 평가를 구체적으로 설명하는 (라) 문단이 이어져야 한다.

## 20 빈칸 삽입

음식 이름의 주인공인 샌드위치 백작은 일부에서는 유능한 정치인·군인이었던 인물로 평가되는 반면, 다른 한편에서는 무능한 도박꾼으로 평가되고 있는 것을 볼 때 ⑤가 빈칸에 들어갈 내용으로 가장 적절하다.

## 21 SWOT 분석

기회요인은 외부환경요인에 속하므로 회사 내부를 제외한 외부의 긍정적인 면으로 작용하는 것을 말한다. ④는 외부의 부정적인 면으로서 위협요인에 해당하며, ①·②·③·⑤는 외부환경의 긍정적인 요인으로 볼 수 있어 기회요인에 해당한다.

제2회 최종점검 모의고사 • **99**

## 22  자료 해석

제시된 조건에 따라 각각의 컴퓨터에 점수를 부여하면 다음과 같다.

(단위 : 점)

| 컴퓨터＼항목 | 램 메모리 용량 | 하드 디스크 용량 | 가격 | 총점 |
|---|---|---|---|---|
| A | 0 | 50 | 200 | 250 |
| B | 100 | 0 | 100 | 200 |
| C | 0 | 100 | 0 | 100 |
| D | 100 | 50 | 0 | 150 |
| E | 50 | 0 | 100 | 150 |

항목별 점수의 합이 가장 큰 컴퓨터를 구입한다고 하였으므로 갑은 A컴퓨터를 구입하게 된다.

## 23  명제 추론

먼저 문제에서 E가 참석할 수 없다고 하였고, 두 번째 조건에서 D 또는 E는 반드시 참석해야 한다고 하였으므로 D는 반드시 참석한다는 것을 알 수 있다.

다음으로 첫 번째 조건에서 A와 B가 함께 참석할 수는 없지만 둘 중 한 명은 반드시 참석해야 한다고 하였으므로 (A, D)와 (B, D)의 조합이 가능함을 알 수 있다. 그리고 세 번째 조건을 대우명제로 바꾸면 'D가 참석한다면 C도 참석한다.'가 되므로 (A, D, C)와 (B, D, C)의 조합이 가능함을 알 수 있다.

이때 마지막 조건에서 B가 참석하지 않으면 F도 참석하지 못한다고 하였으므로 (A, D, C)의 조합은 가능하지 않다는 것을 알 수 있다(∵ 4명의 직원으로 팀을 구성해야 함). 따라서 가능한 팀의 조합은 (B, D, C, F)의 1개이다.

## 24  자료 해석

국제해양기구의 마지막 의견에서 회의 시설에서 C를 받은 도시는 후보도시에서 제외한다고 하였으므로 대전과 제주를 제외한 서울과 인천, 부산의 점수를 정리하면 다음과 같다.

(단위 : 점)

| 구분 | 서울 | 부산 | 인천 |
|---|---|---|---|
| 회의 시설 | 10 | 7 | 10 |
| 숙박 시설 | 10 | 10 | 7 |
| 교통 | 7 | 7 | 10 |
| 개최 역량 | 10 | 10 | 3 |
| 가산점 | – | 5 | 10 |
| 합산점수 | 37 | 39 | 40 |

따라서 합산점수가 가장 높은 인천이 개최도시로 선정된다.

## 25 자료 해석

정답 ②

재무팀이 2종목에서 이긴 상황에서 기획팀이 최대의 승점을 얻을 수 있는 경우는 다음과 같다.

ⅰ) 재무팀과의 맞대결을 펼친 단체줄넘기에서 승리
ⅱ) 족구에서는 기획팀이 재무팀에 패배
ⅲ) 피구에서는 재무팀이 인사팀에 승리
ⅳ) 제기차기에서는 기획팀이 인사팀에 승리

이때 재무팀이 얻은 승점은 280점인데 반해 기획팀은 270점에 그치므로 기획팀이 종합 우승을 할 수는 없게 된다.

오답분석

① 법무팀은 모든 종목에서 결승에 진출하지 못했으므로 현재까지 얻은 120점이 최종 획득점수이다. 이때 기획팀의 경우 진출한 3종목의 결승전에서 모두 패하더라도 210점을 획득하므로 법무팀보다 승점이 높게 된다. 따라서 법무팀은 남은 경기결과에 상관없이 종합 우승을 할 수 없다.

③ 기획팀이 남은 경기에서 모두 지게 되면 얻게 되는 승점은 210점이며, 피구에서 인사팀이 재무팀을 이겼다고 가정하더라도 재무팀의 승점은 290점이 된다. 한편 이 경우 인사팀이 얻게 되는 승점은 220점에 불과하므로 결국 재무팀이 종합 우승을 차지하게 된다.

④ 재무팀이 남은 경기에서 모두 패하면 얻게 되는 승점은 220점이며, 기획팀과 인사팀의 승점은 마지막 제기차기의 결승결과에 따라 달라지게 된다. 만약 인사팀이 승리하게 되면 인사팀은 220점, 기획팀은 280점을 얻게 되고, 기획팀이 승리하게 되면 인사팀은 200점, 기획팀은 300점을 얻게 된다. 이를 정리하면 다음과 같다.
ⅰ) 인사팀 승리 : 기획팀(280점), 재무팀(220점), 인사팀(220점)
ⅱ) 기획팀 승리 : 기획팀(300점), 재무팀(220점), 인사팀(200점)
따라서 인사팀이 승리하는 경우와 기획팀이 승리하는 경우 모두 재무팀이 종합 준우승을 차지하게 되므로 옳은 내용임을 알 수 있다.

⑤ 인사팀이 남은 경기인 피구와 제기차기에서 모두 이긴다면 인사팀이 얻을 수 있는 승점 합계는 220점이며, 이 두 종목에서 재무팀은 80점, 기획팀은 70점을 확보하게 된다. 그런데 단체줄넘기와 족구 모두 기획팀과 재무팀이 결승에 진출한 상태이므로 어느 조합의 결과가 나오더라도 두 팀의 종합승점은 220점을 넘게 된다. 따라서 인사팀은 종합 우승을 할 수 없다.

## 26 명제 추론

정답 ④

대화 내용을 순서대로 살펴보면 다음과 같다.

ⅰ) 민경과 지나 : 생일이 5명 중에서 가장 빠를 가능성이 있다고 하였으므로 지나의 생일은 3월이 되어야 한다. 다만 다른 3월생의 날짜를 알지 못하므로 가장 빠른지의 여부를 확신하지 못한다.

ⅱ) 정선과 혜명 : 앞의 대화에서 지나가 3월생이라고 하였는데 정선의 생일이 그보다 빠를 가능성이 있다고 하였다. 따라서 나머지 3월생은 혜명이 된다.

ⅲ) 지나와 민경 : 남은 생일은 6월(1명)과 9월(2명)이다. 만약 민경이 6월생이라면 나머지 정선과 효인은 9월생이 되어야 하므로 몇 월생인지 알 수 있다. 하지만 그렇지 않다고 하였으므로 민경은 9월생이 되어야 한다.

ⅳ) 혜명과 효인 : 민경이 9월생인데 효인은 자신이 민경보다 생일이 빠른지를 확신할 수 없다고 하였다. 만약 효인이 6월생이었다면 당연히 자신의 생일이 빠르다는 것을 알 수 있지만 그렇지 않다고 하였으므로 효인은 9월생이어야 한다.

따라서 남은 6월생은 정선이 된다.

## 27 명제 추론

정답 ③

주어진 명제를 정리하면 '진달래를 좋아함 → 감성적 → 보라색을 좋아함 → 백합을 좋아하지 않음'이므로 진달래를 좋아하는 사람은 보라색을 좋아한다.

## 28 명제 추론

주어진 조건에 따라 시험 과목의 순서를 배치해 보면 다음 표와 같다.
• 경우 1

| 첫 번째 | 두 번째 | 세 번째 | 네 번째 | 다섯 번째 | 여섯 번째 |
| --- | --- | --- | --- | --- | --- |
| ㅁ | ㄹ | ㄱ | ㄴ | ㅅ | ㅂ |

• 경우 2

| 첫 번째 | 두 번째 | 세 번째 | 네 번째 | 다섯 번째 | 여섯 번째 |
| --- | --- | --- | --- | --- | --- |
| ㅁ | ㄹ | ㄱ | ㄴ | ㅂ | ㅅ |

따라서 네 번째로 보게 될 시험 과목은 ㄴ이다.


## 29 명제 추론

정답 ①

주어진 조건에 따라 잡화점의 매대 구성을 추론해 보면 다음과 같다.

| 3층 | 수정테이프, 색종이 |
| --- | --- |
| 2층 | 수첩, 볼펜 |
| 1층 | 지우개, 샤프 |

따라서 매대 1층에는 샤프와 지우개가 있다.


## 30 명제 추론

정답 ②

주어진 조건에 따라 옥상 정원 구조를 추론해 보면 다음과 같다.

| 1줄 | 은행나무, 벚나무 |
| --- | --- |
| 2줄 | 플라타너스, 단풍나무 |
| 3줄 | 소나무, 감나무 |
| 4줄 | 밤나무, 느티나무 |

따라서 벚나무는 은행나무와 함께 맨 앞줄에 심어져 있다.


## 31 명제 추론

정답 ③

조건을 바탕으로 할 때 가능한 경우는 다음과 같다.

| 구분 | 1교시 | 2교시 | 3교시 | 4교시 |
| --- | --- | --- | --- | --- |
| 경우 1 | 사회 | 국어 | 영어 | 수학 |
| 경우 2 | 사회 | 수학 | 영어 | 국어 |
| 경우 3 | 수학 | 사회 | 영어 | 국어 |

따라서 2교시가 수학일 때 1교시는 사회이며, 3교시는 항상 영어이므로 A와 B 모두 옳다.

## 32 명제 추론

주어진 조건을 정리해 보면 다음과 같다.

| 구분 | A지사 | B지사 | C지사 | D지사 | E지사 |
|------|-------|-------|-------|-------|-------|
| 경우 1 | 가 | 마 | 다 | 라 | 나 |
| 경우 2 | 나 | 마 | 다 | 라 | 가 |

따라서 항상 참인 것은 ⑤이다.

[오답분석]

①·②·③ 주어진 조건만으로는 판단하기 힘들다.

④ 가는 A지사에 배정될 수도, 배정받지 못할 수도 있다.


## 33 상황 판단

정답 ④

[오답분석]

① 필리핀의 높은 전기요금은 원료비가 적게 드는 신재생에너지를 통해 낮출 수 있다. 또한 열악한 전력 인프라는 분석 결과에 나타나 있지 않다.

② 자사는 현재 중국 시장에서 풍력과 태양광 발전소를 운영 중에 있으므로 중국 시장으로의 진출은 대안으로 적절하지 않다. 또한 중국 시장이 경쟁이 적은지 알 수 없다.

③ 체계화된 기술 개발 부족은 자사가 아닌 경쟁사에 대한 분석 결과이므로 적절하지 않다.

⑤ 자사는 필리핀 화력발전사업에 진출한 이력을 지니고 있으며, 현재 필리핀의 태양광 발전소 지분을 인수하였으므로 중국 등과 협력하기보다는 필리핀 정부와 협력하는 것이 바람직하다.


## 34 자료 해석

정답 ②

유동인구가 가장 많은 마트 앞에는 설치가능 일자가 일치하지 않아 설치할 수 없고, 나머지 장소는 설치가 가능하다. 유동인구가 많은 순서대로 살펴보면 K공단 본부, 주유소, 우체국, 동사무소 순서이지만 주유소는 우체국과 유동인구가 20명 이상 차이가 나지 않으므로 게시기간이 긴 우체국에 설치한다. 따라서 K공단 본부와 우체국에 설치한다.


## 35 자료 해석

정답 ④

설치 후보 장소별로 설치 및 게시 비용의 합을 정리하면 다음과 같다.

| 구분 | 동사무소 | K공단 본부 | 우체국 | 주유소 | 마트 |
|------|---------|-----------|--------|--------|------|
| 설치 비용 | 200만 원 | 300만 원 | 250만 원 | 200만 원 | 300만 원 |
| 하루 게시 비용 | 10만 원 | 8만 원 | 12만 원 | 12만 원 | 7만 원 |
| 게시 기간 | 16일 | 21일 | 10일 | 9일 | 24일 |
| 합계 비용 | 200만+(10만×16)<br>=360만 원 | 300만+(8만×21)<br>=468만 원 | 250만+(12만×10)<br>=370만 원 | 200만+(12만×9)<br>=308만 원 | 300만+(7만×24)<br>=468만 원 |

따라서 308만 원으로 가장 저렴한 주유소에 설치한다.

## 36 자료 해석

B안의 가중치는 전문성인데 자원봉사제도는 (−)이므로 적절하지 않다.

[오답분석]

① 전문성 면에서는 유급법률구조제도가 (+), 자원봉사제도가 (−)로 적절한 설명이다.
② A안에 가중치를 적용할 경우 접근용이성과 전문성에 가중치를 적용하므로 두 정책목표 모두에서 (+)를 보이는 유급법률구조제도가 가장 적절하다.
④ B안에 가중치를 적용할 경우 전문성에 가중치를 적용하므로 (+)를 보이는 유급법률구조제도가 가장 적절하며, A안에 가중치를 적용할 경우 ②에 의해 유급법률구조제도가 가장 적절하다. 따라서 어떤 것을 적용하더라도 결과는 같다.
⑤ 비용저렴성을 달성하려면 (+)를 보이는 자원봉사제도가 가장 유리하다.


## 37 자료 해석

- (총공급전력량)=8,600만+(150만×3)=9,050만 kW
- (최대전력수요)=7,300만×(1−0.03)=7,081만 kW
- (전력예비율)=$\dfrac{9,050만-7,081만}{7,081만}\times100\fallingdotseq27.81\%$

따라서 정책목표인 30%에 미치지 않으므로 적절하지 않은 정책 대안이다.

[오답분석]

① • (총공급전력량)=8,600만+(150만×1)=8,750만 kW
  • (최대전력수요)=7,300만×(1−0.1)=6,570만 kW
  • (전력예비율)=$\dfrac{8,750만-6,570만}{6,570만}\times100\fallingdotseq33.18\%$

③ • (총공급전력량)=8,600만+(150만×6)=9,500만 kW
  • (최대전력수요)=7,300만×(1−0.01)=7,227만 kW
  • (전력예비율)=$\dfrac{9,500만-7,227만}{7,227만}\times100\fallingdotseq31.45\%$

④ • (총공급전력량)=8,600만+(150만×8)=9,800만 kW
  • (최대전력수요)=7,300만 kW
  • (전력예비율)=$\dfrac{9,800만-7,300만}{7,300만}\times100\fallingdotseq34.25\%$

⑤ • (총공급전력량)=8,600만 kW
  • (최대전력수요)=7,300만×(1−0.12)=6,424만 kW
  • (전력예비율)=$\dfrac{8,600만-6,424만}{6,424만}\times100\fallingdotseq33.87\%$


## 38 규칙 적용

기업 대표이지만 VIP이므로 고객구분은 ㄷ, 대출신청을 하였으므로 업무는 Y, 업무내용은 B가 적절하며, 접수창구는 VIP실인 00이 된다. 따라서 기록 현황에는 'ㄷYB00'을 기재해야 한다.

## 39 규칙 적용

기록 현황을 정리하면 다음과 같다.

| ㄱXa10 | ㄴYA05 | ㄴYB03 | ㄱXa01 | ㄱYB03 |
|---|---|---|---|---|
| 10번 창구 없음<br>잘못된 기록 | 기업고객<br>대부계<br>대출상담<br>5번창구 | 기업고객<br>대부계<br>대출신청<br>3번창구 | 개인고객<br>수신계<br>예금<br>1번창구 | 개인고객<br>대부계<br>대출신청<br>3번창구 |
| ㄱXab02 | ㄷYC00 | ㄴYA01 | ㄴYA05 | ㄴYAB03 |
| 개인고객<br>수신계<br>예금 · 적금<br>2번창구 | VIP고객<br>대부계<br>대출완료<br>VIP실 | 기업고객<br>대부계<br>대출상담<br>1번창구 | 기업고객<br>대부계<br>대출상담<br>5번창구 | 기업고객<br>대부계<br>대출상담 · 신청<br>3번창구 |
| ㄱYAB00 | ㄱYaA04 | ㄱXb02 | ㄷYB0 | ㄱXa04 |
| 개인 – VIP실<br>불가<br>잘못된 기록 | 대부계 – 예금<br>불가<br>잘못된 기록 | 개인고객<br>수신계<br>적금<br>2번창구 | 0번 창구 없음<br>잘못된 기록 | 개인고객<br>수신계<br>예금<br>4번창구 |

따라서 잘못된 기록은 4개이다.

## 40 규칙 적용

예금 – 3회, 적금 – 2회, 대출상담 – 4회, 대출신청 – 3회, 대출완료 – 1회
따라서 가장 많이 기록된 업무내용은 대출상담이다.

## 41 시간 계획

A씨의 업무시간은 점심시간 1시간을 제외하면 8시간이다. 주간업무계획 수립으로 8시간$\times\frac{1}{8}=$1시간을, 프로젝트 회의로 8시간$\times$
$\frac{2}{5}=$192분$=$3시간 12분을, 거래처 방문으로 8시간$\times\frac{1}{3}=$160분$=$2시간 40분을 보냈다. 따라서 남은 시간은 8시간$-$(1시간$+$3
시간 12분$+$2시간 40분)$=$1시간 8분이다.

## 42 인원 선발

A ~ E의 성과급 점수를 계산해 보면 다음과 같다.
• A대리 : $(85\times0.5)+(90\times0.5)=$87.5점
• B과장 : $(100\times0.3)+(85\times0.1)+(80\times0.6)=$86.5점
• C사원 : $(95\times0.6)+(85\times0.4)=$91점
• D차장 : $(80\times0.2)+(90\times0.3)+(85\times0.5)=$85.5점
• E과장 : $(100\times0.3)+(85\times0.1)+(80\times0.6)=$86.5점
따라서 성과급 점수가 90점 이상인 S등급에 해당하는 사람은 C사원이다.

## 43 　비용 계산 　　　　　　　　　　　　　　　　　　　　　　　정답 ⑤

- 슬로푸드 선물세트 : 28,000×0.71=19,880 → 19,800원(∵ 10원 단위 절사)
  - 마케팅부 주문금액(㉮) : 19,800×13=257,400원
- 흑삼 에브리진생 : 75,000×0.66=49,500원
  - 인사부 주문금액(㉯) : 49,500×16=792,000원
- 한과 선물세트 : 28,000×0.74=20,720 → 20,700원(∵ 10원 단위 절사)
  - 경영지원부 주문금액(㉰) : 20,700×9=186,300원

따라서 K공단의 주문총액은 396,000+257,400+384,000+792,000+186,300=2,015,700원이다.


## 44 　비용 계산 　　　　　　　　　　　　　　　　　　　　　　　정답 ③

첫 번째 조건에 의하면 내구연한이 8년 이상인 소화기는 폐기처분하여야 한다. 2025년 1월 1일을 기준으로 하였을 때, 제조연도가
2015년, 2016년인 소화기는 처분대상이 되므로 총 39개이며, 폐기처분비용은 10,000×39=39만 원이 발생된다.
두 번째 조건에 의하면 지시압력계가 노란색이거나 빨간색이면 신형 소화기로 교체처분을 하여야 한다. 2017∼2019년까지 노란색으
로 표시된 소화기는 총 5개이며, 빨간색으로 표시된 소화기는 3개이다. 따라서 교체비용은 50,000×(5+3)=40만 원이 발생된다.
세 번째 조건에 의하면 소화기는 최소한 60개 이상 보유하여야 한다. 2017∼2019년의 소화기 총계가 51개이므로 9개의 신형
소화기를 새로 구매하여야 한다. 따라서 구매비용은 50,000×9=45만 원이 발생된다.
그러므로 최종적으로 발생된 전체비용은 39만 원+40만 원+45만 원=124만 원이다.


## 45 　품목 확정 　　　　　　　　　　　　　　　　　　　　　　　정답 ②

B버스(9시 출발, 소요시간 40분) → KTX(9시 45분 출발, 소요시간 1시간 32분) : 도착시간 오전 11시 17분으로 가장 먼저 도착한다.

**오답분석**

① A버스(9시 20분 출발, 소요시간 24분) → 새마을호(9시 45분 출발, 소요시간 3시간) : 도착시간 오후 12시 45분
③ 지하철(9시 30분 출발, 소요시간 20분) → KTX(10시 30분 출발, 소요시간 1시간 32분) : 도착시간 오후 12시 2분
④ B버스(9시 출발, 소요시간 40분) → 새마을호(9시 40분 출발, 소요시간 3시간) : 도착시간 오후 12시 40분
⑤ 지하철(9시 30분 출발, 소요시간 20분) → 새마을호(9시 50분 출발, 소요시간 3시간) : 도착시간 오후 12시 50분


## 46 　시간 계획 　　　　　　　　　　　　　　　　　　　　　　　정답 ①

두 번째 조건에서 경유지는 서울보다 +1시간, 출장지는 경유지보다 -2시간이므로 서울과 -1시간 차이다.
김대리가 서울에서 경유지를 거쳐 출장지까지 가는 과정을 서울시각 기준으로 정리하면 다음과 같다.
서울 5일 오후 1시 35분 출발→오후 1시 35분+3시간 45분=오후 5시 20분 경유지 도착→오후 5시 20분+3시간 50분(대기시
간)=오후 9시 10분 경유지에서 출발→오후 9시 10분+9시간 25분=6일 오전 6시 35분 출장지 도착
따라서 출장지에 도착했을 때 현지 시각은 서울보다 1시간 느리므로 오전 5시 35분이다.

## 47 품목 확정

하루에 한 번만 이동하므로, 본사 복귀 전 마지막으로 9월 7일에 방문할 발전소는 산청발전소이다. 그러므로 청평발전소, 무주발전소, 예천발전소 간의 방문 순서만 정하면 된다. 경로에 따른 이동소요시간을 계산하면 다음 표와 같다(마지막 날 산청발전소에서 본사로의 이동시간은 모든 경우에서 동일하므로 계산에서 제외하면 시간을 절약할 수 있다. 또한 계산상 편의를 위해 '1시간=60분'으로 환산하여 계산하였다).

| 구분 | 총소요시간 |
|---|---|
| ① | 55분+45분+110분+35분=245분 |
| ② | 55분+50분+110분+80분=295분 |
| ③ | 125분+110분+50분+65분=350분 |
| ④ | 125분+45분+50분+35분=255분 |
| ⑤ | 40분+50분+45분+80분=215분 |

따라서 이동에 소요되는 시간이 가장 작은 경로는 ⑤이다.

## 48 시간 계획

정답 ④

공정이 진행되는 순서는 다음과 같다.

| 7월 | | | | | | | 8월 |
|---|---|---|---|---|---|---|---|
| | | B | B | | | B | |
| 25일 | 26일 | 27일 | 28일 | 29일 | 30일 | 31일 | 1일 |
| A | A | A | C, A | 주말휴식 | 주말휴식 | C | |

- 25 ~ 26일 : A공정에 의해 100개 생산
- 27 ~ 28일 : A공정에 의해 100개 생산
- 27 ~ 31일 : B공정에 의해 150개 생산
- 28 ~ 31일 : C공정에 의해 200개 생산

따라서 7월 31일이 되어서야 550개의 제품이 생산되므로 7월 31일에 생산이 끝난다.

## 49 비용 계산

정답 ③

먼저 A씨의 퇴직금을 구하기 위해서는 1일 평균임금을 구해야 한다.
3개월간 임금 총액은 6,000,000+720,000=6,720,000원이고, 1일 평균임금은 6,720,000원÷80=84,000원이다.
따라서 퇴직금은 84,000원×30일×(730÷365)=5,040,000원이다.

## 50 비용 계산

정답 ②

국민연금법에 따라 납부해야 할 금액을 정리하면 다음과 같다.
1) 제3항 – 사업장가입자
　　① 4,000,000×0.045=180,000원
　　③ 5,200,000×0.045=234,000원
2) 제4항 – 지역자입자, 임의가입자 및 임의계속가입자
　　② 3,000,000×0.09=270,000원
　　④ 1,600,000×0.09=144,000원
　　⑤ 2,500,000×0.09=225,000원
따라서 가장 많은 금액을 납부해야 하는 경우는 ②이다.

## 51 ┃ 품목 확정

정답 ④

경로별 거리의 총합은 다음과 같다.

| 구분 | 거리 총합 |
|---|---|
| 경로 1 | 46.5+127+92.2+72.77=338.47km |
| 경로 2 | 31.5+127+92.2+93.7=344.4km |
| 경로 3 | 145.2+92.2+22.3+87.69=347.39km |
| 경로 4 | 30.6+120.3+72.7+104.56=328.16km |
| 경로 5 | 37.4+57.2+31.3+202.53=328.43km |

따라서 장과장이 집에서 출장지까지 회사 차로 이동하는 최단거리의 경로는 328.16km인 '경로 4'이다.

## 52 ┃ 비용 계산

정답 ②

입원제비용, 수술비를 제외한 입원비용 중 실손보험 병실의료비를 제외하고 실제로 부담하게 되는 금액을 묻고 있으므로 오직 병실사용비용 중 실질부담금을 도출하면 된다.

건강보험 적용 후 실손보험 적용 전, 김주임이 부담하여야 하는 금액은 병실료는 1인실이므로 비급여 항목이기 때문에 전액 본인이 부담하게 되므로 8일×160,000원=1,280,000원이 된다.

이 중 실손 보험을 통해 지급받는 8일간의 입원의료비를 도출하면 70,000원+[(160,000원−70,000원)×50%]×8일=920,000원 이지만, 1일 10만 원 한도이므로 80만 원이 지급된다.

따라서 김주임이 실제로 부담하는 병실의료비는 1,280,000−800,000=480,000원이다.

## 53 ┃ 품목 확정

정답 ④

회전 대응 보관의 원칙은 입·출하의 빈도가 높은 품목을 출입구 가까운 곳에 보관하는 것을 말한다.

오답분석

① 통로 대면의 원칙 : 물품의 창고 내 입고와 출고를 용이하게 하고, 창고 내의 원활한 흐름과 활성화를 위하여 물품을 통로에 면하여 보관한다.

② 중량 특성의 원칙 : 물품의 중량에 대응하여 보관 장소나 고저를 결정하는 것으로, 무거운 물품일수록 출구와 가까운 하층부에 보관한다.

③ 선입 선출의 원칙 : 먼저 보관한 물품을 먼저 출고하는 원칙으로, 일반적으로 상품의 수명 주기가 짧은 경우 적용한다.

⑤ 네트워크 보관의 원칙 : 물품 정리 및 이동 거리의 최소화를 지원하는 방식으로, 출하 품목의 연대적 출고가 예상되는 제품을 한데 모아 정리하고 보관한다.

## 54 ┃ 비용 계산

정답 ②

먼저 Y → A로 5만 원에 100톤을 공급한다(500만 원). 다음은 X → D로 5만 원에 20톤을 공급하고(100만 원), X → C로 6만 원에 50톤을 공급한다(300만 원). 마지막으로 Z → B로 7만 원에 80톤을 공급한다(560만 원). 따라서 최소 총수송비는 500만+100 만+300만+560만=1,460만 원이다.

## 55 품목 확정

정답 ⑤

선택지에 해당되는 교통편의 비용을 계산해 보면 다음과 같다.
① 대형버스 1대 : 500,000원
② 소형버스 1대+렌터카 1대 : 200,000+130,000=330,000원
③ 소형버스 1대+택시 1대 : 200,000+(120,000×2)=440,000원
④ 렌터카 3대 : (80,000×3×0.95)+(50,000×3)=378,000원
⑤ 대중교통 13명 : 13,400×13×2×0.9=313,560원
따라서 다섯 가지 교통편 조합 중 가장 저렴한 방법은 13명 모두 대중교통을 이용하는 것이다.

## 56 품목 확정

정답 ①

각 교통편을 김대리의 기준에 따라 계산하면 다음과 같다.
• CZ3650 : (2×1,000,000×0.6)+(500,000×0.8)=1,600,000원
• MU2744 : (3×1,000,000×0.6)+(200,000×0.8)=1,960,000원
• G820 : (5×1,000,000×0.6)+(120,000×0.8)=3,096,000원
• Z391 : (7×1,000,000×0.6)+(100,000×0.8)=4,280,000원
• D42 : (8×1,000,000×0.6)+(70,000×0.8)=4,856,000원
따라서 김대리가 선택하는 교통편은 CZ36500이다.

## 57 인원 선발

정답 ③

각 조에서 팀별로 한 번씩 경기를 치러야 하므로 조별 경기 수는 $_6C_2=\dfrac{6\times5}{2\times1}=15$경기이다. 1경기를 치르면 각 팀은 승무패 중 하나의 결과를 얻는다. 그러므로 한 조의 승무패의 합은 15×2=30이 되고, 승과 패의 수는 같아야 한다. 이를 활용하여 경기결과를 도출할 수 있고, 승점을 계산하면 다음과 같다.

| | 1조 | | | 2조 | |
| --- | --- | --- | --- | --- | --- |
| 팀 | 결과 | 승점 | 팀 | 결과 | 승점 |
| A | 1승 4무 | 1×2+4×1=6점 | G | 3승 2패 | 3×2+2×0=6점 |
| B | 4승 1무 | 4×2+1×1=9점 | H | 2승 2무 1패 | 2×2+2×1+1×0=6점 |
| C | 1무 4패 | 1×1+4×0=1점 | I | 2승 1무 2패 | 2×2+1×1+2×0=5점 |
| D | 2무 3패 | 2×1+3×0=2점 | J | 3승 1무 1패 | 3×2+1×1+1×0=7점 |
| E | 3승 1무 1패 | 3×2+1×1+1×0=7점 | K | 1무 4패 | 1×1+4×0=1점 |
| F | 2승 1무 2패 | 2×2+1×1+2×0=5점 | L | 1승 3무 1패 | 1×2+3×1+1×0=5점 |

따라서 결승에 진출하는 팀은 1조의 B팀과 2조의 J팀이다.

## 58 시간 계획

정답 ③

밴쿠버 지사에 메일이 도착한 밴쿠버 현지 시각은 4월 22일 오전 12시 15분이지만, 업무 시간이 아니므로 메일을 읽을 수 없다. 따라서 밴쿠버 지사에서 가장 빠르게 메일을 읽을 수 있는 시각은 전력 점검이 끝난 4월 22일 오전 10시 15분이다. 모스크바는 밴쿠버와 10시간의 시차가 있으므로 이때의 모스크바 현지 시각은 4월 22일 오후 8시 15분이다.

## 59 인원 선발

정답 ①

평가지표 결과와 지표별 가중치를 이용하여 지원자들의 최종 점수를 계산하면 다음과 같다.

- A지원자 : $(3\times3)+(3\times3)+(5\times5)+(4\times4)+(4\times5)+5=84$점
- B지원자 : $(5\times3)+(5\times3)+(2\times5)+(3\times4)+(4\times5)+5=77$점
- C지원자 : $(5\times3)+(3\times3)+(3\times5)+(3\times4)+(5\times5)=76$점
- D지원자 : $(4\times3)+(3\times3)+(3\times5)+(5\times4)+(4\times5)+5=81$점
- E지원자 : $(4\times3)+(4\times3)+(2\times5)+(5\times4)+(5\times5)=79$점

따라서 K공단에서 올해 채용할 지원자는 A, D지원자이다.

## 60 인원 선발

정답 ②

먼저 참가가능 종목이 2개인 사람부터 종목을 확정한다. D는 훌라후프와 줄다리기, E는 계주와 줄다리기, F는 줄넘기와 줄다리기, G는 줄다리기와 2인 3각, J는 계주와 줄넘기이다. 여기에서 E와 J는 계주 참가가 확정되고, 참가 인원이 1명인 훌라후프 참가자가 D로 확정되었으므로 나머지는 훌라후프에 참가할 수 없다. 그러므로 C는 계주와 줄넘기에 참가한다. 다음으로 종목별 참가가능 인원이 지정별 참가 인원과 동일한 경우 참가를 확정시키면, 줄다리기와 2인 3각 참여 인원이 확정된다. A는 줄다리기와 2인 3각에 참가하고, B·H·I 중 한 명이 계주에 참가하게 되며 나머지 2명이 줄다리기에 참가한다. 따라서 계주에 꼭 출전해야 하는 직원은 C, E, J이다.

## 61 수열 규칙

정답 ③

주어진 수열은 홀수 항은 $-7$, 짝수 항은 $+12$의 규칙을 가지고 있다.
따라서 짝수 항인 A는 44, 홀수 항인 B는 63이므로 A+B=44+63=107이다.

## 62 자료 이해

정답 ②

월간 용돈을 5만 원 미만으로 받는 비율은 중학생 89.4%, 고등학생 60%로 중학생이 고등학생보다 높다.

오답분석

① 용돈을 받는 남학생과 여학생의 비율은 각각 82.9%, 85.4%이므로 여학생이 더 높다.
③ 고등학교 전체 인원을 100명이라 한다면 그중에 용돈을 받는 학생은 약 80.8명이다. 80.8명 중에 용돈을 5만 원 이상 받는 학생의 비율은 40%이므로 $80.8\times0.4\fallingdotseq32.3$명이다.
④ 전체에서 금전출납부의 기록, 미기록 비율은 각각 30%, 70%이므로 기록하는 비율이 더 낮다.
⑤ 용돈을 받지 않는 중학생과 고등학생 비율은 각각 12.4%, 19.2%로 용돈을 받지 않는 고등학생 비율이 더 높다.

## 63 응용 수리

정답 ②

K씨의 집과 휴가지 사이의 거리를 $x$km라고 하자.
갈 때와 돌아올 때의 시간 차이가 1시간 20분이므로 다음과 같은 식이 성립한다.

$$\frac{x}{80}-\frac{x}{120}=\frac{80}{60}$$

$\rightarrow 3x-2x=320$

$\therefore x=320$

따라서 K씨의 집과 휴가지 사이의 거리는 320km이다.

## 64  응용 수리

미주가 집에서 출발해서 동생을 만나기 전까지 이동한 시간을 $x$시간이라고 하자. 미주가 이동한 거리는 $8x$ km이고, 동생이 미주가 출발한 후 12분 뒤에 지갑을 들고 이동했으므로 이동한 거리는 $20\left(x-\dfrac{1}{5}\right)$ km이다.

$$8x=20\left(x-\dfrac{1}{5}\right)$$
$$\rightarrow 12x=4$$
$$\therefore x=\dfrac{1}{3}$$

따라서 미주와 동생은 $\dfrac{1}{3}$ 시간, 즉 20분 후에 만나게 된다.

## 65  자료 이해

2020 ~ 2024년까지 전체 이혼건수 증감 추이는 계속적으로 증가했으며, 이와 같은 추이를 보이는 지역은 경기 지역 한 곳이다.

오답분석

① 2023년에 인천의 이혼건수는 32천 건으로, 서울의 이혼건수인 33천 건보다 낮다.
② 2020 ~ 2024년까지 전체 이혼건수가 가장 적은 해는 2020년이고, 2024년은 이혼건수가 가장 많은 해이다.
③ 수도권(서울, 인천, 경기)의 이혼건수가 가장 많은 해는 2024년이다.

(단위 : 천 건)

| 구분 | 2020년 | 2021년 | 2022년 | 2023년 | 2024년 |
|---|---|---|---|---|---|
| 서울 | 28 | 29 | 34 | 33 | 38 |
| 인천 | 22 | 24 | 35 | 32 | 39 |
| 경기 | 19 | 21 | 22 | 28 | 33 |
| 수도권 전체 | 69 | 74 | 91 | 93 | 110 |

⑤ 전체 이혼건수 대비 수도권의 이혼건수 비중은 2020년에는 $\dfrac{69}{132}\times100 \fallingdotseq 52.3\%$, 2024년에는 $\dfrac{110}{178}\times100 \fallingdotseq 61.8\%$를 차지한다.

## 66  자료 계산

내일 날씨가 화창하고 사흘 뒤 비가 올 경우는 다음과 같다.

| 내일 | 모레 | 글피 |
|---|---|---|
| 화창 | 화창 | 비 |
| 화창 | 비 | 비 |

• 첫 번째 경우의 확률 : $0.25\times0.30=0.075$
• 두 번째 경우의 확률 : $0.30\times0.15=0.045$
따라서 주어진 사건의 확률은 $0.075+0.045=0.12=12\%$이다.

## 67  자료 계산

• 2020년 대비 2021년 사고 척수의 증가율 : $\dfrac{2,362-1,565}{1,565}\times100 \fallingdotseq 50.9\%$

• 2020년 대비 2021년 사고 건수의 증가율 : $\dfrac{2,101-1,330}{1,330}\times100 \fallingdotseq 58.0\%$

PART 3

## 68 ◁ 자료 계산
정답 ①

연도별 사고 건수당 인명피해의 인원수를 구하면 다음과 같다.

- 2020년 : $\dfrac{710}{1,330} ≒ 0.53$명/건

- 2021년 : $\dfrac{395}{2,101} ≒ 0.19$명/건

- 2022년 : $\dfrac{411}{2,307} ≒ 0.18$명/건

- 2023년 : $\dfrac{523}{2,582} ≒ 0.20$명/건

- 2024년 : $\dfrac{455}{2,671} ≒ 0.17$명/건

따라서 사고 건수당 인명피해의 인원수가 가장 많은 연도는 2020년이다.


## 69 ◁ 자료 계산
정답 ④

2024년 15세 미만 인구를 $x$명, 65세 이상 인구를 $y$명, 15 ~ 64세 인구를 $a$명이라 하면, 15세 미만 인구 대비 65세 이상 인구

비율은 $\dfrac{y}{x} \times 100$이므로 다음과 같은 식이 성립한다.

(2024년 유소년부양비)$= \dfrac{x}{a} \times 100 = 19.5 \rightarrow a = \dfrac{x}{19.5} \times 100 \cdots ㉠$

(2024년 노년부양비)$= \dfrac{y}{a} \times 100 = 17.3 \rightarrow a = \dfrac{y}{17.3} \times 100 \cdots ㉡$

㉠, ㉡을 연립하면 $\dfrac{x}{19.5} = \dfrac{y}{17.3} \rightarrow \dfrac{y}{x} = \dfrac{17.3}{19.5}$ 이다.

따라서 15세 미만 인구 대비 65세 이상 인구의 비율은 $\dfrac{17.3}{19.5} \times 100 ≒ 88.7\%$이다.


## 70 ◁ 자료 계산
정답 ①

구매 방식별 비용을 구하면 다음과 같다.
- 스마트폰앱 : $12,500 \times 0.75 = 9,375$원
- 전화 : $(12,500 - 1,000) \times 0.9 = 10,350$원
- 회원카드와 쿠폰 : $(12,500 \times 0.9) \times 0.85 ≒ 9,563$원
- 직접 방문 : $(12,500 \times 0.7) + 1,000 = 9,750$원
- 교환권 : 10,000원

따라서 피자 1판을 가장 싸게 살 수 있는 구매 방식은 스마트폰앱이다.

## 71   

ㄷ. 공증은 확인·통지·수리와 함께 준법률행위적 행정행위에 속한다.
ㄹ. 공법상 계약은 비권력적 공법행위이다.

## 72   

오답분석

① 확정력 : 형식적 확정력(불가쟁력)과 실질적 확정력(불가변력)이 있다.
② 불가쟁력 : 행정행위의 상대방 기타 이해관계인이 더 이상 그 효력을 다툴 수 없게 되는 힘을 의미한다.
④ 강제력 : 행정법상 의무위반자에게 처벌을 가할 수 있는 제재력과 행정법상 의무불이행자에게 의무의 이행을 강제할 수 있는 자력집행력이 있다.
⑤ 불가변력 : 일정한 행정행위가 그 성질상 행정청 스스로도 직권취소나 변경이 제한되는 경우를 의미한다.

## 73   

급부와 반대급부 사이의 '현저한 불균형'은 단순히 시가와의 차액 또는 시가와의 배율로 판단할 수 있는 것은 아니고 구체적·개별적 사안에 있어서 일반인의 사회통념에 따라 결정해야 한다. 그 판단에 있어서는 피해 당사자의 궁박·경솔·무경험의 정도가 아울러 고려되어야 하고, 당사자의 주관적 가치가 아닌 거래상의 객관적 가치에 의해야 한다(대판 2010.7.15., 2009다50308).

## 74   

형법은 국가형벌권의 발동한계를 명확히 하여 국가형벌권의 자의적인 행사로부터 국민의 자유와 권리를 보장하는 기능을 한다.

**형법의 기능**

| 보장적 기능 | 국가형벌권의 발동한계를 명확히 하여 국가형벌권의 자의적인 행사로부터 국민의 자유와 권리를 보장하는 기능을 한다. |
|---|---|
| 보호적 기능 | 사회질서의 근본적 가치, 즉 법익과 사회윤리적 행위가치를 보호하는 형법의 기능을 말한다. |
| 규제적 기능 | 행위규범 내지 재판규범으로서 일반국민과 사법 관계자들을 규제하는 기능을 한다. |
| 사회보전적 기능 | 형벌수단을 통하여 범죄행위를 방지함으로써 범죄자로부터 사회질서를 유지·보호하는 기능을 한다. |

## 75   

헌법 제75조, 제95조, 제114조에 법규명령의 근거가 대통령령, 총리령, 부령, 중앙선과관리위원회규칙으로 명시되어 있다. 감사원규칙은 헌법에 명시된 규정이 없으나 감사원법에 근거한 법규명령으로 보는 것이 다수설의 입장이다.

## 76

소송능력은 소송의 당사자로서 유효하게 각종 소송행위를 할 수 있는 능력을 말한다. 이러한 능력이 없는 자를 소송무능력자라고 하는데, 미성년자, 피한정후견인, 피성년후견인이 이에 해당한다.

오답분석

① 행위능력 : 민법상 단독으로 유효하게 각종 법률행위를 할 수 있는 능력이다.
② 권리능력 : 민법상 권리의 주체가 될 수 있는 능력이다.
④ 당사자능력 : 당사자가 될 수 있는 일반적·추상적 능력(소송법상 권리능력)이다.
⑤ 등기능력 : 등기법의 규정에 의하여 등기할 수 있는 능력이다.

## 77

정답 ④

합리적·총체적 관점에서 의사결정이 가능하다는 것은 합리주의에 대한 설명이다.

오답분석

①·⑤ 점증주의는 타협의 과정을 통해 정치적 합리성을 예산결정에서 고려한다는 특징이 있다.
②·③ 제한된 대안을 탐색하고 소폭의 변화를 가져오기 때문에 분석비용이 절감되고 예산결정이 간결하다.

## 78

정답 ②

갈등 당사자들에게 공동의 상위목표를 제시하거나 공동의 적을 설정하는 것은 갈등의 해소전략에 해당한다.

### 갈등조성 전략
- 공식적·비공식적 의사전달통로의 의도적 변경
- 경쟁의 조성
- 조직 내 계층 수 및 조직단위 수 확대와 의존도 강화
- 계선조직과 막료조직의 활용
- 정보전달의 통제(정보량 조절 : 정보전달억제나 과잉노출)
- 의사결정권의 재분배
- 기존 구성원과 상이한 특성을 지닌 새로운 구성원의 투입(구성원의 유동), 직위 간 관계의 재설정

## 79

정답 ②

국무조정실의 통제는 행정부 내부의 공식적 통제방식이다. 그리고 직무감찰 기능은 감사원에서 수행한다.

### 행정통제의 유형

| 구분 | 공식성 | 통제 유형 | 내용 |
|---|---|---|---|
| 외부 통제 | 공식 | 입법 통제 | 법률, 외교에 대한 통제, 예산심의, 국정감사, 국정조사 |
| | | 사법 통제 | 사후적·소극적 구제, 행정소송, 헌법소원 등 |
| | | 선거관리위원회 | 선거에 관한 사무 |
| | | 옴부즈만 | 민원구제, 특별행정감찰관 |
| | 비공식 | 국민 통제 | 선거, 여론, 시민참여, 이익집단 |
| 내부 통제 | 공식 | 행정수반에 의한 통제(임명권, 행정입법, 개혁, 리더십), 정책·기획에 의한 통제, 감사원의 감사, 정부조직법에 의한 통제, 계층제적 통제 | |
| | 비공식 | 행정윤리, 대표관료제, 노조, 내부고발자보호제, 행정문화 | |

## 80

정답 ②

구조적 요인의 개편이란 조직 합병, 인사교류 등을 말하는 것으로, 이는 갈등해소 방안이다.

[오답분석]

③ 행태론적 갈등론은 갈등의 순기능론으로서 갈등을 불가피하거나 정상적인 현상으로 보고, 문제해결과 조직발전의 계기로 보는 적극적 입장이다.

## 81

정답 ⑤

지방공사란 자본금을 주식으로 분할하여 그 2분의 1 이상을 자치단체가 출자한 법인체를 말한다. 다만, 필요한 경우에는 자본금의 2분의 1을 넘지 아니하는 범위에서 지방자치단체 외의 자로 하여금 공사에 출자하게 할 수 있다(지방공기업법 제53조 제2항).

**지방공사에 대한 출자(지방공기업법 제53조)**
① 공사의 자본금은 그 전액을 지방자치단체가 현금 또는 현물로 출자한다.
② 제1항에도 불구하고 공사의 운영을 위하여 필요한 경우에는 자본금의 2분의 1을 넘지 아니하는 범위에서 지방자치단체 외의 자(외국인 및 외국법인을 포함한다)로 하여금 공사에 출자하게 할 수 있다. 증자(增資)의 경우에도 또한 같다.
③ 제2항의 경우에는 공사의 자본금은 주식으로 분할하여 발행한다. 이 경우에 발행하는 주식의 종류, 1주의 금액, 주식 발행의 시기, 발행 주식의 총수와 주금(株金)의 납입시기 및 납입방법은 조례로 정한다.
④ 공사가 제2항에 따라 해당 지방자치단체가 설립한 다른 공사로부터 출자를 받거나 제54조에 따라 해당 지방자치단체가 설립한 다른 공사에 출자하는 경우에는 이를 해당 지방자치단체가 출자한 것으로 본다.

## 82

정답 ②

자치분권 및 지방행정체제 개편을 추진하기 위하여 대통령 소속으로 자치분권위원회를 둔다(지방분권법 제44조).

**지방분권 관련 근거 법률과 추진기구**

| 정부 | 근거법률 | 추진기구 |
|---|---|---|
| 김대중 | 중앙행정권한의 지방이양 촉진 등에 관한 법률 | 지방이양추진위원회 |
| 노무현 | 지방분권특별법 | 정부혁신지방분권위원회 |
| 이명박 | 지방분권촉진에 관한 특별법 | 지방분권촉진위원회 |
| 박근혜 | 지방분권 및 지방행정체제 개편에 관한 특별법 | 지방자치발전위원회 |
| 문재인 | 지방자치분권 및 지방행정체제 개편에 관한 특별법 | 자치분권위원회 |

## 83

정답 ③

채찍효과란 고객의 수요가 상부단계 방향으로 전달될수록 단계별 수요의 변동성이 증가하는 현상으로, 발생원인으로는 자사 주문량에 근거하는 예측, 일괄주문처리, 가격 변동, 결품 예방 경쟁 등이 있다. 전자 자료 교환(EDI)의 시행은 리드타임을 단축시킴으로써 채찍효과를 제거할 수 있는 방안에 해당한다.

## 84

정답 ②

**마케팅의 미시적 환경과 거시적 환경**
• 미시적 환경 : 기업 자신의 핵심역량, 원료공급자, 마케팅 중간상, 고객, 경쟁기업, 공중 및 이해관계자 등
• 거시적 환경 : 인구통계적 환경, 경제적 환경, 자연적 환경, 기술적 환경, 정치적 환경, 문화적 환경 등

## 85

정답 ①

스캔런 플랜은 보너스 산정방식에 따라 3가지로 분류된다. 단일비율 스캔런 플랜은 노동비용과 제품생산액의 산출 과정에서 제품의 종류와 관계없이 전체 공장의 실적을 보너스 산출에 반영한다. 또한 분할비율 스캔런 플랜은 노동비용과 제품생산액을 산출할 때 제품별로 가중치를 둔다. 그리고 다중비용 스캔런 플랜은 노동비용뿐만 아니라 재료비와 간접비의 합을 제품생산액으로 나눈 수치를 기본비율로 사용한다. 이러한 모든 공식에는 재료 및 에너지 등을 포함하여 계산한다.

오답분석

② 러커 플랜(Rucker Plan) : 러커(Rucker)는 스캔런 플랜에서의 보너스 산정 비율은 생산액에 있어서 재료 및 에너지 등 경기 변동에 민감한 요소가 포함되어 있어, 종업원의 노동과 관계없는 경기 변동에 따라 비효율적인 수치 변화가 발생할 수 있는 문제점이 있다고 제시하면서, 노동비용을 판매액에서 재료 및 에너지, 간접비용을 제외한 부가가치로 나누는 것을 공식으로 하였다.

③ 임프로쉐어 플랜(Improshare Plan) : 회계처리 방식이 아닌 산업공학의 기법을 사용하여 생산단위당 표준노동시간을 기준으로 노동생산성 및 비용 등을 산정하여 조직의 효율성을 보다 직접적으로 측정, 집단성과급제들 중 가장 효율성을 추구한다.

④ · ⑤ 커스터마이즈드 플랜(Customized Plan) : 집단성과배분제도를 각 기업의 환경과 상황에 맞게 수정하여 사용하는 방식이다. 커스터마이즈드 플랜은 성과측정의 기준으로서 노동비용이나 생산비용, 생산 이외에도 품질 향상, 소비자 만족도 등 각 기업이 중요성을 부여하는 부분에 초점을 둔 새로운 지표를 사용한다. 성과를 측정하는 항목으로 제품의 품질, 납기준수실적, 생산비용의 절감, 산업 안전 등 여러 요소를 정하고, 분기별로 각 사업부서의 성과를 측정하고 성과가 목표를 초과하는 경우에 그 부서의 모든 사원이 보너스를 지급받는 제도이다.

## 86

정답 ③

제시문은 영업권에 대한 설명이다. 내부적으로 창출한 영업권은 자산으로 인식하지 않는다.

## 87

정답 ②

오답분석

① 데이터 웨어하우스(Data Warehouse) : 사용자의 의사결정을 돕기 위해 다양한 운영 시스템에서 추출·변환·통합되고 요약된 데이터베이스를 말한다. 크게 원시 데이터 계층, 데이터 웨어하우스 계층, 클라이언트 계층으로 나뉘며 데이터의 추출·저장·조회 등의 활동을 한다. 데이터 웨어하우스는 고객과 제품, 회계와 같은 주제를 중심으로 데이터를 구축하며 여기에 저장된 모든 데이터는 일관성을 유지해 데이터 호환이나 이식에 문제가 없다. 또한 특정 시점에 데이터를 정확하게 유지하면서 동시에 장기적으로 유지될 수도 있다.

③ 데이터 마트(Data Mart) : 운영데이터나 기타 다른 방법으로 수집된 데이터 저장소로서, 특정 그룹의 지식 노동자들을 지원하기 위해 설계된 것이다. 따라서 특별한 목적을 위해 접근의 용이성과 유용성을 강조해 만들어진 작은 데이터 저장소라고 할 수 있다.

④ 데이터 정제(Data Cleansing) : 데이터베이스의 불완전 데이터에 대한 검출·이동·정정 등의 작업을 말한다. 여기에는 특정 데이터베이스의 데이터 정화뿐만 아니라 다른 데이터베이스로부터 유입된 이종 데이터에 대한 일관성을 부여하는 역할도 한다.

⑤ 데이터 스크러빙(Data Scrubbing) : 잘못된 데이터를 수정하거나 완료되지 않은 스토리지 풀의 데이터를 수정 및 복구하는 데이터 유지 관리 기능이다.

## 88

정답 ②

토지를 제외한 유형자산은 감가상각의 대상이 된다.

오답분석

① · ⑤ 유형자산의 공정가치가 장부금액을 초과하면 기타포괄손익 및 정상적인 감가상각을 하며, 손상금액은 손상차손 및 손상차손 누계액에서 회계처리를 한다.

③ 자산의 장부금액이 재평가로 인하여 증가된 경우에 그 증가액은 기타포괄손익으로 인식하고 재평가잉여금의 과목으로 자본에 가산한다. 그러나 동일한 자산에 대하여 이전에 당기손익으로 인식한 재평가감소액이 있다면, 그 금액을 한도로 재평가증가액만큼 당기손익으로 인식한다.

④ 유형자산별로 선택적 재평가를 하거나 서로 다른 기준일의 평가금액이 혼재된 재무보고를 하는 것을 방지하기 위하여 동일한 유형 내의 유형자산은 동시에 재평가한다.

## 89

정답 ①

㉠·㉡ 외국인의 국내 부동산 구입 증가와 국내 기준금리 인상은 자본유입이 발생하므로, 외환의 공급이 증가하여 환율이 하락한다(원화가치 상승).

[오답분석]

㉢·㉣ 미국의 이자율이 상승하면서 자본유출이 발생하므로, 외환의 수요가 증가하여 환율이 상승한다(원화가치 하락).

## 90

정답 ④

기본적으로 통화량이 증가할 때 정부에서는 각종 출구전략을 통해 이자율을 상승시킨다. 통화량이 증가하면 채권수요가 증가하고, 이자율이 하락하기에 소비자의 구매욕구를 촉진시키거나 단위당 기대수익률이 높은 사업을 제시하여 투자를 활성화하며 향후 인플레이션 발생을 경고해서 구매력에 영향을 줄 수도 있다. 또한 대중들의 인지도가 높은 기업의 채권회수율의 하락을 공시하여 자연스럽게 이자율을 상승시킨다. 하지만 경제성장률과 물가상승률의 하락은 이자율을 낮춰 투자를 활성화해야 하는 상황이기에 시중에 통화량을 증가시키는 방안이다.

## 91

정답 ②

레온티에프 생산함수의 형태임을 고려할 때, 기업이 재화 200개를 생산하려고 할 때 필요한 최소한의 노동($L$)과 자본($K$)은 각각 400단위, 200단위이다. 따라서 노동가격인 2원과 자본가격인 3원을 각각 곱해주면 전체비용은 1400원으로 도출되고, 이를 생산된 재화인 200개로 나누어 주면 평균비용은 7원이다.

## 92

정답 ④

특허료 수취는 서비스수지(경상수지)를 개선하는 사례이다.

[오답분석]

①·③ 투자수지(자본수지) 개선에 대한 사례이다.
② 서비스수지(경상수지) 악화에 대한 사례이다.
⑤ 소득수지(경상수지) 악화의 요인이다.

## 93

정답 ⑤

학습효과모형은 의도적인 교육투자가 아니라 통상적인 생산과정에서 나타나는 학습효과의 중요성을 강조하는 모형이므로, 의도적인 교육투자를 강조하는 모형은 인적자본모형이다.

## 94

정답 ③

문항 수(측정항목, 하위변수)가 많으면 많을수록 신뢰도는 높아지며, 항목의 선택범위가 넓을수록(포괄적일수록) 신뢰도는 높아진다.

## 95

정답 ③

총급여액 등이 '1,200만 원 이상 3,200만 원 미만'의 범위에 해당하므로, (근로장려금)=200만 원−(1,800만 원−1,200만 원)×10÷100=200만 원−60만 원=140만 원이다.
따라서 총급여액 등이 1,800만 원일 때, 근로장려금은 140만 원이다.

## 96

롤스에 따르면 사회후생함수는 사회구성원 중 가난한 계층의 후생수준에 의해 결정된다. 즉, 사회후생함수 중 최빈자의 후생을 가장 중요하게 생각한다. 따라서 $W = \min(U, V)$로 표현할 수 있다.

## 97

정답 ②

권력자원이론(사회민주주의이론)은 사회복지정책의 발달에 있어서 정치적인 면을 중요하게 여기며, 사회복지정책의 발달을 노동자 계급 혹은 노동조합의 정치적 세력의 확대 결과로 본다.

오답분석

① 산업화이론(수렴이론) : 산업화가 촉발시킨 사회문제에 대한 대응으로 사회복지제도가 확대된다고 주장한다.
③ 확산이론(전파이론) : 사회복지정책의 발달이 국가 간 교류 및 소통의 과정에서 이루어진다고 본다.
④ 사회양심이론 : 사회구성원들의 집단양심을 사회복지의 변수로 보면서, 사회복지를 이타주의가 제도화된 것으로 간주한다.
⑤ 국가중심이론 : 적극적 행위자로서 국가를 강조하고 사회복지정책의 발전을 국가 관료제의 영향으로 설명한다.

## 98

정답 ⑤

생태체계이론은 인간과 사회환경 사이의 관계를 이해하는 준거틀을 제시한다. 기존의 사회복지가 '환경 속의 인간'에 관심을 가져왔음에도 불구하고 개인, 가족, 집단을 중심으로 한 직접적인 실천에 초점을 맞추었다면, 생태체계이론은 보다 폭넓은 관점에서 인간과 사회환경, 문화와의 상호관계에도 관심을 기울인다.

## 99

정답 ①

희망 대 절망은 에릭슨의 심리사회적 자아발달 단계에 해당하지 않는다.

에릭슨의 심리사회적 자아발달의 8단계
- 신뢰감 대 불신감
- 자율성 대 수치심
- 주도성 대 죄의식
- 근면성 대 열등감
- 정체성 대 혼미감
- 친밀감 대 고립감
- 생상성 대 침체성
- 자아통합 대 절망

## 100

정답 ④

사회복지시설은 이용 대상에 따라 노인복지시설, 아동복지시설, 장애인복지시설 등으로, 이용 방법에 따라 생활시설과 이용시설로 분류된다. 생활시설은 가정 내에서 욕구가 충족될 수 없는 사람들을 대상으로 주거와 함께 돌봄 서비스를 제공하는 시설이다. 반면 이용시설은 사회복지 대상자가 본인의 집, 또는 시설에 거주하면서 통원하는 방법으로 다양한 서비스를 이용할 수 있도록 한다. 노인보호전문기관은 이용시설에 속한다.

# 근로복지공단 필기전형 답안카드

성 명

지원 분야

문제지 형별기재란

( )형   Ⓐ   Ⓑ

수험번호

| ⓪ | ⓪ | ⓪ | ⓪ | ⓪ | ⓪ | ⓪ |
| ① | ① | ① | ① | ① | ① | ① |
| ② | ② | ② | ② | ② | ② | ② |
| ③ | ③ | ③ | ③ | ③ | ③ | ③ |
| ④ | ④ | ④ | ④ | ④ | ④ | ④ |
| ⑤ | ⑤ | ⑤ | ⑤ | ⑤ | ⑤ | ⑤ |
| ⑥ | ⑥ | ⑥ | ⑥ | ⑥ | ⑥ | ⑥ |
| ⑦ | ⑦ | ⑦ | ⑦ | ⑦ | ⑦ | ⑦ |
| ⑧ | ⑧ | ⑧ | ⑧ | ⑧ | ⑧ | ⑧ |
| ⑨ | ⑨ | ⑨ | ⑨ | ⑨ | ⑨ | ⑨ |

감독위원 확인

(인)

| 1 | ① ② ③ ④ ⑤ | 21 | ① ② ③ ④ ⑤ | 41 | ① ② ③ ④ ⑤ | 61 | ① ② ③ ④ ⑤ | 81 | ① ② ③ ④ ⑤ |
| 2 | ① ② ③ ④ ⑤ | 22 | ① ② ③ ④ ⑤ | 42 | ① ② ③ ④ ⑤ | 62 | ① ② ③ ④ ⑤ | 82 | ① ② ③ ④ ⑤ |
| 3 | ① ② ③ ④ ⑤ | 23 | ① ② ③ ④ ⑤ | 43 | ① ② ③ ④ ⑤ | 63 | ① ② ③ ④ ⑤ | 83 | ① ② ③ ④ ⑤ |
| 4 | ① ② ③ ④ ⑤ | 24 | ① ② ③ ④ ⑤ | 44 | ① ② ③ ④ ⑤ | 64 | ① ② ③ ④ ⑤ | 84 | ① ② ③ ④ ⑤ |
| 5 | ① ② ③ ④ ⑤ | 25 | ① ② ③ ④ ⑤ | 45 | ① ② ③ ④ ⑤ | 65 | ① ② ③ ④ ⑤ | 85 | ① ② ③ ④ ⑤ |
| 6 | ① ② ③ ④ ⑤ | 26 | ① ② ③ ④ ⑤ | 46 | ① ② ③ ④ ⑤ | 66 | ① ② ③ ④ ⑤ | 86 | ① ② ③ ④ ⑤ |
| 7 | ① ② ③ ④ ⑤ | 27 | ① ② ③ ④ ⑤ | 47 | ① ② ③ ④ ⑤ | 67 | ① ② ③ ④ ⑤ | 87 | ① ② ③ ④ ⑤ |
| 8 | ① ② ③ ④ ⑤ | 28 | ① ② ③ ④ ⑤ | 48 | ① ② ③ ④ ⑤ | 68 | ① ② ③ ④ ⑤ | 88 | ① ② ③ ④ ⑤ |
| 9 | ① ② ③ ④ ⑤ | 29 | ① ② ③ ④ ⑤ | 49 | ① ② ③ ④ ⑤ | 69 | ① ② ③ ④ ⑤ | 89 | ① ② ③ ④ ⑤ |
| 10 | ① ② ③ ④ ⑤ | 30 | ① ② ③ ④ ⑤ | 50 | ① ② ③ ④ ⑤ | 70 | ① ② ③ ④ ⑤ | 90 | ① ② ③ ④ ⑤ |
| 11 | ① ② ③ ④ ⑤ | 31 | ① ② ③ ④ ⑤ | 51 | ① ② ③ ④ ⑤ | 71 | ① ② ③ ④ ⑤ | 91 | ① ② ③ ④ ⑤ |
| 12 | ① ② ③ ④ ⑤ | 32 | ① ② ③ ④ ⑤ | 52 | ① ② ③ ④ ⑤ | 72 | ① ② ③ ④ ⑤ | 92 | ① ② ③ ④ ⑤ |
| 13 | ① ② ③ ④ ⑤ | 33 | ① ② ③ ④ ⑤ | 53 | ① ② ③ ④ ⑤ | 73 | ① ② ③ ④ ⑤ | 93 | ① ② ③ ④ ⑤ |
| 14 | ① ② ③ ④ ⑤ | 34 | ① ② ③ ④ ⑤ | 54 | ① ② ③ ④ ⑤ | 74 | ① ② ③ ④ ⑤ | 94 | ① ② ③ ④ ⑤ |
| 15 | ① ② ③ ④ ⑤ | 35 | ① ② ③ ④ ⑤ | 55 | ① ② ③ ④ ⑤ | 75 | ① ② ③ ④ ⑤ | 95 | ① ② ③ ④ ⑤ |
| 16 | ① ② ③ ④ ⑤ | 36 | ① ② ③ ④ ⑤ | 56 | ① ② ③ ④ ⑤ | 76 | ① ② ③ ④ ⑤ | 96 | ① ② ③ ④ ⑤ |
| 17 | ① ② ③ ④ ⑤ | 37 | ① ② ③ ④ ⑤ | 57 | ① ② ③ ④ ⑤ | 77 | ① ② ③ ④ ⑤ | 97 | ① ② ③ ④ ⑤ |
| 18 | ① ② ③ ④ ⑤ | 38 | ① ② ③ ④ ⑤ | 58 | ① ② ③ ④ ⑤ | 78 | ① ② ③ ④ ⑤ | 98 | ① ② ③ ④ ⑤ |
| 19 | ① ② ③ ④ ⑤ | 39 | ① ② ③ ④ ⑤ | 59 | ① ② ③ ④ ⑤ | 79 | ① ② ③ ④ ⑤ | 99 | ① ② ③ ④ ⑤ |
| 20 | ① ② ③ ④ ⑤ | 40 | ① ② ③ ④ ⑤ | 60 | ① ② ③ ④ ⑤ | 80 | ① ② ③ ④ ⑤ | 100 | ① ② ③ ④ ⑤ |

※ 본 답안지는 마킹연습용 모의 답안지입니다.

# 근로복지공단 필기전형 답안카드

| 성 명 | |
|---|---|

| 지원 분야 | |
|---|---|

| 문제지 형별기재란 | Ⓐ Ⓑ |
|---|---|
| ( )형 | |

| 수험번호 |
|---|
| ⓪ ① ② ③ ④ ⑤ ⑥ ⑦ ⑧ ⑨ |
| ⓪ ① ② ③ ④ ⑤ ⑥ ⑦ ⑧ ⑨ |
| ⓪ ① ② ③ ④ ⑤ ⑥ ⑦ ⑧ ⑨ |
| ⓪ ① ② ③ ④ ⑤ ⑥ ⑦ ⑧ ⑨ |
| ⓪ ① ② ③ ④ ⑤ ⑥ ⑦ ⑧ ⑨ |
| ⓪ ① ② ③ ④ ⑤ ⑥ ⑦ ⑧ ⑨ |
| ⓪ ① ② ③ ④ ⑤ ⑥ ⑦ ⑧ ⑨ |

| 감독위원 확인 |
|---|
| ㊞ |

| 번호 | 답 | | | | | 번호 | 답 | | | | | 번호 | 답 | | | | | 번호 | 답 | | | | | 번호 | 답 | | | | |
|---|---|---|---|---|---|---|---|---|---|---|---|---|---|---|---|---|---|---|---|---|---|---|---|---|---|---|---|---|---|---|
| 1 | ① | ② | ③ | ④ | ⑤ | 21 | ① | ② | ③ | ④ | ⑤ | 41 | ① | ② | ③ | ④ | ⑤ | 61 | ① | ② | ③ | ④ | ⑤ | 81 | ① | ② | ③ | ④ | ⑤ |
| 2 | ① | ② | ③ | ④ | ⑤ | 22 | ① | ② | ③ | ④ | ⑤ | 42 | ① | ② | ③ | ④ | ⑤ | 62 | ① | ② | ③ | ④ | ⑤ | 82 | ① | ② | ③ | ④ | ⑤ |
| 3 | ① | ② | ③ | ④ | ⑤ | 23 | ① | ② | ③ | ④ | ⑤ | 43 | ① | ② | ③ | ④ | ⑤ | 63 | ① | ② | ③ | ④ | ⑤ | 83 | ① | ② | ③ | ④ | ⑤ |
| 4 | ① | ② | ③ | ④ | ⑤ | 24 | ① | ② | ③ | ④ | ⑤ | 44 | ① | ② | ③ | ④ | ⑤ | 64 | ① | ② | ③ | ④ | ⑤ | 84 | ① | ② | ③ | ④ | ⑤ |
| 5 | ① | ② | ③ | ④ | ⑤ | 25 | ① | ② | ③ | ④ | ⑤ | 45 | ① | ② | ③ | ④ | ⑤ | 65 | ① | ② | ③ | ④ | ⑤ | 85 | ① | ② | ③ | ④ | ⑤ |
| 6 | ① | ② | ③ | ④ | ⑤ | 26 | ① | ② | ③ | ④ | ⑤ | 46 | ① | ② | ③ | ④ | ⑤ | 66 | ① | ② | ③ | ④ | ⑤ | 86 | ① | ② | ③ | ④ | ⑤ |
| 7 | ① | ② | ③ | ④ | ⑤ | 27 | ① | ② | ③ | ④ | ⑤ | 47 | ① | ② | ③ | ④ | ⑤ | 67 | ① | ② | ③ | ④ | ⑤ | 87 | ① | ② | ③ | ④ | ⑤ |
| 8 | ① | ② | ③ | ④ | ⑤ | 28 | ① | ② | ③ | ④ | ⑤ | 48 | ① | ② | ③ | ④ | ⑤ | 68 | ① | ② | ③ | ④ | ⑤ | 88 | ① | ② | ③ | ④ | ⑤ |
| 9 | ① | ② | ③ | ④ | ⑤ | 29 | ① | ② | ③ | ④ | ⑤ | 49 | ① | ② | ③ | ④ | ⑤ | 69 | ① | ② | ③ | ④ | ⑤ | 89 | ① | ② | ③ | ④ | ⑤ |
| 10 | ① | ② | ③ | ④ | ⑤ | 30 | ① | ② | ③ | ④ | ⑤ | 50 | ① | ② | ③ | ④ | ⑤ | 70 | ① | ② | ③ | ④ | ⑤ | 90 | ① | ② | ③ | ④ | ⑤ |
| 11 | ① | ② | ③ | ④ | ⑤ | 31 | ① | ② | ③ | ④ | ⑤ | 51 | ① | ② | ③ | ④ | ⑤ | 71 | ① | ② | ③ | ④ | ⑤ | 91 | ① | ② | ③ | ④ | ⑤ |
| 12 | ① | ② | ③ | ④ | ⑤ | 32 | ① | ② | ③ | ④ | ⑤ | 52 | ① | ② | ③ | ④ | ⑤ | 72 | ① | ② | ③ | ④ | ⑤ | 92 | ① | ② | ③ | ④ | ⑤ |
| 13 | ① | ② | ③ | ④ | ⑤ | 33 | ① | ② | ③ | ④ | ⑤ | 53 | ① | ② | ③ | ④ | ⑤ | 73 | ① | ② | ③ | ④ | ⑤ | 93 | ① | ② | ③ | ④ | ⑤ |
| 14 | ① | ② | ③ | ④ | ⑤ | 34 | ① | ② | ③ | ④ | ⑤ | 54 | ① | ② | ③ | ④ | ⑤ | 74 | ① | ② | ③ | ④ | ⑤ | 94 | ① | ② | ③ | ④ | ⑤ |
| 15 | ① | ② | ③ | ④ | ⑤ | 35 | ① | ② | ③ | ④ | ⑤ | 55 | ① | ② | ③ | ④ | ⑤ | 75 | ① | ② | ③ | ④ | ⑤ | 95 | ① | ② | ③ | ④ | ⑤ |
| 16 | ① | ② | ③ | ④ | ⑤ | 36 | ① | ② | ③ | ④ | ⑤ | 56 | ① | ② | ③ | ④ | ⑤ | 76 | ① | ② | ③ | ④ | ⑤ | 96 | ① | ② | ③ | ④ | ⑤ |
| 17 | ① | ② | ③ | ④ | ⑤ | 37 | ① | ② | ③ | ④ | ⑤ | 57 | ① | ② | ③ | ④ | ⑤ | 77 | ① | ② | ③ | ④ | ⑤ | 97 | ① | ② | ③ | ④ | ⑤ |
| 18 | ① | ② | ③ | ④ | ⑤ | 38 | ① | ② | ③ | ④ | ⑤ | 58 | ① | ② | ③ | ④ | ⑤ | 78 | ① | ② | ③ | ④ | ⑤ | 98 | ① | ② | ③ | ④ | ⑤ |
| 19 | ① | ② | ③ | ④ | ⑤ | 39 | ① | ② | ③ | ④ | ⑤ | 59 | ① | ② | ③ | ④ | ⑤ | 79 | ① | ② | ③ | ④ | ⑤ | 99 | ① | ② | ③ | ④ | ⑤ |
| 20 | ① | ② | ③ | ④ | ⑤ | 40 | ① | ② | ③ | ④ | ⑤ | 60 | ① | ② | ③ | ④ | ⑤ | 80 | ① | ② | ③ | ④ | ⑤ | 100 | ① | ② | ③ | ④ | ⑤ |

# 근로복지공단 필기전형 답안카드

| 번호 | 답란 | 번호 | 답란 | 번호 | 답란 | 번호 | 답란 | 번호 | 답란 |
|---|---|---|---|---|---|---|---|---|---|
| 1 | ① ② ③ ④ ⑤ | 21 | ① ② ③ ④ ⑤ | 41 | ① ② ③ ④ ⑤ | 61 | ① ② ③ ④ ⑤ | 81 | ① ② ③ ④ ⑤ |
| 2 | ① ② ③ ④ ⑤ | 22 | ① ② ③ ④ ⑤ | 42 | ① ② ③ ④ ⑤ | 62 | ① ② ③ ④ ⑤ | 82 | ① ② ③ ④ ⑤ |
| 3 | ① ② ③ ④ ⑤ | 23 | ① ② ③ ④ ⑤ | 43 | ① ② ③ ④ ⑤ | 63 | ① ② ③ ④ ⑤ | 83 | ① ② ③ ④ ⑤ |
| 4 | ① ② ③ ④ ⑤ | 24 | ① ② ③ ④ ⑤ | 44 | ① ② ③ ④ ⑤ | 64 | ① ② ③ ④ ⑤ | 84 | ① ② ③ ④ ⑤ |
| 5 | ① ② ③ ④ ⑤ | 25 | ① ② ③ ④ ⑤ | 45 | ① ② ③ ④ ⑤ | 65 | ① ② ③ ④ ⑤ | 85 | ① ② ③ ④ ⑤ |
| 6 | ① ② ③ ④ ⑤ | 26 | ① ② ③ ④ ⑤ | 46 | ① ② ③ ④ ⑤ | 66 | ① ② ③ ④ ⑤ | 86 | ① ② ③ ④ ⑤ |
| 7 | ① ② ③ ④ ⑤ | 27 | ① ② ③ ④ ⑤ | 47 | ① ② ③ ④ ⑤ | 67 | ① ② ③ ④ ⑤ | 87 | ① ② ③ ④ ⑤ |
| 8 | ① ② ③ ④ ⑤ | 28 | ① ② ③ ④ ⑤ | 48 | ① ② ③ ④ ⑤ | 68 | ① ② ③ ④ ⑤ | 88 | ① ② ③ ④ ⑤ |
| 9 | ① ② ③ ④ ⑤ | 29 | ① ② ③ ④ ⑤ | 49 | ① ② ③ ④ ⑤ | 69 | ① ② ③ ④ ⑤ | 89 | ① ② ③ ④ ⑤ |
| 10 | ① ② ③ ④ ⑤ | 30 | ① ② ③ ④ ⑤ | 50 | ① ② ③ ④ ⑤ | 70 | ① ② ③ ④ ⑤ | 90 | ① ② ③ ④ ⑤ |
| 11 | ① ② ③ ④ ⑤ | 31 | ① ② ③ ④ ⑤ | 51 | ① ② ③ ④ ⑤ | 71 | ① ② ③ ④ ⑤ | 91 | ① ② ③ ④ ⑤ |
| 12 | ① ② ③ ④ ⑤ | 32 | ① ② ③ ④ ⑤ | 52 | ① ② ③ ④ ⑤ | 72 | ① ② ③ ④ ⑤ | 92 | ① ② ③ ④ ⑤ |
| 13 | ① ② ③ ④ ⑤ | 33 | ① ② ③ ④ ⑤ | 53 | ① ② ③ ④ ⑤ | 73 | ① ② ③ ④ ⑤ | 93 | ① ② ③ ④ ⑤ |
| 14 | ① ② ③ ④ ⑤ | 34 | ① ② ③ ④ ⑤ | 54 | ① ② ③ ④ ⑤ | 74 | ① ② ③ ④ ⑤ | 94 | ① ② ③ ④ ⑤ |
| 15 | ① ② ③ ④ ⑤ | 35 | ① ② ③ ④ ⑤ | 55 | ① ② ③ ④ ⑤ | 75 | ① ② ③ ④ ⑤ | 95 | ① ② ③ ④ ⑤ |
| 16 | ① ② ③ ④ ⑤ | 36 | ① ② ③ ④ ⑤ | 56 | ① ② ③ ④ ⑤ | 76 | ① ② ③ ④ ⑤ | 96 | ① ② ③ ④ ⑤ |
| 17 | ① ② ③ ④ ⑤ | 37 | ① ② ③ ④ ⑤ | 57 | ① ② ③ ④ ⑤ | 77 | ① ② ③ ④ ⑤ | 97 | ① ② ③ ④ ⑤ |
| 18 | ① ② ③ ④ ⑤ | 38 | ① ② ③ ④ ⑤ | 58 | ① ② ③ ④ ⑤ | 78 | ① ② ③ ④ ⑤ | 98 | ① ② ③ ④ ⑤ |
| 19 | ① ② ③ ④ ⑤ | 39 | ① ② ③ ④ ⑤ | 59 | ① ② ③ ④ ⑤ | 79 | ① ② ③ ④ ⑤ | 99 | ① ② ③ ④ ⑤ |
| 20 | ① ② ③ ④ ⑤ | 40 | ① ② ③ ④ ⑤ | 60 | ① ② ③ ④ ⑤ | 80 | ① ② ③ ④ ⑤ | 100 | ① ② ③ ④ ⑤ |

# 근로복지공단 필기전형 답안카드

| 1 | ① ② ③ ④ ⑤ | 21 | ① ② ③ ④ ⑤ | 41 | ① ② ③ ④ ⑤ | 61 | ① ② ③ ④ ⑤ | 81 | ① ② ③ ④ ⑤ |
|---|---|---|---|---|---|---|---|---|---|
| 2 | ① ② ③ ④ ⑤ | 22 | ① ② ③ ④ ⑤ | 42 | ① ② ③ ④ ⑤ | 62 | ① ② ③ ④ ⑤ | 82 | ① ② ③ ④ ⑤ |
| 3 | ① ② ③ ④ ⑤ | 23 | ① ② ③ ④ ⑤ | 43 | ① ② ③ ④ ⑤ | 63 | ① ② ③ ④ ⑤ | 83 | ① ② ③ ④ ⑤ |
| 4 | ① ② ③ ④ ⑤ | 24 | ① ② ③ ④ ⑤ | 44 | ① ② ③ ④ ⑤ | 64 | ① ② ③ ④ ⑤ | 84 | ① ② ③ ④ ⑤ |
| 5 | ① ② ③ ④ ⑤ | 25 | ① ② ③ ④ ⑤ | 45 | ① ② ③ ④ ⑤ | 65 | ① ② ③ ④ ⑤ | 85 | ① ② ③ ④ ⑤ |
| 6 | ① ② ③ ④ ⑤ | 26 | ① ② ③ ④ ⑤ | 46 | ① ② ③ ④ ⑤ | 66 | ① ② ③ ④ ⑤ | 86 | ① ② ③ ④ ⑤ |
| 7 | ① ② ③ ④ ⑤ | 27 | ① ② ③ ④ ⑤ | 47 | ① ② ③ ④ ⑤ | 67 | ① ② ③ ④ ⑤ | 87 | ① ② ③ ④ ⑤ |
| 8 | ① ② ③ ④ ⑤ | 28 | ① ② ③ ④ ⑤ | 48 | ① ② ③ ④ ⑤ | 68 | ① ② ③ ④ ⑤ | 88 | ① ② ③ ④ ⑤ |
| 9 | ① ② ③ ④ ⑤ | 29 | ① ② ③ ④ ⑤ | 49 | ① ② ③ ④ ⑤ | 69 | ① ② ③ ④ ⑤ | 89 | ① ② ③ ④ ⑤ |
| 10 | ① ② ③ ④ ⑤ | 30 | ① ② ③ ④ ⑤ | 50 | ① ② ③ ④ ⑤ | 70 | ① ② ③ ④ ⑤ | 90 | ① ② ③ ④ ⑤ |
| 11 | ① ② ③ ④ ⑤ | 31 | ① ② ③ ④ ⑤ | 51 | ① ② ③ ④ ⑤ | 71 | ① ② ③ ④ ⑤ | 91 | ① ② ③ ④ ⑤ |
| 12 | ① ② ③ ④ ⑤ | 32 | ① ② ③ ④ ⑤ | 52 | ① ② ③ ④ ⑤ | 72 | ① ② ③ ④ ⑤ | 92 | ① ② ③ ④ ⑤ |
| 13 | ① ② ③ ④ ⑤ | 33 | ① ② ③ ④ ⑤ | 53 | ① ② ③ ④ ⑤ | 73 | ① ② ③ ④ ⑤ | 93 | ① ② ③ ④ ⑤ |
| 14 | ① ② ③ ④ ⑤ | 34 | ① ② ③ ④ ⑤ | 54 | ① ② ③ ④ ⑤ | 74 | ① ② ③ ④ ⑤ | 94 | ① ② ③ ④ ⑤ |
| 15 | ① ② ③ ④ ⑤ | 35 | ① ② ③ ④ ⑤ | 55 | ① ② ③ ④ ⑤ | 75 | ① ② ③ ④ ⑤ | 95 | ① ② ③ ④ ⑤ |
| 16 | ① ② ③ ④ ⑤ | 36 | ① ② ③ ④ ⑤ | 56 | ① ② ③ ④ ⑤ | 76 | ① ② ③ ④ ⑤ | 96 | ① ② ③ ④ ⑤ |
| 17 | ① ② ③ ④ ⑤ | 37 | ① ② ③ ④ ⑤ | 57 | ① ② ③ ④ ⑤ | 77 | ① ② ③ ④ ⑤ | 97 | ① ② ③ ④ ⑤ |
| 18 | ① ② ③ ④ ⑤ | 38 | ① ② ③ ④ ⑤ | 58 | ① ② ③ ④ ⑤ | 78 | ① ② ③ ④ ⑤ | 98 | ① ② ③ ④ ⑤ |
| 19 | ① ② ③ ④ ⑤ | 39 | ① ② ③ ④ ⑤ | 59 | ① ② ③ ④ ⑤ | 79 | ① ② ③ ④ ⑤ | 99 | ① ② ③ ④ ⑤ |
| 20 | ① ② ③ ④ ⑤ | 40 | ① ② ③ ④ ⑤ | 60 | ① ② ③ ④ ⑤ | 80 | ① ② ③ ④ ⑤ | 100 | ① ② ③ ④ ⑤ |

성 명

지원 분야

문제지 형별기재란

형 ( )

Ⓐ
Ⓑ

수 험 번 호

⓪ ① ② ③ ④ ⑤ ⑥ ⑦ ⑧ ⑨
⓪ ① ② ③ ④ ⑤ ⑥ ⑦ ⑧ ⑨
⓪ ① ② ③ ④ ⑤ ⑥ ⑦ ⑧ ⑨
⓪ ① ② ③ ④ ⑤ ⑥ ⑦ ⑧ ⑨
⓪ ① ② ③ ④ ⑤ ⑥ ⑦ ⑧ ⑨
⓪ ① ② ③ ④ ⑤ ⑥ ⑦ ⑧ ⑨
⓪ ① ② ③ ④ ⑤ ⑥ ⑦ ⑧ ⑨

감독위원 확인

(인)

※ 본 답안지는 마킹연습용 모의 답안지입니다.

## 2025 최신판 시대에듀 근로복지공단
## NCS + 전공 + 최종점검 모의고사 5회 + 무료NCS특강

| | |
|---|---|
| **개정15판1쇄 발행** | 2025년 05월 20일 (인쇄 2025년 04월 09일) |
| **초 판 발 행** | 2012년 12월 05일 (인쇄 2012년 11월 14일) |
| **발 행 인** | 박영일 |
| **책 임 편 집** | 이해욱 |
| **편 저** | SDC(Sidae Data Center) |
| **편 집 진 행** | 김재희 · 황성연 |
| **표지디자인** | 조혜령 |
| **편집디자인** | 김경원 · 장성복 |
| **발 행 처** | (주)시대고시기획 |
| **출 판 등 록** | 제10-1521호 |
| **주 소** | 서울시 마포구 큰우물로 75 [도화동 538 성지 B/D] 9F |
| **전 화** | 1600-3600 |
| **팩 스** | 02-701-8823 |
| **홈 페 이 지** | www.sdedu.co.kr |
| **I S B N** | 979-11-383-9207-5 (13320) |
| **정 가** | 25,000원 |

# 근로
# 복지공단

---

## NCS+전공+모의고사 5회

---

## 최신 출제경향 전면 반영

NEXT STEP

시대에듀가 합격을 준비하는
당신에게 제안합니다.

성공의 기회
시대에듀를 잡으십시오.

시대에듀

기회란 포착되어 활용되기 전에는 기회인지조차 알 수 없는 것이다.
- 마크 트웨인 -